L'AMBITION MORALE
DE LA POLITIQUE

© L'Harmattan, 2010
5-7, rue de l'Ecole polytechnique ; 75005 Paris

http://www.librairieharmattan.com
diffusion.harmattan@wanadoo.fr
harmattan1@wanadoo.fr

ISBN : 978-2-296-11632-0
EAN : 9782296116320

Yvon QUINIOU

L'AMBITION MORALE
DE LA POLITIQUE

Changer l'homme ?

L'HARMATTAN

Raison mondialisée

Collection dirigée par Joachim Wilke
Comité de lecture : Samir Amin, Jean-Marc Gabaude

Pour Descartes, le bien le mieux distribué du monde est la raison humaine. Depuis, que de changements dans le monde ! Reposons donc la question de la distribution mondiale de la raison, de ses origines, de son destin, des défis à assumer en ce changement de millénaire. Analysons la géoculture de la raison.

La collection a pour objectif de capter les courants visant à renforcer l'outillage de l'action raisonnable. Il s'agit d'abord de surmonter la soi-disant pensée unique et ses étroitesses, puis de faire valoir les acquis et les espérances des multiples luttes libératrices. Si le système économique consiste à favoriser un quart de l'humanité pour traiter les autres de « foule inutile », la raison mondialisée se préoccupe des six milliards d'êtres humains qui peuplent le globe. C'est une question de vie ou de mort pour l'humanité et une tâche à accomplir tous ensemble.

A consulter dans la collection **Ouverture Philosophique** :

Joachim WILKE, Jean-Marc GABAUDE et Michel VADÉE (éd.), *Les chemins de la raison*, 1997.

Titre parus

Joachim WILKE, *Vivre pour ne pas végéter*, 2009.
Arnaud SPIRE, *Quand l'événement dépasse le prévisible*, 2006.
Michel CLOUSCARD, *Refondation progressiste face à la contre-révolution libérale*, 2003.
Oward FERRARI, *Philosophie ou barbarie*, 2002.
Enrique DUSSERL, *L'éthique de la libération*, 2002.

Du même auteur

Problèmes du matérialisme, Méridiens-Klincksieck, 1987.
Nietzsche ou l'impossible matérialisme, Kimé, 1993.
Figures de la déraison politique, Kimé, 1995.
Etudes matérialistes sur la morale, Kimé, 2002.
Athéisme et matérialisme aujourd'hui, Pleins Feux, 2004.
Karl Marx, Le Cavalier Bleu, 2007, 2ème éd., 2009.
Contributions aux ouvrages collectifs suivants :
Chapitre sur Camus de l'*Histoire littéraire de la France*, Editions sociales, 1980.
De la prudence des Anciens comparée à celle des Modernes, sous la direction d'A. Tosel, Annales littéraires de l'Université de Besançon, 1995.
Dictionnaire du darwinisme et de l'évolution, sous la direction de P. Tort, PUF, 1996.
Octobre 19. Causes, impact, prolongements, sous la direction de B. Drweski, PUF, 1999.
Chapitre sur Nietzsche de l'*Histoire de la philosophie morale et politique*, sous la direction d'A. Caillé, C. Lazzeri et M. Senellart, La Découverte, 2001.
Intrusions spiritualistes et impostures intellectuelles en sciences, sous la direction de J. Dubessy et G. Lecointre, Syllepse, 2003.
Les matérialismes (et leurs détracteurs), sous la direction de J. Dubessy, G. Lecointre et M. Silberstein, Syllepse, 2004.
La révolution in *La politique 2*, 2004.
Croire ?, M-editer, 2005.
Les figures de l'amour, Pleins Feux, 2005.
Dialectiques, aujourd'hui, sous la direction de B. Ollman et L. Sève, Syllepse, 2006.
Nietzsche ou l'impuissance du peuple in *De la puissance du peuple 1*, sous la direction de Y. Vargas, Le Temps des Cerises, 2ème éd., 2007.
Vices ou vertus ?, M-editer, 2008.

A Sophie qui m'a aidé à concevoir la forme de ce livre et bien qu'elle n'en partage pas toutes les idées politiques

« Ceux qui voudront traiter séparément la politique et la morale n'entendront rien à chacune des deux »

Rousseau

« L'impératif catégorique de renverser tous les rapports sociaux qui font de l'homme un être humilié, asservi, abandonné, méprisable »

Marx

Sommaire

Introduction 11
L'éthique 17
La morale... 37
L'ambition anthropologique de la politique 101
L'éthique et la politique 117
La morale et la politique.. 141
Le communisme est-il possible ? 229
Quel progrès pour l'homme ? 261

Introduction

Notre époque est en proie au doute, sinon au vide. Certes, ce type de déclaration est régulièrement fait par des philosophes qui se prennent pour des oracles, ce qui semblerait en relativiser la portée : l'idée de crise est souvent avancée pour indiquer que des certitudes vacillent dans des domaines aussi variés que la science, l'art, les mœurs, etc., mais très vite on s'aperçoit que la science continue, l'art se renouvelle, les mœurs changent, ce qui invalide très vite le diagnostic initial. Il est par contre un domaine où la crise, depuis la fin du $20^{\text{ème}}$ siècle et la chute des régimes de l'Est, est incontestable, massive, voire effrayante : la politique. Je n'entends pas par là la crise du capitalisme que nous connaissons depuis l'année 2008, qui, après tout, pourrait se révéler conjoncturelle ou annoncer au contraire une sortie du capitalisme à plus ou moins long terme (ce que je pense) si l'état des consciences s'y prête. Non, j'ai en vue une crise plus profonde, celle de la confiance en la politique elle-même qui porte à la fois sur son *sens* et sur ses *capacités*, et qui est liée à une crise plus globale de la *normativité*, c'est-à-dire des valeurs susceptibles de nous orienter dans notre vie individuelle et, surtout, collective en nous proposant, voire en nous imposant des *fins* dignes d'être poursuivies.

On laissera de côté la dégradation des comportements politiques individuels, en Occident ou dans les ex-pays de l'Est, qui est générale et bien qu'elle joue un rôle dans ce scepticisme : corruption, ambition, mensonge, haine des uns contre les autres, rivalités pour le pouvoir, etc. Ce qui est plus profond et spécifique à notre présent, après toute une période commencée au $18^{\text{ème}}$ siècle où des penseurs comme Rousseau, Kant, puis Marx, avaient investi la politique d'une ambition anthropologique essentielle, c'est le sentiment à la fois d'absurde et d'impuissance qui habite les hommes face à l'histoire dont ils sont pourtant, en un sens, les acteurs. Cela est dû, très clairement, à la domination actuelle du capitalisme sur quasiment l'ensemble de la planète et, à travers lui, à la place dominante que prend l'activité économique dans l'ensemble des activités humaines. *Sentiment d'absurde* : l'économie capitaliste, mue par la recherche du profit, impose progressivement sa finalité marchande à la plupart des activités humaines, y compris celles qui avaient jusqu'à présent leur autonomie ou leur valeur propre comme la culture, la recherche scientifique, la médecine, le loisir, la sexualité, etc. D'où l'impression d'un système qui ne songe qu'à s'auto-reproduire en s'élargissant ou en s'intensifiant, sans que sa finalité humaine soit d'une manière ou d'une autre interrogée, et qui mesure tout à l'aune terriblement médiocre de sa valeur marchande. *Sentiment d'impuissance* : ce même système paraît fonctionner et se développer telle une immense machinerie planétaire dont les rouages sont hors de prise de l'immense majorité du peuple, faute d'une information suffisante et de procédures démocratiques exigeantes, et qui est indifférente aux multiples maux qu'elle produit. Si l'on excepte les sociétés où domine encore, en apparence tout au moins, la religion (les régimes islamiques), celles où est maintenu, en apparence là aussi, un objectif communiste (la Chine, le Vietnam), celles enfin qui tentent d'amorcer courageusement une voie pour un autre type de société (l'Amérique latine), nous sommes donc confrontés à ce qu'il faut bien appeler *l'économisme* : la valorisation indue, dans la pratique et les esprits, de l'économie portée à l'absolu et close sur elle-même, au point d'éliminer tout projet de s'émanciper de sa domination et de la remettre à sa place de simple moyen pour une vie *hors économie*.

Le contraste est saisissant avec la période antérieure que j'ai évoquée : Kant inscrivait clairement la politique dans un projet moral à l'échelle de l'histoire de l'humanité, destiné à la faire progresser vers plus de moralité à travers un droit doté d'une signification morale essentielle ; Rousseau, prolongeant en quelque sorte Kant en politique, voyait dans la République le moyen de régénérer un homme que la propriété privée, avec les inégalités de toutes sortes qu'elle entraîne, avait dégradé et rendu mauvais ; Marx, enfin, enracinant la politique dans l'analyse matérialiste des dégâts produits par l'organisation de la société en classes antagonistes, entendait faire de l'action politique le moyen de « transformer le monde », pour restituer à l'homme le plein usage de son humanité et le faire échapper à la dictature de l'argent qui « noie tout dans les eaux glacées du calcul égoïste ». C'est donc à reprendre le fil rompu de cette (triple) inspiration que notre réflexion s'est attachée : face à une situation qui paraît inciter au désespoir et au renoncement, quel doit être le but de la politique et peut-elle le réaliser ? On aura deviné qu'il s'agit de *revaloriser* fondamentalement la politique, mais en ayant conscience qu'on ne peut le faire d'une manière crédible qu'à nouveaux frais, en indiquant ce que cela implique, dans quels domaines elle peut et doit intervenir, et en tenant compte du fait que la culture scientifique contemporaine impose désormais le matérialisme et interdit donc de recourir à des concepts ou à des conceptions qui sont incompatibles avec lui.

L'implication, d'abord. Revaloriser la politique suppose précisément et prioritairement que l'on renoue son lien à la *valeur*, qu'on l'enracine en elle. Cela veut dire qu'il faut rompre avec ce que Nietzsche appelait justement le « faitalisme », c'est-à-dire le culte des faits, de la positivité (historique, sociale, etc.), qui ne s'intéresse pas à ce que *valent* les faits d'un point de vue humain, se soumet à la tyrannie ontologique de ce qui est sans se demander si cela mérite d'être, et qui conduit tout droit à la dictature du point de vue économique, mercantile ou gestionnaire, en politique. Mais cela veut dire aussi qu'il faut rompre clairement avec l'ubris d'une politique portée à l'absolu et qui n'aurait de compte à rendre qu'à elle-même. Marx, dont nous nous réclamons, mais dans une fidélité à son formidable message émancipateur qui n'a rien d'aveugle, n'a pas échappé à ce défaut, ni les « marxistes » qui se sont réclamés de lui : croire que la politique est première et qu'elle est à elle-même sa propre vérité ou détient en elle-même sa propre justification. La politique telle que nous la pensons tire au contraire une part importante de sa substance, et d'abord sa légitimité, de valeurs distinctes qui lui imposent ses fins ; c'est donc une politique normative, une politique *de droit* en quelque sorte, qui ne se soumet pas aux *faits* puisqu'elle a pour ambition de les transformer quand ils ne satisfont pas aux valeurs dont elle se réclame.

Mais quelles valeurs ou quel type de valeur ? C'est ici que le problème se complique car il touche aux domaines dans lesquels la politique peut et doit intervenir et, donc, aux aspects de l'humain qu'elle concerne, comme aux limites qu'elle ne doit pas franchir. Il y a d'abord les valeurs *éthiques*, que nous sommes peu nombreux à distinguer, comme je le fais, des valeurs proprement morales. Désignant par là les valorisations spontanées issues de la vie, particulières et facultatives (je résume) et que les différentes sagesses (les « éthiques ») ont rationalisées, je soutiens que la politique, pour l'essentiel, n'a pas à se fonder sur elles, même si, en fait, elle est influencée par elles et a à les gérer : accepter qu'elle le fasse serait s'interdire de concevoir une politique valant pour tous les hommes et s'imposant à eux, et donc vouer la politique au conflit des éthiques, à ce que Weber a appelé « la guerre des dieux ». Plus encore, elle n'a pas à intervenir dans le domaine privé de l'éthique, son seul rôle acceptable, ici, étant de contribuer à construire chez tous un « sujet éthique », à savoir la capacité de choisir en toute liberté *son* éthique, sa manière individuelle de vivre ; c'est même là, si l'on anticipe le rôle de la morale en politique, un devoir pour celle-ci de le faire. Le seul aspect sous lequel la politique ait à puiser son principe dans l'éthique touche à la notion de « vie » : il y a là une valeur éthique universelle, c'est le seul cas où l'on peut parler de « vérité éthique », et celle-ci peut aider à définir le contenu de ce « bon » que la morale en politique entend mettre à la disposition de tous : la vie elle-même, dans toute sa plénitude.

Mais il y a aussi et surtout les valeurs *morales* que notre époque a tendance à récuser depuis la critique que Nietzsche en a opérée. Universelles et obligatoires, elles définissent *la* morale telle que Kant l'a conceptualisée en la centrant sur le critère de l'Universel : est moral ce qui peut être universalisé. Or si le philosophe allemand a cru pouvoir les sauver en les fondant sur l'hypothèse d'un Sujet métaphysique libre désormais problématique, nous pouvons les retrouver pleinement sur une base matérialiste fournie par la théorie de l'évolution de Darwin telle qu'on peut la comprendre aujourd'hui grâce à P. Tort. Issue de la nature et soumise à l'histoire, la morale est une production humaine dont la « vérité » peut être considérée comme attestée et elle nous impose une ligne de conduite, non dans l'ordre de la vie individuelle qui relève de l'éthique, mais dans celui de nos *rapports* avec autrui. C'est là que la question normative de la politique se pose, avec toute l'acuité et la gravité que nous avons indiquées plus haut pour notre temps. Elle implique que l'on réfute d'emblée une double idée : 1 Celle que la morale ne vaudrait que pour les relations interpersonnelles et qu'elle devrait s'arrêter à la porte de la société, celle-ci relevant de traitements propres, faisant appel à la compétence technique ou se contentant de gérer des conflits d'intérêt, sans que la morale ait à s'en mêler, alors que, au contraire, le champ social (au sens large) constitue la substance la plus forte de la morale elle-même, le lieu où ses impératifs – l'Universel bien sûr, mais aussi le respect de la personne humaine et l'autonomie – doivent s'appliquer. 2 Celle aussi que l'intervention de la morale dans la politique, donc dans le champ social (toujours au sens large), serait dangereuse parce que animée de la volonté totalitaire de changer l'homme en le soumettant à des normes obligatoires, de « produire » donc un homme nouveau. C'est oublier que l'homme, comme nous le développons dans une partie de ce livre, est *toujours-déjà-produit* par l'histoire et la société, donc par la politique qui prend en charge cette histoire et cette société, et que le problème n'est pas de produire ou de ne pas produire l'homme, mais seulement de remplacer cette production inconsciente (souvent) et désastreuse par une production consciente et bonne pour l'homme, à la lumière de la morale dont c'est l'objectif le plus profond.

C'est donc l'idée d'une *politique morale* que nous proposons, dans un contexte historique où la morale déserte la politique pour se réfugier dans les préoccupations minuscules de la vie interindividuelle ou l'aspiration à la vertu personnelle, et où, en sens inverse, la politique se déleste de ses obligations morales pour s'abandonner à un cynisme sans rivages qu'elle justifie à ses propres yeux en discréditant intellectuellement l'intervention de la morale en politique. Cette conception est *matérialiste* et l'on en verra, je l'espère, la fécondité. Son caractère matérialiste nous interdit de nous en prendre aux hommes comme s'ils étaient responsables de l'organisation politique de la société dans laquelle ils vivent et des injustices qu'elle comporte. Par contre, et c'est le point le plus important, elle nous entraîne à condamner des *systèmes* sociaux à partir de leur organisation juridique, pour autant qu'ils contreviennent aux exigences essentielles de la morale et ce, à différents niveaux ou selon différents points de vue : nous espérons que le lecteur, éventuellement réticent au départ, sera convaincu qu'il faut (obligation morale : on doit) condamner la domination politique, l'oppression sociale, l'exploitation économique et, ultimement, l'aliénation individuelle, et qu'il faut donc continuer le travail de moralisation de l'homme qui a commencé à se cristalliser dans le droit en 1789, qui été prolongé dans les acquis sociaux obtenus par les luttes syndicales et politiques depuis, et qu'il ne faut surtout pas arrêter au seuil de l'économie, comme on voudrait nous le faire croire aujourd'hui au nom d'une conception de celle-ci qui n'y voit que des processus objectifs indépendants de la volonté humaine et que nous n'aurions pas à *juger*.

Le bénéfice de cette approche est immense : elle confère à la politique une dignité morale irremplaçable dans le même temps qu'elle lui attribue une fonction anthropologique d'amélioration de l'homme à travers le progrès même de la société qu'elle exige. Or ce bénéfice n'est pas que « théorique » ou « spéculatif », faisant plaisir à celui qui pense et laissant les choses, comme dirait Marx, dans « la même gadoue » ; cette approche reflète bien ce qui s'est passé dans l'histoire humaine où un progrès moral a déjà eu lieu, même s'il paraît en panne aujourd'hui, et elle met l'accent sur un trait essentiel de ce progrès politique s'il est poussé à son terme : il vise à l'émancipation humaine et il entend donc mettre le « bon » éthique, c'est-à-dire le bonheur, à la disposition de tous. C'est bien pourquoi une politique morale est utile aux hommes, mais à tous les hommes : si la morale ne se résorbe pas dans l'utile, l'utile de tous, lui, est moral.

Reste qu'il faut bien voir l'implication ultime de cette politique morale et prononcer un terme qui peut fâcher, vu la confusion idéologique qui règne dans les esprits depuis la chute du mur de Berlin : elle mène logiquement au *communisme*. On verra, dans la partie qui lui est consacrée, qu'il n'a pas grand chose à voir avec ce qui s'est réclamé de cette appellation au 20ème siècle et que le test de son impossibilité ou de sa prétendue nocivité n'a, par conséquent, pas été fait, et que l'avenir, à ce niveau, doit être déclaré rigoureusement *ouvert*. Restitué à sa signification originelle d'une société sans domination, sans oppression, sans exploitation et débarrassée, autant que possible, de l'aliénation individuelle, il constitue bien la forme enfin trouvée de l'exigence morale en société, même si Marx, méfiant théoriquement à l'égard du langage moral, ne l'a pas conçu ainsi[1]. La seule

---

[1] Nous sommes plusieurs philosophes, en France, à continuer de nous référer à ce projet, fût-ce avec des nuances. Je voudrais citer ici, pour rendre hommage à leur courage intellectuel et politique, les noms de L. Sève, J. Bidet, T. Andréani, A. Tosel et A. Badiou. Nous nous inscrivons tous dans l'horizon de ce que ce dernier a justement appelé « l'hypothèse communiste ».

question qui se pose véritablement à son propos n'est donc pas de savoir s'il *vaut moralement*, mais s'il est *viable humainement*. Par où nous retrouvons le scepticisme à l'égard de la politique dont nous sommes parti, mais nourri ici d'un questionnement spécifiquement anthropologique : peut-on changer l'homme et le rendre disponible pour un vivre-ensemble communiste remplaçant la concurrence généralisée, dont le monde nous offre le désolant spectacle, par l'association et la mise en commun, fondées sur le respect de tous par tous ? Nous laissons le lecteur découvrir pourquoi nous sommes convaincu que cela est possible, que le communisme, débarrassé de ce qu'il a encore d'utopique chez Marx, a une chance raisonnable d'exister si la politique, ne se contentant pas de faire appel à l'intérêt, fait aussi appel à la morale.

L'éthique

L'éthique est première, chronologiquement : nous commençons, étant enfants, à valoriser à partir de nos envies, de nos désirs, de nos préférences, de nos attachements, avant même de savoir ce qu'il en est du bien et du mal et de procéder à des valorisations proprement morales, que l'éducation va nous aider à mettre en place. Cette priorité chronologique vaut aussi pour l'humanité envisagée dans son devenir collectif : avant de se demander s'il était bien ou mal d'organiser les relations humaines de telle ou telle manière – si l'on excepte l'interdit de l'inceste – l'humanité a d'abord valorisé ce dont elle avait besoin, ce qui lui permettait d'affronter la nature, de vaincre les maladies ou de gagner à la guerre, bref ce qui correspondait à son intérêt. Mais si l'éthique est première chronologiquement par rapport à la morale, c'est qu'elle l'est aussi logiquement : toutes deux valorisent et définissent des valeurs mais, à l'origine, le matériau de la valorisation est fourni par la vie, si bien que la valorisation se déploie entièrement en elle, sur son plan propre, qui est un plan subjectif, et c'est ce qui constitue justement l'éthique. Qu'est-ce à dire, plus exactement ?

L'illusion d'objectivité

Quand nous valorisons nous attribuons spontanément à l'objet une qualité de telle manière qu'il paraît la posséder par lui-même : il se présente comme étant aimable, désirable, intéressant, etc. Le monde des choses, des personnes ou des productions humaines nous paraît donc valoir en lui-même, indépendamment de nous, avec ses lumières et ses ombres, et susciter par ses propriétés l'action par laquelle nous tendons à nous l'approprier sous des formes diverses. Ce sentiment est renforcé par le fait que nous sommes portés, par une espèce de réflexivité spontanée, à justifier ou à fonder par des raisons cette situation : nous croyons qu'il y a des critères objectifs de valorisation, donc des normes de ce qui vaut et que c'est la présence de la valeur, ainsi définie, dans l'objet qui en fait précisément un objet valant à nos yeux. Ainsi, c'est parce que la richesse est une valeur, croyons-nous, que nous recherchons des choses qui ont du prix, parce que l'honneur est une valeur que nous cherchons à être honorables ou encore, parce que nous pensons que l'intelligence « vaut » que nous nous efforçons de nous y consacrer. Cette remarque s'applique aussi aux grandes valorisations collectives, avec les combats culturels ou historiques auxquels elles mènent : c'est au nom de la foi ou de la spiritualité érigées en valeurs absolues que bien des affrontements religieux ont eu lieu dans l'histoire, comme, en sens inverse, c'est au nom des valeurs profanes de la laïcité ou de la raison que des luttes opposées ont pu être menées, pour ne prendre que ces exemples. J'ajoute que la valeur débouchant sur l'action, celle-ci renforce le sentiment de son objectivité : les effets pratiques de l'action comme la logique passionnelle qui l'accompagne la plupart du temps, contribuent à renforcer la conviction que son motif normatif est pleinement objectif et extérieur à nous. On n'agit pas, n'est-ce pas, pour une chimère !

Or ce n'est là qu'une illusion quand nous avons affaire à des valeurs éthiques. Celles-ci, si on accepte de les distinguer des valeurs morales par décision de méthode et sous bénéfice d'un examen ultérieur, procèdent directement de la vie : elles sont le résultat de cette *valorisation spontanée* que génère la vie humaine, et c'est le cas, clairement, de toutes ces valeurs concrètes que nous avons citées. Elles ne renvoient à aucune instance extérieure à celle-ci – entités idéales, créations divines, évidences rationnelles – et elles ont leur source exclusivement en elle. Mais pourquoi et de quelle manière ?

L'origine des valeurs éthiques

Pour qu'il y ait *des* valeurs éthiques, encore faut-il qu'il y ait *de* la valeur éthique et, d'abord, qu'il y ait de la valeur. Il faut donc admettre que l'homme a pour caractéristique essentielle de valoriser, qu'il est un *animal valorisant*. Comment en rendre compte ? En réalité, c'est la vie qui valorise et la valeur est une forme spécifique de l'existence à travers laquelle la vie s'appréhende, se développe et s'actualise, ce qu'il faut appeler la « forme-valeur ». L'apport de Nietzsche, ici, est décisif puisqu'il est le seul à avoir mis cette dimension au premier plan et a en avoir éclairé le statut : vivre consiste à prendre partie constamment « pour » ou « contre », toute vie s'inscrit dans un horizon ou une perspective normative qui lui est liée. « C'est la vie qui nous force à poser des valeurs, c'est la vie qui "valorise" à travers nous *chaque fois* que nous posons des valeurs » indique-t-il[1]. Cette forme-là est une forme indépassable de l'existence humaine, nous en faisons constamment l'expérience, elle a son évidence vécue irrécusable et la science biologique devrait un jour en trouver le support cérébral ou neuronal, dans une perspective inévitablement matérialiste[2]. Mais si cette indication

---

[1] *Crépuscule des idoles*, Idées/Gallimard, 1997, p. 49.
[2] Je renvoie ici à de multiples travaux contemporains liés aux sciences cognitives, en particulier à ceux de J.-P. Changeux qui visent à démontrer le substrat biologique de tous les processus mentaux, y compris dans le domaine de la valorisation.

est exacte, cela signifie bien que la valeur éthique ne renvoie à aucun référent transcendant le sujet qui valorise et qu'elle n'est que la cristallisation imaginaire, devant la conscience en quelque sorte, de processus vitaux qui se passent « dans son dos ». Ici, il n'y a pas de valeurs objectives qui s'imposeraient à l'homme en raison de leur certitude propre ou qu'on pourrait justifier rationnellement, rien que des phénomènes de valorisation inhérents au fonctionnement concret de la vie, et *c'est ce qui définit précisément le champ de l'éthique*. Reste à comprendre l'extraordinaire variété des valeurs qui la constituent : comment expliquer le *contenu* multiple de l'éthique ?

Si c'est la vie qui valorise, il faut admettre qu'il y a plusieurs types de vie puisqu'il y a plusieurs types de valeurs. Il y a d'abord, de toute évidence, la vie *biologique*. Celle-ci n'est pas seulement la condition de toutes les valorisations, comme on l'a indiqué, elle est aussi ce qui, très concrètement, détermine une partie d'entre elles. Si nous valorisons la santé, pour ne prendre que cet exemple très banal, c'est parce que la santé a besoin de cette valorisation pour se déployer et donc *parce que* nous sommes en bonne santé ou que nous y tendons. Mais on peut élargir considérablement le propos, sans changer pour autant de registre théorique, en s'appuyant sur Nietzsche, à nouveau. Sa typologie des valeurs distingue entre des valeurs qui affirment la vie et des valeurs qui la dénient. Or cette typologie, proprement normative, renvoie selon lui à une distinction de types humains, qui sont des types biologiques, qui l'explique : il y a d'un côté les forts, dotés d'une grande vitalité et qui l'expriment dans des valeurs qui l'exaltent comme la force ou l'agressivité ; et il y a de l'autre les faibles, dotés d'une moindre vitalité, qui dévalorisent ce dont ils sont incapables par nature. Ce que signifie cet exemple, par-delà la thèse anthropologique éminemment discutable qu'il comporte, est de portée universelle : il nous dit que le corps est toujours déterminant quand nous valorisons, même s'il n'est pas l'instance unique qui nous influence dans ce cas. Quand nous jugeons, c'est aussi notre corps qui parle en nous, sans que nous le sachions : tel corps ou tel état du corps, telle valeur ! On peut donc envisager avec Nietzsche une *« chimie* des idées et sentiments »[1] transférant pour une part sur le terrain physiologique la question de l'évaluation et dénonçant comme une simple apparence vécue l'autonomie qu'elle croit pouvoir s'arroger vis-à-vis de toute base corporelle. La science biologique contemporaine, qu'il n'aura fait qu'anticiper, confirme ce point. Sans trop empiéter sur l'analyse de l'origine empirique de la morale que nous développerons ensuite, on peut déjà dire que la théorie de l'évolution de Darwin, élargie à d'autres travaux plus récents, nous renseigne sur la base *naturelle* des normes, quelles qu'elles

---

[1] *Humain, trop humain* 1, Idées/Gallimard, 1981, I, §1.

soient (éthiques ou morales), à un niveau qui ne fait pas intervenir le seul corps individuel mais le groupe et son insertion dans la dynamique évolutive du vivant : la production et la sélection des normes obéissent à la loi de la sélection naturelle qui veut que, dans la lutte pour l'existence, celles qui l'emportent sont celles qui apportent aux hommes un *avantage adaptatif* dans leur rapport au milieu, du point de vue même de leur utilité biologique. Les valeurs éthiques sont donc prises dans le processus évolutif d'ensemble qui fait intervenir la vie des groupes, elles sont déterminées par lui et elles varient aussi en fonction des formes et des états de celui-ci.

Pourtant, s'en tenir à ce point de vue n'est pas suffisant pour rendre compte de la variété des valorisations éthiques. Il faut y ajouter une vie proprement *psychologique*, qu'on peut certes articuler à la précédente, mais qui définit un niveau propre de détermination pour la production des valeurs, avec sa profusion évidente capable d'expliquer la profusion de celles-ci : besoins, désirs, sentiments, émotions, passions, mobiles d'action, j'en passe, tout cela non seulement contribue à ce que nous valorisions, mais fournit le matériau le plus manifeste et le plus quotidien de nos jugements de valeur. Et c'est bien là que le lien entre vivre et valoriser apparaît d'emblée, dans sa nécessité propre, sans qu'il soit besoin de le démontrer davantage. Nietzsche, à nouveau, l'a indiqué, avec sa perspicacité habituelle : « D'impulsion à se prêter ou à se refuser à quelque chose que n'accompagnerait pas le sentiment de vouloir l'utile, d'éviter le mauvais, d'impulsion exempte d'une sorte de connaissance appréciant la valeur du but, il n'en existe pas chez l'homme »[1]. C'est donc parce qu'il y a mille et une impulsions vitales, mille et une vies, qu'il y a « mille et une fins », mille et une valeurs... et non l'inverse comme le pense celui qui croit à l'objectivité des valeurs ou des fins qu'il poursuit dans son existence. Les systèmes normatifs sont le décalque déguisé de nos « passions », pour employer un terme générique et un peu vague, et non seulement l'effet de notre corps, et il faut savoir en déceler la vérité psychologique pour ne pas se laisser prendre, ici aussi, à la force de leur objectivité apparente.

Mais il y a une autre raison qui interdit de se satisfaire de la seule vie biologique comme principe explicatif des valeurs. Si elle est bien la condition générale de notre existence et si elle en détermine même une partie importante – le nier serait revenir à un idéalisme spiritualiste désormais inacceptable –, la vie biologique ne détermine pas tout dans cette existence, sauf à verser dans un biologisme tout aussi inacceptable. Certes, la réalité psychologique de l'homme peut être articulée à celle-ci, mais l'on sait aussi qu'une large part de ce qui la constitue n'en relève pas et trouve sa source hors d'elle, spécialement dans la biographie individuelle. J.-P. Changeux lui-

---

[1] Ib., I, § 32.

même, qui revendique pourtant ce qu'on peut appeler un matérialisme biologique « dur », distingue entre une histoire naturelle, une histoire culturelle et une histoire personnelle, le propre de l'homme étant précisément qu'il est ouvert, par nature, aux influences externes[1]. C'est ici que prend place une vie psychologique qui est alors une *histoire* psychologique, avec l'enfance pour base : nous le savons grâce à Freud, nous valorisons à partir des modèles qu'ont été nos parents ou, plus largement, ceux que nous avons aimés avant d'être adultes, nous avons intériorisé les valeurs qu'ils nous transmettaient à partir d'une identification proprement affective à eux, et cela rend compte largement de la différence de nos options normatives, d'un milieu familial à un autre, dans toute une série de domaines. Cet éclairage impose la conviction que notre réalité psychologique excède de beaucoup ce que la science biologique pourrait en dire, que le corps n'est pour une part que le « support » de notre personnalité et non sa « base »[2], et que nos évaluations, à travers même la vie psychologique qui les alimente, trouvent dans notre biographie une origine spécifique.

Mais du coup, nous sommes renvoyés, par la logique même du décentrement vis-à-vis de la seule biologie, à une vie plus large, dans laquelle nous devons admettre que la vie psychologique est elle-même prise : la vie culturelle, à la fois historique et sociale. Marx nous a appris que « la vie détermine la conscience » et le mot « vie » renvoie très précisément ici à la vie pratique, liée à la production[3]. Cette proposition signifie que ce qui se passe dans la conscience individuelle, sans exception, en y incluant par conséquent les valeurs, a sa source réelle hors de celle-ci, dans la société et dans l'histoire, bien que la conscience l'ignore et croit que ce qui se passe *en* elle y trouve aussi sa *cause*. Les normes n'ont donc pas d'autonomie vis-à-vis de la classe, la société, l'époque, la culture, et c'est ce qui en fait un secteur ou un aspect de *l'idéologie* : celle-ci est une forme de conscience qui est entièrement produite à l'extérieur d'elle-même, qui ne le sait pas et se croit indépendante des conditions qui la déterminent. L'*intérêt* est alors ce qui sert de médiateur entre les conditions socio-historiques objectives et l'élément subjectif de la valeur : l'inscription des normes sociales en nous ne se fait pas d'une manière purement automatique et, si l'on peut dire, « stupide » ; si nous adhérons à celles-ci ou si nous les élaborons, c'est parce qu'elles correspondent à un intérêt de vie, lié à une forme particulière d'existence collective (classe, nation, époque, etc.), et que nous éprouvons le

---

[1] Voir, par exemple, ses analyses sur ce point dans J.-P. Changeux et P. Ricœur, *Ce qui nous fait penser. La nature et la règle*, Odile Jacob, 1998.
[2] J'emprunte ces termes à Lucien Sève dans son remarquable ouvrage *Marxisme et théorie de la personnalité*, Editions Sociales, 1969.
[3] In Marx et Engels, *L'idéologie allemande*, Editions sociales, 1968, p. 51.

besoin de le porter à la valeur selon le mécanisme évoqué plus haut, quitte, ce faisant, à le travestir en lui donnant une dimension universelle qu'il n'a pas. On voit ainsi se succéder dans l'histoire des « morales de classe », qui sont en réalité des *éthiques de classe*, prenant leur source, à chaque fois, dans un intérêt collectif particulier et proposant des normes de vie correspondant aux conditions sociales qui les ont provoquées : éthique aristocratique, éthique bourgeoise, éthique prolétarienne[1]. Et l'on sait, au-delà du langage des classes, que chaque micro-milieu social possède sa normativité propre, valorisant son fonctionnement particulier, ses mœurs, son *habitus*. C'est ainsi que L. Boltanski et L. Thévenot ont pu montrer qu'il y a ce qu'ils appellent des « ordres de grandeurs » hétérogènes définissant des « cités » propres, liés à des « mondes » sociologiquement différents et à partir desquels des titres sont distribués et des hiérarchies instituées : la grandeur religieuse, la grandeur marchande ou industrielle, la grandeur civique, etc. Ces grandeurs ne sont rien d'autres que des systèmes de valeurs éthiques qui ont du mal à communiquer entre eux et qui essaient de se justifier en oubliant leur relativité essentielle[2]. Il est clair, en tout cas, que la vie qui produit les valeurs n'est pas ici de nature biologique ni seulement psychologique, mais socio-historique, qu'elle répond à des déterminants spécifiques sur lesquels la science biologique comme la science psychologique sont muettes et que s'y référer dans le principe, c'est se donner le moyen d'expliquer largement la variété des systèmes axiologiques puisque l'on part d'une instance, la société ou l'histoire, qui inclut en elle la variation.

Reste à savoir, au-delà de la seule indication de l'origine, comment la vie engendre des valeurs.

Le fonctionnement vital des valeurs éthiques

La question de l'origine vitale des valeurs trouve son aboutissement dans la mise en évidence de leur fonctionnement vis-à-vis de cette vie qui les suscite, puisque c'est ce fonctionnement qui, en définitive, explique leur origine. Thèse essentielle, donc, quand on a affaire aux valeurs éthiques distinguées des valeurs morales : *les valeurs éthiques sont entièrement au service de la vie qui les produit*, quelle que soit cette vie, elles sont ce à travers quoi la vie se veut ou se désire elle-même et provoque ou poursuit son accomplissement. Cela est vrai des valeurs de la santé ou de la force qui

---

[1] Voir ce qu'en dit Engels dans l'*Anti-Dürhing*, Editions sociales, 1971, ch. IX.
[2] Voir *De la justification. Les économies de la grandeur*, Gallimard, 1991. Mais le point faible de ce livre est de n'avoir pas marqué le caractère proprement éthique et non moral de ces différentes valeurs ou « grandeurs », en dehors de la valeur civique ou politique. De plus, en ramenant cette dernière à une « grandeur » par rapport à laquelle il s'agirait d'exceller, ils lui font perdre son caractère proprement moral.

sont clairement au service de la santé ou de la force qui les posent et qui en soutiennent le déploiement. Mais c'est tout aussi vrai pour les valeurs qui s'enracinent dans notre psychologie, sauf qu'elles présentent une très grande richesse de modalités de fonctionnement par rapport à la vie qu'elles servent, richesse dont les analyses de Nietzsche peuvent nous donner une idée. Dans *Par-delà le bien et le mal*, parlant des différentes morales qu'il réduit à un phénomène éthique (j'y reviendrai), il indique qu'il y a la morale qui justifie, la morale qui apaise, celle qui crucifie, celle qui permet de se venger, celle qui augmente notre puissance, etc.[1] A chaque fois, donc, qu'un système de valeurs est conçu par nous ou reçoit notre adhésion, c'est parce qu'il correspond à un intérêt psychologique, parce que nous en tirons un bénéfice sur ce plan spécifique qui engage notre personnalité, parce qu'il y a un « égoïsme » (psychologique) qui veut telle ou telle chose. Enfin, l'idée est tout aussi juste quand il s'agit des grandes éthiques collectives. Un système idéologique de valeurs sert toujours un intérêt de groupe en justifiant sur un plan normatif les conditions de vie qui permettent à cet intérêt d'être satisfait, fût-ce en l'occultant dans un discours illusoirement universaliste : la bourgeoisie légitime la propriété privée de l'économie parce qu'elle en tire profit et le prolétariat la dénonce et valorise la propriété collective parce qu'il y a intérêt ; dans les deux cas, même s'ils débouchent sur des normes sociales opposées, on peut considérer que c'est la logique de l'intérêt qui commande la prise de position normative, quoique dans le second cas cet intérêt ait un contenu universaliste qui le rapproche de la morale. De même, l'apologie de la nation ne fait souvent que traduire, dans un langage largement fantasmatique, l'intérêt, à la fois économique et de pouvoir, qu'a un groupe à la fragmentation nationale de l'espace économique et politique. On pourrait multiplier les exemples.

On voit donc que, quelle que soit la forme de vie qui les produit – vie biologique, vie psychologique, vie socio-historique –, les valeurs éthiques doivent leur existence à leur fonctionnalité vitale. Certes, en disant cela on présuppose l'existence de la valeur en général, de cette « forme-valeur » dans laquelle se coule toute vie chez un être conscient comme l'homme ; mais à chaque fois il a été clair qu'elle était au service de la vie et en permettait l'actualisation ou l'expansion maximale. On peut donc parler d'un *conatus normatif* inséparable du *conatus vital* ou d'un *moment normatif* du *conatus vital*, indissociable de lui, engendré par lui et visant à sa pleine actualisation : les valeurs éthiques sont *dans* la vie – un être sans enracinement corporel, psychologique et social ne saurait y être confronté –, elles viennent *de* la vie – leur source n'est pas transcendante, rationnelle ou spirituelle, mais se trouve toujours dans un intérêt empirique – et elles sont

---

[1] Op. cité, 10/18/UGE, 1980, § 187.

pour la vie – elles n'ont d'autre fonction que de servir sa réalisation multiple.

Une science de l'éthique est possible, pas une science éthique

Restituée à son immanence radicale par rapport à la vie à laquelle elle est soumise, il apparaît que l'éthique peut faire l'objet, dans le principe, d'une approche scientifique. Reprenons la formule de Marx selon laquelle « la vie détermine la conscience », en l'élargissant au point que le mot « vie » désigne toutes les formes de vie que nous avons évoquées. Si c'était l'inverse qui était vrai, si la conscience, dans ce domaine comme dans d'autres, était souveraine, originaire et librement instituante, il faudrait partir d'elle et on ne voit pas comment une science des valeurs montrant comment elles sont produites par l'homme serait possible ; on ne pourrait se livrer qu'à une description ou une phénoménologie de celles-ci, prétendant découvrir leur essence par la réflexion et n'en éclairant que l'apparence pour cette même réflexion, sans être capable, au surplus, d'indiquer clairement leur type de réalité, voire en se fourvoyant sur leur objectivité prétendue. Si au contraire, par postulat de méthode fondé sur l'affirmation de la nature vitale des valeurs éthiques, on part de la vie, on se situe alors sur le terrain empirique d'une *science possible de la conscience normative*, à visée réellement explicative, et une théorie scientifique de la normativité éthique est envisageable : il suffit, face à toute valeur éthique, de montrer le processus vital de valorisation qui l'a engendrée et de l'y résoudre ; ou, si l'on préfère et en sens inverse, il suffit de partir du processus vital, offert à « l'expérience », et de montrer comment il se transforme, très empiriquement, en valeur dans la conscience humaine[1]. C'est ainsi seulement qu'une science de la valeur (éthique) est concevable, alors qu'il semblerait qu'il y ait là une pierre d'achoppement pour la science : comment rendre compte de ce qui vaut à partir de ce qui est ? On peut le faire si l'on ne cède pas au mirage de valeurs purement idéales ou librement inventées par l'homme et si l'on a compris que celles-ci sont des productions empiriques. On peut donc passer scientifiquement de l'être à la valeur si l'on admet que la valeur n'est que la manière dont l'être (empirique), ici la vie, se veut lui-même, chez un être conscient, à partir ou dans l'horizon de ce qu'il est.

Mais si une science des valeurs éthiques, combinant plusieurs disciplines scientifiques particulières, est envisageable, qui les explique intégralement, sans reste, dissipant ce qu'elles peuvent avoir de mystérieux

---

[1] Parlant du rapport entre les hommes et leur idéologie, Marx dit très justement dans *L'idéologie allemande* : « C'est à partir de leur processus de vie réel que l'on représente aussi le développement des reflets et des échos idéologiques de ce processus vital » (op. cité, ib.).

au niveau de leur appréhension vécue, il faut bien voir la portée exacte d'une pareille science : elle ne saurait les *justifier* dans leur contenu. La position axiologique adoptée à chaque fois – valorisation du plaisir, de la santé, du bonheur, de la force, etc. – ne se justifie ou ne se prouve pas, elle s'*éprouve* seulement, dans sa pure contingence normative[1]. On peut donc *expliquer* les jugements de valeur éthiques, non les *fonder* et la nécessité de fait qui les accompagne, liée au déterminisme empirique qui les produit – on ne se refait pas ou on ne refait pas son époque –, ne saurait se transformer en nécessité de droit qui les imposerait : « C'est ainsi ! » disent les valeurs éthiques, la vie est arbitraire, elle valorise ceci ou cela, on ne réinvente pas l'humaine condition ! Une science *de* l'éthique ne doit donc, surtout pas, être confondue avec une *science éthique* : il n'y a pas de vérité en éthique ou de vérités éthiques, si l'on entend par là des propositions énonçant qu'*il est vrai et donc certain que cela vaut*, qu'il faut par conséquent le vouloir. Que je valorise l'intelligence plutôt que la force n'implique pas que j'ai raison dans ce domaine, cela indique seulement une nature, une histoire psychologique ou une situation socio-historique qui fait que je valorise ainsi. Il ne peut donc y avoir que des vérités *sur* l'éthique, son origine et son fonctionnement, lesquelles nous montrent à l'envi sa nature subjective.

Il convient maintenant, sur cette base, d'analyser davantage ce que sont les valeurs qui la constituent.

Les valeurs éthiques et leurs caractères

On peut procéder à un rapide inventaire de celles-ci à partir, paradoxalement, de Kant. Paradoxalement car Kant n'est pas le penseur de l'éthique mais de la morale et, au demeurant, il ne distingue pas explicitement ces deux termes, les utilisant l'un pour l'autre. Pourtant, dès le début des *Fondements de la métaphysique des mœurs*, il procède à leur différenciation, même si le vocabulaire permettant de la nommer n'est pas présent. Définissant d'emblée la bonne volonté comme la seule chose « absolument bonne », c'est-à-dire comme le « bien » moral, il lui oppose diverses « choses bonnes » que nous apprécions mais dont la valeur n'est pas absolue puisque subordonnée à la présence de la moralité[2]. Rappelons la liste qu'il en donne : les dons de la nature qu'il subdivise en talents de l'esprit, comme l'intelligence, et en qualités du tempérament, comme le courage ou la décision ; puis les dons de la fortune comme la santé ou le bonheur ; enfin

---

[1] J. S. Mill l'indique bien : « La seule preuve qu'on puisse donner pour établir qu'une chose est désirable, c'est qu'*en fait* on la désire » dit-il (in *L'utilitarisme*, Granier-Flammarion, 1968, p. 104). Spinoza le dit aussi, à sa manière, lorsqu'il affirme que « la connaissance du bon et du mauvais n'est rien d'autre qu'un sentiment de joie ou de tristesse, en tant que nous en sommes conscients » (*L'éthique*, II, proposition VII).

[2] Op. cité, Delagrave, 1ère section (désormais *FMM*).

des qualités proches de la moralité et la favorisant, comme la maîtrise de soi, mais qui peuvent s'inverser en défauts selon l'usage qu'on en fait. Inventaire étonnant parce que complet, mais dont le mérite essentiel est ailleurs. En dehors du fait indiqué que toutes ces « choses bonnes » ne sont pas « absolument bonnes », il met en évidence, presque à son insu, un point qu'elles ont en commun : elles sont toutes désirées, ou susceptibles de l'être, et donc valorisées dans le cadre d'un intérêt vital quelconque, sur la base d'une attirance sensible ou empirique venant de ce que Kant appelle nos « inclinations ». Nous désirons l'intelligence, l'esprit de décision, la santé, le bonheur, la maîtrise de soi, etc., non pour des raisons morales mais à cause de l'intérêt que nous y prenons, et c'est sur la base de ce désir-intérêt que nous valorisons chacune de ces « choses bonnes » : à aucun moment la valeur que nous leur attribuons ne saurait être conçue selon un processus coupé de la « sensibilité », sans un motif empirique de valorisation. C'est pourquoi nous sommes précisément en présence de *valeurs éthiques*, liées à des jugements de valeur entièrement immanents à la vie sensible, y trouvant leur source et leur cause de fonctionnement. Le fait que leur valeur ne soit pas « absolue », comme celle que nous attribuons à la « bonne volonté » considérée comme le bien moral, en est simplement la conséquence : la vie, quand elle valorise, se situe hors morale !

On peut, à partir de là et en ayant présent à l'esprit ce bref balisage du champ de l'éthique, énoncer les caractéristiques de ses valeurs. Elles sont d'abord *concrètes* ou *matérielles*, de toute évidence, puisque c'est le désir, l'intérêt ou l'inclination qui les inspire et que seules des réalités concrètes ou matérielles peuvent susciter un pareil mouvement de notre sensibilité et engendrer la valorisation qui, à chaque fois, l'accompagne. Et si l'on veut éviter une réduction matérialiste sommaire de la valeur éthique – l'intelligence n'est pas matérielle au sens où la richesse l'est –, disons que toute valeur éthique est « matérielle », constituée par une réalité ou un « matériau » tiré de l'expérience, qui parle d'abord à notre sensibilité et qui est susceptible de lui apporter un certain plaisir. De ce point de vue, le champ de la valorisation éthique peut parcourir la gamme complète de nos intérêts vitaux, des plus triviaux ou « matériels » au sens ordinaire du terme, comme les plaisirs des sens ou le plaisir sexuel, aux plus élevés et les plus éloignés de la matérialité ordinaire, comme le plaisir esthétique ou l'activité intellectuelle, sans que l'on cesse de se situer sur le terrain de ce qui peut nous procurer une satisfaction sensible, à l'intérieur d'une forme de vie donnée[1]. Elles sont aussi *particulières* ou *relatives* : ce point se déduit

---

[1] Exemple extrême : la *joie* telle que Spinoza en fait l'apologie est bien une réalité « matérielle » – ni moins ni plus que le plaisir corporel d'Epicure – et donc une valeur éthique, même si on conteste qu'elle soit de nature « matérielle ».

immédiatement du statut vital des valeurs éthiques et n'a pas vraiment besoin d'être spécialement démontré. Disons seulement que le pluralisme éthique renvoie au pluralisme vital qui le produit et qu'il en est le double normatif : c'est toujours *du point de vue d'une vie particulière ou d'un état particulier de cette vie* que nous valorisons éthiquement, sans jamais pouvoir prétendre détenir le secret de la « bonne » vie. Cela ne veut pas dire que des constantes ou des régularités ne puissent être dégagées dans les valeurs éthiques auxquelles adhèrent les hommes, mais pas au point qu'on puisse les ériger en évidences normatives transcendant les époques, les cultures, les classes ou les individus et s'imposant à ces derniers. Pour ne prendre que l'exemple de l'amour, qui ne voit que la valorisation à peu près unanime dont il a fait et fait l'objet – on aime aimer – ne saurait masquer la variété des formes sous laquelle on le vit et donc le valorise, de l'homosexualité antique au mariage catholique ou à l'union libre contemporaine. Cela ne veut pas dire non plus, qu'on ne puisse prétendre hiérarchiser les formes de vie pour y distinguer un « meilleur » et un « moins bon » – comme il y a des œuvres et même des formes d'art plus ou moins belles, il y aussi des formes de vie plus ou moins réussies ou plus ou moins excellentes –, mais le jugement de valeur éthique ne saurait ambitionner à l'objectivité sans oublier son origine vitale et, surtout, sans courir le risque du totalitarisme c'est-à-dire, ici, le risque de l'imposition d'une norme d'existence à ceux qui n'en voient pas l'intérêt ou n'en perçoivent pas la valeur.

Les valeurs éthiques sont par ailleurs *facultatives* et ne définissent alors qu'un *bon* par opposition à un *mauvais* : point décisif, s'il en est. Quand nous désirons une chose ou que nous constatons qu'elle nous fait plaisir et que nous la valorisons par ce seul fait, nous ne faisons qu'exprimer le *fait* de ce désir ou de ce plaisir, dans sa pure contingence, sans que la moindre nécessité normative puisse lui être attachée, et notre valorisation ne peut donc obliger personne. Que Don Juan érige le plaisir amoureux de la séduction et de la conquête, multiplié à l'infini, en valeur absolue supérieure à celle de l'attachement affectif qui nous fait aimer « mille et une fois la même femme » plutôt que « mille et une femmes », ne vaut que pour lui et ne saurait être transformé en norme universelle de vie, la réciproque étant, d'un point de vue purement éthique qui fait abstraction d'autrui et de la souffrance qu'on peut lui imposer, tout aussi exacte puisque personne n'est obligé de valoriser l'amour exclusif plutôt que le plaisir sexuel démultiplié. Plus largement, personne n'est tenu de préférer l'activité de l'intelligence à celle du corps, le travail plutôt que le loisir, la sécurité au risque, etc., et réciproquement. C'est dire que la valeur éthique ne définit que ce qui est *bon* : bon pour tel individu (ou tel groupe) parce que répondant à ses intérêts vitaux, sans pouvoir prétendre régir la vie des autres individus (ou des autres groupes). A l'horizon de la valorisation éthique il y a alors le *bonheur* puisque nous valorisons, finalement, à travers nos désirs, nos intérêts ou nos inclinations, ce qui peut nous rendre heureux et qu'aucune forme de bonheur ne saurait être décrétée à l'avance obligatoire ; à ce titre, elle doit à nouveau être déclarée arbitraire. Du coup, on voit apparaître ce qui rend ultimement l'éthique facultative : elle se déploie dans le champ de la vie individuelle (même s'il s'agit d'un ensemble d'individus), elle ne concerne que l'usage qu'un individu fait de soi (lié à ce que Foucault appelle justement le « souci de soi »[1]) sans que l'autre soit directement impliqué. Non que l'autre puisse être totalement absent du déploiement de la vie individuelle (sauf à envisager Robinson sur son île) et en ce sens un point de vue purement éthique sur l'existence est difficilement concevable, nos choix individuels de vie ayant souvent des conséquences sur autrui ; mais la valeur éthique n'engage pas *directement* l'autre, quand autrui intervient c'est en quelque sorte latéralement, dans le cadre d'une préoccupation individuelle de vie et du point de vue de celle-ci. C'est bien pourquoi le *bon* éthique est un *bon pour* tel individu (ou tel groupe), immanent à la particularité de sa vie, et non un *bon en soi*, ce qui en ferait un *bien* moral, cette chose « absolument bonne » dont parle Kant dans un vocabulaire encore flottant[2].

Dernier caractère : les valeurs éthiques ne sauraient faire l'objet d'une connaissance qui nous ferait appréhender leur qualité propre et nous prouverait leur existence objective, elles ne peuvent être qu'*éprouvées* dans le cadre de l'expérience vitale qui nous les impose, et c'est pourquoi nous avons exclu qu'il puisse y avoir des vérités éthiques. Le jugement de valeur est donc ici déterminé par une sensation, au sens large : de plaisir pour le bon, de peine pour le mauvais. Il est entièrement empirique et ne saurait être connu à l'avance par une quelconque instance intellectuelle, sauf à revenir à l'idée qu'il y a des constantes anthropologiques dans le domaine de la normativité éthique et extrapoler à partir d'elles sur les valorisations futures de l'humanité. Au demeurant, la connaissance de pareilles constantes, si elle est concevable, ne saurait nous permettre de prévoir d'une manière sûre les valeurs de tel ou tel individu, lesquelles ne peuvent être déterminées qu'à partir de l'expérience au sein de laquelle les hommes découvrent ce qui vaut pour eux : seule l'activation effective d'un désir, d'un intérêt ou d'une inclination peut susciter la valorisation correspondante et nous renseigner sur elle. Qu'on songe seulement au fait que celui qui a perdu le goût de la nourriture cesse de valoriser le plaisir de manger, que celui dont l'activité sexuelle est déclinante ou bloquée cesse de la valoriser ou, encore, au fait

---

[1] Voir le titre du troisième tome de son *Histoire de la sexualité*, *Le souci de soi*, Gallimard, 1984.
[2] A être « absolument bonne », une « chose bonne » cesse donc de relever du « bon » pour relever du « bien ». Dans la *Critique de la raison pratique* le vocabulaire s'est précisé et Kant distingue clairement le « bon » (Gut) et le « bien » (Wohl).

que l'émotion artistique n'est pas une valeur pour qui n'a pas été mis en situation d'en faire l'expérience et donc de l'éprouver. Pourtant, j'ai bien dit qu'une science de l'éthique est possible, thèse essentielle qu'il faut maintenir : les valeurs éthiques ne bénéficiant d'aucun privilège d'extra-territorialité au sein de l'expérience totale, elles sont à traiter comme des faits dont on peut rendre compte et la science ne fait alors qu'étendre à la conscience le processus par lequel elle s'empare progressivement de l'ensemble du réel pour le connaître dans une optique nécessairement matérialiste. C'est l'occasion de préciser à nouveau le statut de l'éthique à la lumière d'une pareille connaissance.

L'éthique comme domaine d'interprétation

Comme nous l'avons indiqué, cette connaissance, si elle nous apporte bien des vérités *sur* l'origine et le fonctionnement de l'éthique, ne saurait transformer les valeurs éthiques elles-mêmes en *vérités* universelles, avec l'obligation d'y adhérer que comporte le terme de « vérité », comme si nous avions affaire là à des valeurs en soi, dont la raison pourrait, de l'extérieur de l'expérience qui nous les fait ressentir, nous en faire saisir la validité. Bien au contraire, en indiquant leur origine vitale, une explication scientifique les fait apparaître comme une simple appréhension subjective de la valeur des choses, sans fondement objectif et c'est donc le concept d'*interprétation* qui seul convient ici. Si l'on entend par là – car ce concept est polysémique – non un ensemble d'idées fausses sur le réel précédant la science et que celle-ci pourrait supprimer, ni, en sens inverse, la science même des valeurs qui les restitue à leur vérité vitale cachée, mais la donation subjective de sens à laquelle procède la conscience pour autant qu'elle est prise dans la vie et ses valorisations spontanées[1], alors il faut dire que *l'éthique est un domaine d'interprétation et non de connaissance*. Lorsque nous prenons parti dans le champ éthique, nous n'énonçons pas des vérités, nous interprétons le réel ou l'existence à la lumière d'une valeur, nous conférons à la vie un sens subjectif qui lui vient de *notre* vie et des valeurs qu'elle secrète, en dehors de tout motif rationnel, et c'est pourquoi « tous les jugements sur la valeur de la vie » sont « injustes »[2], ne pouvant trouver dans leur objet, comme ils le croient pourtant, de quoi se justifier. Vivre consiste donc à « poser des valeurs » qui n'ont rien de logique[3] – l'amour, l'intelligence, le plaisir, l'art etc. – et à interpréter l'existence dans cet éclairage axiologique partisan. Le

---

[1] Ce sont là les trois sens possibles du concept d' « interprétation » aujourd'hui, si on laisse de côté son sens linguistique courant de « traduction » : conception pré-scientifique du réel, science interprétative ou herméneutique, appréhension subjective du monde liée à la vie et donatrice de sens.
[2] Nietzsche, *Humain, trop humain* 1, op. cité, § 32.
[3] Ib.

sens normatif que nous lui attribuons sur cette base ne saurait donc être connu et prétendre être reconnu comme une propriété des choses elles-mêmes ; il ne peut être qu'éprouvé et doit constamment être ramené à son modeste statut d'interprétation. Propos qui n'est qu'une autre manière de ruiner définitivement l'illusion d'objectivité de l'éthique dont je suis parti.

Un deuxième concept d'éthique ?

Ce qui pourrait remettre en question toute l'analyse qui précède et l'idée qui l'anime – la subjectivité vitale de l'éthique –, c'est qu'il y a un autre concept d'éthique imposé par l'histoire. L'éthique désigne en effet aussi, par opposition à l'éthique *spontanée* dans laquelle toute vie humaine est prise, l'éthique *réfléchie* telle qu'elle a été élaborée par les différentes philosophies préoccupées par la question pratique de la vie bonne, dans le cadre d'une problématique de la sagesse. Or, ce qui caractérise cette problématique, dans tous les cas de figure que l'histoire nous présente – stoïcisme, épicurisme, éthiques d'Aristote et de Spinoza, utilitarisme, etc. –, c'est qu'il s'agit de maîtriser par l'intelligence la « sauvagerie », en quelque sorte, de l'éthique spontanée et de ses valorisations immédiates et d'éviter ainsi le malheur auquel cette spontanéité conduit. Tout se passait donc comme si l'on pouvait ou, en tout cas, l'on avait cru pouvoir rationaliser le champ des valorisations vitales de façon à l'orienter vers ce maximum de bonheur auquel il tend naturellement mais vers lequel il ne sait pas par lui-même aller, et ce, en deux sens. D'abord au sens où on pourrait le comprendre par la raison et l'orienter vers des vérités pratiques stables ou objectives, au prix d'un tri rationnel : c'est ainsi que la passion a été régulièrement rejetée parce que conduisant à la souffrance et que la satisfaction de certains désirs ou la poursuite de certains idéaux de vie a été critiquée pour le même motif[1]. Mais aussi au sens où l'on estimait pouvoir y introduire une efficacité véritable de l'intellect permettant à l'homme de parvenir au bonheur et de ne pas se cantonner à sa définition idéale. Dans cette aventure où la raison est censée jouer un rôle décisif, on voit que c'est aussi l'idée d'un possible *sujet de l'éthique*, c'est-à-dire d'un possible *sujet éthique* qui se joue. Alors que l'éthique spontanée est *sans sujet* ou *sans Sujet* (avec une majuscule) puisque la source des valorisations se trouve dans le processus de vie objectif envisagé dans toutes ses composantes, sans qu'un quelconque « sujet » intervienne consciemment et librement pour choisir ses valeurs et puisse en être considéré comme l'auteur, l'éthique réfléchie, elle, fait appel, par définition, à un pareil « sujet » : c'est le sujet qui, par sa réflexion,

---

[1] Voir le tri qu'Epicure effectue parmi les désirs ou Spinoza parmi les sentiments, ou encore la dénonciation par les stoïciens de ce qui dans notre affectivité ne s'accorde pas au cours du monde.

construit ses normes et son programme de vie en même temps qu'il se construit dans et par cette réflexion. Il y aurait donc apparemment un sujet *de* l'éthique réfléchie, à la fois présupposé par elle – la raison dans son activité subjective – et posé par elle – le sujet comme effet d'une organisation rationnelle de la vie à la lumière de normes intellectuellement choisies. C'est ici que les analyses de Foucault prennent toute leur importance, quitte à les transposer[1] : l'éthique réfléchie, orientée par le « souci de soi », induit ou induirait une « pratique de soi » ou une « culture de soi » productrice, à chaque fois, d'un certain type de « sujet » ou de « subjectivité », comme le « sujet épicurien » voué à la recherche du plaisir stable ou le « sujet stoïcien » accordé au monde, pour ne prendre que ces exemples. C'est donc bien à une rationalisation de la normativité éthique, centrée sur la vie individuelle, qu'ont tenté de procéder les différentes sagesses, de façon à la faire échapper à l'arbitraire à laquelle elle semble condamnée de par son origine vitale en même temps qu'aux risques de malheur qu'elle comporte. Une connaissance éthique, délivrant des vérités pratiques, des normes « vraies » de la vie bonne menant au bonheur, est bien dans ce cas clairement projetée, et un sujet éthique est censé la mettre en œuvre dans une vie individuelle rendue à la fois plus rationnelle et plus raisonnable.

Est-ce à dire que l'éthique réfléchie contredise ce que nous avons dit de l'éthique spontanée telle qu'elle est présente chez tous et que nous soyons en présence d'une tout autre normativité ? Je ne le pense pas. En réalité, l'éthique réfléchie présente dans les différentes sagesses, quelle qu'ait été leur ambition, est entièrement prise dans *l'élément normatif* de l'éthique spontanée, qu'elle se contente de rationaliser ou de soumettre à l'intelligence en y introduisant un calcul intellectuel. Si Epicure, par exemple, entend maîtriser le plaisir de façon à éviter le déplaisir et donc le malheur qu'une recherche inconsidérée du plaisir pourrait entraîner, c'est sur la base d'une valorisation première érigeant le plaisir en valeur essentielle, qui ne vient pas de l'intelligence ou de la raison mais est empruntée à la sphère des valorisations éthiques spontanées. Plus largement, toute sagesse ou toute éthique réfléchie part d'une proposition normative et non théorique, tirée de la normativité éthique spontanée – le plaisir pour Epicure, l'accord avec le monde pour les stoïciens, la joie pour Spinoza, l'utilité pour l'utilitarisme, la puissance pour Nietzsche –, qui lui impose sa fin et dont elle essaie seulement de montrer par la raison comment on peut la mettre en œuvre avec

---

[1] Voir à nouveau son *Histoire de la sexualité*, *Le souci de soi*, mais aussi *L'usage des plaisirs* Gallimard, 1984, ainsi que les divers textes qui se rapportent à ce thème dans *Dits et écrits* II, Gallimard, 2001 et *L'herméneutique du sujet*, Seuil/Gallimard, 2001.

un maximum d'efficacité[1]. Elle s'engage donc dans un calcul de moyens qui vient de la réflexion rationnelle, mais à partir d'une valorisation première qui n'en procède pas mais provient de la vie, et qui ne nous fait pas quitter, en dernière instance, le terrain de la normativité éthique telle que nous l'avons analysée. C'est bien pourquoi toutes les caractéristiques de l'éthique spontanée se retrouvent en elle : les éthiques réfléchies sont concrètes, particulières ou multiples – il y a *des* sagesses malgré l'ambition de leurs promoteurs, à chaque fois, de parvenir à une vérité pratique définitive –, elles sont bien entendu facultatives – personne n'est obligé d'être épicurien ou stoïcien ! – et, enfin, la validité de leur proposition normative de base ne peut être démontrée par l'intelligence mais seulement éprouvée par la sensibilité[2]. Une réflexion un peu approfondie sur l'enracinement vital de la normativité éthique ne saurait donc être ébranlée par l'existence des sagesses. Le travail de la raison auquel elles ont procédé sur les valeurs spontanées ne les a pas amenées à définir ou produire une normativité nouvelle, qui serait posée ou déduite de la raison, sans relation d'essence avec la vie ; ce travail est resté sur le terrain des valeurs éthiques : en réfléchissant *sur* elles pour en produire une figure plus rationnelle, il est resté *en* elles, au sein de leur substance normative.

Conséquence

Une approche matérialiste de la valeur n'est donc pas en difficulté face aux valeurs éthiques quelles qu'elles soient et quelle que soit la forme sous laquelle elles se présentent. L'ensemble de notre analyse nous confirme en effet dans l'idée qu'elles n'existent pas « en soi » dans un monde idéal (ou idéel) et qu'elles ne sont pas non plus des propriétés des choses ; elles ont un caractère essentiellement *relationnel,* elles viennent de notre *rapport* aux

---

[1] Cette idée pourrait être contestée dans le cas du stoïcisme puisque l'accord avec le monde qu'il préconise suppose que l'on renonce à la spontanéité vitale grâce à la raison et qu'il est choisi par elle. Mais on peut considérer que cet accord est un *état* de bien-être, éprouvé par la sensibilité humaine courante, et que la sagesse stoïcienne ne fait qu'en proposer la systématisation dans un projet de vie. Elle enregistre donc une valeur éthique éprouvée spontanément par l'homme – le bonheur lié à l'harmonie de l'homme et du monde – qui est pensée par la raison mais non directement produite par elle.

[2] On peut ajouter que, vu leur caractère réflexif, elles sont à chaque fois dépendantes d'une métaphysique particulière ou, en tout cas, qu'elles se présentent comme telles. C'est ce qu'indique D. Collin dans *Morale et justice sociale*, Seuil, 2201, p. 15 et cette idée se retrouve plus ou moins dans la conception qu'ont de l'éthique M. Conche et A. Comte-Sponville. Il est vrai que les grandes sagesses s'enracinent *aussi* dans une conception particulière du monde : matérialisme chez Epicure, conception d'une « nature » sur laquelle l'homme n'a pas de prise pour les stoïciens, conception de l'homme comme mode de la substance divine chez Spinoza, etc., et la forme de bonheur qu'elles nous proposent lui est à chaque fois liée. Mais ce point ne doit pas faire oublier la dépendance première de toute sagesse vis-à-vis de l'éthique spontanée telle que je la conçois.

choses et s'enracinent dans nos évaluations, elles-mêmes liées à notre vie. « Les matérialistes, dit Mario Bunge, s'occupent d'évaluations accomplies par des êtres vivants, en particulier des humains », il n'existe donc pour eux que « des faits – choses, évènements, idées – auxquels nous attribuons une valeur par rapport à certains objectifs et certaines circonstances » ; mais il précise très justement : « on peut cependant, par souci d'économie, continuer à parler de valeurs plutôt que d'évaluations, pourvu que l'on se rappelle qu'il n'existe pas de valeurs indépendamment d'êtres vivants (spécialement humains) susceptibles de procéder à des évaluations »[1]. Je reprends à mon compte l'ensemble de ce propos, sauf que je l'applique pour l'instant au seul domaine de l'éthique : celle-ci s'explique parfaitement à partir de la vie, ce sont les « objectifs » de cette vie, dans certaines « circonstances », qui nous amènent à attribuer une valeur aux « choses, évènements, idées », laquelle valeur n'est donc, à chaque fois, que l'effet d'une valorisation. Reste à savoir si cela est vrai de l'ensemble du champ de la valeur : toutes les valeurs ne sont-elles que des productions vitales (au sens où je l'ai indiqué, non exclusivement biologique) et donc subjectives, n'ayant de sens qu'à l'intérieur de tel ou tel type de vie et donc en relation avec celui-ci, ou bien peut-on concevoir des valeurs objectives s'imposant à la vie, mais ne renvoyant pas pour autant à un univers idéal transcendant et ne siégeant pas dans une mystérieuse nature humaine immuable qu'il suffirait d'admettre pour les expliquer ? On aura deviné que ce qui en jeu c'est l'existence de *valeurs morales* distinguées des valeurs éthiques.

Or il s'agit là d'une vraie question théorique, et non d'un simple problème de terminologie, que l'on peut formuler ainsi : si l'on accepte de voir dans la normativité éthique une normativité *faible* – bien que, vitalement ou existentiellement parlant, dans l'ordre des causes, elle soit « forte » puisque fortement agissante dans notre existence –, peut-on admettre l'existence d'une autre normativité, d'une normativité *forte*, celle de la morale, forte bien que, en sens inverse de ce qui se passe pour la normativité éthique, elle soit « faible » dans l'ordre des causes, agissant trop peu souvent sur notre existence ? On peut le dire d'une autre manière, qui indique le problème indissolublement ontologique et épistémique qui se pose : peut-on admettre que la vie – car tout dans l'humain y trouve sa source pour le matérialisme – donne naissance à une normativité qui s'*impose* à elle et s'y *oppose* partiellement au lieu d'en traduire simplement le caprice axiologique lié à ses fluctuations et d'en prolonger l'expansion de fait ? Le problème est ontologique puisqu'il s'agit de concevoir que la réalité – ici la vie – puisse engendrer par son mouvement propre un niveau spécifique d'existence, la morale, profondément distinct du niveau antérieur,

---

[1] In *Matérialisme et humanisme*, Liber, Montréal, 2004, p. 238.

l'éthique ; mais il est aussi épistémique puisqu'il faut alors en produire l'intelligence scientifique. J'ajoute que cette vraie question théorique est aussi une *grande* question théorique. La science, dans son progrès irrésistible, a successivement envahi les différents secteurs du réel, a résolu ou est en voie de résoudre – car son mouvement est sans fin – les questions de la matière inanimée, du vivant, s'empare actuellement, sous des formes diverses, du problème de la conscience, mais paraîtrait devoir échouer définitivement devant la question morale : comment passer de l'être vital au devoir-être moral ? Or c'est bien à ce niveau, le niveau moral, s'il ne constitue pas une illusion, que s'affirme le plus à la fois la spécificité de l'homme et, osons le terme sans craindre de verser dans la grandiloquence, sa grandeur. Un matérialisme scientifique peut-il donc résoudre ou aider à résoudre la question morale sans la dissoudre dans l'éthique et attester ainsi que rien dans l'homme n'est inexplicable ? Peut-il ainsi nous éviter la tentation de recourir à l'idéalisme, au spiritualisme et, pour parler clair, à la religion si l'on veut maintenir et cette spécificité et cette grandeur ?[1]

On peut préciser un peu la difficulté en revenant à Nietzsche, puisque c'est lui qui a initié le questionnement critique sur la morale – l'essentiel de son œuvre lui est consacré – et que sa réflexion nous offre un excellent paradigme des difficultés qu'implique ou entraîne une approche matérialiste, c'est-à-dire immanente, de celle-ci[2]. Retenons seulement, ici, ce qui intéresse directement notre démonstration. Nietzsche explique *l'ensemble* des valeurs par la vie, que celle-ci soit définie par la biologie, par la psychologie, qu'elle subisse l'influence de l'histoire, jamais absente chez lui[3], ou qu'elle soit définie tardivement par la volonté de puissance, selon le schéma théorique qui fait d'une valeur l'effet d'une valorisation, sans objectivité externe. L'explication s'applique donc aussi aux valeurs prétendument morales : celles-ci sont pour l'essentiel l'effet mystifié d'une vie faible qu'elles servent sans le savoir et ce sont donc des valeurs vitales qui s'ignorent, se dotant d'une transcendance qu'elles n'ont pas. Réintégrées dans le plan de la vie, les valeurs dites « morales » se révèlent être de simples valeurs *éthiques* au sens que nous avons analysé : dans la vie, de la vie et pour la vie. La morale n'est donc qu'une éthique qui s'ignore, celle des « faibles », une

---

[1] C'est ainsi que le pape Jean-Paul II, reconnaissant enfin la théorie de l'évolution devant l'Académie pontificales des sciences le 22 octobre 1996, l'a coupée de son prolongement anthropologique propre et a affirmé que le matérialisme scientifique était incapable de « fonder la dignité de la personne », seule la théologie et la foi étant capables de le faire. C'est là la persistance d'un vieux préjugé à l'encontre du matérialisme l'accusant d'être par définition immoraliste.

[2] Voir mon *Nietzsche ou l'impossible immoralisme*, Kimé, 1993.

[3] Dans *Par-delà le bien et le mal* il projette clairement une « histoire naturelle de la morale », base d'une « science morale » (entendons : science *de* la morale) à venir : cf. la 5ème partie de l'ouvrage.

région particulière de la normativité vitale, sans transcendance réelle vis-à-vis de la vie ou, si l'on préfère et quelles que soient les prétentions qu'elle affiche, sans objectivité[1]. On voit donc dans ce cas l'effet, théorique mais aussi pratique, d'un projet d'explication de la morale sur le plan matérialiste des faits : elle aboutit à la détruire, à en détruire l'idée, à supprimer les catégories du *bien* et du *mal* pour ne laisser subsister que celles du *bon* et du *mauvais*. Pour Nietzsche il n'y a que des valeurs éthiques, pas de valeurs morales, et le traitement immanent de la question morale se paie donc chez lui de la négation de sa spécificité. Doit-on accepter cette conséquence, ne peut-on tenter de comprendre la morale sur une base matérialiste sans être amené à la nier ? C'est ce qu'il faut examiner maintenant en précisant d'avantage ce que l'on doit entendre par « morale ».

---

[1] Voir *La généalogie de la morale*, en particulier la 1ère dissertation, et *La volonté de puissance*.

La morale

Inversons l'ordre de la réflexion et commençons par une description ou une phénoménologie des valeurs morales, en sachant qu'une phénoménologie n'est pas une explication ni une preuve d'existence : elle ne se prononce pas sur l'essence effective de son objet et peut ne traduire que la manière dont il nous apparaît ou dont nous le vivons. Après tout, on peut faire la phénoménologie d'une illusion !

Les caractéristiques des valeurs morales, si celles-ci existent

L'expérience morale ordinaire nous met en présence de valeurs que nous qualifions spontanément de *morales* et Kant nous en a fourni une théorisation qui est exemplaire, quels que soient ses présupposés idéalistes, aussi bien dans les *Fondements de la métaphysique des mœurs* que dans la *Critique de la raison pratique*. Faut-il le préciser, avant d'entrer dans le détail ? Il n'y a pas de « morale kantienne », comme il y a une éthique épicurienne, stoïcienne, etc., morale qui engagerait donc une conception du *bien* qui lui serait propre ; il n'y a qu'une formulation par Kant d'une morale universelle ou prétendant à l'universalité. Il l'a d'ailleurs lui même reconnu en reprenant au positif une appréciation d'un critique qui lui reprochait de n'avoir établi aucun principe nouveau et de n'avoir apporté qu'une « formule nouvelle de la moralité »[1]. Et dans la première section des *Fondements de la métaphysique des mœurs* il indique clairement que le contenu normatif sur lequel il réfléchit, il l'emprunte directement à la « raison humaine commune » et que le principe moral suprême auquel il parvient, celle-ci l'a constamment « sous les yeux ». En ce sens, on peut dire que « toute morale est kantienne »[2], à condition de préciser le propos : si la morale est possible – ce que nous n'avons pas encore démontré – elle ne peut avoir pour contenu que l'ensemble de valeurs que Kant a indiqué et qu'il faut clairement distinguer, par hypothèse, de la conception anthropologique sur laquelle il le fait reposer : celle-ci est inséparable d'une ontologie idéaliste que l'on ne peut plus accepter au regard de la science contemporaine[3]. Reconnaître que

---

[1] *Critique de la raison pratique*, PUF, Préface, p. 6, note 1.
[2] D. Collin, *Questions de morale*, Armand Colin, 2003, p. 268.
[3] J'ai développé cette idée ailleurs : voir, en particulier, mon article « Le matérialisme et la science », in *Intrusions spiritualistes et imposture intellectuelles en sciences*, sous la direction

la présentation qu'il donne de la morale est juste, voire indépassable, c'est donc reconnaître qu'il n'y a de morale qu'avec ce *contenu normatif-là* et les caractéristiques qu'il possède, ce n'est pas acquiescer au système ontologique à l'intérieur duquel il est pensé ni, bien entendu, aux conséquences religieuses que son admission est censée entraîner selon le philosophe allemand[1]. Quel est donc ce contenu normatif et quelles en sont les caractéristiques ?

Les valeurs morales sont *abstraites* ou *formelles* ou, en tout cas, le principe ultime qui les fonde l'est, et c'est à ce prix qu'il peut valoir sur un plan qui n'est pas éthique, c'est-à-dire intéressé. Prenons le respect de la personne humaine. Il est clair que ce principe normatif vise l'autre dans son abstraction ou sa simple forme d'être humain, sans préciser son âge, son sexe, sa classe, sa race ou sa culture, ou encore l'époque à laquelle il vit. S'il le précisait davantage, il indiquerait une valeur s'adressant à ma sensibilité et suscitant un intérêt vital : on retomberait dans l'éthique. Car j'aime et donc valorise l'autre, sur un plan éthique, justement en raison de ses qualités concrètes et je discrimine entre les humains, très normalement, de ce point de vue : ma femme, mes enfants, mes amis, etc. Alors que la morale, par opposition, accorde une valeur à tout être humain, même quand il me déplait et que, concrètement, je ne le valorise pas : c'est l'être humain en tant que tel, abstraction faite des qualités qui le particularisent et l'offrent à ma représentation concrète, que je dois valoriser. A sa manière, détestable du fait de la conclusion pratique qu'il en tire, le dirigeant politique d'extrême-droite Le Pen a bien compris le fonctionnement égoïste de la sensibilité humaine. Dans une espèce de théorie des cercles concentriques de la valorisation affective, il a pu affirmer : « Je préfère ma femme à ma cousine, ma cousine à ma voisine, ma voisine à l'étrangère ». Le problème est que, en disant cela, il ne se contente pas d'indiquer exactement le mouvement spontané de l'affectivité, qui non seulement discrimine mais s'épuise quand elle passe du proche au lointain et à l'irreprésentable ; il l'assume et en fait un principe normatif alors que la morale nous commande de nous y opposer et d'aimer dans la pratique l'autre quel qu'il soit, le lointain (ou l'étranger) comme le proche, sans distinguer entre eux[2]. Le Pen, ici, comme tous les

---

de J. Dubessy et G. Lecointre, Syllepse, 2001. Je signale que même B. d'Espagnat, qui n'est pas matérialiste, admet qu'on ne peut accepter l'idéalisme kantien de l'espace et du temps en raison de la théorie de l'évolution : voir son *Traité de physique et de philosophie*, Fayard, 2002, p. 325-326. Ce qui emporte sa théorie de la liberté, qui lui est liée.

[1] A savoir le postulat de l'immortalité de l'âme et celui de l'existence de Dieu, qui constituent la part la plus datée idéologiquement de sa philosophie pratique. Le postulat de la liberté présente une toute autre importance.

[2] L'amour du « prochain » que préconise l'Evangile vise donc, en réalité, le « lointain », l'autre qui doit être considéré comme un « proche », un autre moi-même ; et il s'agit d'un amour « pratique » qui s'incarne dans le respect et dans des actes visant son bien ou son

mouvements politiques particularistes fondés sur une préférence quelconque (de race, de pays, de classe, etc.), commet la bévue de confondre une valorisation affective avec une valeur morale, transformant indûment le fait en droit, et il oublie que la morale nous demande parfois de juger l'éthique et de rejeter ses valorisations concrètes quand, engageant nos rapports avec autrui, elles la contredisent. Tout cela ne signifie pas que la morale, avec son abstraction, n'ait pas affaire au concret. Seule une conception elle-même abstraite et pour tout dire idéaliste de celle-ci peut le faire penser : une conception qui hypostasie les valeurs en réalités transcendantes extérieures au monde effectif. Si, au contraire, on admet que, comme l'éthique dont elle ne se distingue pas sur ce point, elle constitue un mouvement de valorisation (ou de dévalorisation) du monde, donc un *rapport* de valeur *au réel*, alors il est évident qu'à travers son abstraction même la morale a affaire à ce réel au sens où elle s'y *applique* en permanence pour la part de celui-ci qui la concerne. Simplement, comme nous le verrons plus tard, ce n'est pas le réel qu'elle juge, à savoir la vie dans sa concrétude, qui peut *fonder* le jugement de valeur que l'on porte sur lui : seule une instance de valeur abstraite, qui ne se contente pas de parler à notre intérêt vital et se situant à un niveau « méta » ou second par rapport à lui, est à même de le faire.

Mais les valeurs morales sont aussi *universelles* et leur universalité a partie liée avec leur abstraction. Reprenons l'exemple du respect de la personne humaine : c'est parce qu'il fait abstraction des particularités concrètes qui les séparent et qu'il vise tous les hommes, que ce principe peut s'imposer à tous. De même, si la morale condamne le mensonge et commande la sincérité et la véracité dans les rapports inter-humains privés ou publics – au point qu'une manipulation politique de l'information officielle suscitera une réprobation immédiate et unanime –, elle le condamne dans tous les cas, indépendamment des situations qui pourraient sembler le justifier du point de vue de tel ou tel intérêt vital, et c'est bien pourquoi sa condamnation vaut absolument, dans toutes les situations imaginables et pour tous les hommes. La casuistique habituelle qui veut le légitimer quand il est, de fait, nécessaire (ce qui peut arriver), confond les plans : sa nécessité de fait ne le légitime pas en droit, elle ne supprime pas sa « qualité » de mensonge. On pourrait multiplier les exemples à l'envi : il n'est pas une seule des valeurs que nous considérons désormais comme *morales*, soustraites à l'arbitraire de notre caprice axiologique, dont nous ne concevions qu'elle vaut dans tous les cas et dont nous n'affirmions qu'elle s'adresse à tous les sujets humains capables de la comprendre. Ce point a été mis au premier plan par Kant dans sa présentation et dans sa déduction du

---

bonheur, et non d'un amour de sentiment, qui n'a pas de sens et est impossible à ce niveau. Kant a admirablement indiqué ce deuxième point : cf. les *FMM*, op. cité, p. 98-99.

principe moral suprême, en deux temps[1]. D'abord, en montrant que la valeur morale doit nécessairement prendre la forme d'une *loi* commandant inconditionnellement si l'on veut qu'elle rende possible un comportement proprement moral, soustrait à la seule nécessité de la vie naturelle et à l'omniprésence de l'intérêt particulier, et qu'il existe donc quelque chose d'« absolument bon », de « bon sans restriction ». Ensuite, en procédant, sur cette base, à la déduction du principe moral : si la valeur morale doit valoir universellement en ayant la forme d'une loi, alors son contenu doit nécessairement être l'Universel lui-même puisque, thèse essentielle, *seul l'Universel peut valoir universellement et s'ériger en loi*. C'est bien pourquoi on doit admettre que ne vaut moralement que ce qui peut être universalisé sans contradiction[2]. Laissons de côté la certitude de ce principe – il n'y en a point d'autre –, sa limpidité et son extraordinaire capacité opératoire dans le champ de l'expérience humaine, pour ne retenir que ce qui concerne la forme de la morale opposée à l'éthique : en la définissant par l'Universel (compréhension du concept) on lui assure définitivement son caractère universel (extension du concept), même si, il est vrai, celui-ci avait été présupposé dans le cadre de la démonstration. Conséquence : nous ne savons pas si la morale existe ou si elle est possible, mais nous savons que, si c'est le cas, elle ne peut être qu'universelle. Il n'y a qu'une morale – alors qu'il y a des valorisations éthiques ou des sagesses – ou pas de morale du tout.

Le caractère *obligatoire* des valeurs morales s'ensuit. Il ne se déduit pas d'emblée de l'Universel, conçu comme simple objet d'intellection : après tout, je pourrais très bien concevoir des conduites susceptibles d'être universalisées et ne pas m'y sentir obligé, laissant alors la chose dans son pur statut d'idéalité satisfaisant l'intelligence théorique, voire de chimère plaisante ou gratifiante, mais sans caractère impératif, sans cette capacité de m'interpeller et de solliciter ma capacité d'initiative qui définit spécifiquement l'obligation. Il faut donc admettre, sauf à ne rien comprendre, que l'Universel relève ici d'une rationalité *pratique* et donc d'une *valeur d'action* qui s'impose à l'homme et est capable de le mouvoir, de le faire agir. Chez Kant l'explication de cette propriété est triple : d'une part la vie individuelle n'étant pas d'emblée accordée à la loi morale, celle-ci ne peut prendre que la forme d'un impératif s'imposant à la volonté, alors que si nous agissions spontanément dans le sens du bien moral l'obligation n'aurait pas de signification ; d'autre part l'homme possède un libre arbitre qui lui permet de se sentir obligé : un homme enchaîné au déterminisme

---

[1] *FMM*, 1ère section.
[2] Le trait de génie de Kant consiste donc à déduire le *contenu* de la morale de la *forme* qu'elle doit nécessairement avoir, à faire de cette forme son contenu même. Cf. op. cité, p.102-103.

naturel ne saurait être concerné par un quelconque devoir ; enfin, le respect pour la loi, ou l'Universel, est le sentiment qui peut faire agir l'homme dans son sens : c'est parce qu'il est ému par la loi qu'il peut être mu par elle. L'ensemble de cette explication ne saurait être d'emblée retenu : elle est trop liée à une anthropologie idéaliste dont je ferai la critique plus tard. Mais on peut en retenir l'idée essentielle et en proposer déjà un éclaircissement concret, qui nous permettra de préciser le champ de la morale : notre vie spontanée, abandonnée à elle-même, ne va pas dans le sens de la morale ; c'est pourquoi celle-ci nous *oblige*, nous imposant d'accorder notre vie à celle des autres en les traitant comme des « nous-mêmes » : si cet accord existait par une sorte d'harmonie préétablie de la nature nous ne nous sentirions, à aucun moment, obligés et nous ne ferions pas « l'expérience » de la morale, nous serions *hors morale*. C'est dire que, comme condition constitutive de la morale, il y a les autres ou, plus simplement, l'autre[1]. La morale commence dès lors qu'il y a deux hommes : un homme seul, ou un homme considéré du point de vue de sa seule vie individuelle, sans incidences sur les autres, n'est confronté qu'à des problèmes d'éthique – quels désirs vais-je satisfaire, comment est-ce que je vais m'occuper, etc. – posés dans l'optique du bonheur personnel et il ne connaît pas l'obligation morale[2]. Celle-ci n'a de sens qu'à l'intérieur de la relation avec autrui et Robinson doit donc quitter son île et réintégrer la société des hommes s'il veut en faire l'expérience. Cela nous suggère un éclaircissement sur le statut de l'obligation : ce qu'il y a d'écart irréductible, sinon de transcendance, entre elle et notre vie individuelle tient à l'écart, lui aussi irréductible, sinon à la transcendance, d'autrui vis-à-vis de nous. On peut d'ores et déjà l'indiquer : il n'y a pas de mystère ontologique ici et point n'est besoin de faire appel à un autre monde, une « sur-nature », pour le résoudre comme chez Kant, mais simplement une dimension normative qui repose sur la structure de notre relation avec autrui, sur son extériorité par rapport à nous qui nous entraîne à faire de l'autre une *valeur non négociable*. Certes, cela ne résout pas tout et on peut estimer que la difficulté n'a été que déplacée : pourquoi, au sein de nos rapports avec autrui, *devons*-nous faire de l'autre une pareille valeur et en tenir compte dans nos rapports concrets avec lui ? Et l'on peut estimer aussi que le concept d'obligation est trop connoté par l'idéalisme métaphysique du « Sujet » pour pouvoir être maintenu : ne suppose-t-il pas un libre arbitre auquel il s'adresse et qu'il pose, en fait, dans

---

[1] Il faut donc réserver le « souci de soi » à l'éthique et ne pas l'associer à la morale comme le fait Foucault, puisque la morale est essentiellement hétérocentrée, soucieuse de l'autre.
[2] Sauf à envisager des devoirs envers nous-mêmes, mais ce n'est pas là l'essentiel de la morale.

sa liberté absolue à l'instant même où il en restreint, en droit, l'exercice ?[1] On pourrait donc le remplacer par celui d'*exigence*, qui ne présente pas la même connotation : la morale *exige*, dira-t-on, que nous nous comportions de telle ou telle manière à l'égard d'autrui. L'expression ne souffre pas contestation et ne paraît présenter aucun présupposé métaphysique contestable du côté de l'homme puisque l'adresse qu'elle constitue est, en quelque sorte, objective ou impersonnelle. Pourtant, il faut bien qu'à un moment donné cette exigence soit formulée à l'égard de ce qui doit bien être considéré *comme* un « sujet » susceptible de l'entendre et de se sentir concerné par elle, dont le statut reste à définir, et, à ce moment-là, c'est bien le concept d'obligation qui revient et qui convient. Enfin, s'agissant du respect, médiateur chez Kant entre la loi morale et la volonté humaine, même si on lui refuse le statut très précis qu'il lui confère, rien ne nous empêche d'y voir une base objective essentielle de nos engagements moraux – les hommes ne cessent de se battre *pour* le respect de leur dignité – et, au-delà, la modalité subjective spécifique, dans l'ordre de nos sentiments ou de nos émotions, de notre rapport aux valeurs morales qui nous pousse à les réaliser – les hommes s'engagent *par* respect pour celles-ci. L'homme ne serait-il donc pas capable de sentiments moraux ou d'émotions morales, même si dans bien des cas nous devons admettre qu'ils ou elles peuvent cacher de tout autres affects ? Respect, estime ou, en sens inverse, indignation, mépris, sont des aspects incontestables de nos réactions affectives face aux conduites de ceux qui mettent en œuvre ou, au contraire, bafouent les grands impératifs moraux et nous ne les éprouvons que parce que nous sommes certains que les hommes y sont tenus, qu'ils doivent les respecter et que nous ressentons nous-mêmes du respect pour ces impératifs.

On voit donc que, malgré les tentatives de « déconstruction » auxquelles on pourrait la soumettre, la dimension de l'obligation paraît inéliminable et qu'elle fait partie intégrante de l'expérience des valeurs morales, à un niveau descriptif tout au moins, et plusieurs remarques peuvent confirmer cette idée[2]. La conscience ordinaire le reconnaît qui ne songerait pas à qualifier de morales des préférences existentielles ou des options normatives personnelles comme celles qui concernent les goûts, les mœurs, les loisirs, le type d'activité auquel on veut se consacrer ou encore, car la chose devient désormais évidente, la sexualité. Mais on retrouve la même conviction dans

---

[1] C'est la position de Kant pour qui l'obligation morale postule la liberté, qui en est la condition ontologique de possibilité : « S'il n'y avait pas de liberté, la loi morale ne se trouverait nullement en nous » dit-il dans la Préface de la *Critique de la raison pratique* (op. cité, p. 2), ouvrage qui développe largement ce point de vue.

[2] Celle-ci se retrouve désormais dans plusieurs réflexions contemporaines sur la morale, dont celle, tout particulièrement, de Habermas qui insiste sur sa dimension irréductiblement *déontologique*.

le domaine de l'éducation et de la psychologie qui lui est liée, où la construction ou la transmission de simples règles de vie comme celles de l'hygiène et de la santé est nettement séparée, sans qu'on ait besoin d'y réfléchir beaucoup, de la construction ou de la transmission d'exigences comme le refus de la violence ou du racisme que, seules, on qualifiera de morales, même si c'est parfois avec timidité[1]. On sent très bien, et on le fait savoir dans le processus éducatif, qu'on ne peut se soustraire à ces dernières, non simplement de fait, en raison d'une contrainte juridique et de la menace de la sanction qui l'accompagne si on n'obtempère pas, ni sur la seule base d'un calcul d'intérêt comme dans le cas des règles de vie citées, mais en droit, parce qu'on y est obligé par une valeur qui s'impose à nous et résiste à notre bon plaisir, celui que nous éprouverions à l'oublier ou à la modifier. Enfin, la sociologie elle-même, quand elle tâche de caractériser le fait moral et de le distinguer d'autres faits sociaux, avec le risque, du coup, de le traiter justement comme un simple fait positif ou empirique, rencontre ce caractère d'obligation dont la contrainte juridique apparaît alors comme l'objectivation et l'indice. C'est le cas de Durkheim qui, prolongeant, transposant ou retrouvant Kant sur le plan sociologique, voit dans la dimension impérative une propriété essentielle de la morale, sauf qu'elle renvoie selon lui à la conscience collective s'imprimant dans la conscience individuelle et qu'elle ne fait donc qu'exprimer la transcendance de fait du social par rapport à l'individuel[2].

La reconnaissance de cette dimension permet alors de définir la polarité qui constitue la morale : alors que l'éthique ne nous propose qu'un *bon* par opposition à un *mauvais*, la morale a affaire au *bien* et au *mal* et, on l'aura compris, elle ne nous les propose pas, elle nous les impose. Ce qui peut gêner dans l'usage de ces catégories, c'est qu'elles ont derrière elles toute une tradition non pas seulement morale mais moralisante (je reviendrai sur cette question importante), qui en a hypothéqué la réception et gêne leur réactualisation : cette tradition en a fait des entités métaphysiques liées à une conception religieuse du monde, brouillant l'intelligence effective du réel, neutralisant le jugement moral autonome de l'homme et le culpabilisant à la lumière de sa supposée responsabilité, quand elles n'étaient pas associées, en sens inverse, à l'idée d'un homme ployant sous le poids d'un « mal »

---

[1] Je pense ici à la pédagogie libertaire, très mal à l'aise avec la notion de morale, sous le prétexte des dérives moralisantes et autoritaristes auxquelles elle a pu mener.
[2] Voir *Sociologie et philosophie*, PUF, 1963, et la conclusion des *Formes élémentaires de la vie religieuse*, Quadrige/PUF, 1990. A ce propos, on lira les analyses de P. Pharo dans *Morale et sociologie*, Gallimard, 2004.

inhérent à sa condition, le « bien » étant réservé à Dieu[1]. C'est ce que Nietzsche a appelé la « signification morale de l'existence », conception qu'il a à juste titre dénoncée et dont il nous suggère de nous débarrasser comme d'un mauvais rêve[2]. L'on comprend que tout un courant de pensée d'inspiration matérialiste, ne distinguant pas entre la morale et le moralisme, ait pu être tenté de renoncer à ces concepts au profit du vocabulaire plus modeste de l'éthique ou de la politique, ce dernier étant, en particulier, perçu comme moins emphatique et moins mystifiant que le langage du « bien » et du « mal » : parler d'exploitation, par exemple, peut sembler plus rigoureux et plus efficace que de dénoncer ce qu'il y a de « mal » dans le capitalisme ! Pourtant, on ne saurait y renoncer sans renoncer du même coup à la morale elle-même et il faut expliquer pourquoi, qui est en relation avec tout ce qui précède, et en marquer l'enjeu. Le *bon* (par opposition au *mauvais*), on l'a vu plus haut, parle toujours à notre intérêt vital, quel qu'il soit, et il relève donc de l'utile, au sens large, qui est toujours subjectif et égocentré. Le *bien* (par opposition au *mal*) désigne au contraire une valeur pratique objective qui transcende l'utilité individuelle et relève donc d'une appréciation transindividuelle, décentrée par rapport à l'ego. Kant, dont le vocabulaire a évolué, l'a très bien indiqué dans la *Critique de la raison pratique* : il y a là des « concepts qui peuvent être communiqués à tous », qui « se rapportent à des actions » dont l'appréciation n'est pas laissée à la « façon de sentir de la personne »[3]. Ce qui le prouve, d'une manière qui paraît incontestable, c'est que le *bon* peut être qualifié de *mal* – le plaisir du violeur, par exemple, comme, plus largement, toute jouissance qui s'éprouve au détriment d'autrui – et qu'inversement, le *mauvais* peut être *bien* – la souffrance ou la restriction de plaisir qu'on s'impose pour le bonheur de l'autre, par exemple. Nier tout cela reviendrait donc à résorber le bien dans l'utile ou l'agréable et à récuser l'existence même d'une normativité morale spécifique : il n'y aurait « rien de bon en soi (c'est-à-dire de bien, Y. Q.), mais seulement toujours quelque chose de bon *pour une autre chose* » et « le bien serait toujours simplement l'utile », résidant dans une « sensation agréable »[4]. Non que le bien ne soit pas aussi utile et donc bon pour l'homme : sur le long terme l'homme individuel ou, en tout cas, les hommes

---

[1] Elle persiste encore aujourd'hui, en dehors de toute référence religieuse, puisque l'on voit la revue contemporaine *Cités* titrer l'un de ses dossiers d'une manière très archaïque : « Le vertige du mal » (PUF, n°36, 2008).
[2] *Aurore*, Idées/Gallimard, 1983, § 100, « S'éveiller d'un rêve ».
[3] Op. cité, chapitre intitulé « Du concept d'un objet de la raison pratique », p. 60. L'ensemble du chapitre est, pour l'essentiel, consacré à distinguer, en s'appuyant sur la langue allemande, le couple *bien/mal* (Gut/Böse) du couple *bon/mauvais* (Uebel ou Weh).
[4] Ib. Cette critique de la résorption du bien dans l'utile ou l'agréable n'est, bien entendu, pas neuve. Elle avait été, en particulier, formulée à l'encontre de Calliclès par Platon dans le *Gorgias*.

ont intérêt à la morale parce que leur tendance au bonheur peut y trouver sa pleine et durable satisfaction, et le bien se révèle donc être *aussi* bon. Que vaudrait d'ailleurs, surtout dans une perspective matérialiste qui n'admet pas de réalité supraterrestre et ne pense pas l'homme comme pur « esprit », un « bien » qui ne produirait pas d'effets positifs dans l'ordre de notre expérience la plus concrète du bonheur? Mais étant admise cette liaison nécessaire du bien et du bon (ou de l'utile), qui interdit d'en faire une pure abstraction, il faut admettre tout autant que ce n'est pas à partir de sa seule utilité concrète individuelle que le bien est décrété « bien » : c'est parce qu'il est utile ou bon *pour tous*. Cette seule adjonction, qui paraît minime et sans conséquence théorique, est pourtant décisive et suffit à arracher le bien à la sphère normative du seul bon : il l'inscrit dans un champ d'universalité qui le définit comme « bien » en subordonnant sa valeur éthique propre, jamais abandonnée, à la loi de l'universalité. On peut le dire d'une autre manière : oui le bonheur est une valeur, non seulement éthique mais morale, ou du point de vue de la morale, mais à condition que ce soit le bonheur *de tous* ! Si l'on fait donc du bonheur collectif (ou de l'utilité collective) le principe de la morale[1] – proposition qui satisferait volontiers un matérialisme moral, indépendamment des difficultés qu'il y a à définir précisément le bonheur pour chacun –, il faut bien voir que c'est sa dimension *collective*, autre nom de l'Universel, qui en fait un énoncé moral. Maintenir les catégories du *bien* et du *mal* ce n'est donc pas céder ici à une rhétorique archaïque ; c'est simplement dire clairement qu'il y a de l'insupportable ou du scandaleux dans les rapports inter-humains et qu'il faut y mettre fin, sans condition, ce qu'aucun langage simplement éthique ne saurait indiquer. C'est maintenir un langage qui accuse quand il faut accuser, en lieu et place d'un langage de conciliation et de démission face à l'inhumain : le meurtre, la violence, la guerre, l'exploitation, la domination ou l'oppression ne sont pas seulement « mauvais » pour ceux qui les subissent, comme on dit que la maladie est mauvaise pour l'homme, ils constituent un « mal » que l'on doit abolir, un « mal » que certains hommes font à d'autres hommes même si, et la remarque est d'importance, derrière ces hommes il y a un état de l'histoire ou de la société qui interdit pour une large part qu'on les décrète responsables de ce qu'ils font. Comme c'est maintenir un langage qui affirme, mais les deux choses sont rigoureusement liées, que les réalités inverses – le respect de la vie, la douceur, la paix, l'absence d'exploitation, etc. – ne sont pas seulement un « bon », certes désirable à beaucoup d'égards, mais, qu'après tout, nous pourrions ne pas valoriser, mais un « bien » que nous devons absolument poursuivre.

---

[1] C'était la conception utilitariste de Bentham et de J. S. Mill.

Affirmer une pareille objectivité du bien et du mal suppose un dernier caractère des valeurs morales qui en parachève, en quelque sorte, l'éminence, à défaut d'en montrer l'évidence ou d'en démontrer l'existence : celles-ci sont supposées être *connues* et constituer des *vérités* ou des *quasi-vérités*. Cette idée est elle aussi soutenue par Kant et on doit même dire qu'il la pousse à son comble : il y a une connaissance morale, celle-ci est *a priori* – bien que Kant reconnaisse, simultanément, le rôle indispensable de l'éducation pour, en quelque sorte, la révéler à elle-même[1] – et elle est apodictique, absolument certaine, présentant un parfait équivalent pratique de la certitude théorique des vérités scientifiques. On la retrouve chez d'autres auteurs, sans que la forme rationaliste ou intellectualiste qu'elle a chez Kant y soit présente. Chez Rousseau, par exemple, les vérités morales sont senties, les actes de la conscience « ne sont pas des jugements mais des sentiments », mais celle-ci, pour autant, « ne trompe jamais », elle est « infaillible »[2] : la modalité affective du rapport aux valeurs morales n'entrave donc pas leur appréhension exacte. On pourrait citer d'autres exemples et, en particulier, dans la philosophie d'inspiration explicitement chrétienne. Mais c'est dans la philosophie contemporaine, quand elle se soustrait aux supposées évidences de l'historicisme, du culturalisme et du relativisme dans ce domaine, que cette idée est à nouveau affirmée avec vigueur et avec le plus de chances de convaincre : M. Conche parle de « vérités morales », faisant ainsi de la morale un « absolu » qu'aucun scepticisme ne saurait atteindre, et dans un contexte théorique différent, qui n'ignore pas les sciences humaines et la charge relativiste dont elles sont porteuses, Habermas en fait clairement un domaine de « cognition »[3]. Pour celui-ci – qui distingue clairement l'éthique et la morale dans des termes proches des miens – la morale n'est pas seulement une affaire de volition ou de législation opérée par la volonté, mais bien de connaissance : il y a un « moment cognitif » irréductible dans l'expérience morale, indique-t-il très justement, qui fait que, quand nous agissons moralement, c'est toujours au nom de normes dont nous prétendons connaître la validité. Pour autant, le concept de vérité est-il pertinent ici ? On voit d'emblée la difficulté, qui

---

[1] Il y a là une difficulté propre au système de Kant, liée à sa conception de l'*a priori*. « La conscience n'est pas chose qui puisse être acquise » dit-il par exemple, dans la *Doctrine de la vertu* (Vrin, 1968, Introduction, p. 72), et en même temps il affirme qu'elle doit être développée par la culture. La conscience des valeurs morales n'est donc pas strictement innée, il faut y accéder, mais chacun peut le faire et elle peut donc être considérée comme une potentialité innée en tout homme.
[2] *Profession de foi du vicaire savoyard*, 1ère partie.
[3] Voir de M. Conche, *Le fondement de la morale*, Ed. de Mégare, 2ème éd., 1990, et de Habermas, en particulier, *De l'éthique de la discussion*, Cerf, 1992. Je précise que pour Habermas, l'éthique de la discussion qu'il élabore est en réalité une « théorie discursive de la morale » : voir ce qu'il en dit dans l'avant-propos de cet ouvrage.

paraîtrait justifier la réserve de beaucoup à l'employer : la vérité suppose un référent externe objectif et l'accord de la pensée avec celui-ci. Or, à travers les énoncés moraux nous ne nous prononçons pas sur ce qui *est* (hors de nous) mais sur ce qui *doit être*, et doit être *fait* (par nous) : où peut être la vérité dans ce cas ? On comprend que Habermas hésite à parler de vérité *stricto sensu* et préfère affirmer que les énoncés moraux sont *comme* des vérités, qu'ils ont une validité *analogue* à la vérité. Quoi qu'il en soit de cette restriction, on peut très bien concevoir la vérité, dès lors qu'on l'envisage dans le domaine pratique, non comme un accord externe avec le monde objectif qui n'a pas de sens ici, de toute évidence, mais comme un accord interne entre des sujets sur un domaine d'objectivité pratique, lié à une certitude propre à ce domaine : les valeurs morales ne sont pas *inventées* dans l'arbitraire normatif le plus absolu comme les valeurs éthiques, mais *découvertes*, elles sont à leur manière *certaines* et peuvent donc faire l'objet d'un consensus qui permet de les qualifier de *vraies*. Certes, ce qui est ainsi découvert n'existe pas hors de l'homme, il n'existe que pour lui et par lui, l'homme étant l'instituteur de toute valeur et les valeurs morales, comme les valeurs éthiques, expriment donc un *rapport* de l'homme au monde ; mais cette institution est tout autant une connaissance et donc une reconnaissance d'exigences objectives, même si elles sont internes au champ humain, qu'on ne saurait contourner parce qu'elles ne sont pas de l'ordre de l'opinion, du préjugé ou de l'interprétation. Comme le dit très simplement mais très exactement M. Conche à propos de l'obligation morale sous toutes ses formes : « il est *vrai* que l'on doit »[1]. Bien entendu, cette connaissance, avec la certitude pratique spécifique qui l'accompagne, suppose une instance distincte de la vie puisqu'elle la juge et lui commande, la *raison*. Mais avant d'en parler, il convient d'examiner un point qui pourrait brouiller, si l'on n'y prend garde, la distinction de l'éthique et de la morale.

Les jeux de l'éthique et de la morale

Ce qui complique, en effet, notre analyse, c'est le fait que l'éthique et la morale empiètent l'une sur l'autre ou se font passer l'une pour l'autre. Confusion de terrain, donc, entraînant une confusion de forme ou de rôle, à laquelle on a souvent assisté dans le passé mais qui persiste encore aujourd'hui, sans que l'une et l'autre, bien entendu, en aient conscience.

L'éthique, d'abord, se fait passer pour une morale. Cela est vrai de l'éthique spontanée en raison de son illusion d'objectivité qui engendre un dogmatisme normatif non fondé et un recours indu aux catégories du bien et du mal pour s'auto-justifier, même si ce processus reste souvent informulé : chaque individu, comme chaque groupe humain, ne tend-il pas à ériger ses

---

[1] Op. cité, p. 25.

propres valorisations vitales (plaisirs, centres d'intérêt, formes d'activité, etc.) en modèles que les autres devraient suivre ? La valorisation éthique juge donc *bien* ce qu'elle éprouve comme *bon* – comme elle juge *mal* ce qu'elle éprouve comme *mauvais* – et elle tend à faire passer son jugement pour *obligatoire*[1]. Cela explique que bien des affrontements humains qui ont occupé et continuent d'occuper la scène de l'histoire, aient été des affrontements à la fois imaginaires et violents. Imaginaires puisque l'enjeu réel, lié à une forme contingente de vie, n'a pas cette objectivité qu'il croit, à chaque fois, pouvoir se donner : les luttes religieuses, par exemple, celles d'aujourd'hui comme celles du passé, sont des luttes pour des valeurs identitaires imaginaires qui sont à tort hypostasiées et portées sans justification à l'absolu ; et le propos vaudrait pour bien d'autres conflits et bien des causes qui, apparemment, les inspirent : la nation, par exemple, telle qu'elle fonctionne dans la revendication nationaliste, fait l'objet d'un investissement moral qui n'a pas lieu d'être et qui, associé à une représentation essentialiste qui oublie son caractère historique, lui confère une valeur injustifiée. Mais violents du même coup : en se donnant une valeur absolue qu'elle n'a pas, la valorisation éthique se fait dogmatique et intolérante, ce qui génère le conflit ouvert, la « guerre des dieux » dont parle M. Weber et qui est en réalité une guerre des éthiques. Cette guerre ne tient pas, faut-il le préciser, à la multiplicité des valeurs en tant que telle comme si la différence dans ce domaine devait nécessairement engendrer des différends, mais au fait que les valeurs éthiques se déguisent en valeurs morales : ce n'est pas au nom du *bon* et du *mauvais* que l'on tue, mais au nom du *bien* et du *mal*, même si derrière ce *bien* et ce *mal* se cachent des intérêts qui n'ont rien de moral, donc un *bon* et un *mauvais* qui n'avouent pas leur particularité et n'osent pas affronter la question de leur véritable nature à découvert. C'est ainsi que la croisade impériale des Etats-Unis dans le monde et, spécialement, en Irak, s'est longtemps abritée derrière des catégories morales déguisant frauduleusement en *bien* universel ce qui est seulement *bon* pour la nation américaine et encore, pour une partie d'entre elle. La morale n'est ici que le déguisement langagier dont un intérêt éthique se dote pour se légitimer, aux yeux des autres comme à ses propres yeux, et pouvoir ainsi se donner plus facilement libre cours.

Cet auto-déguisement de l'éthique en morale se retrouve aussi dans l'éthique réfléchie, avec des nuances selon les auteurs et sans l'excuse, ici, de l'irréflexion. Prenons deux exemples, pourtant éloignés l'un de l'autre. Dans sa *Lettre à Ménécée* Epicure nous propose manifestement une simple éthique : il ne moralise pas, ne s'adresse pas spécialement au libre arbitre de

---

[1] Comme le dit J. S. Mill, on « investit à tort ses préférences du titre de lois morales » (in *De la liberté*, Gallimard, 1992, p. 192).

son lecteur et l'axiologie qu'il revendique ne possède aucune transcendance par rapport à la vie puisqu'elle en enregistre le mouvement naturel vers le plaisir et se borne à le rationaliser. Pourtant, même si la tonalité globale du texte reste mesurée et prudente, faisant appel à l'intelligence et au calcul, on y retrouve bien une normativité qui fait penser à une normativité morale. « Tout plaisir est un bien » dit-il par exemple, dans un énoncé qui recourt au vocabulaire du bien, se présente manifestement comme objectif et semble bien prétendre au statut de connaissance, comme s'il y avait là une vérité normative définitive ; et une fois le tri opéré parmi les plaisirs, puisqu'il y a des plaisirs qui conduisent au déplaisir et à la douleur, il affirme, sur le mode d'une proposition impérative, que « tout plaisir ne doit pas être recherché ». Il est vrai que l'on pourrait n'y voir qu'un simple conseil ou un impératif seulement hypothétique, relatif au souci de parvenir à l'idéal de plaisir stable et continu qui est le fond de son éthique, donc finalement une simple option de vie facultative, offerte à la délibération subjective. Pourtant, l'impératif en question renvoie lui-même à l'impératif du plaisir, défini comme la norme ultime ou première, qu'il ne fait qu'actualiser d'une manière intelligente ; or, n'y a-t-il pas là comme un idéal de vie qui, quelque part, ne souffre pas de discussion, obligatoire donc, même si on ne voit pas à quel « sujet libre » cette obligation pourrait s'adresser et même si, par ailleurs, aucune sanction n'est concevable qui pénaliserait celui qui ne la respecte pas, hormis la souffrance inhérente au déploiement d'une vie qui n'en entend pas la prescription ? On est donc près d'une morale, dans la forme normative en tout cas. Mais l'habillage moral reste ici relativement discret. L'exemple de Nietzsche est plus convaincant, par ses excès mêmes. D'abord on est bien en présence d'une éthique, clairement revendiquée comme telle, même si ce vocabulaire n'est pas explicitement présent chez lui : il récuse la morale et ses catégories et affirme que toute prise de position dans l'ordre de la valeur relève d'une interprétation vitale et donc, dans notre langage, d'une option éthique. S'il se situe par-delà le bien et le mal, il ne se situe donc pas, bien au contraire, par-delà le bon et le mauvais. Par ailleurs, l'éthique qu'il fait sienne est, à bien des égards – pas à tous –, aux antipodes de ce que la morale valorise et elle tombe sous les coups de la condamnation de cette morale : la puissance telle qu'il la conçoit et la valorise est, sous bien des aspects, tout simplement immorale. Or le paradoxe, sinon la claire contradiction, est que cette éthique, qui a les moyens chez son auteur de se concevoir et de se présenter, en toute modestie mais aussi en toute rigueur, comme une simple interprétation, se conçoit et se présente sous une forme hyper-dogmatique, voire sous une forme elle-même *morale*. C'est ainsi que lorsqu'il formule théoriquement le principe normatif qui guide tout son travail de critique de la morale, c'est en l'appuyant sur une prétendue connaissance objective, de type scientifique de ce qui « vaut », dans laquelle la physiologie joue un rôle essentiel[1]. Et surtout, quand il l'énonce sous une forme directement normative, au premier degré en quelque sorte, c'est le vocabulaire inconditionnel de l'impératif moral qui est constamment convoqué, un « il faut » de nature pleinement catégorique et non hypothétique : la vie ou la puissance, ou encore la nature, sont l'objet d'une valorisation qui ne souffre pas de contestation, alors qu'elle devrait se penser comme une interprétation normative de l'existence, sans pouvoir d'obligation. On pourrait multiplier les exemples de ce dogmatisme éthique illégitime, mais un seul suffira. Quand Nietzsche affirme : « Tu dois devenir l'homme que tu es »[2], c'est-à-dire actualiser ce que la nature a fait de toi et non la sacrifier à un idéal moral artificiel, il ne formule en rien une prédiction ou un simple conseil ; c'est bien un ordre qu'il énonce, investi de toute la grandeur et de toute la force dont un impératif moral est porteur. On est donc bien en présence d'une nouvelle moralité, entendons : d'une éthique qui se vit et s'énonce comme une morale, dans la *forme de la morale*. Ne le reconnaît-il pas lui-même lorsqu'il affirme, par exemple : « Nous aussi nous obéissons à une loi rigoureuse qui nous domine [...] nous sommes encore, nous aussi, des *hommes de conscience* » ?[3] On comprend qu'il ait pu concevoir son travail comme un combat et qu'il ait pu prendre dans maints domaines, spécialement dans le domaine politique, des positions extrêmement violentes, entrant ainsi dans l'arène de la guerre des éthiques pour une raison que nous avons déjà indiquée : la transformation indue d'une éthique en morale[4].

Mais si l'éthique se fait passer souvent pour une morale, il arrive aussi que la morale empiète sur le domaine de l'éthique : c'est le danger redoutable du moralisme, pris dans l'un des deux sens que ce terme peut recevoir. L'un de ces sens désigne la tentation permanente qu'a la morale d'accuser l'homme individuel, du fait d'un libre arbitre dont on le dote arbitrairement, de maux dont l'ordre social auquel il appartient, l'époque dans laquelle il vit, ou, plus simplement, sa classe d'origine, son milieu familial ou sa biographie sont, en réalité, la cause. L'autre sens, que j'envisage ici, consiste dans le fait de doter le domaine de l'éthique d'une signification morale qu'elle n'a pas, donc de conférer un sens moral à des actes, des choix de vie et, finalement des valeurs qui sont rigoureusement

---

[1] En dehors de *La généalogie de la morale*, nombre de textes de ce qu'on appelle *La volonté de puissance* transfèrent à la science physiologique et médicale le soin de résoudre la question de la valeur de tel ou tel type de vie.
[2] *Le gai savoir*, Idées/Gallimard, 1978, § 270.
[3] *Aurore*, op. cité, Avant-propos, § 4.
[4] Voir à nouveau mon livre *Nietzsche ou l'impossible immoralisme*, op. cité, ainsi que l'ouvrage rigoureux d'A. Stanguennec, *Le questionnement moral de Nietzsche,* Septentrion, 2005, qui rejoint largement mes analyses sur le rapport de Nietzsche à la morale.

indifférents à la morale[1]. C'est le cas, tout spécialement, de la sexualité pour autant qu'elle est librement consentie : celle-ci a fait l'objet, dans nombre de ses pratiques, hétéro comme homosexuelles, d'une dévalorisation, d'une condamnation, voire d'une démonisation qui n'ont aucune justification théorique, ne font que traduire l'envahissement terroriste, sinon totalitaire, de tous les aspects de l'existence par une conception morale du monde qui maîtrise mal son domaine et derrière laquelle se cachent non seulement des préjugés d'époque ou de culture, mais le refus d'assumer le plaisir sexuel et, au-delà, le plaisir tout court, comme une dimension essentielle de l'existence, de le considérer comme une valeur éthique importante[2] – refus qui a même pris la forme insupportable d'une condamnation *intrinsèque* de la sexualité par les différentes religions monothéistes. Or, ce qui est grave ici, plus que la condamnation elle-même, c'est le fait qu'elle se conçoive, se fasse passer et donc prétende s'imposer comme une condamnation morale au lieu de se présenter comme une simple option éthique. C'est donc parce qu'elle s'est abritée derrière les catégories de la morale et que celle-ci l'a, en quelque sorte, envahie, que l'éthique sexuelle chrétienne est devenue dangereuse : elle s'est donnée à elle-même, grâce à ce travestissement normatif, le droit de s'instituer, de s'imposer aux autres, de terroriser les consciences et de mutiler bien des existences. Diderot avait bien raison d'indiquer qu'il y a un « inconvénient » – et encore le mot est faible – à « attacher des idées morales à certaines actions physiques qui n'en comportent pas » ![3] Cet « inconvénient » aura pris dans l'histoire la forme d'une véritable *police morale*, imposée par les hommes d'Eglise, qui accuse donc, si l'on me suit, non la morale comme telle mais la dérive moraliste de celle-ci, dérive qui se produit quand elle envahit le domaine de l'éthique au lieu de s'en tenir à ses limites propres[4]. Il doit par conséquent être clair que la morale, si elle légifère bien sur la *forme* des *rapports* interhumains, ne se prononce pas sur le *contenu* de la vie *individuelle*, qui relève de la

---

[1] Ce processus rejoint celui par lequel l'éthique se fait passer pour une morale, mais il est vu ici *du point de vue de la morale*.
[2] J'indique tout de même que la sexualité réintègre le champ de la morale quand elle engage diverses formes de relations à autrui sur lesquelles celle-ci se prononce, comme la violence imposée, l'atteinte à l'intégrité de l'autre ou la marchandisation du corps. Mais ce sont là des déterminations *extrinsèques* de la sexualité, qui n'engagent en rien sa valeur éthique intrinsèque, qui est hors morale.
[3] Voir le *Supplément au voyage de Bougainville ou dialogue entre A et B sur l'inconvénient qu'il y a d'attacher des idées morales à des actions physiques qui n'en comportent pas*.
[4] J'emprunte cette notion de « police morale » à J. S. Mill (op. cité). On la retrouve dans la conception d'une éthique minimaliste que défend R. Ogien (voir en particulier *L'éthique aujourd'hui*, Gallimard, 2007), qui soutient, à juste titre pour l'essentiel, que le rapport à soi est hors morale. Mais, ne distinguant pas l'éthique de la morale et ne réservant pas la notion de « devoir » à celle-ci, il ne voit pas que son « éthique minimaliste », qui réduit le champ de nos devoirs à nos rapports avec autrui, est en réalité une « morale minimaliste ».

normativité éthique. Pour qui a compris ce point et conçoit la morale comme une instance de respect de la liberté éthique de l'individu, la police morale est donc elle-même *moralement inacceptable.*

Un exemple de confusion théorique : M. Foucault

Pour mieux dénouer ces jeux de l'éthique et de la morale, on ne saurait éviter ici d'analyser la réflexion du dernier Foucault, tout entière consacrée à ce qu'il croit être une nouvelle « généalogie de la morale » inspirée de Nietzsche, alors qu'il s'agit en réalité d'une « généalogie de l'éthique » qui, quel que soit son intérêt à son niveau propre, ignore ce qu'il y a de spécifique dans la question morale[1].

Foucault ne distingue pas fondamentalement l'éthique et la morale, employant indifféremment ces deux termes l'un pour l'autre, même s'il lui arrive d'en soupçonner ou d'en suggérer la différence en associant la morale à l'idée de « code » et en plaçant la « pratique de soi » au cœur de l'éthique. En réalité, c'est d'éthique dont il est question dans tout son travail puisque c'est de sexualité dont il nous parle essentiellement (même si ce n'est pas exclusivement) et que celle-ci est hors morale. Cela est vrai quand il étudie la « morale sexuelle » du christianisme puisque celle-ci, on l'a vu, n'est rien d'autre que la moralisation indue d'un champ de vie qui est dépourvu par lui-même de signification morale. Sur l'éthique il a d'ailleurs d'excellentes analyses, quand il affirme, par exemple, qu'elle vise un « style d'existence » et, surtout, quand il la définit comme une « pratique réfléchie de la liberté », celle-ci étant entendue dans son sens individuel[2]. L'éthique recouvre alors le champ de ce que nous avons appelé l'éthique réfléchie ou la sagesse et elle est traversée entièrement par ce qu'il nomme le « souci de soi », ce qui en marque bien la dimension individuelle qui la fait échapper à la morale et l'enferme dans la préoccupation égotiste du bonheur ou, à défaut, dans une vision esthétique de l'existence visant à construire sa vie comme une œuvre d'art qui, elle non plus, n'a rien à voir avec la morale. Il peut alors préciser, à juste titre, que l'éthique (réfléchie) est caractérisée par un « travail sur soi », qu'elle procède, à travers diverses règles et techniques de vie (maîtrise du corps, éloignement des passions, exercices spirituels, etc.) à un procès de « subjectivation » lié à des conditions historiques et culturelles externes, mais qui est repris par un « sujet », le « sujet éthique », lequel est à la fois le point de départ, le présupposé de ce travail et le résultat, l'effet de celui-ci.

---

[1] Je me réfère ici, surtout, aux divers textes dans lesquels il théorise son projet, publiés dans *Dits et écrits II* (op. cité), dont l'introduction au tome 2 de l'*Histoire de la sexualité, L'usage des plaisirs*, ainsi que « Le retour de la morale » et « L'éthique du souci de soi comme pratique de la liberté ». L'idée d'une « généalogie de la morale » se trouve exprimée dans *Dits et écrits*, p. 1530, alors que dans d'autres textes il parle de « généalogie de l'éthique ».
[2] *Dits et écrits II*, op. cité, p. 1517 et p. 1530.

Mais à partir de là, la réflexion de Foucault est gravement affaiblie par de nombreuses erreurs qui tiennent à la confusion terminologique indiquée. A la base de celles-ci il y a le fait qu'il attribue souvent à l'idéal éthique de vie, dont il analyse avec précision les formes dans l'Antiquité (épicurisme, stoïcisme, etc.) une normativité *morale* qui ne lui convient absolument pas. C'est ainsi qu'il recourt au langage de l'impératif, et même de l' « impératif fondamental », à propos du souci de soi : « L'éthique comme pratique réfléchie de la liberté a tourné autour de cet impératif fondamental, "soucie-toi de toi-même" », dit-il[1]. Or, même si une pareille éthique comporte bien des règles de conduite ou des principes qui sont, selon lui, « à la fois des vérités et des prescriptions », la valeur essentielle qu'elle met en avant, le « soi » dont elle dit qu'il faut « se soucier », ne relève pas de la morale. Le « souci de soi », qui est au cœur de toute sagesse, s'inscrit dans une visée du bonheur ou de l'excellence qui ne saurait posséder *en elle-même* une valeur susceptible de nous obliger sur un mode catégorique. Il faut le rappeler : la morale, pour l'essentiel, commence avec le *souci de l'autre* ou *des autres*, elle est d'abord hétérocentrée et non égocentrée, et elle nous oblige à nous méfier du « souci de soi », non à tous points de vue puisque nous devons aussi nous soucier de nous-mêmes[2], mais pour autant que, érigé en absolu, il peut mener à la négation de l'autre ou à l'indifférence à son égard, indifférence qui peut être considérée comme un meurtre symbolique d'autrui. Le « solipsisme » ou le « narcissisme éthique » est étranger à la morale ![3]

Du coup, cela l'entraîne à récuser l'idée même de « morale universelle » dans des termes qu'on ne peut accepter et qui l'amènent à une véritable incompréhension conceptuelle face à ce qui est en jeu dans l'idée de « morale ». Je le cite : « La recherche d'une forme de morale qui serait acceptable par tout le monde – en ce sens que tout le monde devrait s'y soumettre – me paraît catastrophique. »[4] Cette phrase n'a littéralement aucun sens dans la mesure où, précisément, il n'y a de morale qu'universelle, « acceptable par tout le monde » et à laquelle « tout le monde devrait se soumettre » et, prise à la lettre, elle est moralement atterrante! Ce qu'il aurait fallu, ici, pour pousser par hypothèse la réflexion critique jusqu'au bout

---

[1] Ib., p. 1531-1532.
[2] En ce sens, la morale n'est pas *totalement* dissymétrique comme voudrait nous le faire croire la réflexion de Lévinas avec sa problématique du visage d'autrui. Visant la personne humaine dans son universalité, elle s'applique aussi, par définition, à la personne individuelle que je suis et m'oblige à m'en préoccuper, fondant ainsi un limité mais légitime « souci de soi ». Sur ce point Kant a dit l'essentiel lorsqu'il parle d'un devoir d'être heureux, « au moins indirect », dans les *FMM*, 1ère section.
[3] Foucault n'exclut pas le « souci des autres » de l'éthique et prétend même qu'elle y mène. Mais rien dans ses analyses ne permet de fonder, au sens fort, ce passage.
[4] Ib., p. 1525.

d'une manière cohérente, c'était non contester cette dimension d'universalité constitutive du concept de « morale », mais réfuter la légitimité de celui-ci au profit du seul concept d'éthique (ce qu'a fait Nietzsche) et ne pas rester dans l'assimilation des deux vocables. Le propos aurait pu alors avoir un sens pleinement justifié puisque, effectivement, la recherche d'une forme d'« éthique » (et non de « morale » dans cette même hypothèse) universelle « à laquelle tout le monde devrait se soumettre » serait effectivement « catastrophique », sans compter qu'elle est en elle-même dépourvue de signification. La morale, elle, est à l'abri d'une pareille « catastrophe » puisque, si elle légifère bien sur la *forme* des rapports inter-humains, elle ne se prononce en rien sur le *contenu éthique* de la vie personnelle.

La morale en question(s)

La morale doit donc seulement être envisagée dans le sens précis qui la distingue de l'éthique. Mais justement, ainsi clarifiée, l'idée de morale paraît d'autant plus faire problème : abstraction, universalité, forme obligatoire, champ de connaissance, de pareilles caractéristiques semblent devoir nous amener à en révoquer l'existence, à n'y voir qu'une « transcendante chimère »[1] ou, si l'on préfère, un mirage idéaliste rassurant mais sans fondement, dont l'origine devrait être cherchée, comme l'éthique, dans la vie. Reprenons brièvement la chose sur le fond pour ne pas verser dans une naïveté qui viendrait de l'ignorance ou de l'inconscience des objections qu'on pourrait formuler à l'encontre de la position que nous allons défendre.

Abstraction : comment l'être humain pourrait-il seulement concevoir une valeur délestée de tout contenu concret, au sens où nous l'avons indiqué, et être mu par elle si l'on admet, et on doit l'admettre, qu'il est un être matériel, habité entièrement par une vie empirique qui le voue à agir sur la base d'intérêts certes multiples mais toujours présents, sous une forme ou sous une autre ?[2] *Universalité* : qui ne voit la variété des morales, dans l'espace et dans le temps, ce qui suggère d'emblée l'hypothèse de leur conditionnement socio-historique et rend d'emblée crédible la conception culturaliste qui en fait une production humaine sans fondement naturel invariant et donc, à tout coup, liée à un contexte culturel donné. Même l'universalisme moral peut être ici, paradoxalement, relativisé, par un redoublement de l'approche culturaliste : il ne serait que l'effet particulier

---

[1] La formule est de Kant quand il s'interroge, en toute lucidité, dans les *FMM*, sur la possibilité de son concept de « bonne volonté ».

[2] La thèse de l'omniprésence de l'intérêt a été défendue avec force par La Rochefoucauld dans ses *Maximes*, quand il dit, par exemple, que « les vertus se perdent dans l'intérêt, comme les fleuves se perdent dans la mer » (maxime 171, 5ème édition) ou encore quand il affirme que « l'intérêt parle toutes sortes de langues, et joue toutes sortes de personnages, même celui de désintéressé » (maxime 39, ib.).

d'une situation culturelle déterminée – société ou époque historique – imprégnée de la valeur de l'Universel. Comme le note très justement le sociologue américain T. Parsons : « Nous vivons dans une culture où les standards sont principalement "universalistes", et nous avons donc tendance à penser un standard moral comme transcendant le système d'action particulier à la société dans laquelle il est exercé »[1]. Le relativisme moral paraît donc s'imposer, à un niveau purement théorique, avec sa conséquence irrécusable : la négation de la morale, et il constitue d'ailleurs, dans le champ des sciences sociales, une sorte d'évidence largement partagée et rarement interrogée. *Obligation* : comment admettre cette dimension de la valeur morale si on ne réintroduit pas, d'une manière ou d'une autre, un libre arbitre susceptible d'être obligé par elle ? Car les analyses esquissées plus haut ne convaincront pas pleinement ceux qui, en toute rigueur, prétendront qu'aucune analyse empirique de l'obligation morale ne saurait vraiment la *fonder* et que donc, faute d'un point de vue méta-empirique sur le réel et, pour tout dire, métaphysique, laissant la place à un Sujet spirituel libre et responsable de ses actes, il faut y renoncer. « Je dois donc je peux » répèteront-ils avec Kant mais aussi avec toute la tradition de philosophie morale, et ils rappelleront que ce même Kant avait anticipé, avec une extraordinaire intelligence, l'impossibilité de la morale sur le terrain du matérialisme en raison de son monisme naturaliste et de son déterminisme propre : si la « raison spéculative » a « démontré que cette liberté ne se laisse nullement concevoir », alors, dit-il, « la liberté et avec elle la moralité [...] doivent céder la place au mécanisme de la nature »[2]. *Champ de connaissance ou de vérité*, enfin : le domaine de ce qui a été défini comme « moral », incarnant le bien, n'a cessé d'être, historiquement, brouillé, de constituer un lieu de préjugés, de passions, d'emportements, d'exaltations valorielles sans justification rationnelle, au point que le « bien » d'hier ou d'ailleurs se renverse souvent et spectaculairement en « mal » pour la conscience contemporaine ou d'ici, de même que parfois le « mal » s'inverse en « bien ». La confusion de la morale et de l'éthique l'a déjà largement suggéré et l'histoire abonde en exemples qu'il serait fastidieux d'inventorier. Il suffit de rappeler que les religions, vecteurs privilégiés de valeurs à prétention morale, ont revendiqué comme moraux des comportements que nous considérons désormais comme parfaitement immoraux – tels la violence sacrificielle, le fanatisme ou l'intolérance – et que, dans le domaine politique, l'esclavage non seulement n'a pas été condamné mais a été conçu comme juste et conforme au bien par l'Antiquité, alors qu'il est désormais unanimement rejeté. Inversement, nombre d'avancées dans le domaine des

---

[1] Cité par P. Pharo, op. cité, p. 107-108.
[2] *Critique de la raison pure*, Préface à la 2ème édition, p. 24.

mœurs ont commencé par être condamnées avant d'être acceptées : la maîtrise par la femme de son corps à travers la contraception ou le droit à l'avortement, par exemple, a été longtemps réprouvée alors qu'elle est de plus en plus reconnue comme un acquis positif, voire érigée en exigence morale. Et même ceux qui auraient pu, par leur intelligence, échapper à la tyrannie de l'opinion dans le domaine des valeurs, en ont été la victime ![1] Où est la connaissance morale dans tous ces cas ? Où sont lesdites vérités morales ?

Mais au-delà de ces remarques déjà largement déstabilisatrices vis-à-vis de toute position naïve dans ce domaine, il y a la mise en question de la morale qui vient directement des sciences humaines pour autant que, se situant par définition sur le plan des faits, elles ne sauraient admettre une sphère de droit leur échappant et qu'elles verront donc dans la prétention de la morale à constituer une pareille sphère une simple illusion de la conscience. Laissons de côté ce qu'on pourrait en dire une nouvelle fois à partir de Nietzsche, qui anticipe ces sciences humaines et que nous avons largement évoqué à propos de l'éthique, et contentons nous de l'interpellation forte que lui fait subir Marx dans tout un versant de sa pensée, celui par lequel il croit pouvoir théoriser la vérité du matérialisme à ce propos. Marx revendique clairement ce qu'on peut appeler un *immoralisme théorique*, équivalent dans le champ d'une approche socio-historique de l'humain de l'immoralisme nietzschéen fondé, lui, sur une approche « vitaliste » de l'homme. Pourquoi un pareil immoralisme ? D'abord et essentiellement parce qu'il n'y a pas pour lui de valeurs objectives transcendant l'histoire : la conscience étant prise intégralement dans celle-ci et étant déterminée par elle, elle ne saurait adopter sur elle un point de vue normatif qui lui serait extérieur, lui permettant de la juger à la lumière de normes objectives et d'en dire, en quelque sorte, la vérité morale[2]. Les jugements qu'elle formule à ce niveau – jugements dénonçant une injustice, une oppression, une domination, etc., mais aussi ceux qui sont relatifs aux mœurs ou à la conduite individuelle, bref le champ entier des jugements moraux – sont toujours des jugements historiquement relatifs parce que historiquement produits. Ils expriment souvent un intérêt concret de groupe et, spécialement de classe, ils sont conditionnés par l'état de la production matérielle, des sciences et des techniques ou encore des rapports sociaux. Enfin, ils ne sauraient prétendre à une universalité objective venant de qu'ils seraient issus d'une raison désintéressée : quand ils paraissent

---

[1] Comme l'indique J.-S. Mill : « La majorité des grands hommes des générations passées a soutenu maintes opinions tenues aujourd'hui pour erronées et fait et approuvé nombre de choses que nul ne justifie plus aujourd'hui » (*De la liberté*, op. cité, p. 89).
[2] Voir, en particulier, *L'idéologie allemande*, op. cité, et la fin du chapitre II du *Manifeste du Parti communiste*, Editions sociales, 1973 (désormais *Manifeste*).

universels, c'est soit qu'ils expriment une constante historique inaperçue – c'est la constance des antagonismes de classes qui explique, selon Marx, qu'il y ait des formes de conscience communes aux différentes sociétés que l'histoire a connues jusqu'à présent, et la morale est l'une de ces formes[1] –, soit qu'ils traduisent un état qu'on peut dire réellement universel de l'histoire, avec la généralisation de la production capitaliste, par exemple, que la morale ne fait alors qu'enregistrer en proclamant des exigences de liberté et d'égalité qui sont celles-là mêmes de l'échange marchand sur lequel repose cette production, mais transposées en entités morales. Dans les deux cas, l'universalité effective ou revendiquée des valeurs n'a rien d'absolu, elle ne témoigne d'aucune capacité pour la conscience de s'abstraire de l'histoire et de la surplomber, elle n'est qu'un *effet de l'histoire* elle-même qui produit ainsi l'illusion de sa propre absence. Marx ajoute même un trait qui démystifie ce qui pourrait rester d'apparente universalité dans la morale : s'il est vrai qu'une morale de classe tend à se présenter sous une forme universaliste, ce n'est là qu'une stratégie ou une ruse de l'intérêt, une apparence que la morale se donne pour masquer l'intérêt qu'elle sert et mieux asseoir la domination de ce même intérêt.

Mais il y a une autre raison à cet immoralisme théorique marxien, complémentaire de la précédente. Si les valeurs sont une production historique de part en part, c'est que l'homme lui-même, auteur de ces valeurs, est selon lui un produit historique ou, si l'on préfère, un être entièrement immergé dans l'histoire et, quelle que soit l'activité qu'il y déploie, soumis à ses lois, dépourvu donc de libre arbitre. Il n'y a par conséquent pas de Sujet possible pour ces valeurs, à savoir de « sujet libre » auquel elles s'adresseraient, qu'elles pourraient interpeller sur un mode impératif et qui les constituerait alors en valeurs morales. La dimension d'obligation, consubstantielle, on l'a vu, à la morale, n'est donc elle-même qu'une apparence qu'il faut déconstruire en partant de l'histoire : la nécessité dite pratique ou morale n'est que l'expression subjective, réfractée par la conscience et donc mystifiée, de la nécessité historique objective, des exigences de développement d'une société ou de résolution de ses contradictions. Gramsci, s'inspirant de Marx et le prolongeant, l'a bien vu : parlant des tâches qu'une société s'assigne, il indique que, si les conditions de sa réalisation existent, « la solution des tâches *devient* "devoir" » ; et il précise, dans un autre passage, à propos de l'universalité apparente de la morale qu'il entend comprendre dans une perspective strictement historique : « C'est sur cette objectivité et nécessité historique [...] qu'on peut fonder l' " universalité " du principe moral ; bien plus, il n'y a jamais eu d'autre universalité que cette nécessité de la technique sociale », même si celle-ci

---

[1] Voir le *Manifeste*, op. cité, p. 55-56.

fait l'objet d'interprétations idéalistes, « transcendantes ou transcendantales »[1]. Analyse impeccable... sauf que Gramsci en tire ensuite une mauvaise conclusion : il prétend qu'une pareille conception ne conduit ni au relativisme ni au scepticisme. En réalité, c'est une conclusion toute contraire qu'impose l'ensemble de ce qui précède : la conscience dite morale est une conscience aliénée, victime de processus qui se passent « dans son dos », dans la vie historique réelle, qu'elle ignore et dont elle n'offre qu'une image sublimée, trompée et trompeuse, fausse en tout cas ; elle est donc *une forme particulièrement exemplaire de ce que Marx appelle l'idéologie*, sans autre objectivité que prétendue, quel que soit son poids historique dans des conditions données, et le *Manifeste du Parti communiste* peut donc annoncer à bon droit sa disparition avec la disparition des sociétés de classes[2]. Qu'est-ce cela sinon un immoralisme théorique radical, qui a ses raisons, certes, mais qui, comme tout immoralisme de ce type, annonce la mort de la morale ?[3]

On voit donc que nous risquons fort, en admettant l'existence d'une instance comme la morale, de nous laisser prendre au piège des apparences de la conscience et, au lieu de les comprendre, c'est-à-dire de les percer en allant au-delà d'elles vers l'essence réelle du phénomène dit moral, de les rationaliser spéculativement et de nous enfoncer en elles. L'histoire philosophique de l'idéalisme est pleine de ces constructions imaginaires par lesquelles la réflexion hypostasie hors d'elle ce qui lui paraît exister en soi ou par soi, hors de toute appartenance ou de toute genèse matérielle réelle – le monde des Idées, le Dieu des religions, la Vie, l'esprit-substance, la conscience, la liberté –, et la morale pourrait être alors considérée comme le dernier refuge de cet idéalisme spiritualiste, mystifié autant que mystificateur, face à la montée des sciences qui en ruinent progressivement l'assise. Sur quoi, alors, si l'on veut éviter ce piège et en ayant conscience par avance de la forme inédite qu'il peut prendre, fonder l'affirmation de

---

[1] *Gramsci dans le texte*, Editions sociales, 1975, p. 281 et p. 721. Voir le commentaire qu'en donne L. Sève dans *Une introduction à la philosophie marxiste*, Editions sociales, 1980, p. 321.
[2] « La révolution communiste est la rupture la plus radicale avec les rapports traditionnels de propriété ; rien d'étonnant si dans le cours de son développement, elle rompt de la façon la plus radicale avec les idées traditionnelles », peut-on y lire, op. cité, p. 56.
[3] L'idée d'un Marx immoraliste a été défendue explicitement par A. Wood dans son article « L'immoralisme de Marx », revue *M*, n° 19, octobre-novembre 1995. On la retrouve chez Althusser pour qui la morale « est, dans son essence, idéologie », sauf que, selon lui, les sociétés ne pouvant se passer d'idéologie, elle ne saurait être « remplacée par la science » et qu'il n'en prévoit donc pas la disparition (in *Pour Marx*, Maspero, 19965, p. 239). Mais cela ne lui fournit aucune justification *théorique intrinsèque* : elle demeure une illusion idéologique.

l'existence de la morale et convertir à juste titre l'apparence morale, dont tout le monde fait l'expérience, en essence ou en réalité pratique objective ?

La question du fondement

La question du fondement de la morale est une question majeure, mais elle est malheureusement biaisée par une ambiguïté qui fait croire que le matérialisme n'aurait pas du tout à se la poser et n'aurait qu'à se contenter de la certitude qui accompagne la morale dans son déploiement au cœur de l'action[1]. De plus, parmi les objections qu'on peut lui faire, il y a cette remarque profonde de Nietzsche, qui vise la fondation kantienne mais dont la portée est plus large, selon laquelle le projet de fonder la morale dite universelle et d'en exhiber ainsi la vérité définitive n'est, à chaque fois, qu'une manière de porter au concept une morale particulière, sans interroger ses prémisses et ni même sa possibilité effective. La réflexion critique est alors, sans qu'elle le sache bien entendu, une réflexion a-critique puisqu'elle ne soupçonne même pas, non seulement qu'elle rationalise une morale particulière, mais que l'idée même de « morale » puisse faire problème ; et par son développement elle contribue elle-même à la mystification morale en apportant de fausses raisons de croire à ce qui est, peut-être, « sans raison » et sans réalité[2]. Pour transposer cette idée, il est manifeste qu'une philosophie morale du type de celle qui se répand aujourd'hui, qui reprend le fil de la philosophie morale la plus traditionnelle et qui correspond précisément à ce qui est visé par le propos iconoclaste de Nietzsche, risque de n'être qu'une philosophie idéologique, répondant sans doute à des intérêts du temps, mais sans grande profondeur théorique. Il convient donc de clarifier le vocabulaire et de distinguer les plans pour éviter de s'engager dans une impasse intellectuelle. Or il faut distinguer le plan *théorique* et le plan *pratique* où une réflexion fondatrice pourrait se déployer et où, sous le couvert trompeur d'un même terme – dans les deux cas il s'agit de « fonder », donc de dégager un « fondement » – ce sont deux opérations intellectuelles très différentes qui, en réalité, sont en jeu.

Une fondation *théorique* est *ontologique* : elle s'intéresse à la possibilité même de son objet au sein de la réalité globale, sans nécessairement la présupposer ; après tout il se pourrait que ce que je veux fonder ne puisse pas être fondé et doive être, réflexion faite, déclaré ontologiquement impossible, et dans ce cas on renoncera, en même temps qu'à la réalité de son objet, à

---

[1] C'est la position d'A. Comte-Sponville, que j'examinerai brièvement plus loin, dont je me sépare clairement sur ce point alors que je le rejoins sur bien d'autres, comme sa distinction de l'éthique et de la morale.
[2] Voir *Par-delà le bien et le mal*, § 186.

l'idée même de fondation[1]. A l'inverse, si la fondation réussit, elle aura pour effet de nous faire comprendre la possibilité de son objet au sein de la structure de réel, voire d'en imposer la nécessité ou la réalité. Mais, et c'est sa deuxième caractéristique, une fondation théorique ne recourt qu'à des considérations et donc à des concepts théoriques, dépourvus de tout élément normatif. C'est le cas, précisément, de la fondation de la morale à laquelle se livre Kant à partir du concept de liberté : les valeurs morales, avec leur impérativité propre, s'adressent nécessairement à un sujet libre et elles ne sont donc possibles que pour autant que l'on admet théoriquement l'existence d'un libre arbitre humain, lequel en constitue le *fondement ontologique*. Et l'on sait que chez lui ce fondement n'est lui-même possible qu'à l'intérieur d'une conception idéaliste du monde qui distingue les phénomènes régis par une stricte nécessité naturelle et les noumènes qui lui échappent et au sein desquels, seulement, une pareille liberté est pensable ; ce qui veut dire que la fondation théorique de la morale par la liberté est, ici, elle-même fondée sur un ontologie qui affirme le caractère subjectif ou idéal de l'espace et du temps : les lois morales sont, ultimement, les lois que l'homme se donne en tant qu'être intelligible par sa volonté pure (Wille en allemand) et elles reposent sur cette base. Ce n'est là qu'un exemple, mais il montre bien qu'aucune option normative n'intervient dans cette réflexion, qu'elle est purement théorique, qu'elle est première aussi par rapport à la morale et qu'elle lui commande : il suffirait que la réflexion contemporaine, nourrie d'un nouvel état des sciences, invalide cette ontologie et décrète le libre arbitre impossible pour que ce qu'elle est censée fonder, à savoir la morale, doive éventuellement être lui-même déclaré impossible. C'est donc cette question qu'un matérialisme scientifique se doit d'abord de résoudre : la morale est-elle ontologiquement possible ? On aura compris que, sauf à refuser de penser, on ne saurait considérer cette question comme une fausse question, même si les réponses qu'on lui a régulièrement apportées peuvent être considérées comme fausses et même si la manière de la traiter doit être profondément remaniée.

Mais il y a ensuite la fondation *pratique* de la morale, qui vise un tout autre objectif et qui est donc d'une tout autre nature. Celle-ci suppose nécessairement la morale avec ses jugements de valeur propres, donc l'existence d'un champ de valeurs morales telles que nous les avons décrites, et son objectif est seulement, mais rigoureusement, de justifier ou de légitimer ces valeurs ou ces jugements de valeur en mettant en lumière leur fondement suprême, à savoir le *principe normatif ultime* sur lequel elles ou ils reposent. On voit alors que le fondement des valeurs morales doit être

---

[1] C'est ainsi que le matérialisme est amené, sur la base de sa logique propre, à déclarer impossibles bien des affirmations, suppositions ou problèmes de la philosophie idéaliste.

évident ou certain par lui-même, sous peine d'une régression à l'infini ou d'un arbitraire initial qui l'empêcherait de remplir sa fonction fondatrice ; mais on voit aussi que le fondement des valeurs (morales) doit lui-même être une valeur (morale), donc un principe normatif qui interpelle l'homme dans le champ de l'action. En ce sens, et quel que soit le rôle des mécanismes intellectuels du raisonnement intervenant dans une pareille fondation, la fondation pratique se déploie tout entière dans l'élément de la normativité (morale), laquelle est donc présupposée. Fonder, ici, c'est légitimer ou justifier moralement, c'est donc bien une entreprise normative, très différente d'une simple entreprise théorique de compréhension ou d'explication, et elle suppose qu'il y ait du légitime ou du juste moral. Plus précisément encore, c'est transférer à ce que l'on fonde la valeur du fondement à partir duquel on le légitime : si je condamne le racisme au nom du respect universel de la personne humaine, encore faut-il qu'une pareille valeur existe ou vaille par elle-même, ce qui me permet de fonder ma condamnation en lui transférant la valeur de son principe ; de même si je fonde, comme il se doit, la condamnation de l'exploitation de l'homme par l'homme sur le refus de l'instrumentalisation de l'être humain, cela suppose qu'un pareil refus vaille en lui-même ou principiellement de telle sorte que sa valeur se transmet au jugement qui le met en œuvre à propos de cette réalité socio-économique concrète. La fondation morale, c'est donc un transfert de valeur que la réflexion opère à partir d'un principe moral incontestable pour justifier telle ou telle prise de position normative particulière ; et la raison théorique qui intervient par ses procédures formelles dans ce transfert n'est qu'un moyen qui travaille à partir d'un matériau normatif initial que seule une raison pratique, qui juge et ne se contente pas de comprendre dans une royale indifférence axiologique, est à même de lui fournir.

Reste que cette fondation, je l'ai indiqué à plusieurs reprises, est subordonnée à l'existence, donc à la possibilité de son objet, la normativité morale, et que la réalité de celle-ci doit être, elle, préalablement fondée théoriquement. Pour inverser, et en en modifiant les termes, une proposition de M. Conche[1], je dirai donc : la morale ne peut être fondée pratiquement que si elle est d'abord fondée théoriquement, car c'est l'ontologie qui

---

[1] Dans l'Introduction de son ouvrage *Le fondement de la morale*, distinguant justement le fondement négatif de la morale – ce sans quoi elle ne serait pas possible, ce que j'appelle son fondement théorique– de son fondement positif – ce que je nomme son fondement pratique –, il affirme : « Il y a un fondement négatif de la morale seulement s'il y a une morale, et il y a une morale seulement si elle est positivement fondée. » (op. cité, p. 25). En partant de la morale comme il le fait, M. Conche se met à l'abri de l'interpellation qu'une ontologie matérialiste lui adresse.

commande à la pratique. C'est donc ce point qu'il faut d'abord examiner : peut-on fonder théoriquement l'existence de la morale ?

L'existence de la morale : sa genèse naturelle

La fondation théorique rencontre elle-même deux problèmes différents, qu'il faut accepter de dissocier : l'existence des valeurs morales et celle d'un sujet pour ces valeurs. Commençons par le premier problème qui paraît d'emblée sans solution possible sur le terrain d'une conception à la fois scientifique et matérialiste de l'homme : comment en partant de la vie (biologique, psychologique, historique) rendre compte d'un champ normatif qui paraît la transcender définitivement eu égard aux caractéristiques formelles qui sont les siennes : abstraction, universalité, etc.? Ou, pour le dire autrement : comment à partir de la vie rendre compte de ce qui lui commande et exige qu'elle se conforme à des prescriptions spécifiques au lieu de la laisser suivre son cours spontané? Une explication matérialiste paraît condamnée soit à échouer, soit à ramener les valeurs morales à des valeurs éthiques en niant leur spécificité. Dans le premier cas la réalité de la morale demeure problématique ou mystérieuse, dans le second elle est niée ; dans tous les cas on donne raison à ceux qui prétendent que le matérialisme et la morale sont incompatibles et, comme la culture scientifique contemporaine impose désormais le matérialisme, c'est la morale qui devrait être déclarée impossible. Or ce n'est là qu'une apparence : nous avons avec Darwin une théorie scientifique de l'*origine naturelle* de la morale qui la traite comme un *fait d'évolution*, qui l'explique donc, sans la détruire dans ce qui fait son essence propre. Je la rappelle brièvement, car elle commence à être connue[1] : l'homme est issu de l'évolution de la nature et de la transformation des espèces végétales et animales régie par le mécanisme de la sélection naturelle qui, dans le cadre d'une lutte générale pour l'existence, aboutit au triomphe de ceux qui sont dotés d'un avantage adaptatif sur ceux qui en sont dépourvus ; mais avec l'homme apparaît un être qui, progressivement, va rompre avec cette loi de fonctionnement : les instincts sociaux, des sentiments comme la sympathie, l'éducation, le développement des connaissances et de la raison, etc., l'entraînent de plus en plus à des comportements qui s'éloignent de la compétition animale éliminatrice des moins aptes et qui se caractérisent, au contraire, par l'entraide, la solidarité, l'ouverture progressive sur l'ensemble de l'humanité, bref par ce qu'on appelle la conduite morale. Il y a donc bien une *genèse naturelle des valeurs*

---

[1] J'en ai parlé dans mes *Etudes matérialistes sur la morale*, Kimé, 2002, et dans les numéros 134 et 139 de *Sciences et Avenir Hors-Série*, 2003 et 2004. Les travaux considérables de P. Tort sur Darwin ont mis en évidence cet aspect de sa théorie ; en un sens je me contente de les prolonger.

morales avec leur contenu spécifique comme de la raison qui les pense, c'est-à-dire de cela même qui paraît transcender la nature et avoir besoin d'une explication de type idéaliste. On s'en aperçoit clairement dans *La filiation de l'homme*[1] lorsque Darwin, exposant son explication matérialiste, tout en ayant conscience de la difficulté théorique qu'il y a à aborder de ce point de vue la question morale, la présente à l'enseigne de Kant et nous montre qu'il ne fait que retrouver le contenu de sa philosophie pratique, mais sur une base naturaliste ou évolutive, sans l'arrière plan transcendant qui le fonde chez le penseur allemand[2]. La morale est donc reliée à l'histoire naturelle animale (dans laquelle elle est d'ailleurs anticipée), mais selon une modalité qui ne réalise le mécanisme essentiel de cette histoire, la sélection naturelle, que sous une forme inversée : elle apporte bien à l'homme un avantage adaptatif qui contribue à sa victoire sur les autres espèces, mais en rompant avec la forme sous laquelle ce mécanisme se manifestait antérieurement. C'est ce que P. Tort a appelé l'*effet réversif de l'évolution* : l'évolution produit ce qui s'oppose, en un sens, à elle, la vie produit un plan de réalité qui en maîtrise le déploiement sauvage tel qu'il se manifeste chez les espèces antérieures, à savoir *la morale*, qu'on peut donc considérer comme une *anti-nature produite par la nature elle-même*.

On voit l'intérêt de cette explication : point de mystère ici puisque le champ des valeurs morales s'explique en continuité avec l'évolution telle que la science nous permet de la comprendre rationnellement, mais point de dissolution de la morale dans la vie puisque son apparition marque une discontinuité tout aussi incontestable dans l'ensemble du champ de la réalité. C'est alors d'*émergence* qu'il faut parler : ce concept – qui est au cœur de la conception moderne du matérialisme – marque bien l'enracinement matériel de la morale dans les formes antérieures de la réalité naturelle, sans rupture ontologique avec elles ; mais il indique tout autant sa spécificité qualitative qui en fait, au niveau empirique, une forme inédite de cette même réalité évolutive, en rupture concrète ou « ontique » avec ses formes antécédentes et il en atteste scientifiquement l'existence. Certes, l'explication montre qu'elle répond à une logique de l'avantage adaptatif et qu'elle sert donc un intérêt vital puisqu'elle a été sélectionnée par l'évolution sur cette base ; mais quand on lit Darwin avec attention, on s'aperçoit que ce qui a été ainsi sélectionné et qui est donc utile à l'homme, par définition, obéit dans son fonctionnement subjectif effectif à une logique qui n'est pas celle du seul intérêt individuel ou du seul calcul utilitaire : une forme de désintérêt y est à l'œuvre, dans des comportements effectivement tournés vers autrui, qu'il faut bien dire *morale*. L'intérêt collectif que sert la morale, qui en explique

---

[1] Syllepse, 1999.
[2] Voir le chapitre IV.

l'apparition, se réalise donc à travers un désintérêt individuel effectif. C'est ainsi que Darwin, anticipant l'effet des instincts sociaux sur la conduite de l'homme, bien qu'ils puissent être contrariés provisoirement par l'égoïsme, remarque : « A mesure que l'amour, la sympathie et la maîtrise de soi seront consolidés par l'habitude, et que la capacité de raisonner s'affirmera, portant l'homme à accorder une juste valeur aux jugements de ses semblables, il se sentira poussé, indépendamment de tout plaisir ou de toute peine transitoires, à adopter certaines lignes de conduite. » Et il ajoute : « Il pourrait alors déclarer – et un barbare ou un homme dépourvu de culture ne pourrait penser de la sorte : je suis le juge suprême de ma propre conduite, et, pour utiliser les mots de Kant, je ne violerai pas dans ma propre personne la dignité de l'humanité. »[1] C'est donc bien à une explication *de la morale comme telle* que nous avons affaire ici, en tout cas du point de vue des valeurs qui la constituent, et sa réduction ontologique, qui l'offre pleinement à l'intelligence scientifique puisqu'elle l'inscrit dans la réalité naturelle, ne se paie en rien de sa réduction empirique.

La conséquence est claire s'agissant de la question de la fondation théorique, quoiqu'elle soit paradoxale : la *fondation* théorique de la morale, à l'encontre de ce qui se passe dans le champ d'une approche spéculative et idéaliste de celle-ci, se résout ici par et dans la mise en évidence de son *origine* effective telle que la science de la nature nous la démontre[2]. La science, contrairement à ce que certains penseurs pressés ou prisonniers de la religion croient pouvoir dire à la fois contre elle et contre le matérialisme, n'échoue donc pas face à la morale, ne la détruit pas non plus ; au contraire, elle assure son existence par la meilleure des preuves théoriques qui soit, celle qui nous en fait comprendre scientifiquement la réalité en même temps que la possibilité (ces deux aspects, dans ce cas, sont identiques), et, en ce sens, elle la fonde pleinement. *L'explication scientifique est, dans ce cas, la fondation réelle.*

L'existence de la morale : sa genèse historique

Pourtant, il n'y a pas qu'une genèse naturelle de la morale, sauf à imaginer que la nature a mystérieusement pourvu aux exigences du vivre-ensemble et à verser dans un biologisme, coupé de l'histoire, théoriquement indéfendable. La notion d'« effet réversif de l'évolution » le suggérait déjà puisqu'elle indiquait que la nature cède progressivement la place à des processus culturels (éducation, relation avec autrui, développement de la

---

[1] Op. cité, p. 196-197.
[2] La fondation spéculative et idéaliste met bien en évidence, elle aussi, on peut le dire, une origine ; mais il s'agit d'une origine imaginaire car surnaturelle : c'est le cas de l'homme envisagé comme être intelligible ou « nouménal » selon Kant.

raison) façonnant l'homme sur le plan moral, s'étalant sur le long terme, que la biologie rend possibles d'une manière générale mais qu'elle ne détermine ni immédiatement ni directement en eux-mêmes. Il y a donc aussi une genèse culturelle ou, si l'on préfère, une *genèse historique de la morale* : celle-ci opère à partir de potentialités naturelles que la science biologique devrait éclairer de plus en plus, mais elle répond à une causalité historique propre qu'il faut préciser, en allant bien au-delà de Darwin. Marx ici s'impose, mais un Marx qu'il faut revisiter, voire rectifier. Pour l'inventeur de la conception matérialiste de l'histoire, les valeurs morales, non distinguées des valeurs éthiques, on l'a vu, sont engendrées par les conditions socio-économiques de la vie concrète et elles sont fonctionnelles à ces conditions. Jaurès, présentant la théorie de Marx dans ce domaine, le dit très bien : « C'est selon que les hommes sont rattachés les uns aux autres par telle ou telle forme de la société économique, qu'une société a tel ou tel caractère, qu'elle a telle ou telle conception de la vie, telle ou telle morale, et qu'elle donne telle ou telle direction générale à ses entreprises. »[1] En ce sens, si l'on s'en tient à la manière dont elles se sont pensées, il y a bien, de fait, *des* morales, des conceptions collectives du bien et du mal, chargées des caractères que nous avons attribués à la morale en général, mais qui se contredisent entre elles car elles correspondent à des époques, des classes ou des cultures différentes : non seulement il y a des morales de classe qui se sont succédées dans l'histoire selon la domination de telle ou telle classe (maîtres, seigneurs, bourgeoisie), mais il y a une morale propre à chacune des cultures que les différentes religions ont façonnées : le judaïsme, le christianisme, l'Islam, le bouddhisme. Pourtant, si l'on s'en tenait là, rien ne distinguerait la morale de l'éthique, sauf l'habillage formel illusoire qui la caractérise, et le concept d'idéologie suffirait à en rendre compte en marquant son immersion complète dans l'histoire. Or nous l'avons clairement affirmé : la morale est unique ou elle n'est pas et la soumettre intégralement à la variation historique revient à la détruire théoriquement. Il nous faut donc penser la morale sur le terrain de l'histoire, relais évident de l'évolution naturelle, de telle sorte que son universalité soit sauvée. Comment ?

Les valeurs morales ne se constituent pas d'emblée dans l'histoire et elles ne saisissent pas d'emblée leur spécificité. Elle sont au départ étroitement intriquées aux valeurs éthiques et, en ce sens, si l'on a en vue les systèmes de valeurs que l'histoire a produits avec leur fonctionnalité propre, c'est bien l'idéologie qui est première : les hommes ont d'abord valorisé ce qui servait leur intérêt ou celui du groupe d'appartenance auquel leur intérêt

---

[1] « Idéalisme et matérialisme dans la conception de l'histoire » in *L'esprit du socialisme*, Gonthier/Médiations, 1964, p.10.

était lié. L'idée de devoirs à l'égard d'autrui, par exemple, n'a pas été initialement conçue dans sa pure abstraction de telle sorte qu'elle s'appliquât à tout homme, mais seulement dans un champ historiquement, socialement ou culturellement restreint : tel pays, telle classe, telle culture et, plus tôt, le clan ou la tribu. Cette limitation était, bien sûr, imposée par les conditions objectives et on ne peut donc la juger scandaleuse sans anachronisme ni en accuser les hommes sans légèreté théorique ; mais elle interdit de toute évidence d'en faire des valeurs morales, même si la référence à un « bien » et à un « mal » était présente, sous peine d'oublier que l'universalité est nécessaire à celles-ci. Dans chacun de ces cas, ce qu'il y avait de visée universelle malgré tout présent dans la valeur était soit un masque permettant à l'intérêt particulier de mieux se déployer, soit un objectif universaliste réellement acquis par la conscience, mais brouillé et gravement altéré par la manière dont on concevait son champ d'application. Ce n'est donc que progressivement que la pleine conscience de l'Universel moral s'est opérée, à partir du terrain initial, éthiquement intéressé, de l'idéologie et en s'en détachant peu à peu ; et il y a fallu des conditions concrètes extérieures, car la formation de cette conscience morale ne s'est pas faite d'elle-même : la formulation chrétienne de la morale telle qu'on la trouve dans l'Evangile, soutenue par l'idée de genre humain, a supposé l'unification du bassin méditerranéen par l'empire romain, laquelle a facilité la prise de conscience de l'unité abstraite des hommes ; de même, la Déclaration des droits de l'homme et du citoyen de 1789 a eu pour condition la constitution par le capitalisme d'une unité effective : celle de l'univers marchand où s'affrontent des agents économiques réclamant les mêmes droits ; enfin, l'universalisme complet, en quelque sorte, qui caractérise notre époque à travers la Déclaration universelle des droits de l'homme, surtout si on y ajoute ce qui sous-tend l'aspiration au communisme, a de toute évidence pour présupposé réel la mondialisation contemporaine de l'histoire – fût-elle capitaliste – qui façonne à la fois une conscience et des exigences universelles. Pourtant, dans chacun de ces exemples, c'est bien à un *acquis normatif définitif* auquel nous avons affaire, marqué de sceau de l'Universel, de nature morale donc, qui *dépasse ses conditions d'apparition ou de constitution*, et au terme de ce processus, on peut concevoir la formation de cette « morale réellement humaine, placée au-dessus des oppositions de classe » dont parle Engels[1], à laquelle il manque seulement aujourd'hui d'avoir conquis toutes les consciences et, surtout, d'être vraiment réalisée. C'est bien pourquoi il faut à nouveau parler d'*émergence* ici, mais *historique* : la morale émerge progressivement dans l'histoire à partir de conditions qui l'amènent à l'existence, sans que ce processus la réduise à un

---

[1] *Anti-Dühring*, op. cité, p. 124.

phénomène idéologique et en détruise la spécificité normative. On peut dire, avec précaution, qu'elle la *transcende* par et dans son émergence même : nous permettant de la juger et de la transformer dans un sens meilleur pour l'homme au lieu d'en subir l'inhumanité, elle est *une anti-histoire produite par l'histoire elle-même*. Elle est alors à l'origine d'effets historiques dont la valeur fait peu à peu consensus (démocratie, droits de l'homme, acquis sociaux, etc.) et qui attestent la réalité d'un champ normatif objectif distinct de celui, constamment relatif, de l'éthique ou de l'idéologie.

S'agissant du problème de la fondation, une conséquence s'impose à nouveau, qui confirme et prolonge tout à la fois celle que nous avons tirée de l'explication naturelle de la morale : l'explication historique, de type scientifique, ne dissout pas les valeurs morales dans la variété des faits de l'histoire ; elle en montre au contraire la constitution graduelle, elle en garantit donc l'existence sans coup de force spéculatif et, en ce sens, elle les fonde théoriquement. La *science*, ici aussi, avec l'horizon matérialiste qui est le sien, assume la fonction de *fondation ontologique* de la morale que l'on croit imprudemment réservée à l'idéalisme philosophique ou religieux.

Demeure le fait que ces valeurs possèdent une dimension d'obligation sans lesquelles on ne pourrait les qualifier de morales. Or, sauf à décréter cette dimension elle-même illusoire et à supprimer la difficulté en renonçant à la morale, celle-ci paraît bien présupposer la réalité d'un « sujet libre » auquel elle s'adresse : obliger, c'est obliger *quelqu'un*, à savoir un être doté d'une existence subjective, capable de décision et susceptible de répondre ou pas à cette obligation : on n'oblige pas une chose ou une machine ! Comment penser un pareil sujet ou ce « quelqu'un » dans le champ du matérialisme contemporain ? C'est le second des deux problèmes auxquels la fondation théorique de la morale se trouve confrontée et qu'elle doit s'efforcer de résoudre à nouveaux frais aujourd'hui : quel sujet pour les valeurs morales ?

Un sujet pour la morale ?

La question du « sujet » et, à travers lui, celle de la liberté, est la pierre d'achoppement la plus redoutable pour la réflexion matérialiste dans ce domaine. La tradition matérialiste l'atteste : elle ne fait guère de place au libre arbitre et, du coup, malgré les flottements de vocabulaire, c'est d'éthique et non de morale qu'il est question chez elle. C'est ainsi que la philosophie de Spinoza qui, si elle n'est pas stricto sensu matérialiste, obéit bien à une logique ontologique qui est celle du matérialisme, plonge intégralement l'homme dans le déterminisme des lois de la nature, récuse clairement tout libre arbitre humain et refuse par conséquent les catégories du « bien » et du « mal » avec la forme impérative qu'elles présentent : elle n'y voit que des fiction humaines nées de l'ignorance de la production naturelle et nécessaire du réel ainsi que du besoin naïf de trouver du mérite ou de la culpabilité dans les actions de l'homme. Conséquence : Spinoza nous propose une « Ethique » et non une « Morale », dans laquelle l'accès au Bien (qui est un Bon : la joie) est une tâche de l'intelligence, non une norme obligatoire, qui, si elle met en place des procédures subjectives destinées à modifier le régime de vie de l'individu, n'implique en rien et même exclut tout sujet métaphysique libre. C'est bien pourquoi « la morale est sans objet et sans vérité » chez lui[1] et l'on peut être tenté de concevoir son Ethique comme une simple « éthologie » étudiant l'homme sur le plan des faits, visant certes à réagencer les affections humaines dans un sens positif du point de vue du bonheur, mais sans signification morale particulière[2].

Ce qui est vrai chez Spinoza l'est encore plus, en première approche tout au moins, au sein du matérialisme clairement revendiqué de Marx, auquel j'ai déjà fait allusion. C'est parce que l'homme selon lui est dépourvu de liberté métaphysique[3], qu'il n'est pas séparable ni de la nature ni de l'histoire qui le façonnent, qu'il est un être matériel soumis à de multiples processus empiriques, enfin qu'il est mu par son intérêt, que l'idée de le solliciter à agir, y compris en politique, sur le mode impératif propre à la morale n'a pas de sens : « les communistes, dit-il, ne prêchent pas de morale du tout »[4], ils ne se présentent pas aux hommes en leur disant abstraitement « vous devez faire ceci ou cela ! ». Cela ne signifie pas, j'y reviendrai, qu'il n'y ait pas de morale *chez* Marx mais il n'y a pas, très évidemment, de morale *de* Marx parce qu'il n'y a pas de « sujet » qu'elle pourrait obliger et que la dimension de l'obligation, telle qu'elle a été classiquement conçue, n'est donc pas pensable au sein de son ontologie. Certes, on peut estimer que la notion de sujet ne saurait être totalement évacuée à l'intérieur d'un matérialisme sensible à l'histoire et au conditionnement de l'homme par l'idéologie : celle-ci nous apprend très tôt à nous appréhender comme des « sujets » par-delà notre réalité d'individus,

---

[1] Comme l'indique justement A. Comte-Sponville dans l'article *Spinoza* du *Dictionnaire d'éthique et de philosophie morale* (sous la direction de M. Canto-Sperber, 1996, PUF).
[2] C'est la conception de Deleuze dans son *Spinoza, Philosophie pratique* (Minuit, 1981). La comparaison avec l'immoralisme théorique de Nietzsche s'impose donc immédiatement, malgré des différences importantes par ailleurs : tous deux se situent « par-delà le Bien et le Mal » du fait, en particulier, qu'ils récusent tout libre arbitre.
[3] La négation du libre arbitre est constante chez lui, implicite ou explicite. Elle est expressément formulée dans *La Sainte Famille* à propos de la relation du communisme au matérialisme (in *Karl Marx*, La pléiade, t. 3, 1982, p. 571-572) et Engels s'est chargé de l'exposer avec clarté dans l'*Anti-Dühring*, où il indique que l'homme ne dispose d'aucune indépendance ontologique à l'égard des lois de la nature, externe ou interne (1ère partie, ch. 11).
[4] La formule est dans *L'idéologie allemande*, op. cité, p. 531.

elle nous interpelle comme tels et la « forme-sujet » a donc une réalité culturelle incontestable[1] ; de plus, la société, dans la plupart de ses pratiques (éducatives et judiciaires, en particulier), ne cesse de fonctionner sur la base d'une telle supposition intellectuelle : elle nous traite comme des sujets responsables et devant rendre compte de leurs actes puisqu'elle nous les impute. Mais on voit tout de suite qu'il s'agit, dans cette perspective, de la réalité d'un « artefact » ou, si l'on préfère, de la réalité d'un rapport imaginaire de l'homme à lui-même : l'idéologie et, spécialement, l'idéologie morale, à savoir l'idéologie dont la morale a été historiquement porteuse, dote l'homme d'une *conception imaginaire* de soi qui l'entraîne à s'attribuer un statut ontologique de « sujet » libre et souverain qu'il n'a pas et qui n'est donc qu'une illusion[2]. Du coup, et à s'en tenir à cet aspect des choses, on peut soutenir que l'idéal de vie que constitue le communisme (car c'est aussi un idéal) n'est pas présenté par Marx comme un « devoir-être moral » s'adressant à d'imaginaires « sujets moraux », mais constitue seulement, comme la norme de vie spinoziste, une proposition éthique d'existence meilleure, sollicitant les hommes dans leurs intérêts à partir de l'intelligence théorique qu'il leur en fournit, en dehors de toute préoccupation morale.

Mais on peut aborder la question directement sur le fond. Le matérialisme, dans la forme que la science lui impose désormais, soumet l'homme à un triple déterminisme : celui de la nature dont il est issu, qui reste toujours présente en lui quelle que soit l'activité qu'il développe à son égard (par exemple à travers le poids du déterminisme génétique), celui de l'histoire et de la société dont la connaissance fine ne cesse de progresser, enfin celui de son psychisme, spécialement de son psychisme inconscient dont la découverte faite par Freud révolutionne complètement l'idée qu'on peut avoir de l'être humain. La nature ne fait donc pas tout en l'homme, contrairement à ce que peut laisser penser une conception déterministe du monde et de l'homme qui refait surface dangereusement aujourd'hui et qui ne met en avant que les lois de la physique ou de la biologie[3] ; mais la limitation de son rôle qu'opèrent les sciences humaines n'a d'autre signification que de soumettre l'homme à d'autres lois, historico-sociales et psychologiques et non de faire de l'homme un lieu d'indétermination radicale. Dans ce contexte, à la fois ontologique et anthropologique,

---

[1] Voir les analyses d'Althusser sur cette question dans son texte « Idéologie et appareils idéologiques d'Etat » (in *Positions*, Editions sociales, 1976).

[2] La manière dont la morale à la fois suppose et produit l'illusion métaphysique du « sujet » a été admirablement mise en évidence par Nietzsche. Sa démonstration est parfaitement convergente avec le matérialisme marxien.

[3] Voir la reviviscence actuelle du « biologisme », c'est-à-dire du « tout biologique », dans l'approche de la maladie mentale ou de la violence sociale dans certains secteurs de l'opinion qui se veulent éclairés et qui sont en réalité obscurcis par les préjugés.

scientifiquement attesté, il n'y a pas de place pour le sujet de la métaphysique classique, qui est un Sujet (que nous écrirons désormais avec une majuscule pour le désigner comme tel), à la fois premier ou originaire (non assujetti à des déterminants préalables), donné et non constitué, de nature spirituelle, conscient de soi pour l'essentiel (non soumis à un inconscient déterminant ses actes de conscience) et donc libre, *sujet de* ses actes et responsable d'eux, même si leur déploiement rencontre en lui des obstacles naturels[1]. On comprend que, dans ce cadre philosophique général, l'on puisse à nouveau affirmer qu'il n'y a pas de place pour la morale mais pour de simples projets éthiques d'amélioration de la vie concrète de l'homme. C'est ainsi que L. Ferry soutient que « l'idée d'éthique normative est absolument incompatible avec l'hypothèse d'un déterminisme ontologique généralisé » (il entend par « éthique normative » une éthique impérative, à savoir la morale) et précise qu' « un matérialisme conséquent devrait toujours se borner à une "éthologie", sans jamais parler de morale autrement que comme une illusion plus ou moins nécessaire, partie prenante du réel, certes, mais néanmoins trompeuse » ; et il ajoute, pour enfoncer le clou, qu'« il est incohérent de se dire matérialiste et d'envisager la moralité des actes humains comme si elle pouvait dépendre d'une liberté que l'on décrète par ailleurs illusoire »[2]. Et c'est bien pourquoi un philosophe comme M. Conche, préoccupé de sauver la morale de la menace qu'un matérialisme déterministe fait peser sur elle, se démarque clairement de celui-ci, se réclame d'un naturalisme qui admet le libre arbitre comme une réalité naturelle et en fait vigoureusement le fondement théorique ultime de la morale : « La liberté du vouloir est ce sans quoi l'exigence morale n'aurait pas de signification » affirme-il[3]. On pourrait multiplier les exemples et il faut entendre leur interpellation : comment fonder la morale théoriquement

---

[1] Ce Sujet, très différent du sujet éthique dont j'ai parlé plus haut en référence au travail de Foucault, est inhérent à la tradition philosophique spiritualiste telle qu'elle est représentée par Descartes ou Kant (même si chez ce dernier il n'est que postulé ou pensé, et non connu) et il au cœur de la conception chrétienne de l'homme. On le retrouve dans les avatars contemporains du spiritualisme comme la phénoménologie et même chez le premier J.-P. Sartre, influencé par cette dernière, qui admet une conscience absolue déterminant tous les actes humains et pour qui « l'homme n'est rien d'autre que ce qu'il se fait ». Mais dans ces deux derniers cas, la référence à un pareil Sujet n'a pas permis de fonder une morale.
[2] In L. Ferry et J.-M. Vincent, *Qu'est-ce que l'homme ?*, Odile Jacob, 2000, p. 95-96.
[3] *Le fondement de la morale*, op. cité, p. 25. Conche parle de « fondement négatif » (=ce sans quoi la morale ne serait pas possible), mais cela correspond à ce que j'appelle le fondement théorique ou ontologique. Ailleurs, dans un texte consacré à la notion d'obligation, il indique clairement : « Dès lors qu'il y a obligation, quelque chose de tout autre s'ajoute à la nature, et qui est la liberté » (in *Analyse de l'amour et autres sujets*, PUF, 1997, p. 24).

si elle ne repose pas sur un Sujet libre ? N'y a-t-il pas là une aporie définitive pour le matérialisme ?[1]

On peut pourtant répondre à cette interrogation avec réalisme et prudence, tout en conservant le bénéfice qu'il y a à ne pas se référer à un Sujet métaphysique dans la sphère de la pratique humaine. Certes, l'homme n'est pas un Sujet et la seule réalité incontestable que le matérialisme lui reconnaisse est celle d'*individu*. Mais ce n'est pas n'importe quel individu : ce n'est pas simplement un individu vivant, il est doté de conscience (même si celle-ci est fragmentaire et ne constitue pas une connaissance de soi), il est capable de dire « je » et il est également doté d'une capacité d'initiative dans l'ordre de l'action (même si celle-ci est limitée et conditionnée). Or ces trois éléments – je n'en vois pas d'autres, en dehors peut-être de la communication langagière qui est intersubjective – suffisent à affirmer qu'il y a *de la subjectivité* en l'homme (ce qui lui donne sa dimension d'intériorité) et qu'on peut le considérer comme un *sujet* (avec une minuscule, cette fois-ci). En quel sens, plus précisément ?

On peut revenir d'abord sur la dimension d'idéologie de cette catégorie et en inverser pour une part la portée. Il est vrai que l'idéologie nous façonne et nous apprend à nous considérer imaginairement comme des Sujets ; mais si cette « forme-Sujet » est bien théoriquement une illusion, il n'en est pas moins vrai que, pratiquement, cette illusion est une réalité et, comme certaines illusions, une réalité inévitable. Produite à l'extérieur de l'individu par une multiplicité de microconditionnements et de pratiques qui la supposent – j'ai déjà cité l'éducation et les pratiques judiciaires, mais on pourrait citer bien d'autres exemples comme le langage avec le rôle du sujet grammatical –, elle s'inscrit en l'homme au point qu'il ne peut éviter de s'appréhender et d'agir en dehors de cette catégorie : peut-on se désigner, développer une activité, approuver, condamner, etc., sans se poser ou se présupposer comme des « sujets » et sans poser ou présupposer les autres eux aussi comme des « sujets » ?[2] J'ajoute que l'affectivité elle-même est prisonnière de cette dimension subjective, même si nous la vivons comme un poids qui nous échappe largement : on ne dit pas « ça aime » ou « ça hait en moi », mais « j'aime » ou « je hais » et c'est pourquoi nous nous en voulons parfois moralement d'éprouver tel ou tel sentiment. L'homme ne peut donc déployer son existence que « sous » cette catégorie ou, comme le dit Kant, il « ne peut agir que sous l'idée de la liberté »[3], même si ce faisant il est dans l'illusion : cette illusion est active, elle supporte subjectivement son action et

---

[1] J'ai été longtemps tenté de le croire : voir la conclusion et l'épilogue de mon *Nietzsche ou l'impossible immoralisme*.
[2] Le simple rapport à autrui dans le cadre de la relation « je/tu » attribue à l'autre le statut d'un « je », d'un autre « je » que moi.
[3] *FFM*, op. cité, p. 183.

ses rapports aux autres et ce n'est que de l'extérieur de l'action, quand il réfléchit sur elle, qu'il peut en dénoncer la fausseté, sans pouvoir s'en libérer pratiquement.

Mais surtout, nous avons désormais à notre disposition une théorie qui nous permet de comprendre que et comment l'individu humain est réellement constitué en « sujet » (avec une minuscule) : la psychanalyse. Celle-ci prolonge la réflexion sur l'hominisation de l'homme par la société que l'on trouve chez Marx, mais en expliquant le processus par lequel il devient un « sujet » et en éclairant la structure de ce « sujet », ce que n'a pas fait Marx parce que ce n'était pas l'objet de son travail. Pour Freud l'homme possède un « appareil psychique » qui se met en place dans l'enfance et qui est composé de trois instances : le *ça*, le *moi* et le *surmoi*[1]. Le ça en est la forme originelle, donnée par la nature : il est constitué de pulsions innées, rassemblées par Freud en instincts ou pulsions de vie (Eros) et de mort (Thanatos), qui représentent le fond biologique irréductible de l'être humain, mais il est aussi composé, dans un second temps, une fois l'appareil psychique définitivement élaboré, des désirs refoulés ; dans les deux cas il est inconscient. Le moi est la partie consciente de l'être humain, celle où il dit « je », il est aussi le lieu des activités intellectuelles (intelligence, langage, mémoire, imagination) et, enfin, il est l'instance de résolution des conflits avec l'extérieur mais aussi des conflits internes (ou intrapsychiques), donc l'instrument d'unification de la personnalité. Enfin, le surmoi est composé des valeurs et des interdits parentaux que l'enfant intériorise sur la base de son attachement à son père et à sa mère et il lui permet de contrôler ses pulsions ; son fonctionnement est pour une part inconscient. Ce qu'il faut bien voir, c'est que cet ensemble structuré est de part en part matériel puisqu'il se constitue à partir du matériau biologique initial fourni par le ça, que l'éducation travaille et met en forme : le moi est une différenciation du ça opérée par cette dernière et le surmoi est une différenciation du moi, donc ultimement du ça, elle aussi opérée par l'éducation. Nul Sujet métaphysique n'intervient par conséquent ici puisque l'appareil psychique est pensé comme un mixte de nature et de culture, résultat d'un processus empirique de formation scientifiquement analysable. Et pourtant, malgré son orientation clairement antispiritualiste et qu'on pourrait même trouver mécaniste ou schématique[2], cette conception dessine clairement la place d'un

---

[1] Je m'appuie ici essentiellement sur les *Essais de psychanalyse* (Payot, 1967) et l'*Abrégé de psychanalyse* (PUF, 1967), bien que la notion d'appareil psychique apparaisse dès *L'interprétation des rêves* (PUF, 1967). Pour une approche complète des concepts de la théorie analytique, voir l'excellent *Vocabulaire de la psychanalyse* (PUF, 1971) de Laplanche et Pontalis.

[2] Le langage de l'« appareil » et les métaphores spatiales auxquelles recourt Freud pour penser le psychisme peuvent alimenter ce reproche.

sujet, et même d'un sujet moral, à la fois réduite et irrécusable. De quelle manière ?

L'homme est un sujet psychologique au niveau de son moi, instance d'intériorité, lieu de sa conscience et origine relative des décisions d'action qu'il prend. Certes, la conscience qu'il a de lui est seulement partielle du fait de l'existence du ça inconscient et, par ailleurs (ce qu'on oublie souvent de signaler), elle est souvent, à son niveau propre, partiale ou mystifiée, donc illusoire, du fait des mécanismes de défense qui faussent la perception de ce qui se passe en nous ; du coup, nos décisions conscientes ont souvent des motivations qui nous échappent et qui interdisent qu'on les rapporte à un libre arbitre souverain : la conscience est décentrée par rapport à elle-même, la source de ce qui se passe en elle ou passe par elle est fréquemment hors d'elle. Il n'empêche que le moi conscient existe, rendu possible par la biologie humaine et rendu réel par le processus éducatif, et, surtout, on doit se rappeler que toute la psychanalyse envisagée comme entreprise à la fois théorique et pratique (avec la cure) n'a d'autre but que d'augmenter la part consciente de l'être humain, donc sa part réfléchie et active. De ce point de vue, la reconnaissance principielle de l'assujettissement de l'homme à son inconscient, contre l'illusion de transparence et de toute puissance du Sujet métaphysique, n'a d'autre sens que de rendre possible un *procès de subjectivation*, d'en faire toujours plus le *sujet (conscient) de* soi et *de* ses actes. Ce procès, qui est un progrès, est limité, lui-même soumis à des contraintes ou conditions, toujours fragile et susceptible de retours en arrière, et il ne saurait déboucher sur cette nouvelle parousie que constituerait l'instauration de l'homme en Sujet absolu de sa vie ; mais la psychanalyse nous suggère la possibilité d'un pareil progrès et elle le met réellement à la disposition de tous. Dans tous les cas donc, qu'elle envisage l'homme actuel avec sa capacité de conscience et d'action réduite mais effective, ou l'homme rendu davantage conscient et actif par la connaissance de l'inconscient qui est en lui, la théorie de Freud nous donne le droit de traiter l'homme comme un sujet, sans craindre de verser dans une quelconque emphase idéaliste[1].

---

[1] Je laisse de côté l'explication qu'on peut donner de l'existence du « sujet » comme effet structural des relations de parenté avec Lévi-Strauss ou comme effet de son insertion dans un ordre symbolique avec Lacan : voir ce qu'en dit P. Bruno dans son texte de *Pour une critique marxiste de la théorie psychanalytique*, par C. B.-Clément, P. Bruno et L. Sève, Editions sociales, 1973. Mais je précise que l'approche de Freud, à ce niveau, n'est en rien contradictoire avec celle de Marx, qu'elle lui est même *théoriquement congruente* : elle propose une *genèse* psycho-sociale du « sujet » que Marx n'a pu accomplir car ce n'était pas sa préoccupation. Un exemple de cette congruence est fourni par le psychologue russe Vygotsky quand, montrant la constitution sociale du psychisme, il affirme : « "je" est une relation sociale que "je" a avec lui-même » (cité par L. Sève in *« L'homme » ?*, La Dispute, 2008).

Mais elle fait aussi place à un sujet moral lié au surmoi. Celui-ci est le nom scientifique que l'on peut donner désormais à la conscience morale et il assume pour l'essentiel les fonctions que la tradition spéculative attribuait à celle-ci, mais au sein d'une théorie qui en renouvelle considérablement l'intelligence. C'est sous l'influence du surmoi que le moi (car c'est lui qui est actif) juge et agit sur le plan de la valeur et, spécialement, juge les pulsions, réprime une partie d'entre elles en y renonçant, en les sublimant ou en les refoulant ; cela permet son insertion dans l'ordre de la culture ou de la civilisation qui exige que l'homme se comporte en « sujet » et assume les frustrations qu'il lui impose[1]. Soyons plus précis : c'est pour l'essentiel en ce point du renoncement à la satisfaction complète du ça que, *sous l'emprise du surmoi, le moi se constitue*. En tant que différenciation du ça il se construit au contact du monde extérieur, donc aussi au contact des impératifs moraux ou sociaux que celui-ci comporte et que l'enfant fait siens, spécialement l'interdit de l'inceste au moment de la formation du complexe d'Œdipe. Le « sujet » est alors capable de se contrôler lui-même et il accède ainsi à l'autonomie par la voie même de l'hétéronomie éducative : il devient « sujet moral ». On voit que le moi et le surmoi *font couple* chez Freud. Non que le surmoi (la morale réellement agissante chez l'individu) suppose spéculativement ou métaphysiquement un sujet moral, mais *il le pose réellement en se posant lui-même dans son propre processus de formation* ; et, une fois formés, ils fonctionnent l'un par rapport à l'autre, ainsi que par rapport au ça, au sein de la structure de l'appareil psychique : le surmoi (la conscience morale) est ce qui surveille le moi (le sujet moral en charge du ça) et celui-ci agit en fonction de ses prescriptions.

Dans ce contexte, la dimension d'obligation propre aux valeurs morales cesse d'être mystérieuse. Celles-ci ne sont que l'intériorisation d'impératifs sociaux ou culturels qui existent d'abord en dehors du sujet individuel et qui traduisent les exigences objectives du vivre-ensemble, étant entendu que la définition de celles-ci varie selon l'époque ou la société. Et les restrictions auxquels le sujet doit se soumettre en y soumettant ses pulsions et ses désirs ne font que traduire l'écart qu'il y a entre la vie individuelle et la vie d'autrui : la première n'est pas d'emblée accordée à la seconde (l'agressivité existe, par exemple) et le sujet individuel doit donc réprimer ce qui dans sa vie pulsionnelle, ses désirs ou ses besoins, s'oppose aux autres. L'obligation morale interne, avec sa transcendance apparente, est donc la manière dont le sujet moral, constitué par l'éducation et la société, vit subjectivement la présence d'autrui en lui et la nécessité d'en tenir réellement compte hors de lui. Et c'est au moi, avec la capacité de conscience et la force de résistance aux pulsions dont l'a doté son histoire, qu'incombe la responsabilité

---

[1] Voir *Malaise dans la civilisation*, PUF, 1971.

d'accomplir ou pas cette obligation. Il y a bien là une forme de liberté subjective, modeste mais réelle, qui suffit à nous faire comprendre que l'homme soit et se sente obligé par des valeurs de nature morale[1].

Pourtant, cette conception ne saurait résoudre complètement la question du sujet moral. D'abord parce que la théorie du surmoi suppose l'existence de la morale *en général* : elle nous explique comment les valeurs morales se transmettent et s'inscrivent dans le sujet mais, du coup, elle présuppose qu'*il y ait de la valeur morale* et ne saurait nous indiquer son origine ultime, donc l'expliquer ou la fonder théoriquement. Or, même si Freud a explicitement ambitionné de résoudre ce problème dans le versant anthropologique de son œuvre où il réinvestit les concepts de la psychanalyse dans une histoire mythique visant à éclairer le fondement psychologique de la morale[2], c'est du côté de Darwin et de Marx qu'il faut se tourner ici pour avoir la bonne réponse, comme nous l'avons fait. Mais surtout, il est évident que le couple psychologique moi-surmoi ne saurait épuiser la question du sujet moral, pour la raison suivante : le surmoi constitue une *instance de fait* que le sujet reçoit passivement de l'extérieur et qui ne fait que refléter les valeurs idéologiquement dominantes dans la famille et dans la société. Or ces valeurs mêlent inévitablement des normes éthiques arbitraires et inutilement répressives, souvent source de pathologies mentales[3], et des normes morales et sociales qui, elles, sont à la fois légitimes et indispensables en même temps que nécessaires à la structuration du sujet humain. Qui les distinguera et qui justifiera les secondes ? Ce ne peut être le surmoi lui-même (ou le sujet qui lui est lié) puisque ce sont précisément les valeurs qui le constituent qui sont en question. On voit donc apparaître, au-delà de la réalité psychologique de fait ou empirique du sujet moral immanent au couple moi-surmoi et au-delà par conséquent du conditionnement biographique et historique qui le produit, la nécessité d'un autre sujet moral capable d'opérer cette critique, un sujet *constituant* et se dégageant du sujet *constitué* et donc

---

[1] Il ne s'agit donc pas d'un libre arbitre métaphysique, impossible à concevoir chez Freud pour qui « le déterminisme psychique apparaît sans solution de continuité » (*Psychopathologie de la vie quotidienne*, Payot, 1967, p. 272), mais d'une capacité concrète et acquise de maîtrise de soi, cristallisation d'un rapport de forces entre des instances psychiques.
[2] Voir *Totem et tabou* (Payot, 1971) qui entend expliquer l'origine de la civilisation, de la morale et de la religion sur le terrain du complexe d'Œdipe, mais d'un complexe d'Œdipe réalisé, en quelque sorte, historiquement. C'est quand Freud procède à ce type d'extrapolation, de la psychologie individuelle au champ socio-historique, que son œuvre devient clairement discutable et verse pour une part dans l'idéologie.
[3] L'analyse critique du surmoi tant qu'instance pathogène de refoulement est au cœur de la théorie psychanalytique des névroses.

passif qu'il a été jusque là[1]. Seul un sujet rationnel et, en quelque sorte, *de droit*, est capable de prendre en charge ce travail critique, de distinguer et de justifier *en raison*, c'est-à-dire aussi *à l'aide de sa raison*, les obligations authentiquement morales dont nous héritons à travers notre histoire individuelle et collective. Or cette raison existe puisque que nous avons vu qu'elle est une compétence naturelle, issue de l'évolution et développée par l'histoire, et l'éducation a aussi pour rôle d'en stimuler le travail autonome, travail par lequel un sujet qui a été façonné par la réception de normes étrangères se les réapproprie ou les modifie, devenant ainsi un authentique sujet moral capable de juger par lui-même rationnellement du bien et du mal.

Mais si nous savons désormais *au moyen* de quoi il peut juger, la raison, reste à savoir *au nom* de quoi il peut le faire. Nous touchons alors à l'autre aspect de la fondation de la morale, celui qui entend dégager son fondement pratique.

Le fondement pratique

Fonder pratiquement ce n'est pas expliquer sur le plan des faits : le fondement d'une valeur ou d'un jugement de valeur (moral) ne saurait être assimilé à sa *cause*, à son *origine* ou à sa *base*. C'est l'erreur considérable de Schopenhauer dans son ouvrage intitulé *Le fondement de la morale* que d'avoir commis ce type de confusion : polémiquant avec ce qu'il pense être l'abstraction de la conception kantienne de l'impératif catégorique et se proposant d'établir la morale sur son véritable fondement, à savoir la pitié, on le voit confondre les notions de « fondement », de « principe », de « fait », de « source », de « motif » et de « base », la pitié étant censée assumer tous ces rôles vis-à-vis de la moralité[2]. En réalité, sa réflexion prétendant se situer sur le plan des faits et indiquer ce qui, selon lui, pousse effectivement à agir dans le sens du bien, la pitié n'est chez lui qu'une source ou une cause psychologique de la moralité et non son fondement normatif. Ce qui le prouve, sur le fond, c'est qu'elle n'est qu'un sentiment, donc un mobile psychologique et non un motif intellectuel et que, l'expérience le prouve, dans certains cas la pitié est « dangereuse » et peut induire en erreur, y compris vis-à-vis de celui dont elle veut le bien : elle ne

---

[1] Voir, sur ce point, ce qu'en dit excellemment J. Henriot dans son livre *Existence et obligation* (PUF, 1967) : « Il y a conscience-morale et moralité dès qu'il y a *quelqu'un* pour *se conduire*. C'est donc bien au niveau du Moi-Je [...] qu'il faut se placer pour saisir l'intention fondamentale de la conscience-morale constituante » (p. 173, souligné par lui), sauf qu'il faut ajouter que cette conscience morale constituante *est elle-même constituée*, de façon à éviter tout mystère ontologique.

[2] Op. cité, Aubier, 1978. Voir, en particulier l'Introduction et le chapitre III, § 17. Pourtant, il distingue clairement le principe et le fondement à propos de Kant, dans le chapitre II ; mais c'est pour rabattre ensuite la notion de fondement sur celle d'origine.

saurait donc par elle seule fonder la justesse des comportements qu'elle suscite[1]. Une analyse factuelle de ce genre, qui entend mettre à jour la motivation anthropologique ultime de la moralité, réellement efficace, ne nous éclaire donc pas sur son fondement normatif.

Mais on retrouve une difficulté analogue dans une approche proprement scientifique : une science éventuelle de la morale nous en expliquant l'origine ou les variations ne saurait rien justifier de son contenu et donc *assumer une fonction fondatrice, au sens pratique*, vis-à-vis d'elle. C'est le cas, je tiens à le préciser et à y insister car l'enjeu est important, de l'explication biologique apportée par Darwin, pourtant essentielle quand il s'agit de comprendre son existence et, on l'a vu, de la *fonder théoriquement*. Celle-ci comprend la morale comme un *fait d'évolution* qui apporte à l'homme un avantage adaptatif décisif dans la lutte pour l'existence, qui est retenu à ce titre par la sélection naturelle et qui est voué du coup à une expansion progressive indéfinie. Mais ce n'est là qu'un *fait* qui n'est pas par lui-même *porteur de valeur*, ou, plus exactement, dont la valeur *morale* ne saurait être définie, décrétée et encore moins justifiée par la théorie évolutionniste elle-même, *envisagée comme théorie*. Certes, la notion d'« avantage adaptatif » se réfère à une valeur, présente dans la théorie, mais il s'agit là d'une valeur vitale qui renvoie à l'intérêt ou à l'utile, donc d'une valeur en elle-même éthique. Elle ne devient morale que par son inscription dans un horizon d'universalité dont la théorie nous montre l'émergence effective dans la conscience humaine sous la forme d'une prise en compte de l'intérêt vital ou de l'utile *de tous* ; mais ce « de tous », c'est-à-dire cet Universel, n'est lui-même, *pour la théorie*, qu'un fait, sauf à la transformer en discours normatif, ce qu'elle n'est pas et ne peut pas être puisqu'elle prétend, par définition, exclusivement expliquer et non juger : l'Universel ne devient une valeur morale que pour autant qu'il est *jugé tel*, c'est-à-dire repris, assumé sur un plan normatif par cette raison dont l'évolution, relayée par l'histoire, a doté l'homme et qui lui permet d'élaborer un critère objectif de la moralité. Cette reprise constitue un acte spécifique de *valorisation morale*, qui s'effectue à la première personne (« je juge que ») et excède la théorie, laquelle est impersonnelle (« il y a ») ; et si la théorie en parle, puisque c'est son objet, et si elle en établit bien la réalité à partir du processus évolutif (c'est la fondation ontologique), elle ne saurait s'y substituer et le légitimer dans son contenu (c'est la fondation normative), sauf à confondre le discours et l'objet du discours. C'est pourquoi je ne saurais souscrire à une formule de P. Tort (c'est mon seul point de désaccord véritable avec lui) affirmant que « Darwin est fondé *par sa propre théorie* à

---

[1] La pitié débouche souvent sur la charité, laquelle nous dispense de faire appel à la justice sociale.

défendre l'idée d'un progrès objectif et différencié des cultures »[1] : il l'est sans doute sur le plan du triomphe dans la concurrence vitale, il ne l'est certainement pas sur celui de la morale, hétérogène au précédent au sens où il ne saurait s'y résorber ou se confondre avec lui. En d'autres termes : ici pas plus qu'ailleurs on ne peut passer de l'*explicatif* (ou du *descriptif*) *scientifique* au *prescriptif moral*, et l'idée d'une *morale évolutionniste*, à savoir d'une morale nous disant comment nous *devons* agir, tirée immédiatement de la théorie de l'évolution et en recevant la sanction scientifique, n'a rigoureusement aucun sens[2]. Darwin ne fournit qu'une science *de* la morale (à compléter par d'autres apports également scientifiques) qu'on ne saurait convertir en *morale scientifique* que sa théorie justifierait *par elle-même*. Mais ce qui est vrai de la biologie évolutionniste, l'est tout autant des sciences humaines auxquelles, d'ailleurs, elle passe en toute cohérence le relais puisqu'elle affirme la spécificité de la culture comme principe explicatif de l'humain à son niveau propre. Par exemple, savoir que la Déclaration des droits de l'homme et du citoyen a été rendue possible par le mouvement de l'histoire moderne et l'apparition d'un homme « abstrait » produit par le développement du capitalisme, ce qui est factuellement exact (c'est la thèse de Marx), ne permet pas de la justifier en elle-même ; de la même manière, savoir que telle ou telle prise de position sur le plan des valeurs me vient de mon histoire personnelle (c'est la thèse de Freud) ne m'éclaire pas sur la validité de cette prise de position. On a déjà indiqué que ce type d'approche, qui traite la normativité comme un « fait-effet » de l'expérience, aurait plutôt pour conséquence de la relativiser en en montrant la variabilité ! Il faut donc affirmer clairement qu'aucune science de l'histoire ne peut nous dire ce que nous *devons* faire comme aucune

---

[1] P. Tort, *L'effet Darwin*, Seuil, 2008, p. 196 (souligné par lui). Cet ouvrage présente parfaitement sa problématique de l'« effet réversif de l'évolution » et pointe bien, sur fond d'un accord très large entre nous, ce qui peut nous séparer.

[2] L'idée de « morale évolutionniste » est examinée, mais sous l'appellation malheureuse d' « éthique évolutionniste », par M. Ruse dans sa contribution à l'ouvrage collectif dirigé par J.-P. Changeux, *Les fondements naturels de l'éthique* (Odile Jacob, 1993), intitulée « Une défense de l'éthique évolutionniste ». Elle peut prendre diverses formes, du darwinisme social initié par Spencer à l'altruisme moral traditionnel que lui-même défend. Mais, quoique sa propre conception lui soit inspirée par la théorie de l'évolution, il refuse à juste titre de lui trouver un fondement dans celle-ci ; cependant, c'est au nom d'un scepticisme « éthique » général qui lui fait dire qu'« il y a pas de fondement ultime » pour la morale (op. cité, p. 60) et que cette idée n'est qu'une illusion destinée à renforcer notre adhésion aux prescriptions morales (ib., p. 62). C'est oublier que l'absence de fondement normatif *scientifique* pour la morale ne signifie pas l'absence de fondement *du tout* et qu'on peut lui trouver un fondement rationnel, mais non scientifique. Plus largement, l'idée d'extrapoler une morale de la théorie de l'évolution relève de ce que G. H. Moore a appelé justement le « sophisme naturaliste » : il consiste à prétendre déduire une valeur (ou un ensemble de valeurs) de l'analyse objective des processus naturels alors qu'on l'y a projetée sur la base d'un jugement de valeur effectué préalablement. Voir, de cet auteur, les *Principia Ethica*, PUF, 1998, ch. II.

science psychologique ne peut nous dire ce que nous *devons* être, à un niveau spécifiquement moral, s'entend. Dans les trois cas (biologie, histoire, psychologie) donc, une analyse positive des valeurs qui se présentent comme « morales », ne nous dit pas si nous avons raison, nous qui sommes capables de réflexion et donc de refus comme d'adhésion, de les adopter : seule une raison pratique est capable de le faire. D'une manière plus générale, l'explication scientifique du réel ne saurait fonder le moindre jugement moral *en tant que tel*, même si elle peut éclairer les conditions de sa formulation et donc l'aider à s'exercer : comme l'indique justement B. Russell, « nous ne pouvons tirer de l'étude des choses existantes aucun enseignement quant à la nature du bien et du mal »[1], à condition d'ajouter que cela vaut aussi pour l'étude du bien et du mal envisagés comme faits empiriques, ce qu'ils sont *aussi*, mais ce qu'ils ne sont pas *seulement*. En les appréhendant sur un registre factuel – et c'est à ce prix qu'elle peut prétendre être scientifique – une pareille étude s'interdit d'en tirer *directement* le moindre enseignement normatif. Cela justifie pleinement que la réflexion pratique se substitue à leur étude positive pour procéder à leur appréciation critique en toute autonomie, c'est-à-dire en activant sa capacité propre à légiférer[2].

Autre point : une fondation pratique n'a de sens que vis-à-vis de valeurs qui l'exigent en raison de la forme universelle et impérative sous laquelle elles se présentent à la conscience, à savoir les valeurs morales. Je ne peux, en effet, prétendre imposer aux autres, à tous les autres, des normes de vie et autoriser la société à les inscrire dans un droit contraignant – on y reviendra – que si je peux justifier cette prétention par des raisons que chacun peut faire siennes et donc par le recours à un principe normatif évident pour tous. Par opposition, il est clair que les valeurs éthiques ne demandent pas à être fondées : n'exprimant que des valorisations particulières et facultatives liées à une forme de vie donnée, se contentant d'être éprouvées et n'exigeant pas d'être prouvées, elles sont de l'ordre du Fait et n'entendent pas constituer un

---

[1] In *Essais philosophiques*, PUF, 1997, p. 66. Ou encore : « Il est faux, en théorie, de supposer que le monde pourrait nous dicter nos critères du bien et du mal », ib., p. 77.
[2] S'il y a bien, comme l'indique fortement P. Tort, une « réalité politique et psychologique de la morale », en même temps que biologique, il y a donc aussi une *réalité morale* de la morale qui ne se réduit pas à sa fonctionnalité considérée de ces trois points de vue. Et « l'autorité de la valeur », en l'occurrence de la valeur morale, ne saurait, comme il le prétend, « s'établir sur les terrains autant que possible désaxiologisés de la psychologie évolutive et de l'anthropologie sociale et politique », car ces terrains sont *extrinsèques* à cette question spécifique. Cette « autorité » ne peut être établie, au bout du compte, que sur un terrain lui-même axiologique ou normatif, et la théorie de l'évolution, comprise à la lumière de « l'effet réversif », nous en donne selon moi le droit puisqu'elle nous démontre que c'est l'évolution elle-même qui a produit ce terrain, en quelque sorte « antifactuel », de la fondation normative (pour les passages cités, voir P. Tort, ib., p. 199-200).

quelconque *ordre du Droit* ou *de droit* qui aurait besoin d'être légitimé rationnellement. Seule la morale, en tant qu'elle instaure un tel ordre, rompant avec le déploiement ontologique du seul *Fait*, suscite la question du droit qu'elle a, ou n'a pas, de se présenter ainsi, c'est-à-dire pose justement la question de son fondement normatif, question de droit par excellence. Du fait de sa revendication spécifique de validité, elle soulève donc très normalement le problème de sa justification et elle seule le soulève, au point qu'on pourrait y trouver un élément de sa définition : *est moral un jugement de valeur qui doit être fondé sous peine de ne pas valoir*. On comprend mieux que ceux qui récusent la morale au profit de la seule éthique, qu'ils se réclament de Nietzsche, de Marx ou, tout simplement, d'un matérialisme immoraliste, récusent avec la morale toute problématique de la fondation des valeurs, décrétée idéaliste et mystificatrice.

Pourtant, il y a aussi ceux qui, tout en refusant de voir dans la morale une simple illusion et en maintenant donc son existence, nient qu'il faille la fonder. Je laisse de côté le cas complexe de Habermas : sa tentative, extrêmement originale, de fondation de la morale sur les structures de la communication, qui revient à montrer que les valeurs morales comme l'égalité de traitement, la réciprocité, la sincérité, etc., sont impliquées par celles-ci, refuse de voir dans cette déduction une fondation normative au sens où je l'entends, ne cesse de s'intéresser à l'origine des normes à l'aide des sciences humaines, tout en recourant au vocabulaire de la fondation ou du fondement[1]. Je me contenterai de l'exemple d'A. Comte-Sponville parce qu'il est un des rares qui, aujourd'hui, aborde ce type de question sur la base du matérialisme. Dans une polémique générale à l'encontre de la notion de « fondement », il soutient que l'on ne saurait fonder intellectuellement la morale faute de pouvoir trouver, à l'aide de notre raison, une certitude absolue qui nous le permette, et il ajoute, propos différent mais qu'il convient de noter, que de toute façon nous n'en avons pas besoin[2] ; dans un autre texte il indique clairement que la morale a des « causes » ou des « origines » ou encore une « histoire », mais point de « fondement », et on y retrouve l'idée que la pratique est indifférente à cette recherche fondatrice, la certitude vécue des valeurs morales suffisant à leur déploiement[3]. Nous

---

[1] La nécessité des normes morales est donc pour lui plus une nécessité *de fait* qu'une nécessité *de droit* et nous sommes donc en présence d'une fondation « faible » de la morale, qui l'oppose à Apel à la recherche d'une fondation radicale de celle-ci. Voir, en particulier, *Morale et communication*, Cerf, 1996 et de Apel, *Penser avec Habermas contre Habermas*, Ed. de l'Eclat, 1990. Sur cet aspect de la fondation chez Habermas, je renvoie au chapitre qui lui est consacré dans mes *Etudes matérialistes sur la morale*.

[2] Voir l'article « Fondement » de son *Dictionnaire philosophique*, PUF, 2001.

[3] A. Comte-Sponville et L. Ferry, *La sagesse des modernes*, Robert Laffont, 1998, ch. 2. A propos de la dernière idée, il dit par exemple : « Lequel d'entre nous s'est jamais préoccupé d'un fondement pour savoir ce qu'il devait faire ? » (p. 127).

sommes bien en présence d'une réflexion analogue à la nôtre, recourant à des concepts identiques, sauf que les positions défendues sont différentes et qu'il convient de répondre aux objections présentées. Première remarque : Comte-Sponville ne distingue pas la fondation théorique et la fondation pratique et il ne voit donc pas que les difficultés que présente la première, surtout dans le contexte du matérialisme, ne sont pas transposables à la seconde. Deuxième remarque, en forme de question : est-il si sûr que la fondation pratique de la morale, qui reste une démarche théorique au sens où elle se déploie sur le plan de la réflexion et suppose l'exercice de l'intelligence rationnelle, soit indifférente à la pratique morale elle-même ? Je ne le crois pas. Le besoin d'une justification universaliste des valeurs ou de la valeur de nos comportements est lui-même un besoin universel, même s'il est plus ou moins développé selon la culture des individus et, par conséquent, leur appartenance sociale. Gramsci, pourtant partisan, on l'a vu, d'une approche culturaliste de la morale, observait justement qu'« il est difficile de trouver quelqu'un qui n'agisse pas en pensant se trouver dans les conditions où tout le monde ferait comme lui »[1], ce qui revient à faire du principe kantien de l'Universel le fondement d'emblée revendiqué de la conscience morale ordinaire, même si celle-ci se trompe dans son application. J'ajoute, pour ceux que l'existence de ce besoin laisserait sceptiques, qu'on ne peut préjuger de ce que des transformations culturelles à venir, inspirées par une politique progressiste, communiste, socialiste ou tout simplement exigeante sur le plan démocratique, pourraient produire au sein de la conscience collective : ce qui, aujourd'hui, paraît relever d'une démarche élitiste et cultivée, sans traduction populaire, pourrait très bien se révéler être la pratique culturelle de tous. Enfin, s'interroger sur le fondement moral de nos conduites et en formuler la vérité exacte a, au minimum, un intérêt « négatif » que personne, face au spectacle du monde tel qu'il ne va pas, ne saurait nier, à moins d'une rare dose d'indifférence morale : une réflexion de ce genre contribue, si elle est popularisée, à ruiner les faux fondements normatifs dont se parent les pires crimes politiques. Ne voit-on pas aujourd'hui l'extrême droite israélienne fonder sa politique d'occupation du territoire de la Palestine sur l'idée absurde que Dieu aurait voulu qu'il en soit ainsi ? Critiquer la croyance que Dieu est le fondement des valeurs comme dans ce cas, ou le territoire, ou la race...ou telle classe (!), c'est du coup accepter de voir dans la question du fondement normatif de la morale une vraie question, par-delà les fausses réponses qu'on lui a données, et inciter à lui trouver la bonne réponse rationnelle. L'abandonner c'est, en pratique, mais *via* une démarche qui se veut, en toute sincérité, seulement théorique, laisser la place à tous les faiseurs d'illusions

---

[1] Op. cité, p. 203.

criminelles qui, comme toujours, occupent une place que la raison a désertée[1].

Comment donc et sur quoi fonder la morale, en sachant que l'instrument de cette fondation ne peut être que la raison humaine telle que l'évolution naturelle, puis historique, l'a produite et continue de la produire, et telle, du même coup, qu'elle en garantit l'existence ? Je rappelle un point essentiel : fonder pratiquement la morale consiste à trouver ou exhiber le *principe normatif ultime* de nos jugements de valeur moraux qui les justifie ou les légitime, et ce principe doit être lui-même justifié ou légitimé aux yeux de la raison, de toute raison, sous peine d'une régression à l'infini et d'une absence, dès lors, de fondement[2]. Cette fondation se déploie dans l'élément de la normativité, mais elle n'en est pas moins intellectuelle : elle peut donc prétendre apporter une preuve rationnelle, même s'il ne s'agit pas d'une preuve scientifique, et c'est bien de cette manière que tous ceux qui ont tenté de traiter cette question l'ont abordée. C'est ainsi que J.-S. Mill amorce sa réflexion sur le fondement de sa morale utilitariste par la remarque suivante : « Le sujet qui nous occupe est de la compétence de notre raison ; et il n'est pas vrai que cette faculté ne puisse le traiter qu'en recourant à l'intuition. On peut offrir à l'intelligence des considérations capables de la déterminer à donner ou à refuser son assentiment à la doctrine ; et cela équivaut à prouver. »[3] Or cette fondation, contrairement à ce qui se dit ici ou là de la part de penseurs qui croient qu'il faut en philosophie tout réinventer pour être à tout prix original, a déjà été opérée par Kant à la fin de la première section des *Fondements de la métaphysique des mœurs* et toute pensée qui entend sauver la morale ne peut que la reprendre, en la séparant de son arrière-plan ontologique idéaliste. Il me suffira donc de répéter sous la forme d'une thèse un argument que je n'ai pu présenter auparavant que sous la forme d'une hypothèse puisqu'il était suspendu à l'existence de la morale,

---

[1] J. Rawls l'indique à sa manière quand il justifie le recours à la philosophie politique et à son travail d'abstraction propre, qui est un travail de fondation normative. Face à des conflits politiques profonds, il faut selon lui y faire appel pour résoudre ce que les idées communément admises ne peuvent résoudre : « Le travail d'abstraction n'est donc pas gratuit ; il ne s'agit pas de l'abstraction pour l'abstraction. C'est une façon de continuer la discussion publique quand les interprétations communes de moindre généralité ont échoué » ; et il ajoute que cette réflexion « est essentielle pour parvenir à une conception politique raisonnable de la justice » (*Libéralisme politique*, PUF, 1995, p. 73).

[2] Je me sépare ici de l'analyse, pourtant excellente, faite par M. Conche de l'idée d'un « fondement » de la morale, puisqu'il récuse la notion de « principe » autant que celles de « cause » et d'« origine » dans le cadre de sa réflexion normative : cf. *Le fondement de la morale*, Introduction. Je ne partage pas non plus sa critique de Kant, on va le voir.

[3] *L'utilitarisme*, p. 43. L'idée d'un « fondement de la morale » se trouve explicitement chez lui et il y voit même « le plus important des problèmes posés à la pensée spéculative » (p. 37). On ne voit pas pourquoi une pensée philosophique matérialiste et non spéculative, parce qu'appuyée sur les sciences, ne devrait pas lui apporter la même considération !

désormais établie : *la morale ne pouvant prendre que la forme d'une loi universelle (ce qui la distingue de l'éthique), seul l'Universel (ce qui peut être universalisé et prendre la forme d'une loi) peut être la loi morale.* C'est par conséquent « la conformité universelle des actions à la loi en général » qui constitue le principe ultime (ou premier) de la morale[1] et la raison humaine n'a nul besoin de remonter au-delà. Ce principe, dont l'évidence ou la certitude est bien déduite ici par un raisonnement rationnel[2], est présent dans la conscience ordinaire, même s'il n'est pas formalisé avec cette précision, et il *fonde* bien ses prises de position quand il s'agit de morale : on n'a jamais vu quelqu'un s'arroger le droit moral de faire quelque chose dont il penserait qu'il ne peut l'accorder aux autres ! Et quand une décision ou une conduite est effectivement immorale, parce que mue par un intérêt particulier qui n'est pas universalisable (nous en citerons des exemples par la suite), elle n'ose jamais s'assumer comme telle publiquement, ne serait-ce que dans une relation duale, et elle tend toujours à se masquer dans une apparence d'universalité seule susceptible de la justifier aux yeux d'autrui et donc de la faire accepter par lui. C'est ainsi que la domination d'un homme sur un autre homme (ou d'une classe sur une autre classe) ne s'exerce jamais à visage découvert mais se présente toujours comme coopération, collaboration, partage des tâches ou contrat consenti réciproquement, et c'est même là, en politique, le ressort principal de l'idéologie dans sa fonction de travestissement des intérêts sociaux égoïstes. Or, il faut bien comprendre ce qui se passe quand l'Universel fonctionne ainsi comme masque et savoir en tirer un argument supplémentaire en sa faveur et non contre lui : si la conscience ordinaire éprouve le besoin de se référer à l'Universel même quand elle n'est pas motivée par lui, si donc, comme le dit Russel, la morale est « une tentative pour donner une importance universelle, et non simplement personnelle, à certains de nos désirs »[3], cela prouve qu'elle reconnaît la valeur de l'Universel moral comme seul élément de justification publique de la conduite et c'est là, si l'on veut, l'hommage du vice à la vertu ! Même s'il peut n'être, en fait, qu'un masque, l'Universel constitue donc, en droit, la seule base concevable de la morale et le fait que nous y recourions même dans ce cas atteste, en quelque sorte indirectement, que nous l'admettons. Je précise que les diverses tentatives, apparues en particulier au 20ème siècle, d'aller au-delà de ce fondement tout en ayant en

---

[1] Op cité, p. 103. Kant précise ainsi ce principe : « Je dois toujours me conduire de telle sorte que je puisse aussi vouloir que ma maxime devienne une loi universelle » (ib.).

[2] On peut donc y voir un principe à la fois réflexif et intuitif : réflexif puisqu'il est déduit et intuitif puisqu'il est évident.

[3] In *Science et religion*, Gallimard/Folio-Essais, p. 173. B. Russel affirme cela alors qu'il soutient désormais une conception subjectiviste de la morale contraire à celle qu'il exprimait dans ses *Essais philosophiques*.

vue le projet de fonder la morale et donc de la sauver contre la tentation de la réduire à l'éthique, quelles que soient leur originalité et leur rigueur, ne me convainquent pas car elles me semblent toutes s'inscrire, même quand elles le dénient, dans l'espace normatif fourni par le critère de l'Universel tel que l'a formulé Kant, confirmant ainsi sans le vouloir qu'il y a pas de morale kantienne mais une formulation par lui de la morale universelle. C'est ainsi que la prétention que l'on trouve chez Habermas d'échapper à ce qu'il peut y avoir d'idéalisme fondateur chez Kant – idéalisme, ici, d'un Sujet solitaire légiférant d'une manière autonome – en reliant les normes morales aux structures effectives de la communication linguistique impliquant toujours autrui et en faisant appel à la procédure empirique de la discussion pour en déterminer le contenu[1], oublie un élément décisif : le sujet moral kantien n'est solitaire qu'en apparence car, quand il légifère en recourant au test de la capacité pour une maxime de vie d'être universalisée, il procède en fait à une *expérience de pensée* qui est une vraie *discussion mentale*, une espèce de discussion idéale qui le confronte à autrui et anticipe son accord. Le critère de l'Universel tel que Kant nous le propose, c'est l'accord intersubjectif universel anticipé par le sujet individuel lui-même à l'intérieur de lui-même, c'est donc la discussion de Habermas... mais sans son expérience collective effective. D'un point de vue normatif, c'est par conséquent *le même critère qui est en jeu* et il n'est pas étonnant de voir Habermas s'en réclamer pour définir l'une des caractéristiques essentielles de la morale différenciée clairement de l'éthique[2]. Je ferai une critique analogue à M. Conche à ce niveau très précis, quand il entend se séparer de Kant et fonder la morale sur le dialogue, donc sur la structure relationnelle de deux interlocuteurs comprise comme prototype minimal de la relation sociale devant déboucher sur l'entente[3]. Cette fondation, outre qu'elle part d'un fait et d'un fait de communication comme chez Habermas pour en tirer des valeurs, a en réalité un présupposé proprement normatif qui est l'Universel lui-même ; et les valeurs qu'il en déduit, comme l'idée d'égalité de tous les hommes, ne font que mettre en œuvre ce principe normatif conçu alors non comme conséquence du dialogue, mais comme fondement de l'exigence de dialogue : c'est parce que en matière de morale nous devons nous entendre (sous peine de n'avoir affaire qu'à des valeurs éthiques) que nous exigeons

---

[1] Voir *De l'éthique de la discussion*, op. cité, où il affirme que « l'éthique de la discussion dépasse l'approche purement intérieure, monologique, de Kant » (p. 24).
[2] Voir à nouveau *De l'éthique de la discussion*. La réflexion d'Apel, dont se réclame en partie Habermas, ne sort pas, elle non plus, de l'espace normatif de l'Universel, sauf qu'elle assume clairement sa dimension fondatrice : voir son bref ouvrage *Ethique de la discussion*, Cerf, 1994. D'ailleurs, Habermas reconnaît clairement que Apel et lui n'ont fait que « reformuler, en ce qui concerne la question de la fondation des normes, la morale kantienne, et ce par des moyens issus de la théorie de la communication » (op. cité, p. 15).
[3] Op. cité.

l'accord issu du dialogue comme justification de la valeur morale. Ce n'est donc pas le dialogue qui fonde l'Universel, mais l'exigence d'universalité, issue de la raison, qui fonde la valeur du dialogue comme moyen d'établir cette universalité[1].

Le problème, par conséquent, n'est pas de savoir si l'Universel est bien le principe fondateur de la morale : ce point doit être admis et on aura remarqué que, tel que je l'ai restitué, sa validité est indépendante de la supposition d'un liberté métaphysique qui constitue l'arrière-fond philosophique de la réflexion de Kant. Ce sont d'autres problèmes qui se posent et qui touchent tous à sa *mise en œuvre*. J'en distinguerai cinq.

1 Ce principe constitue le critère de distinction du « moral » et de l' « immoral » et ne s'applique donc qu'à notre vie relationnelle. Mais est-il pleinement opératoire ? J'avoue être convaincu par tous les exemples que donne Kant, même s'ils ne concernent que la vie interindividuelle délestée de sa dimension proprement sociale[2]. C'est le cas du mensonge dont l'importance tient à ce qu'il met en péril l'essence même de la relation à l'autre et qui doit être condamné car il ne peut être universalisé : si toute parole était mensongère, c'est la notion même de parole qui perdrait sa signification et deviendrait « impossible » ![3] C'est aussi le cas, selon moi, du suicide[4] : même s'il n'est pas question de condamner abstraitement son auteur ou celui qui tente de se suicider, eu égard à ce que nous savons des déterminants psychologiques ou sociologiques de cet acte, il est clair qu'on ne saurait le justifier dans son principe quand il est commis librement et en toute conscience (si cela arrive), car il revient à choisir à terme la mort de l'humanité. Plus largement, au-delà des cas cités par Kant, je ne connais pas un exemple de conduite ou de situation jugée sans conteste immorale qui ne le soit sur la base, au moins implicite, de ce critère. C'est ainsi que si nous condamnons tous un privilège – au point que dans la bataille politique la meilleure façon de dévaloriser un avantage légitimement acquis pour faire accepter sa suppression par l'opinion publique est de le qualifier frauduleusement de « privilège » –, c'est parce qu'il s'agit d'une situation qui ne peut être, par définition, universalisée : c'est un « bien » (en l'occurrence un « bon », une chose bonne) qui est la propriété d'un seul ou

---

[1] M. Conche le reconnaît à sa manière quand il affirme à la fin de son introduction : « On ne présupposera rien, hormis l'universel » (op. cité, p. 32).
[2] Je parle des exemples fournis par les *FFM*. Dans sa *Doctrine de la vertu* comme dans sa *Doctrine du droit* (Vrin, 1993) sa déduction des devoirs est souvent sujette à caution car elle est imprégnée d'idéologie. Mais alors, c'est la traduction concrète du principe de l'Universel qui est en cause, non celui-ci.
[3] Kant parle de la fausse promesse, mais elle est une modalité du mensonge. Il traite du mensonge proprement dit dans la *Doctrine de la vertu*.
[4] « Conserver sa vie est un devoir » dit Kant (*FMM*, op. cité, p. 95).

d'une minorité restreinte et qui, s'il était accessible à tous, cesserait précisément d'être un privilège ! J'aurai l'occasion de montrer par la suite à quel point ce critère est aussi opératoire en politique, du moins si nous voulons envisager une « politique morale ».

2 Le second problème concerne le reproche d'abstraction que l'on peut lui faire. Ce critère est en effet formel, il ne se prononce pas directement sur *ce qui* doit pouvoir être universalisé et il n'entend pas le déterminer par avance, contrairement aux différentes sagesses qui érigent toujours un type particulier de vie en modèle (accord avec le monde, plaisir, joie, etc.) ; c'est bien pourquoi la tradition marxiste a pu l'accuser d'être inopérant ou inutile quand il s'agit de prendre en charge les formes effectives du mal, en l'occurrence du malheur, inhérent aux rapports sociaux d'exploitation et d'en proposer une solution[1]. Mais c'est commettre deux erreurs. C'est d'une part se tromper sur son statut et lui demander d'être autre chose que ce qu'il est : c'est aux différents sujets « moraux » de le mettre en œuvre dans les différentes situations qu'ils rencontrent, qui ne peuvent être prévues, et c'est précisément son « abstraction » qui lui donne cette polyvalence et cette applicabilité concrètes au sein d'une vie, spécialement historique, qui ne cesse de s'inventer et de se renouveler. Il ne saurait donc prendre la forme d'un programme impératif d'existence, corsetant celle-ci dans le détail, à la manière de certaines « morales religieuses »[2]. D'autre part, c'est oublier que le matérialisme doit, sans trahir sa dimension formelle, l'associer à un contenu empirique ou matériel (ou encore « matérial »), qui doit rester général, certes, mais qui doit être tel qu'il renvoie à la vie effective et pas seulement, j'en profite pour le dire, aux actes de discours[3] : il s'agit du bonheur ou de la vie bonne. En effet, si l'universalité est bien ce que chacun peut vouloir (c'est pourquoi elle s'incarne dans le principe d'autonomie), elle ne saurait en rester à cette indétermination abstraite ; ce que chacun peut vouloir ne peut être que bon ou perçu comme bon pour lui et donc conduire à

---

[1] Voir par exemple, dans la dernière période, l'ouvrage important d'E. Dussel, *L'éthique de la libération*, (L'Harmattan, 2002), dans lequel, sans éliminer Kant, il revendique un critère universel *matériel* pour ce qu'il appelle inexactement l'éthique, à savoir la vie humaine de tous envisagée dans sa corporéité irréductible.

[2] Je mets des guillemets puisqu'il s'agit, pour une large part, d' « éthiques » prenant la forme de « morales ».

[3] C'est le reproche qu'on a pu faire aux théories d'Apel et d'Habermas pour autant qu'elles sont centrées sur la communication langagière. Ce reproche me paraît en partie injustifié, mais il reste que l'application qu'ils font de la norme de l'Universel à la vie historique concrète, qui existe chez eux, ne remet pas en cause les structures du capitalisme avec leurs effets concrets sur les êtres humains, alors que l'on peut penser qu'une « morale de la discussion » telle qu'ils l'entendent est logiquement incompatible avec ce système de production. C'est moins le cas de Honneth, qui prolonge et concrétise davantage l'esprit de leurs analyses.

son bonheur, car on ne veut pas le malheur, on le subit : la tendance au bonheur est une tendance irréductible de la nature humaine, quelle que soit la manière dont on le conçoit, et la volonté humaine, entendue au sens banal de l'aspect conscient de nos décisions, y est soumise et ne peut que l'enregistrer[1]. L'universalité potentielle du vouloir exigée par la morale implique donc l'universalité potentielle ce celui-ci, elle exige le bonheur de tout un chacun : non au sens où elle nous en imposerait une définition concrète – cette tâche excède le pouvoir de la raison humaine et, de toute façon, ne relève pas de la morale –, mais au sens où elle nous commande d'en mettre la capacité (ou la possibilité, ou la potentialité) à la portée de tous. Ainsi comprise d'une manière matérialiste, à savoir dans un contexte philosophique qui fait toute sa place à la matérialité de l'homme, à sa vie sensible avec toute sa richesse et sans en exclure les dimensions les plus hautes comme l'intelligence ou l'art, elle n'est donc pas l'universalité d'un pur vouloir abstrait qui se voudrait seulement lui-même : c'est l'universalité *de quelque chose*, en l'occurrence *d'une existence heureuse*[2]. En d'autres termes, qui permettent d'articuler la morale à l'éthique dont nous l'avons pourtant clairement distinguée : la morale demande que l'on mette la vie bonne, visée par la sagesse, à la disposition de tous. C'est bien pourquoi le bien moral ne doit pas être séparé du bon éthique, même s'il s'en distingue dans son essence, distinction ne voulant pas dire séparation : *le bien, c'est l'universalité du bon*[3]. On voit clairement, ici, à quel point la morale n'a pas seulement affaire aux normes du discours, même si elle prend toujours la

---

[1] Je parle de « nature humaine », ici, car il y a des constantes anthropologiques, des caractéristiques propres à tous les hommes. Elles sont travaillées par l'histoire dans leur contenu, mais ne sont pas produites par elle. La tendance au bonheur en fait partie et Kant y insiste fortement, ce qui rend sa théorisation beaucoup moins abstraite qu'on ne le prétend.

[2] Ce souci d'une intégration du bonheur à la morale, alors même qu'il ne saurait en constituer le fondement direct, est déjà clairement présent chez Kant dans sa problématique du « souverain bien » élaborée dans la *Critique de la raison pratique* : la vertu n'est pour lui que le bien suprême, le bien complet résidant dans l'association de la vertu et du bonheur.

[3] Ce bon est, par définition, sujet à des conceptions concrètes variées. Mais Dussel en a donné une formulation particulièrement forte en affirmant qu'il s'agit de la « production, reproduction et développement de la vie humaine » (op. cité, Appendice, p. 246 ; voir aussi le chapitre I qui présente ce principe). Je souscris à cette définition du contenu d'une éthique matérialiste, même si elle ne dit pas tout du « bon » car la vie n'est pas « bonne » à tous points de vue ou à tous égards, même si tout « bon » la présuppose. Mais je me sépare de Dussel quand il prétend faire de la vie le *fondement* de la morale : la vie envisagée normativement n'est qu'un principe éthique matériel et elle n'intègre la morale que pour autant qu'il s'agit de la vie *de tous*, en tant que valeur universelle (ce que Dussel admet d'ailleurs) ; dans ce cas, c'est bien l'Universel qui est le fondement de l'exigence morale, comprise alors comme *exigence d'une vie bonne pour tous*. Il le reconnaît d'ailleurs lui-même quand il l'intègre ensuite comme critère de validité de la morale, y compris de son « éthique de la vie » qui lui est ainsi soumise et érigée alors en « morale » : voir le chapitre II du même ouvrage.

forme d'un discours, explicite ou implicite, universaliste : elle a affaire à des contenus et des intérêts de vie qu'il s'agit d'harmoniser entre eux de façon à produire une entente effective et non seulement langagière. C'est ce que Kant entend par la notion de « maxime » : la maxime est un principe subjectif de vie déterminant le vouloir et engageant une action, et c'est en tant que telle qu'elle doit être soumise au test de l'universalisation. C'est donc bien la vie elle-même, avec ses fins propres mais dans sa dimension relationnelle qui la confronte aux obligations morales, qui doit pouvoir être universalisée.

3 Il y aussi la difficulté suscitée par la compréhension du principe moral quand il s'agit de le mettre en œuvre dans les situations de la vie, pour autant que celles-ci sont ambivalentes ou ambiguës et qu'elles peuvent justifier, en son nom, des jugements moraux différents ou contradictoires selon l'aspect de ces situations que l'on prend en compte. C'est ce qu'on appelle le « double effet »[1] : le bien que l'on vise d'un certain point de vue produit un mal d'un autre point de vue, un mal collatéral. C'est le cas de l'avortement thérapeutique où, pour sauver la vie de la mère, on tue l'enfant qui aurait pu naître ; c'est aussi le cas de l'euthanasie où, pour empêcher une souffrance insupportable ou une perte de dignité tout aussi insupportable, on supprime une vie ; comme c'est le cas, à un niveau plus clairement collectif, quand le combat politique impose de recourir à la violence pour abolir une violence encore plus forte, celle d'un système politique tyrannique par exemple. Toutes ces situations – on pourrait en indiquer plein d'autres – nous mettent en présence de ce que l'on a appelé classiquement les conflits de devoirs et ceux qui s'en prennent à la morale y voient souvent la preuve que celle-ci est inopérante et que son critère d'universalité est mis définitivement en échec. C'est oublier que ce n'est pas ce critère qui échoue : la contradiction n'est pas en lui mais dans les situations qu'il a à traiter et c'est précisément parce qu'il vaut et qu'il nous oblige réellement que nous sommes réellement, dans ces cas, en difficulté ! Un critère non valide et non impératif ouvrirait immédiatement la voie à une décision arbitraire et non problématique, incapable de provoquer le moindre scrupule ou le moindre remords. En d'autres termes : les conflits de devoirs, loin de discréditer définitivement la notion de devoir, prouvent précisément qu'il y a des devoirs et donc *du* devoir, fondé formellement sur le critère univoque de l'Universel, mais qui peut produire des devoirs concrets opposés en raison de l'ambivalence fréquente du réel. C'est donc la mesure *comparée* du bien et du mal que l'on commet dans ces cas qui doit décider de ce qu'il faut faire et, surtout, il convient d'avoir conscience que lorsque le mal est nécessaire pour réaliser le bien – la violence afin de supprimer la violence, pour

---

[1] Voir C. Godin in A. Kahn et C. Godin, *L'homme, le Bien, le Mal*, Stock, 2008, p. 151.

reprendre cet exemple –, il ne cesse pas d'être un mal et que sa nécessité dans l'ordre de l'action n'invalide pas le principe qui le qualifie comme tel et nous commanderait d'agir d'une manière contraire dans une autre circonstance.

4 Quatrième problème, crucial aujourd'hui vu la crise morale que connaît la politique et qui renvoie à la crise de la morale dans son rapport à la politique : c'est le problème de l'extension au réel du principe moral de l'Universel. Chez Kant, il s'applique d'abord aux rapports interindividuels, débarrassés de leur réalité historique et sociale, et il fait donc intervenir principalement l'homme en tant que sujet individuel confronté à d'autres sujets individuels et susceptible de vertu ou de vice dans ce cadre. Or il faut désormais dépasser cette « abstraction » et, au delà du champ politique auquel Kant l'a aussi clairement appliqué[1], envisager de l'étendre à la vie collective dans son ensemble, dont il faut avoir conscience qu'elle constitue la « substance » la plus importante de la morale : faite d'institutions, de droits, de systèmes sociaux, de structures économiques, de conduites collectives engageant des intérêts de groupe, c'est en elle que se trouve le champ de la *moralité objective*[2] en même temps que *décisive*, puisque la vie individuelle s'y déploie largement, mais sans que l'individu, avec ses hypothétiques vertus ou vices, en soit directement responsable. C'est donc à cette « matière » collective que doit s'appliquer prioritairement le test de l'universalisation si l'on veut à nouveau éviter le reproche d'abstraction que l'on fait à la morale, qui tient à ce que l'on refuse d'en étendre ainsi l'application et que l'on verse alors soi-même dans l'abstraction.

5 Dernier problème, enfin, et non des moindres : celui de la *réalité motivationnelle* de l'Universel par rapport au poids et à l'irrécusable efficacité des motivations ordinaires de l'action humaine, que l'on peut toutes ramener, finalement, à l'intérêt compris dans son sens générique qui le distingue du simple intérêt matériel[3]. L'Universel est-il réellement pris en compte par l'homme dans sa conduite, voire (ce qui radicalise la difficulté) peut-il l'être ? Il faut savoir que tous les penseurs partisans de la morale, contrairement à ce qu'on pourrait croire, se sont posé cette (double)

---

[1] Sa philosophie de l'histoire, ses textes politiques et sa théorie du droit, articulés sur l'idée morale d'un « règne des fins », l'attestent pleinement. Mais cette application de la morale à la société, tout en étant essentielle au point de pouvoir fournir un paradigme pour la pensée politique, demeure limitée et donc « abstraite », comme je le montrerai par la suite.
[2] C'est l'équivalent de ce que Hegel appelle la « Sittlichkeit » ou « vie éthique », mais qui n'est pour moi que la moralité elle-même envisagée dans son objectivité socio-historique. C'est pourquoi, en toute conscience, je n'ai pas consacré d'analyse particulière au concept d' « éthique » ou d' « éthicité » selon lui et je n'y recours donc pas.
[3] Il s'agit donc aussi de motivations comme l'orgueil, l'amour-propre, l'ambition, le goût de la gloire, la volonté de puissance, etc. Voir les œuvres formidablement éclairantes, à ce niveau, de La Rochefoucault et de Nietzsche.

question : Kant s'est demandé si une volonté mue par la seule loi morale n'était pas qu'une « transcendante chimère » et si un seul acte vraiment moral avait été accompli dans le monde[1] ; Apel, après avoir formulé le principe de l'Universel, se demande si son intellection peut avoir quelque effet[2] ; Habermas ne cesse de s'intéresser à cette difficulté en essayant de relier moralité et vie concrète, et le principe de la discussion ou principe D est pour lui le moyen de réaliser empiriquement, d'une manière au moins approchée, le principe de l'Universel ou principe U^3 ; enfin, et pour changer complètement de contexte théorique, le sociologue P. Bourdieu, partisan résolu d'une morale de l'Universel devant s'incarner en politique, s'est clairement posé la question d'une « politique de la morale » permettant à celle-ci de se réaliser, hors de tout appel à une hypothétique « intention pure » : il a proposé que la société récompense d'une manière ou d'une autre ceux qui servent le « bien public » de telle sorte que ce soit le profit que l'on tire de cette activité, donc l'intérêt particulier que l'on peut avoir socialement pour l'Universel, qui soit paradoxalement au principe de sa réalisation[4]. Or, il me semble que l'on peut sans trop de difficulté trouver une réponse à ce problème en distinguant l'action individuelle et l'action collective et, du coup, en déplaçant le terrain de sa solution. Dans l'ordre de l'action individuelle, on ne peut guère répondre et être assuré que l'homme agit ou est capable d'agir au nom de l'Universel envisagé pour lui-même : le savoir anthropologique contemporain nous révèle qu'une multitude de déterminismes pèsent sur lui qui rendent théoriquement problématique l'idée d'une intention morale pure, non prise dans un quelconque intérêt et provenant d'un éventuel libre arbitre. En toute rigueur, la question est donc ici insoluble, à défaut d'être assurément négative, et la seule question qui importe véritablement, à ce niveau, c'est le *contenu* de l'action, *ce qui* est fait, même si l'on pourrait souhaiter que des motifs proprement moraux puissent intervenir et si l'on estimerait davantage ceux qui seraient animés par de pareils motifs. C'est là, si l'on veut, une forme de *conséquentialisme*, si l'on entend par ce terme la prise en compte essentielle des effets réels de l'action quand on veut l'apprécier moralement, prise en compte qui me paraît inhérente au matérialisme dans son approche de la moralité mais qui

---

[1] *FMM*, 1ère et 2ème sections.
[2] *Ethique de la discussion*, op. cité, p.51.
[3] Voir *De l'éthique de la discussion*.
[4] Voir son bref texte, à la fois lucide et exigeant, « Un fondement paradoxal pour la morale », in *Raisons pratiques*, Seuil, 1994. Je rappelle que Bourdieu à la fin de sa vie s'est battu politiquement contre le libéralisme et a tout particulièrement défendu les services publics, menacés par celui-ci et qui mettent en œuvre, précisément, le souci de l'Universel dans le champ social.

ne saurait l'annuler dans sa qualité propre[1]. J'insiste sur ce dernier point : alors même que l'on admettrait la toute-puissance de l'intérêt ou d'une autre motivation naturelle dans la détermination de l'action humaine (comme le plaisir qu'on y prend), il n'en resterait pas moins qu'elle continuerait à relever des catégories du *bien* et du *mal* s'agissant de son contenu et les actes de l'homme n'en deviendraient pas pour autant *indifférents*, neutres d'un point de vue moral[2]. Par contre, dans l'ordre de l'action collective, qui est aussi l'action dont le *contenu objectif* est le plus avéré puisqu'elle débouche sur des acquis juridiques explicites, la réponse ne peut être contestée : l'Universel y est réellement agissant, il prend la forme de grandes prises de conscience collectives comme celle qui s'est fait jour avec la Révolution française de 1789, porteuse d'un message normatif clairement universaliste, ou encore comme celle qui est au fondement de la revendication communiste qui émerge au 19ème siècle et qui prolonge, dans le sillage de l'œuvre de Marx, le message politique de 1789 en le concrétisant et en l'étendant aux champs du social et de l'économique. Ces prises de conscience sont en elles-mêmes des *actions* : non seulement parce qu'elles constituent des actes déclaratifs décisifs et que l'action historique est aussi faite de cela, mais parce qu'elles ont été à l'origine de grandes conquêtes sociales, voulues comme telles, inscrivant dans le Droit les exigences de plus en plus pointues de l'Universel et faisant progresser moralement l'histoire. Il faut ici reprendre l'idée forte d'Habermas : la morale « migre dans le droit positif »[3], qui en constitue l'objectivation, et l'existence irrécusable de celui-ci, avec ses transformations et ses progrès propres, atteste de *l'effectivité* et donc de *l'efficacité* de la morale. Il y a bien là comme des intentions morales collectives historiquement réalisées, donc la preuve que l'humanité peut *vouloir l'Universel*, quelle que soit par ailleurs la nature des motivations individuelles des hommes dans l'action : c'est là une leçon importante de cette *morale du contenu* que réclame le matérialisme[4].

---

[1] L'utilitarisme est lui aussi un conséquentialisme, très proche ici du matérialisme moral que je défends. C'est ainsi que Milll, distinguant la règle (morale) et le motif (psychologique), affirme justement que « le motif n'a rien à voir avec la moralité de l'action quoiqu'il intéresse beaucoup la valeur de l'agent » (*L'utilitarisme*, p. 68).
[2] Voir le théoricien anarchiste, partisan d'une conception matérialiste de la morale, P. Kropotkine : il se moque de ceux qui, sur cette base, « s'empressent d'en conclure que tous les actes sont *indifférents* » et « qu'il n'y a plus ni *bien* ni *mal* » (in *La morale anarchiste*, Mille et une nuits, 2004 – souligné par lui).
[3] In *Droit et morale*, Seuil, 1997, p. 50.
[4] Je reviens sur tout cela à la fin de l'ouvrage.

De l'intérêt qu'il y a à ne pas supposer un Sujet métaphysique libre

Nous l'avons indiqué à plusieurs reprises : la culture scientifique contemporaine impose une conception de l'homme qui ne laisse pas de place pour un Sujet métaphysique libre[1] et la morale dont nous défendons malgré tout l'idée ne peut être qu'une morale abandonnant l'hypothèse d'un pareil Sujet. Pourtant, c'est bien cette hypothèse qui se trouve au cœur de la tradition morale, spécialement chrétienne, et elle en a constitué l'armature interne, expliquant nombre de ses catégories, comme celles de faute ou de péché, ainsi que son fonctionnement concret, centré sur la responsabilisation du sujet individuel et sur sa culpabilisation en cas de faute, suivie de la sanction. Il faut ajouter que l'institution judiciaire a elle-même été longtemps animée par cette vision idéologique de l'homme moral[2], au point que certains croient que s'en débarrasser reviendrait à la déstabiliser, en la déconsidérant intellectuellement, et à ouvrir la voie à une immoralité pratique débridée, infiniment dangereuse. Quel intérêt – j'ai presque envie de préciser : quel intérêt moral – y a-t-il donc à récuser vigoureusement cette idéologie et à proposer à sa place la conception matérialiste d'une morale sans Sujet ?

Je rappelle d'abord qu'une « morale sans Sujet » demeure une morale avec des valeurs obligatoires – c'est le fond de ma réflexion – dont le principe fait l'objet d'une intellection rationnelle et n'a pas besoin d'une option métaphysique sur l'homme pour être conçu et fondé : la raison humaine y suffit. Cette morale a bien un sujet (avec une minuscule) qui en est le support et auquel elle s'adresse : sujet conditionné, limité, issu d'un devenir et en devenir, effet autant que cause, mais capable de conscience et surtout de réflexion rationnelle, susceptible d'être interpellé par les valeurs qu'il peut alors concevoir et qui l'obligent à harmoniser sa vie avec celle d'autrui, donc sujet tout de même, en l'occurrence sujet pratique. Faut-il l'indiquer ? Un homme que l'on se représenterait intellectuellement sous la forme exclusive d'une machine, aussi complexe que l'on voudra, sous le prétexte que les sciences ne cessent de procéder à son objectivation, intègrerait totalement, sans reste, le champ de l'objectivité et ne saurait être

---

[1] On retrouve cette idée chez B. Russel lorsqu'il affirme, réfléchissant sur les rapports du déterminisme et de la morale, que « les raisons qui plaident en faveur du déterminisme me paraissent irrésistibles » (in *Essais philosophiques*, op. cité, p.8) ou chez H. Atlan dans *La science est-elle inhumaine ?* (Bayard, 2002). Et chez ces deux auteurs la morale n'est pas pour autant remise en cause.

[2] Nietzsche a remarquablement mis en évidence ce point quand il dénonce dans le christianisme, avec son affirmation du libre arbitre, une « métaphysique de bourreau » qui a infesté la justice (*Crépuscule des idoles*, « Les quatre grandes erreurs », § 7).

concerné par la morale. Comme le dit justement C. Godin, un pareil homme « ne s'inscrit plus sur un registre moral. »[1]

Il reste que ce sujet est limité ou fini, et c'est cette idée qui doit désormais être mise en avant, tout autant, sinon plus, que la précédente, pour apprécier correctement le déploiement d'une conception matérialiste de la morale. On peut en tirer trois conséquences majeures que la philosophie morale actuelle ne veut pas voir ou dont elle ne veut pas tenir compte.

1 D'abord, elle nous contraint à renoncer au *moralisme* entendu ici comme l'attitude théorico-pratique qui consiste à mettre au compte de l'individu des actes qui ne sont que l'effet des déterminismes qui pèsent sur lui et donc à s'enfermer, quand on parle du mal, dans une « fausse causalité » ou dans une « causalité imaginaire » (pour reprendre des termes de Nietzsche), celle du libre arbitre.[2] Le moralisme ainsi compris est aujourd'hui plus qu'une attitude philosophique qui pourrait avoir ses raisons internes (la thèse du libre arbitre), s'expliquer par l'ignorance des sciences qui militent en sens inverse, ou se comprendre psychologiquement par le besoin de trouver des coupables ou le désir de vengeance ; il s'agit d'une véritable *idéologie* dont l'efficacité est considérable et qui aboutit à *innocenter* la société des effets-méfaits qu'elle produit, dans ou au travers des individus. Elle alterne souvent avec l'idéologie naturaliste qui met au compte de la nature humaine ce qui est à mettre au compte de l'histoire ou de la société, mais elle a un point en commun avec elle : c'est l'homme individuel qu'elle accuse et non ces dernières. C'est ainsi que l'on a pu, dans la récente période, reprocher violemment aux délinquants d'être des voyous responsables de leurs actes et méritant des peines extrêmement sévères, après les avoir longtemps considérés comme des délinquants par nature : la seule cohérence à trouver dans cette argumentation idéologique changeante et contradictoire (on passe de la nature au libre arbitre), c'est l'accusation de l'individu qu'elle implique dans les deux cas, laquelle met hors-jeu la réalité historico-sociale et les politiques qui la produisent et ne voit de solution que dans la répression des comportements individuels. On aura deviné que le moralisme est une idéologie *de droite*, sinon *d'extrême-droite*, et que plus on s'éloigne de ces courants politiques, moins le moralisme est prégnant[3].

---

[1] In A. Kahn et C. Godin, *L'homme, le Bien, le Mal*, p. 307.
[2] Je rappelle que ce terme de « moralisme » a deux sens, l'autre consistant dans la moralisation indue du champ de l'éthique : voir plus haut.
[3] L'appel à la répression va jusqu'à la justification de la peine de mort : c'est le cas de l'Eglise catholique, qui considère pourtant la vie comme sacrée. Je précise que, libre arbitre ou pas, la peine de mort est injustifiable moralement puisqu'elle constitue un meurtre, effectué de sang froid, qui plus est. Par ailleurs, elle est contradictoire : appliquée aux meurtriers, elle commet le mal qu'elle leur reproche. La droite a été longtemps favorable à la peine de mort et je rappelle que, en France, c'est la gauche qui l'a abolie.

2 L'idée d'un sujet soumis à de multiples déterminismes nous contraint alors à un *déplacement*, voire à un *renversement de perspective* dans l'approche intellectuelle de la question du mal, y compris individuel. Sa source véritable ou ultime résidant dans la réalité socio-historique telle que l'humanité l'a connue jusqu'à présent, avec ses sociétés de classes et leurs effets en chaîne sur l'homme, c'est le mal dont elle est porteuse qu'il faut décrypter (car il n'est pas d'emblée visible) et dont il faut montrer qu'il engendre le mal dont l'individu paraît être le coupable. C'est ainsi que la violence sous ses multiples formes – incivilités, délinquance, racisme, autoritarisme, expressions de la haine ou de l'envie, voire conflits interindividuels, y compris dans l'ordre de la vie amoureuse ou familiale (pensons à cette désastreuse criminalité dans les couples ou les familles qui défraie la chronique des tribunaux) – est en grande partie le résultat de facteurs indépendants de la volonté subjective, qu'elle soit la conséquence directe du milieu social extérieur ou qu'elle résulte d'une histoire personnelle antérieure de nature psychologique. C'est ainsi qu'il y a une sociologie de la violence qui la relie aux conditions objectives de vie comme la misère, le chômage, le surpeuplement, l'urbanisation sauvage, le déficit de culture et de langage, les carences éducatives, sans compter les modèles de la compétition interindividuelle que le libéralisme ne cesse de proposer, etc. De même, il y a une psychologie de la violence qui renvoie à l'enfance et aux rapports d'amour ou de haine que les parents mettent en place avec leurs enfants ainsi qu'aux modèles qu'ils sont capables de constituer ou pas pour eux, et qui n'est pas elle-même soustraite à la causalité sociale[1]. Avant d'incriminer ici, à défaut du libre arbitre, une éventuelle agressivité naturelle (la pulsion de mort de Freud), il faut examiner comment les frustrations accumulées rendent violent ou comment un déficit éducatif empêche l'individu de maîtriser son agressivité native, si celle-ci existe. C'est bien pourquoi la psychanalyse, quand elle appréhende la criminalité adulte ou la violence enfantine, ne recourt jamais (ou ne devrait jamais recourir) à la catégorie moralisante de « méchanceté », préférant mettre en évidence le déterminisme psycho-social du comportement criminel ou violent.

On pourrait multiplier à l'envi des analyses de ce type : elles montreraient toutes qu'il y a une *objectivité historico-sociale du mal* qui excède de toute part ce qu'on peut imputer à la subjectivité des hommes et que, en toute rigueur, on ne peut parler du mal que « l'homme fait à l'homme » en général, pour autant que cette formule, avec son abstraction propre, suggère un libre arbitre conscient et souverain coupable de ce mal,

---

[1] Toutes les analyses de la délinquance pointent des échec éducatifs et affectifs *eux-mêmes socialement situés*.

parfaitement imaginaire[1]. Bien au contraire, c'est à une « criminalité sans criminel(s) » à laquelle nous avons affaire ou, si l'on préfère, à une criminalité « innommable »[2] : une criminalité qu'on ne peut imputer clairement à un ou des criminels identifiables alors que son existence objective est attestée sans le moindre doute, donc une criminalité sans Sujet(s). C'est bien à cela que pensait Marx – même si la formule n'est pas chez lui – dans l'ordre de l'activité proprement sociale, quand il affirme dans la préface à la première édition du *Capital* (je cite intégralement le passage en raison de son importance) : « Je n'ai pas peint en rose le capitaliste et le propriétaire foncier. Mais il ne s'agit ici des *personnes*, qu'autant qu'elles sont la *personnification de catégories économiques*, les *supports d'intérêts et de rapports de classes déterminés*. Mon point de vue, d'après lequel le *développement de la formation économique de la société et de l'histoire est assimilable à la marche de la nature et à son histoire*, peut moins que tout autre rendre l'individu responsable de rapports dont il reste socialement la créature, quoi qu'il puisse faire pour s'en dégager.[3] » Les agents les plus actifs du capitalisme eux-mêmes, qu'on aurait tendance spontanément à incriminer, doivent donc être appréhendés, pour une part tout au moins, comme des victimes du système économique qu'ils mettent en œuvre, dont ils sont autant partie prise que partie prenante, surtout si l'on admet qu'ils se le représentent à l'aide d'une idéologie qui en masque l'injustice – et l'on peut étendre ce diagnostic aux acteurs des systèmes sociaux antérieurs[4].

La conséquence de ce décentrement de la compréhension théorique saute alors aux yeux : il faut renverser le chef d'accusation et accuser la causalité réelle, le système, l'époque, ou encore, pour parler comme Marx, les « circonstances » C'est l'inhumanité de celles-ci qui rend l'homme inhumain et non l'inhumanité de l'homme qui rend celles-ci inhumaines,

---

[1] Je fais allusion, ici, au titre de l'ouvrage de M. Revaut d'Allones, *Ce que l'homme fait à l'homme* (Seuil, 1995), qui est hanté par cette catégorie métaphysique et qui combat d'une manière difficilement acceptable la pensée causaliste ou scientifique dans ce domaine. Manifestement, la spéculation morale a remplacé ici la pensée théorique à l'écoute des sciences humaines ainsi que la prise en compte du rôle de la politique.

[2] J'emprunte cette expression à l'excellent article de J.-P. Airut consacré à la présence de ce thème chez Marx, « ''Exploitation capitaliste et crime innommable'' : paradoxes juridiques et moraux de la dénonciation marxienne du profit » in *Morale et Criminalité*, Essais de philosophie pénale et de criminologie, Volume I, L'Archer. Un « crime innommable » est selon lui un crime qu'on ne veut pas nommer comme tel, mais aussi un crime qu'on ne peut pas qualifier faute de critères officiels pour le faire. J'en modifie quelque peu la signification, mais il est également « innommable » au double sens que J.-P. Airut indique.

[3] Op. cité, L. I, Garnier-Flammarion, p. 37 (les passages soulignés le sont par Marx).

[4] C'est ainsi que le système esclavagiste est un produit de l'histoire, qui, peut-on dire, n'a été *voulu* par personne dans son horreur propre.

pour l'essentiel en tout cas[1]. Dans ce procès fait aux circonstances, on remarquera que l'accusation demeure : il faut « nommer » le mal comme tel, donc oser juger l'ordre des choses, en l'occurrence son désordre, et les effets individuels qu'il engendre, ne pas dissoudre sa qualité propre de « mal » dans le déterminisme qui le produit. Répétons-le : une morale sans Sujet demeure une « morale » qui prend parti devant le réel au nom de l'Universel. Mais s'en réclamer ouvre un champ inédit et passionnant à l'intelligence théorique dès lors que celle-ci, incarnée par les sciences humaines aujourd'hui, s'enquiert de comprendre la réalité humaine à la lumière de valeurs et, spécialement, d'un idéal d'émancipation : il s'agit de faire apparaître la multitude des processus qui entraînent les hommes à mal faire comme à rater leur vie, donc d'éclairer la chaîne complexe et purement empirique des causes qui produisent le malheur humain, pour pouvoir y remédier.

3 La troisième grande conséquence apparaît alors, qui concerne le traitement *directement pratique* ou *concret* de la question du mal et de son auteur : la prévention et la rééducation, voire la guérison, doivent remplacer, autant que possible, la punition. Cette conséquence se comprend aisément et sa justification a à peine besoin d'être développée : dès lors qu'on admet que le mal est l'effet d'une causalité socio-historique objective (incluant des facteurs psycho-sociaux), on cesse de pouvoir punir son auteur individuel comme on le fait habituellement et avec souvent beaucoup de cruauté. La responsabilité se diluant en amont, en quelque sorte, de l'acte et de l'auteur, l'idée de sanction : 1 perd toute *signification morale* et, 2, devient largement *inefficace* puisque, se concentrant sur l'individu et son action visible, elle laisse en l'état les conditions de production de celle-ci, qu'elle a masquées, et elle maintient même, ce faisant, le risque de sa reproduction[2]. Cette

---

[1] Il arrive à Nietzsche, malgré le biologisme qui domine sa pensée, de rejoindre Marx sur ce point également. C'est ainsi que dans *Humain, trop humain* il affirme, avec une grande lucidité, à propos de l'injustice de l'exécution capitale : « La faute n'est pas punie, même si faute il y avait : celle-ci se trouve chez les éducateurs, les parents, le milieu, elle est en nous, non pas dans le meurtrier – les circonstances déterminantes, veux-je dire » (I, § 70).

[2] J.-M. Guyau, dans son *Esquisse d'une morale sans obligation ni sanction* (Fayard, 1985), a brièvement mais magnifiquement démontré l'absurdité intellectuelle et morale de la sanction, même dans l'optique d'une philosophie du libre arbitre métaphysique qui n'est pas la sienne : il n'y a pas de rapport *logique et moral* concevable entre le mal commis par le criminel et le mal qui lui est infligé par la justice pénale. Il y voit même un acte immoral, qui porte atteinte à la dignité à laquelle tout être humain a droit et qui ajoute du mal au mal, répétant le mal qu'elle dénonce. La seule justification qu'il lui trouve, à juste titre, est sociale, liée à sa fonction dissuasive. Voir op. cité, L. III, ch. 1 et 2. Mais on peut même discuter cette utilité de la sanction, sans y renoncer pour autant : on sait qu'aux Etats-Unis, pays où la justice est extrêmement répressive et où la peine de mort est appliquée dans de nombreux Etats, la criminalité sociale est très forte. C'est bien en amont, du côté des conditions de l'acte criminel, qu'il faut agir avant tout. On trouvera également une intelligente critique de l'idée

dilution de l'idée de responsabilité, avec le discrédit corrélatif de la notion de sanction qu'elle induit, devient encore plus nette quand on songe à la complexité des causes sociales de l'action individuelle et à la multiplicité de ses effets : *qui* accuser et *qui* punir de tel licenciement, de telle souffrance au travail, de tel drame familial, de telle nuisance écologique ? Mais aussi : *de quoi* accuser et *que* punir dans certains cas, quand l'action a des conséquences non seulement nombreuses, mais lointaines et parfois inaperçues ? P. Ricoeur, pourtant soucieux de maintenir philosophiquement la notion de responsabilité, mais sans naïveté, note justement que « ce sont des myriades de micro-décisions singulières » qui interviennent ici et que « tout se passe comme si la responsabilité, en allongeant son rayon, diluait ses effets, jusqu'à rendre insaisissables l'auteur ou les auteurs des effets nuisibles à redouter »[1]. Pour revenir à l'action clairement identifiable d'un individu, on voit en tout cas l'intérêt qu'il y a à ne pas faire appel à la notion de Sujet responsable pour juger l'auteur d'un mal quelconque, qui est double : 1 On ne lui confère pas une responsabilité (absolue) qu'il n'a pas et qu'il serait *injuste* de lui attribuer : paradoxalement, c'est la morale elle-même, mais ainsi éclairée par l'intelligence des causes de l'action individuelle, qui nous commande de ne pas moraliser celle-ci et de ne pas enfoncer l'homme individuel dans une culpabilité fictive. Il y a donc un *intérêt moral* à renoncer à la morale du Sujet, qui consiste à être *juste* avec l'homme réel. 2 On indique alors la vraie « responsabilité morale » de l'action, la causalité objective et sans Sujet des conditions socio-historiques et psychologiques, et on s'oblige à les affronter. C'est à celles-ci qu'il faut s'en prendre si l'on veut empêcher le mal et cela porte un nom : la *prévention*, dont les modalités sont nombreuses puisqu'elles incluent les formes quotidiennes de l'éducation, dans la famille et l'école, aussi bien que les modèles anthropologiques véhiculés par la culture présente dans la société. Mais le discours de la prévention doit être logique avec lui-même, ce qu'il n'est pas fréquemment, se contentant souvent de renvoyer vaguement à la causalité sociale : la prévention menée à son terme est inséparable d'une abolition des causes du mal, donc d'une *transformation* sociale profonde dont on peut estimer qu'elle doit prendre la forme d'une *révolution* s'en prenant à la racine sociale des maux. Comme le dit Marx en une formule qui résume tout l'esprit de notre analyse : « Il ne faut pas punir le crime dans l'individu, mais détruire les foyers anti-sociaux du crime. »[2] C'est ainsi, et sans rêver (on le verra dans la partie consacrée au communisme), que l'on

---

de sanction pénale, en liaison avec l'affirmation philosophique du déterminisme, dans l'ouvrage de T. Honderich, *Etes-vous libre ? Le problème du déterminisme*, Syllepse, 2009.
[1] In *le Juste 1*, Editions Esprit, p. 64. J'ajoute seulement que ces « micro-décisions » sont souvent elles-mêmes déterminées et, donc, très peu « décidées ».
[2] *La Sainte Famille*, in *Karl Marx*, op. cité, p. 571-572.

peut concevoir une société sans délinquants, pour ne prendre que cet exemple emblématique d'une vie sociale pacifiée et juste, pacifiée parce que juste.

Reste que cette perspective demeure lointaine et que l'idée d'une disparition complète du mal, quelle qu'en soit la forme ou le degré, peut être considéré comme utopique. C'est pourquoi il faut penser à ce que deviendrait la sanction si sa nécessité devait persister et au traitement que devrait subir l'auteur du mal. Sa justification ne pourrait être que sociale, dépourvue de signification morale : il s'agira de *dissuader* en faisant appel à l'intérêt et l'on sait que dans certains cas cela est efficace. Mais plus profondément, la solution matérialiste ne peut résider que dans la manière de traiter le coupable, sur la base de l'intelligence exacte de son degré de « culpabilité » : celui-ci doit être *rééduqué* pour autant que c'est la plupart du temps un déficit de normes morales qui l'entraîne a mal faire ; mais il doit être aussi fréquemment *soigné* et *guéri* si l'on admet qu'il y a non une immoralité subjective du mal, mais une *pathologie* de celui-ci qui fait qu'il est, dans les cas les plus spectaculaires (meurtre, viol, sadisme, etc.), le résultat de processus morbides et de souffrances psychiques dont seule une restructuration de la personnalité peut venir durablement à bout, empêchant ainsi son retour : un homme sain ne fait pas souffrir les autres, seul un homme malade mentalement, souffrant lui-même, le fait[1]. On voit ici, dans ces cas extrêmes, que le modèle *thérapeutique* de la *guérison*, articulé sur l'hypothèse d'un déterminisme psychopathologique de l'action mauvaise, est clairement matérialiste parce que déterministe, et qu'il doit largement remplacer celui de la punition du criminel. Dans les situations qu'il concerne, on peut dire de lui ce que nous avons dit de la prévention et de la transformation sociale : seul il est efficace en profondeur et seul il est juste moralement puisqu'il se refuse à sanctionner celui qui est lui-même la victime de processus qu'il ne maîtrise pas. C'est bien là, on le voit à nouveau, le paradoxe d'une morale sans Sujet : elle n'abandonne pas, bien au contraire, la question du mal sous le prétexte qu'il n'y aurait ni méchants ni coupables absolus ; mais elle décide de la traiter dans ce cas par un moyen *non moral* dont elle pense qu'il est vraiment efficient, étant entendu que cette décision obéit elle-même à un impératif moral puisqu'il s'agit de respecter un homme même quand il est criminel, tout en faisant en sorte qu'il ne le soit plus. Enfin, j'ajouterai que l'ensemble de ces procédés à l'égard d'un coupable ne serviraient à rien ou à pas grand chose si, sorti du cadre de son traitement (sans en exclure, dans un premier temps, la prison,

---

[1] L'exemple de la maltraitance des enfants, de la pédophilie ou de l'inceste le prouve : dans bien des cas, le mal commis par l'adulte n'est que la reproduction du même mal subi par lui lorsqu'il était enfant et il peut s'expliquer par ce que Freud appelle la « compulsion de répétition ».

mais une prison complètement transformée), le coupable retrouvait les conditions qui l'on conduit au crime : misère, chômage, structure familiale déficiente (pour les adolescents en particulier), etc. La rééducation ou la guérison doivent donc impérativement être suivis d'une *réinsertion* sociale ou familiale lui permettant d'éviter les circonstances de vie criminogènes : c'est à ce prix seulement que le refus de la sanction-punition peut avoir son sens plein et sa pleine efficacité, hors de toute démagogie.

On voit, pour résumer ce qui précède, l'importance de la chaîne complète de substitutions à laquelle une morale sans Sujet nous contraint face au mal. Il s'agit de remplacer le couple liberté du Sujet/sanction punitive par la séquence suivante de concepts : prévention, sanction dissuasive, rééducation, guérison, réinsertion, transformation sociale. Cela n'exclut pas, on l'aura peut-être deviné mais il faut tout de même l'indiquer, que l'on fasse appel au « sujet » humain tel que nous l'avons défini : on rééduque en s'adressant à une capacité subjective susceptible de comprendre et d'assimiler des normes morales et on guérit en sollicitant une subjectivité souffrante et fragile pour lui redonner un statut de « sujet » capable de résister à la tentation du mal, pour ne parler que de ce double aspect du problème. Mais on voit aussi la conséquence ultime de ce changement de paradigme moral : en « démoralisant » l'individu on *moralise la société* et, du coup, on donne à la politique tout le poids moral qui lui revient, à la fois de fait et de droit.

L'ambition anthropologique de la politique

L'éthique et la morale ont souvent été coupées de la politique et pensées comme n'ayant pas de prolongement en celle-ci, ce qui contribuait à faire de la politique un domaine autonome, dépourvu de signification éthique ou morale particulière. Cela est clair dans la tradition philosophique où de grandes éthiques comme le stoïcisme ou l'épicurisme n'ont pas spécialement proposé de projet de société organisé à partir de leurs principes de vie et incitaient plutôt l'homme à se protéger de l'existence collective par le repli sur un agencement intelligent de sa vie individuelle. On peut même dire que le « salut » dans l'ordre du bonheur proposé par la sagesse aura été en règle générale un « salut » personnel qui laissait intacts la déraison et le malheur habituels de l'homme ordinaire[1]. Quant à l'articulation de la morale et de la politique, si elle a été nettement suggérée par Platon et théorisée par Rousseau et Kant, ce fut dans des termes qui ont fréquemment entraîné son rejet : soit qu'on l'ait invalidée sur le fond – c'est le cas de Marx ou de Nietzsche –, soit qu'on y ait vu la matrice intellectuelle d'une conception totalitaire de la politique qu'il fallait, à ce titre, récuser.

Ce refus du lien de l'éthique et de la morale à la politique se retrouve malheureusement dans la réflexion contemporaine la plus récente. Le retour en force de la philosophie éthique ou morale (les deux n'étant pas toujours distinguées), quel que soit son intérêt intrinsèque, s'accompagne d'un retrait de l'instance politique qui en signale, de mon point de vue, l'extrême faiblesse sur ce plan très précis. C'est ainsi que dans *La sagesse des Modernes* – ouvrage qui présente des qualités, par ailleurs, et dont le succès indique qu'il reflète un courant d'idées en vogue – la revalorisation de l'instance morale, conçue comme l'ensemble de nos devoirs à l'égard d'autrui, à laquelle procèdent communément A. Comte-Sponville et L. Ferry, ne se traduit par aucune retombée politique significative : la « politique de l'amour » dont prétend se réclamer L. Ferry ne dit pas un mot sur les multiples maux qu'engendre le capitalisme et c'est à un réenchantement a-critique de celui-ci auquel nous assistons, comme si les concepts qui permettent de le dénoncer – exploitation, oppression, domination et aliénation – étaient ignorés ou considérés comme n'ayant de

---

[1] Je dis bien « en règle générale ». Ce n'est pas le cas chez Aristote et Spinoza dont les doctrines d'ensemble font expressément une place à la politique.

réalité que fantasmatique ; et A. Comte-Sponville, plus conscient tout de même de ces dimensions du système social dans lequel nous vivons, ne nous propose que de l'aménager en « régulant les égoïsmes » qui le sous-tendent. Plus profondément, c'est l'idée même, essentielle à notre réflexion comme on le verra, que la morale puisse légiférer sur la politique dans son contenu socio-économique concret qui est évacuée par nos deux auteurs, et l'on peut dire alors, avec Comte-Sponville, que la politique « n'oppose pas le bien et le mal »[1] et ajouter ensuite, en toute cohérence, dans un autre ouvrage, que le capitalisme n'est ni moral ni immoral, mais hors morale : la morale s'arrête à la porte de la politique envisagée dans sa substance la plus profonde et la plus déterminante pour l'ensemble des êtres humains, à savoir l'organisation économique de la production[2].

Le prix à payer pour ce retrait de la morale vis-à-vis de la politique, à l'instant même où, paradoxalement, on la glorifie – sans compter celui de l'éthique abandonnée au seul souci de la vie individuelle –, est énorme : c'est la victoire de Machiavel sur Kant, pour employer une formule rapide, et l'omnipotence du concept d'intérêt. La politique se dissout dans la gestion factuelle des intérêts économiques égoïstes et dans les rapports de forces qui leur sont associés et ce n'est que de l'extérieur que l'économie peut être infléchie et humanisée, sans que cela touche à son *essence propre*, qui ne relève en rien de la morale : ni de son discours, ni de sa pratique. On peut et doit appeler cela une forme de *cynisme*, si l'on entend par là non une apologie consciente du « mal » mais une récusation des catégories de « bien » et de « mal », ici en politique, et donc une dénégation du « mal » auquel on coopère du point de vue de celui qui maintient ces catégories. Or il est évident que, pour celui qui les conserve dans ce domaine, leur négation ne se fait pas au bénéfice du « bien » : elle contribue, au contraire, à la perpétuation ou à l'aggravation du « mal » qui peut se déployer sans retenue à l'abri de son occultation intellectuelle et grâce à elle. C'est ainsi que l'immoralisme nietzschéen a alimenté une politique immorale comme celle du nazisme, que le Goulag a été facilité par la négation stalinienne de la morale dénoncée comme une abstraction et que le libéralisme actuel se fait d'autant plus cruel qu'il nie qu'on ait à juger la compétition économique d'un point de vue moral[3]. Comment alors contrer ce nouveau cynisme ou ce néo-machiavélisme dont on pourrait citer des élaborations plus poussées, comme chez le philosophe allemand K. Schmidt, et dont on peut trouver

---

[1] Op . cité, p. 469.
[2] Voir *Le capitalisme est-il moral ?*, Albin Michel, 2004, 2ème édition en 2009.
[3] Pour le cynisme libéral, voir la réflexion, impressionnante à sa manière, de F. Hayek dans *Droit, législation et liberté*, PUF, 3 t., 1980-1983. Il ne nie d'ailleurs pas la morale ; mais il nie qu'elle puisse s'appliquer à l'économie et que le concept de justice sociale ait un sens. J'analyserai son argumentation par la suite.

malheureusement un équivalent chez bien des penseurs marxistes contemporains malgré des choix politiques diamétralement opposés ?

Le passage normatif à la politique

Commençons par deux remarques préliminaires. Première remarque : l'idée que la politique n'est pas close sur elle-même et qu'elle n'est à elle-même ni son propre commencement ni sa propre fin, qu'elle s'enracine donc dans une normativité préalable qui la déborde et éclaire sa finalité, n'a pas à être vraiment démontrée. Elle constitue un *fait* dont chacun peut faire l'expérience en observant la manière dont la politique fonctionne et en consultant les textes de la théorie politique, même et surtout ceux qui paraîtraient en faire une instance première, n'ayant de comptes à rendre qu'à elle-même, si tant est qu'elle ait, dans ce cas, des « comptes à rendre ».

Au niveau de la politique quotidienne, il est clair qu'aucun programme politique ne saurait être ni pensé ni formulé publiquement sans que cette pensée ou cette formulation *ne se profile sur fond de normativité* et ce alors même que les programmes proposés, quand on parcourt le spectre politique de l'extrême-droite à l'extrême-gauche, non seulement se différencient mais s'opposent. Pour ne prendre qu'un exemple : que l'on propose l'enracinement dans la nation ou, au contraire, le dépassement des nations dans un universalisme internationaliste, dans les deux cas la proposition qui est faite est *valorisée*, quelle que soit la source de cette valorisation : besoin, intérêt, prise en compte de l'histoire, appel à la conscience morale, etc. C'est dire qu'aucune option politique ne saurait être prise, ni vécue ni défendue, en dehors d'un *horizon de valeur* et nous mettre en présence seulement de faits bruts et indifférents. Nous retrouvons ici l'idée nietzschéenne que l'homme est un « animal valorisant » : la vie consiste à valoriser et c'est donc le cas aussi de la vie politique qui ne saurait échapper à la « forme-valeur » dans laquelle toute activité humaine est prise.

Mais ce qui est vrai dans l'expérience politique quotidienne l'est aussi dans les grandes théorisations politiques. C'est le cas, bien entendu, des œuvres qui revendiquent une filiation essentielle de la politique et de la morale et sur lesquelles nous reviendrons. Contentons-nous de ce qui pourrait paraître constituer deux contre-exemples pour notre propos. Chez Machiavel lui-même la neutralisation de la morale en politique qui lui fait dire que le Prince, c'est-à-dire l'homme politique, ne doit pas hésiter à recourir au mal pour agir (violence, cruauté, ruse, etc.), n'est pas aussi radicale qu'on le prétend souvent[1]. Elle relève d'une logique de l'action efficace visant à prendre le pouvoir ou à le conserver, qui est censée tenir

---

[1] Voir *Le Prince*, Le livre de poche. On lira à ce propos la mise au point impeccable de J.-F. Spitz à l'article « Machiavel » du *Dictionnaire d'éthique et de philosophie morale*, op. cité.

compte de ce que Machiavel croit être la méchanceté humaine et la médiocrité du peuple, et elle n'implique en rien une apologie intrinsèque du mal qui en nierait la qualité de « mal » : sa nécessité politique n'en supprime pas l'immoralité propre ! Mais surtout, cette neutralisation de la morale ne concerne que les *moyens* de la politique ; quand il s'agit de la *fin* de celle-ci, la morale refait surface : le Prince, dit Machiavel, doit viser la stabilité de l'Etat, la paix, la sécurité et la prospérité de ses sujets, et son action doit combattre la barbarie et la tyrannie et se placer à l'enseigne de la liberté[1] – autant de thèmes qui définissent un « bien commun » et réintroduisent une normativité de type moral dans une réflexion qui paraîtrait à première vue l'exclure. Cependant, l'exemple le plus parlant me paraît être celui d'Aristote dans son *Ethique à Nicomaque*. Pour celui qui pense que l'homme est un « animal politique », la politique non seulement est importante mais paraît constituer, dans l'ordre théorique, la discipline première et essentielle, dont il faut partir et à laquelle il faut se tenir, correspondant à cette essence politique de l'homme : elle intègre les différentes sciences pratiques utiles à l'homme comme la médecine, la stratégie, l'économie, etc., qui n'ont affaire qu'à des aspects particuliers de la réalité humaine, et se les subordonne en les subordonnant à sa fin propre[2]. On pourrait en déduire que la politique est investie par des disciplines positives et, surtout, qu'elle relaie entièrement la morale dans la détermination des fins de l'existence. « L'étude du plaisir et de la peine est l'affaire du philosophe politique : c'est lui, en effet, dont l'art architectonique détermine la fin sur laquelle nous fixons les yeux pour appeler chaque chose bonne ou mauvaise au sens absolu » dit-il, par exemple[3]. Une pareille affirmation suggère bien une autonomie totale de la politique et une capacité pour elle de légiférer sur l'existence au point de supprimer la nécessité de recourir à une réflexion morale préalable et spécifique : la politique en relayant la morale paraît l'éliminer. En réalité, il n'en est rien. La politique, quel que soit l'appui qu'elle prend sur les sciences spécialisées, demeure une discipline pleinement normative et, à ce titre, engage une normativité qui la précède logiquement. Elle énonce ce qui « doit être » ou « doit être fait », elle « légifère sur ce qu'il faut faire et sur ce dont il faut s'abstenir », parce qu'elle vise le « Bien » et, plus précisément, le « Souverain Bien »[4]. C'est dire qu'elle prend en charge la visée même de la morale ou de l'éthique, sauf qu'elle l'envisage sous une forme collective : « Le bien est assurément aimable pour un individu isolé mais il est plus beau et plus divin appliqué à une nation ou à des cités. »[5] Ce faisant elle reste

---

[1] Cf. op. cité, fin du ch. 21 et ch. 26.
[2] *Ethique à Nicomaque*, Vrin, 1997, L. I, 1.
[3] Op. cité, L. 7, 12.
[4] Op. cité, L. I, 1.
[5] Ib.

« dans » la morale ou l'éthique, au sein de leur élément normatif constitué par le Bien, qui est présupposé, et elle s'arrache à la positivité d'une discipline ou d'une activité qui ne s'intéresserait qu'aux faits sans les inscrire dans une dimension de valeur souhaitable ou obligatoire. La leçon est claire : le remplacement apparent de la morale ou de l'éthique par la politique, chez celui qui en a peut-être le mieux formulé l'ambition, cache une vraie priorité logique de la normativité morale ou éthique sur l'instance politique, dont celle-ci ne saurait se défaire.

Deuxième remarque préliminaire. Inscrire la politique dans la normativité, affirmer que les jugements qu'elle formule sont aussi des jugements de valeur (étant entendu qu'ils ne se réduisent pas à cela), suppose qu'on ne la conçoive ni comme une simple gestion du réel (en incluant dans sa gestion sa transformation technique), ni comme l'assouvissement d'une volonté de pouvoir ou de puissance, ce qu'elle est largement dans son cours habituel qui contribue à son discrédit[1]. Une conception de la politique comme gestion ne nous dit rien sur cette réalité qu'il faut gérer, sur les intérêts sociaux qu'elle recouvre et, surtout, sur les intérêts ou les objectifs de vie qu'elle engage : on peut gérer la pénurie, on peut gérer des inégalités criantes, on peut gérer une société médiocre dans les valeurs qu'elle privilégie comme la consommation à outrance ou le culte de l'argent. De même, la conception de la politique comme volonté de pouvoir ou de puissance ne nous renseigne pas sur la nature de ce pouvoir (ou de cette puissance) ni sur ceux qu'elle sert : pouvoir (ou puissance) à propos de quoi et de qui sur qui. En la ramenant à une mécanique psychologique répétitive et aveugle au service de l'ego, cette conception ne nous éclaire pas sur les grands enjeux de vie qui ont été au cœur de bien des combats politiques comme les luttes pour la justice ou la liberté, dont les actions du mouvement ouvrier ont, par exemple, été l'illustration. A l'inverse, une conception normative de la politique repose sur un postulat essentiel : celui qui affirme qu'il y a un décalage entre la réalité humaine telle que nous la connaissons et celle que nous souhaiterions voir advenir, donc l'idée du caractère *insatisfaisant* de l'humanité actuelle et de son mode d'existence. Or, quelle que soit la source de ce jugement d'insatisfaction et, donc, quelle que soit la nature de celui-ci – qu'il soit éthique ou moral –, il suppose nécessairement que la politique prenne en charge le projet de transformer la vie humaine et, par conséquent, qu'elle s'attelle à la tâche visant à *produire une forme nouvelle d'humanité*. Qu'entendre par là à une époque où la « tyrannie ontologique » de l'existant ou de l'actuel (marché, capitalisme, inégalités,

---

[1] Je laisse de côté la politique comme moyen d'enrichissement personnel ou comme recherche de la gloire, ce qu'elle est aussi, malheureusement. Point n'est besoin de tirer sur l'ambulance, à ce niveau.

etc.) sur les esprits pousserait immédiatement à invalider une pareille idée et à y voir le fondement intellectuel du totalitarisme ?

La production d'une forme nouvelle d'humanité

Ce projet est l'une des cibles privilégiées de la critique dont le marxisme a fait l'objet depuis son apparition dans le débat politique au 19ème siècle et c'est le théoricien libéral F. Hayek qui en a fourni la contestation la plus intelligente[1]. Il y voit l'expression d'une « présomption » qui s'enracine dans l'idée fausse que le sujet humain peut construire la société selon un plan rationnel et raisonnable. C'est oublier, selon lui, que seul l'ordre spontané et naturel des échanges et de la production est efficace et que les seules règles d'organisation convenables sont celles qu'une évolution lente a sélectionnées par à-coups et sans concertation d'ensemble et qui le favorisent sans lui dicter son contenu. La proposition de produire une nouvelle forme d'humanité est alors accusée de relever d'un « constructivisme » dont la matrice est supposée se trouver bien au-delà de Marx, dans la vision abstraite de l'homme que l'on trouverait chez Descartes et Rousseau, qui à la fois se heurterait à la nature propre de l'homme social et ne pourrait déboucher que sur son asservissement.

Il faut, bien entendu, tenir compte d'une pareille critique car, au-delà du marxisme, c'est le statut de la politique qui est en jeu et, spécialement, son *ambition anthropologique* telle que nous allons l'envisager. La « nature » de l'homme social est-elle telle qu'il soit absurde et dangereux de vouloir « recommencer la société », pour reprendre la belle formule de Chamfort[2] ? Certes, diverses expériences du 20ème siècle prétendant illustrer cette ambition à la lumière de Marx pourraient faire croire que l'histoire a définitivement démontré son caractère intrinsèquement utopique et nocif, nocif parce qu'utopique : le stalinisme en URSS, la Révolution culturelle en Chine, le Cambodge, la Corée du Nord aujourd'hui[3]. C'est oublier que ces expériences n'illustraient pas la pensée de Marx mais sa déformation utopique et volontariste dans les conditions de sociétés sous-développées, déformation que l'on peut, elle, qualifier de « constructiviste » et que sa

---

[1] Voir *Droit, législation et liberté*, op. cité, et *La présomption fatale*, PUF, 1993, ouvrage où il résume son argumentation.
[2] « Il faut recommencer la société » dit-il dans ses *Maximes et pensées, Caractères et anecdotes*, Gallimard-Folio. Chamfort a su à la fois dénoncer les injustices de l'Ancien Régime, participer à la Révolution française et critiquer ses méthodes dictatoriales.
[3] Les textes de son dirigeant, le Doutche, érigés en pensée officielle, expriment un étonnant volontarisme anthropologique dont la politique est censée être le vecteur.

théorie condamnait clairement par avance[1]. Elles ne sauraient donc invalider cette ambition, qu'il faut examiner en elle-même et à nouveaux frais.

Deux choses, en réalité, sont en jeu : l'idée d'une « nouvelle forme humanité » et celle de « production ». Ce n'est pas tellement la première idée qui choque puisque le thème d'une « humanité nouvelle » (ou d'un « homme nouveau »), même s'il contredit la croyance millénaire en une « nature humaine » marquée par l'imperfection et qu'on ne saurait modifier, peut rejoindre, à l'inverse, l'idée de libre arbitre qui donne à l'homme le pouvoir radical de se renouveler, voire l'idée spécifiquement chrétienne d'un homme rendu « nouveau » par la foi ou la grâce de Dieu[2]. Or personne n'a jamais été scandalisé par la perspective d'un renouvellement de l'être humain sur cette base, spécialement celle du libre arbitre, même si l'on n'y adhère pas et si l'on n'y voit qu'une illusion théorique. Non, ce qui choque c'est l'idée que l'on puisse « produire » socialement cet homme comme si, ce faisant, on soumettait l'homme à des procédures *objectivantes*, le traitant comme un objet modifiable à volonté et de l'extérieur, comme si donc on niait son statut de « sujet » et par conséquent sa liberté ou, en tout cas, sa dignité inaliénable. C'est donc le *paradigme politique de la production* qui est accusé : emprunté au domaine de la production technique des choses – la production des biens matériels – et transposé à l'homme, il serait attentatoire, en lui-même, à son humanité définie par la subjectivité et la liberté : on ne peut ni ne doit, dit-on alors, produire de l'humain *comme* on produit des objets ! De plus, il serait porteur d'un fantasme de maîtrise qui ferait croire à tort à l'humanité qu'elle peut se dominer comme elle domine la nature extérieure et qui l'entraînerait à oublier sa finitude essentielle et les prudences, dans l'action, que celle-ci impose[3]. Plus précisément encore, on tend à y voir la mise en pratique d'un anti-humanisme théorique ou philosophique, d'une conception de l'homme qui nierait justement sa qualité d'« homme » transcendant les réalités naturelles ou matérielles, conception sans fondement selon ses détracteurs et qui révélerait sa nocivité redoutable à travers le paradigme de la production : c'est parce qu'on n'aurait pas pensé l'homme préalablement comme un être spécifique et irréductible qu'on se croirait ensuite autorisé à le manipuler et à le modifier, à le « produire »

---

[1] J'ai développé ce point ailleurs, en particulier dans mes *Figures de la déraison politique*, Kimé, 1995, et j'y reviens à la fin du présent ouvrage.
[2] C'est le cas, je le précise, chez un penseur apparemment aussi pessimiste que La Rochefoucault. Sa conception d'un déterminisme radical de l'« intérêt » dans les conduites humaines ne vaut que pour l'homme affecté par le péché et exclut celui que la grâce a touché. Voir l'adresse « Le libraire au lecteur » qui précède les *Maximes*.
[3] A. Tosel, tout en se réclamant de Marx, dénonce la présence d'un pareil paradigme de la production chez lui. Voir ses *Etudes sur Marx (et Engels)*, Kimé, 1996, ch. 1. Sa critique me paraît excessive.

comme une chose, un « non-homme ». Or dire cela c'est, à mon sens, oublier deux points décisifs, l'un théorique, l'autre pratique.

Théoriquement, c'est oublier que les sciences humaines (en y intégrant la science biologique) ont désormais établi qu'*il y a toujours-déjà une « production de l'homme »*. L'homme, pour elles, n'est ni un donné ou un pur donné comme le veut l'idée de « nature humaine », ni le résultat d'un « choix » comme l'entend celle de « libre arbitre » quand on la pousse à son comble. Il est largement construit ou produit par l'ensemble des conditions de son histoire (sociales mais aussi psychologiques, elles-mêmes prises dans l'histoire globale), même s'il n'en a pas conscience au moment où ces conditions jouent leur rôle instituant ni, la plupart du temps, après ; et même la biologie qui paraîtrait devoir mettre en avant la part d'un donné exclusivement naturel (capacités innées, déterminisme génétique, transmission héréditaire, etc.) est obligée aujourd'hui de reconnaître que ce « donné » est soumis à des conditions de milieu et doit donc être conçu comme plastique et offert au travail « producteur » de la culture[1]. Mais ce qui est vrai de l'homme individuel l'est encore plus, si l'on peut dire, de l'homme collectif envisagé dans son aventure historique : l'humanité se produit dans et par l'histoire qu'elle produit, révélant des capacités, des besoins, des motivations, des manières d'être, des valeurs, etc., qui seraient restés lettre morte sans cette histoire[2]. A la lumière de cette figure théorique de « l'homme » que nous imposent désormais les sciences, le débat n'est donc pas : production ou pas production de l'homme, mais production consciente ou production inconsciente, production voulue ou production subie, et donc : production d'un homme de qualité ou production d'un homme médiocre, production régie par des valeurs communes ou production cynique indifférente à la question du bien et du mal et pouvant déboucher sur la pire forme d'humanité. Le paradigme de la production appliqué au domaine de l'humain n'est, par conséquent, pas à rejeter ; il y est au contraire formidablement éclairant et décisif sur le seul plan théorique. Sa prise en compte nous oblige alors à déplacer le débat et à poser la question essentielle, la seule qui vaille : qu'en fait-on au niveau pratique ?[3]

---

[1] Voir à nouveau les travaux de J.-P. Changeux qui mettent l'accent sur la plasticité du cerveau humain, laquelle permet de penser une « épigenèse » des capacités de l'homme, d'origine en partie sociale. Pour un bilan critique de l'idée de « nature humaine », voir l'excellente introduction du livre de L. Malson, *Les enfants sauvages*, (10/18), et, désormais, le livre impressionnant de L. Sève, *« L'homme » ?* (op. cité), même si on ne partage pas son historicisme radical.
[2] Voir les profondes analyses de Marx dans les *Manuscrits de 1844* (Editions sociales, 1968), en particulier dans le 3ème Manuscrit quand il définit l'industrie comme « le livre ouvert des forces humaines essentielles, la psychologie de l'homme concrètement présente ».
[3] Je rejoins ici totalement L. Sève lorsqu'il affirme dans *« L'homme » ?* : « On a beaucoup accusé " le marxisme " de vouloir *changer l'homme* : la première sottise de cette imputation

Précisément, l'autre oubli concerne cet aspect pratique du problème. Rejeter toute visée d'un changement substantiel de l'homme, c'est aussi oublier qu'une pareille visée rejoint une ambition humaine essentielle que l'on trouve à la fois au cœur de l'éthique et au cœur de la morale, sans que, dans ces deux cas, on éprouve le besoin de la récuser. L'éthique envisagée dans sa dimension philosophique, c'est-à-dire réfléchie, de sagesse[1], nous propose bien un nouvel état de la vie humaine, qualitativement meilleur que celui que l'homme ordinaire connaît faute de réflexion ou d'information et censé lui offrir le bonheur qui le fuit habituellement. Or, qu'est-ce qu'un pareil état sinon une construction ou une reconstruction (nous reviendrons sur cette nuance) idéale de la vie humaine, fondée sur l'intelligence ou la raison et réclamant un réagencement inédit, souvent même considérable, de la vie par des « techniques de vie » dans le plus pur style d'une « production d'humanité » ? Même quand elles s'opposent sur la définition du « bon » pour l'homme (ou du « bien » comme elles croient pouvoir l'appeler), les différentes sagesses l'invitent toutes à un travail sur soi, à un « usage des plaisirs », à une « culture de soi » mettant en œuvre des procédures pratiques, intellectuelles mais aussi matérielles ou corporelles (comme la maîtrise des besoins) : sélection des désirs chez Epicure, techniques mentales d'adaptation au monde chez Epictète, vie régie par l'entendement chez Spinoza, etc. C'est bien là, à l'opposé de la vision sacralisante d'un Sujet qui nous commanderait d'en respecter la transcendance et la liberté, la proposition de techniques d'existence visant à *produire* un nouvel état de l'homme, résultant d'une nouvelle *gestion* (autre vocable emprunté au monde de la production) de sa vie individuelle. La seule différence, ici, dans la perspective que nous défendons, c'est qu'il s'agit de transposer ce projet dans l'ordre collectif ou socio-politique et de ne pas l'abandonner aux hasards de l'initiative ou de la non-initiative individuelle, donc d'envisager la construction ou la production collective d'une humanité nouvelle. Pourquoi, alors, critiquer dans l'ordre politique ce qui, dans l'ordre personnel, est jugé pertinent et souhaitable ?

Mais il y a aussi l'ambition proprement morale de changer l'homme, qui n'accepte pas le cours habituel de la vie humaine jugée à la lumière de ses normes. Elle suppose bien qu'une rupture soit possible et exigible vis-à-vis de cette vie pour autant qu'elle est marquée par le « mal » et son exigence

---

est de ne pas même voir que toute l'histoire de toutes les formations sociales n'a cessé de le changer – c'est même pourquoi nous sommes plus que des animaux. La bonne question est : *en quel sens* et *pour quelles fins* ? » (op. cité, p. 518 – souligné par lui). D'une manière générale, j'adhère pleinement à la préoccupation anthropologique qui finalise toute sa réflexion dans cet ouvrage, mais je l'inscris dans une perspective proprement normative et j'en interroge les limites.
[1] Voir, plus haut, nos deux concepts d'éthique.

n'a jamais été vraiment contestée dans l'ordre de la vie individuelle et interindividuelle, sauf à la réfuter dans le principe comme l'a fait Nietzsche, position que nous récusons. Pourquoi refuser de la traduire, elle aussi, dans l'ordre des rapports sociaux et dénier à la politique le droit de s'en emparer pour l'inscrire dans son champ d'intervention, non seulement politique au sens étroit du terme (les institutions, pour aller vite), mais également social et économique ? Si la morale consiste à construire un ordre des rapports inter-humains différent de celui qui l'emporte en fait et davantage conforme aux valeurs universelles qui la définissent, on ne comprend pas pourquoi la politique ne devrait pas prendre en charge cette visée dans son domaine propre et contribuer à cette production d'un « homme nouveau », voire ne devrait pas y trouver sa signification la plus profonde.

Le risque existe, pourtant, d'un débordement de la morale sur l'éthique, d'une moralisation indue de l'éthique, de son « inflammation morale », qui pourrait justifier non seulement la critique mais le rejet du paradigme d'une production politique de l'humain. Dans ce cas, en effet, la construction collective de la « vie bonne » deviendrait la construction d'un homme collectif, d'une vie bonne identique et obligatoire pour tous dans des champs aussi divers que le travail, l'art ou les mœurs[1]. On oublierait alors, et on a de fait oublié, le pluralisme axiologique essentiel de l'éthique et l'idée que la morale n'a pas à interférer sur le contenu de la vie individuelle pour autant qu'il ne touche pas à autrui. Comme nous le montrerons en détail, la morale en politique, dans ce domaine, doit donc rester formelle : si elle doit créer les conditions du libre choix éthique de la vie bonne par tous et si elle peut même contribuer à le proposer, elle n'a pas à le définir et à l'imposer a priori. Conçue dans ce contexte d'une distinction de principe entre l'éthique et la morale, le projet normatif d'une politique visant à produire une nouvelle forme d'humanité cesse alors de pouvoir être rejeté comme on le fait et sa justification peut être pleinement entreprise, à condition d'en indiquer d'abord le présupposé.

La puissance de l'homme sur sa vie

Le projet de subordonner la politique à une visée normative implique que l'*on puisse maîtriser la vie et la transformer*. Or cette proposition, qui fait désormais sourire quand elle ne suscite pas l'ironie ou l'hostilité, engage elle-même plusieurs présupposés théoriques qu'il faut indiquer et dont il faut admettre la justesse si l'on veut lui donner une pleine crédibilité. Ce qui est en jeu, c'est le statut de cette vie, envisagée dans sa relation à la société, dont

---

[1] Les différentes déviations « staliniennes » du projet de Marx, que j'ai déjà signalées, nous en ont offert de multiples exemples.

la mode nous enjoint de la déclarer hors de prise de l'intervention de l'homme, sauf à lui faire courir des risques graves[1].

La vie n'est pas cette instance mystérieuse que l'expression, avec ses ambiguïtés, semble suggérer. Dans le langage courant elle désigne aussi bien la suite des évènements constituant l'existence individuelle ou collective et qu'on ne saurait prévoir, la condition humaine avec ce qu'elle a d'incompréhensible et de fatal, ou encore le domaine du vivant qui fut longtemps appréhendé, sur fond de croyance religieuse en un Dieu créateur plus ou moins inavouée, comme transcendant la matérialité et échappant à l'intelligence comme à la maîtrise pratique de l'homme. Elle désignera ici, plus simplement et plus rigoureusement, *un niveau particulier du réel, le niveau humain*, avec ses trois aspects spécifiques mais non autonomes : la vie biologique, la vie psychologique et la vie historico-sociale (avec sa composante économique), lesquelles sont elles-mêmes en relation avec la nature extérieure et son évolution globale et soumises aux pressions ou contraintes de celle-ci. Or la vie ainsi comprise s'intègre dans l'ensemble de la réalité et elle obéit aux principes qui régissent celle-ci et qui commandent notre rapport à elle. Il s'agit donc de les indiquer, quitte à les spécifier ou à les nuancer à propos de la réalité humaine, mais en ayant toujours en vue que, la vie n'étant pas une sphère à part, la question de notre pouvoir sur elle n'est qu'un cas particulier de la question de notre pouvoir sur le réel en général. Quels sont ces principes sans lesquels une puissance de l'homme sur lui-même n'est pas concevable ?

1 La réalité est d'abord intelligible et il est clair, désormais, que cette intelligibilité est celle que la science révèle en elle. Certes, tout n'est pas encore connu scientifiquement et ne le sera jamais, par définition, et par ailleurs les formes sous lesquelles la réalité se laisse comprendre par la science varient considérablement d'un domaine à l'autre ; mais la connaissance scientifique investit progressivement tous les aspects du réel et les pronostics qui ont été régulièrement formulés dans l'histoire, selon lesquels telle ou telle partie de la réalité ne pourrait être connue ou expliquée par l'intelligence scientifique – le vivant ou l'origine de l'homme, par

---

[1] Et ce, alors même que dans le domaine biologique et médical le principe de cette puissance est acquis, avec le risque que l'intervention sur le génome humain nous fasse dériver vers une production biologique artificielle de l'humain, donc vers le projet d'inventer un « post-humain » ou de pratiquer une forme inédite d'eugénisme. Le contraste est donc grand entre ce qu'on s'autorise à envisager de faire dans ce domaine et ce qu'on s'interdit d'envisager de faire dans le domaine social. Il est vrai que dans le premier domaine des intérêts financiers considérables sont en jeu, liés au « marché de la médecine », qui suppriment les scrupules moraux, déclarés obsolètes. Nous touchons là aux limites normatives évidentes du paradigme de la production de l'homme. Sur tout cela, voire les mises en garde pertinentes d'A. Kahn dans *L'homme, le Bien, le Mal* (op. cité) ainsi que la réflexion critique d'Habermas dans *L'avenir de la nature humaine. Vers un eugénisme libéral ?*, Gallimard, 2002.

exemple –, ont été régulièrement démentis par le développement de la science positive. C'est donc aussi le cas de l'homme, y compris dans ses dimensions les plus spécifiques comme la conscience, la pensée, l'affectivité, la morale ou le sens du beau, puisque la biologie et les sciences humaines sont là, même si leur aventure ne fait que commencer, dont la portée la plus essentielle de ce point de vue est bien de dissoudre les pseudo mystères qui ont semblé longtemps caractériser l'homme. L'un de ces mystères persistants sur lequel la science paraîtrait devoir buter et au nom duquel on croit encore pouvoir affirmer la transcendance de l'homme, le libre arbitre, vole lui-même en éclats : au regard de la multitude des déterminismes que la connaissance découvre au sein du fonctionnement de la réalité humaine, la thèse du libre arbitre humain s'apparente à l'admission d'une espèce de miracle permanent, d'une causalité inconditionnée soustraite à la causalité générale que la raison scientifique ne peut que refuser. L'affirmation de l'intelligibilité scientifique du réel est donc plus qu'un postulat de méthode pour l'activité moderne de connaissance. Elle traduit ce qu'est effectivement le monde pour la science et, en prenant la forme d'une thèse générale à caractère ontologique, elle ne la trahit pas : si elle anticipe sur ses résultats à venir, elle exprime bien la *signification tendancielle* de ses résultats passés et présents, suffisamment nombreux pour que cette signification philosophique puisse être formulée avec certitude. Et elle nous garantit que l'homme *peut* comprendre indéfiniment le monde dans lequel il vit *et lui-même* dans ce monde.

2 La réalité est d'essence matérielle ou, si l'on préfère, toute réalité particulière dont l'homme peut faire l'expérience ou dont il peut avoir la connaissance s'inscrit dans une réalité d'ensemble qui est matérielle. Cette affirmation, comme la précédente, est tirée de la science et si elle en excède, elle aussi, la somme de ses résultats acquis, elle en traduit elle aussi la signification tendancielle et donc la portée ontologique globale. Nous savons que l'homme est issu *de* la nature à travers le processus de l'évolution et, même si nous ne savons pas parfaitement *comment* ce processus a eu lieu, nous en savons suffisamment pour affirmer *que* l'homme *est* matière, à condition d'ajouter qu'il s'agit d'une forme spécifique de matière, extraordinairement complexe, dont nous ne connaissons pas toutes les propriétés biologiques ainsi que la manière dont elles s'articulent avec le milieu culturel pour produire l'homme tel qu'il est aujourd'hui. Mais la culture elle-même (histoire, société, milieu psychologique de vie), dont l'homme dépend et dont il porte la marque particulière, est elle aussi issue de la nature et elle est donc matière, au sens large : quelles que soient sa spécificité et les lois de fonctionnement qui la caractérisent, qui interdisent qu'on la rabatte sur la nature biologique et qu'on l'y résorbe, elle lui est liée et s'intègre à la matérialité globale, sans transcendance ontologique.

3 Cette réalité matérielle obéit à des lois ou, pour mieux dire, son existence et son développement sont déterminés par des relations que la science peut mettre en évidence. Il y a donc une production immanente du réel dans tous les domaines – autoproduction inconsciente de la nature physique, production spontanée du vivant, production en partie consciente de l'humain – et celle-ci est régie par ce qu'il faut bien appeler le principe du déterminisme. Certes, ce principe fait aujourd'hui problème tant son affirmation a été liée à la formulation qu'en a donnée Laplace dans le cadre d'une vision statique de la nature, et son transfert dans la cadre d'une vision désormais évolutive de celle-ci en suppose la reformulation, une reformulation qui intègre le hasard et qui nous permette de comprendre avant tout la production du *nouveau*. Et surtout, son application au domaine de l'humain rencontre des difficultés inédites qui ne tiennent pas tant à la complexité propre de ce domaine qu'au fait que la connaissance du déterminisme et les prédictions qu'elle permet tendent à interférer avec son déploiement et donc à le modifier. Quoi qu'il en soit de ces difficultés, qui sont au cœur de l'épistémologie contemporaine[1], nous maintiendrons la thèse du déterminisme inhérent à la production du réel sous la forme minimale suivante : tout phénomène est déterminé par une cause susceptible d'être connue et telle que *si* elle se reproduisait elle produirait le même effet[2]. Or il est clair que ce principe, avec cette forme minimale mais aussi sous une forme bien plus forte où il énonce clairement des lois et permet des prédictions, habite complètement les sciences qui touchent à l'homme aujourd'hui, la biologie et les sciences humaines. Leur apport décisif ici est bien de nous montrer que les phénomènes humains que l'on attribuait au destin, au hasard ou à la causalité mystérieuse du libre arbitre – capacités intellectuelles, dispositions psychologiques, folie, rêve, transformations historiques, malheur social, etc. –, sont en réalité l'effet de diverses causes précises, souvent entrelacées. La folie, par exemple, ne relève plus de la fatalité mystérieuse de la « déraison », catégorie sans consistance théorique, mais elle se laisse comprendre désormais, à la lumière de la psychanalyse

---

[1] Elles sont évoquées avec précision par K. Popper dans son ouvrage *Misère de l'historicisme* (Agora, 1988) et elles sont à la base de son opposition radicale au marxisme, très proche de celle de Hayek, dont il se réclame parfois. Mais elle engagent des partis pris théoriques et idéologiques qui interdisent de le suivre dans ses conclusions. Pour une défense rigoureuse et nuancée du déterminisme au nom de la science, voir à nouveau de T. Honderich, *Etes-vous libre ? Le problème du déterminisme*, op. cité.
[2] Le déterminisme n'a pas besoin d'une reproduction *réelle* pour être vrai, il suffit qu'il vaille pour une reproduction *possible*. Il demeure donc valide pour des séquences de phénomènes uniques ou singuliers, dans le domaine de la vie biologique, de l'histoire ou de la psychologie. Je précise que le hasard (ou la contingence) ne me paraît pas constituer une catégorie positive et heuristique dans la connaissance scientifique : il traduit toujours une limitation de cette connaissance et ne la stimule jamais en tant que telle ; il n'est pas ce qu'elle recherche mais ce dont elle doit tenir compte.

tout particulièrement, comme une « maladie mentale » dans laquelle le facteur biologique joue un rôle, mais dont la source la plus importante se trouve dans la biographie et l'inconscient du sujet malade et qui peut être expliquée aussi par des conditions culturelles plus larges, comme le poids des interdits sexuels qui existent dans telle forme de société. De même, la distribution des inégalités intellectuelles entre les hommes n'est plus interprétée comme le simple effet d'une loterie naturelle dont un Dieu pourrait être l'organisateur, mais elle est comprise, d'une manière rigoureusement profane, comme étant largement la conséquence d'inégalités sociales existant en amont et que la sociologie peut découvrir par un patient travail de recherche empirique[1]. Ou encore, l'histoire fait l'objet depuis Marx d'une connaissance qui réintègre les évènements historiques dans une chaîne causale où l'économie joue un rôle déterminant décisif, y compris dans des domaines qui paraîtraient lui échapper comme la production des idées. On pourrait multiplier les exemples : ils montreraient tous, dans les différentes disciplines existantes (biologie, psychologie, sociologie, économie, histoire), que la réalité humaine est désormais comprise comme l'effet d'une multitude de déterminismes qui échappent pour l'essentiel à la conscience immédiate de l'homme et sont largement responsables de ce qu'il est et fait.

4 Or ces trois principes – le principe d'intelligibilité, le principe de matérialité, le principe du déterminisme – fondent le quatrième principe, qui est précisément celui de *la puissance ou de la maîtrise que l'homme peut exercer sur le réel et donc sur sa vie*. On en voit clairement la raison : seule la connaissance des conditions de production d'un phénomène donné, quel qu'il soit, nous permet dans la pratique d'intervenir sur lui, soit pour l'empêcher, soit pour le modifier, soit, directement, pour le produire. Cette thèse est simple mais essentielle. D'abord, elle nous rappelle que l'homme est impuissant face à l'inconnu, l'inexpliqué (ou l'inexplicable), le hasard, l'indéterminé ou le contingent, tout autant que face à la fatalité ou au destin. Ensuite, elle nourrit ce paradoxe qui veut que, si le déterminisme nie en théorie le libre arbitre, il *fonde en pratique* la liberté humaine conçue de la seule manière qui convienne au matérialisme et qui soit d'ailleurs *réellement attestée*, à savoir comme connaissance scientifique et maîtrise pratique du déterminisme, comme puissance effective exercée sur le réel à la lumière de sa connaissance. En ce sens, tout nouveau champ du déterminisme révélé par

---

[1] Voir le travail de Bourdieu qui a su traquer le déterminisme social dans des secteurs qui revêtaient l'apparence d'une « nature » (ou d'un « libre choix ») comme les talents, les goûts artistiques ou les options professionnelles. Dans un long échange avec L. Wacquant, il indique à ce propos : « Je suis souvent stupéfié par le degré auquel les choses sont déterminées, et il m'arrive parfois de penser : "C'est impossible, on va croire que j'exagère." » (in *Réponses*, Seuil, 1992). Bien entendu, il n'exagère pas !

la science ouvre la voie à une extension possible de cette liberté pratique dès lors qu'on trouve le moyen d'y intervenir et qu'on décide de le faire. Cette liberté existe déjà dans le rapport de l'homme à la nature inanimée et elle commence à exister dans son rapport au vivant comme dans son rapport aux dimensions psychologique et sociohistorique de son être : dans tous ces domaines l'évidence s'impose que l'homme peut maîtriser sa vie non *bien qu*'elle soit déterminée, mais *parce qu*'elle l'est, parce qu'elle obéit à des chaînes causales qu'il peut connaître et modifier[1].

Il est vrai que l'affirmation de cette puissance de principe de l'homme sur sa vie peut rencontrer de sérieuses objections dès lors qu'on cesse de l'énoncer sur un plan général, qui peut paraître un peu formel ou vide, et qu'on entre dans le détail. Elles tiennent précisément au champ d'application du principe du déterminisme et aux formes diverses qu'il peut prendre. C'est ainsi que la *taille* du déterminisme joue un rôle : l'homme ne peut guère intervenir sur le *macrodéterminisme* du cosmos (mouvement des planètes, évolution de l'univers, succession de saisons), alors que son pouvoir sur les *microdéterminismes* régionaux, inhérents au monde, est clairement avéré. La *complexité* du déterminisme doit aussi être prise en compte, liée à la somme des connaissances que l'homme peut, en fait, avoir sur la réalité : l'évolution du vivant et celle de l'humain ne peuvent être ni connues, ni prévues de la même manière que les transformations de la nature physique. Enfin, la puissance que l'homme peut déployer sur le réel dépend de sa *position* par rapport à lui : l'être humain peut plus facilement maîtriser la nature extérieure qu'il ne peut maîtriser sa propre nature biologique et, a fortiori, sa nature psychique et sociale, parce que la maîtrise suppose une objectivation qui est difficile dans les deux derniers cas. Cette difficulté est d'ailleurs renforcée quand la transformation du réel que l'on entend produire dépend elle-même de motivations à le faire qui ne sont pas nécessairement données et qui doivent donc être, elles aussi, produites. C'est ainsi que la guérison, dans le cadre de la cure psychanalytique, suppose un désir de guérir dont l'absence fait partie de la maladie et qui doit être elle-même soignée ; et une révolution, pour avoir lieu, suppose non seulement des conditions objectives qui la provoquent (misère, inégalités, crise, etc.), mais un désir subjectif de révolution que ces conditions ne provoquent pas automatiquement.

Pourtant, tous ces problèmes, simplement évoqués, ne sauraient valoir comme une objection de fond à la position de principe que nous défendons, objection qui voudrait qu'on ne puisse tirer de la science, dans le domaine

---

[1] Cela ne supprime pas l'aporie suivante : la décision de maîtriser le déterminisme est-elle elle-même déterminée ? On peut répondre, au minimum, qu'elle est au moins déterminée par la connaissance du déterminisme en question, au sens où elle rendue possible par elle, et que si elle est elle-même déterminée au sens de rendue nécessaire, c'est par un déterminisme d'un autre niveau que celui sur lequel elle intervient.

humain, que des enseignements modestes, nous indiquant plus ce qu'on ne peut pas faire plutôt que ce qu'on peut faire, et nous obligeant à renoncer à toute ambition de transformation globale de la vie au profit d'un réformisme prudent et fragmentaire[1]. S'il faut effectivement renoncer à l'idée d'une transformation totale, imposée et rapide, qui ne ferait que transposer dangereusement en politique l'idée chrétienne d'une régénération radicale de l'homme par le salut, rien ne nous oblige, ni théoriquement ni pratiquement, à abandonner le projet d'une transformation graduelle, démocratiquement proposée et lente, affectant l'homme dans sa vie sociale comme dans sa vie individuelle, et faite de progrès partiels qui, en s'additionnant, peuvent reconfigurer la vie humaine dans le sens d'une plus grande maîtrise d'elle-même. Il suffit, pour en accepter la perspective, d'admettre, conformément à ce qui précède, que nombre de maux dont souffre l'humanité sont l'effet d'une causalité empirique multiple sur laquelle une politique appuyée sur la science a prise, y compris dans des secteurs qui paraîtraient sans lien avec elle, comme le bonheur individuel. Nous ne reviendrons pas sur cet arrière-fond théorique de notre réflexion sur la politique, mais il faut l'avoir présent à l'esprit car il interdit de la considérer comme irréaliste ou utopique : chaque fois que nous condamnons moralement telle condition de vie faite aux hommes et demandons, implicitement ou explicitement, sa transformation, c'est parce que *nous savons que nous pouvons la modifier* en agissant sur les causes qui la produisent. Si donc nous entendons mettre la morale en quelque sorte au « poste de commandement » de la politique pour lui imposer sa fin et l'amener à « changer la vie », c'est en ayant conscience que seule la connaissance scientifique du réel peut lui en fournir les moyens : *la politique, sans la morale, est bien aveugle, mais sans la science elle est impuissante.*

Reste à examiner maintenant dans le détail comment la politique peut et doit actualiser cette puissance de principe de l'humanité sur sa vie en distinguant, conformément à tout ce qui précède, le champ de l'éthique et celui de la morale.

---

[1] C'est la position de Popper dans *Misère de l'historicisme* (op. cité) et on la retrouve chez Hayek. J'en profite pour indiquer que le double argument de la taille et de la complexité du déterminisme appliqué à la société, qui nous interdirait de pouvoir la maîtriser, oublie les progrès extraordinaires de l'informatique aujourd'hui, qui mettent à la disposition des hommes, en un temps très rapide, une somme considérable d'informations sur les processus sociaux de tous ordres, particulièrement économiques. Cela permet de concevoir à terme une démocratie de masse et donc une maîtrise collective fondée sur une communication universelle – de tous sur pratiquement tout – dont la possibilité technique est envisageable.

L'éthique et la politique

L'idée même que la politique puisse intervenir dans le champ qui relève de l'éthique et donc être animée par des normes éthiques, ne peut que faire problème à l'intérieur de notre réflexion si l'on se souvient que ces normes s'enracinent dans des valorisations empiriques particulières, sans portée universelle et dépourvues de tout caractère obligatoire et que, entendue comme sagesse, l'éthique ne concerne que l'usage individuel que l'homme fait de sa vie. Que pourrait être alors une vie éthique que la politique organiserait et que pourrait être une politique régie par des valeurs éthiques puisque que toute politique est censée viser le bien commun ? N'y a-t-il pas là une pure et double contradiction : contradiction pour la vie éthique et contradiction pour la politique ? En réalité les choses ne sont pas si simples, des deux côtés de la difficulté.

En quel sens l'éthique relève de la politique

Pour comprendre ce point, il faut paradoxalement revenir à la réflexion sur la morale et rappeler notre définition du bien (moral) : le bien, c'est l'universalité du bon. Or cette formule, si l'on y réfléchit bien, entraîne deux conséquences quant au rapport de l'éthique à la politique.

La première suppose que je modifie ce que j'ai dit sur l'éthique, en tenant compte de l'analyse faite par Dussel du principe d'une éthique matérialiste de la libération[1]. L'éthique a sa source dans la vie et elle est donc irréductiblement plurielle : il n'y a pas, à ce niveau, d'éthique universelle et donc pas de politique susceptible de s'en réclamer. Pourtant, ses valeurs, qui définissent le bon pour l'homme, ont bien la vie, entendue au sens biologique, le plus matériel qui soit, comme *condition* absolue : sans vie, point de valeurs éthiques, point de « bon » donc et, tout simplement, point de quoi que ce soit (et point de morale non plus). On peut donc dire avec Dussel qu'il y a une « vérité pratique » de la vie à partir de laquelle une réflexion éthique autant que morale doit se construire et affirmer que, condition universelle de tout bon particulier, elle doit être érigée en « bon universel ». Mais il faut ajouter (ce que ne fait pas Dussel) : 1 qu'il n'y a là qu'un *contenu* universel pour l'éthique et, par conséquent, qu'un *contenu*

---

[1] In *L'éthique de la libération*, op. cité.

pour le bon que la morale entend mettre à la disposition de tous, mais non un *fondement* ni pour l'éthique ni pour la morale[1] ; 2 que cette vie érigée en bon n'est pas pour autant définie dans ses formes concrètes, lesquelles sont laissées à la disposition de la valorisation éthique de chacun dès lors qu'elles ne débordent pas sur la relation avec autrui et qu'elles n'entrent pas en contradiction avec la morale dans ce champ. Sur cette base, et si l'on anticipe sur le rapport que la politique entretient avec la morale, il faut dire avec Dussel que la politique doit contribuer à « produire, reproduire et développer la vie » de chaque être humain dans la mesure où elle vise le bon de celui-ci, et admettre que avons là un critère objectif pour juger les différents systèmes sociaux : favorisent-ils ou non la vie de tous ?

La deuxième conséquence tient au caractère essentiellement pluriel du bon éthique envisagé concrètement. Nous le savons déjà, la morale ne saurait se prononcer sur lui et la politique doit intégrer cet impératif, purement négatif, qui définirait assez bien son impératif de prudence dans son rapport au bonheur : elle ne doit pas se substituer à l'individu ni pour le concevoir et ni pour l'obtenir[2]. Pour autant, on ne saurait laisser les individus désarmés face à l'idéal de la vie bonne et confier au seul soin du hasard, de l'origine sociale ou des prétendues capacités naturelles la tâche d'y parvenir. Il est donc du devoir de la politique (toujours dans son lien anticipé à la morale) de créer les conditions du choix éthique de la vie bonne chez tout homme, donc de créer les conditions de la construction d'un *sujet éthique* chez chacun d'entre nous. C'est en ce sens que la question éthique du bonheur est aussi une question *politique*, qui tombe sous la législation indirecte de la morale : la politique doit produire et donner à chacun les moyens de définir le bonheur et d'y accéder.

Or ce qu'il faut bien comprendre, c'est que, aux deux niveaux que je viens d'indiquer – norme éthique de la vie, construction du sujet éthique –, la politique, conformément au principe de puissance que j'ai présenté, peut intervenir et être efficace. Reprenons-en l'analyse successivement.

Le principe éthique de la vie et la politique

Si l'on admet qu'il y a une « vérité pratique » de la vie qui en fait comme une vérité éthique de base (et c'est le seul cas où le concept de vérité

---

[1] La valeur « vie » n'est rien d'autre que l'auto-réflexion normative du fait vital et elle n'est donc qu'une valeur éthique qui ne saurait fonder une exigence morale, une obligation de vivre comme il le prétend (op. cité, p. 75-76, note 35). Par contre elle devient bien l'objet d'un devoir moral quand elle est associée à l'Universel sous la forme de la vie de tous.

[2] C'est le grand mérite du libéralisme, dans ce qu'il a de meilleur, d'avoir insisté sur ce point : voir *De la liberté*, de J.-S. Mill, op. cité. Mais il tend à faire l'impasse sur les conditions socio-économiques du bonheur, lesquelles relèvent bien de la politique, mais d'une politique non libérale.

peut être accepté en éthique), alors on peut procéder à l'analyse critique, scientifique autant que normative, des systèmes sociaux qui y contreviennent et les déclarer mauvais pour l'homme (en même temps qu'immoraux puisque c'est la vie de tous ou du plus grand nombre qui y est menacée ou atteinte). C'est ainsi que l'on trouve incontestablement chez Marx un souci fort de la vie prise dans sa plus stricte et prosaïque matérialité : il nourrit sa critique du capitalisme et en fournit la base première dans une perspective matérialiste qui, fort logiquement, doit commencer par se préoccuper de ce que la société fait au corps ou du corps de l'homme[1]. En tant que système d'exploitation de la force de travail humaine, le capitalisme qu'il nous décrit soumet l'ouvrier à un temps de travail maximal qui porte atteinte à sa santé, l'use au quotidien et raccourcit son temps de vie, et cela commence avec les enfants dès qu'ils sont en âge de travailler ; quand les ouvriers, par la lutte, réussissent à réduire la durée du travail, il se rattrape par l'intensification des cadences qui annule souvent l'effet de cette réduction ; enfin, la rémunération du travail consistant dans le paiement de ce qui permet le renouvellement minimal de la force de travail, elle voue les ouvriers à la misère, à une existence de survie qui prolonge hors du travail les effets mutilants de celui-ci sur son lieu même. Ainsi le « travail mort » (le capital) se nourrit du « travail vivant » (la vie concrète de l'ouvrier)[2], d'une dépense de force vitale et « le mort saisit le vif ». Le système capitaliste *nie* pour une part la vie des producteurs dans la mesure où, s'il leur offre un travail qui leur permet de vivre, c'est dans la stricte limite où cette vie lui rapporte du profit et comme il l'utilise sous une forme qui la mutile, on peut le considérer comme un système mortifère, qui tue tout autant et du même mouvement qu'il fait vivre. Or, cette analyse, faite au 19ème siècle en présence de conditions sociales de vie particulièrement épouvantables, si elle doit être corrigée du fait des améliorations considérables que la lutte de classe, syndicale et politique, a imposées au capitalisme tout au long du 20ème siècle[3], ne saurait être annulée en tant qu'analyse *systémique*. Le système est demeuré et demeure avec sa logique d'ensemble et ses effets concrets qui, à la fois, se renouvellent en se déplaçant à la périphérie dans les pays qu'il exploite – ce fut le colonialisme directement politique, c'est le néocolonialisme économique, dans tous les cas c'est le pillage du Tiers-Monde avec ses famines et ses morts réelles – et en s'étendant à l'intérieur

---

[1] Voir *Le Capital* et, notamment, l'implacable chapitre 10 du livre I.
[2] « Le capital est du travail mort, qui, semblable au vampire, ne s'anime qu'un suçant le travail vivant » dit exactement Marx (ib., p.179).
[3] C'est ainsi que l'espérance de vie ou la santé des classes populaires se sont largement améliorées dans les pays développés, en liaison avec la réduction de la durée du travail. Mais ce mouvement est en train de s'inverser depuis le triomphe du néo-libéralisme lié à la chute des régimes de type soviétique à la fin du 20ème siècle, le capitalisme retrouvant alors ses potentialités naturellement destructrices.

du centre du fait que de nouvelles couches sociales, qui paraissaient préservées, sont désormais atteintes : employés, techniciens et cadres sont eux aussi victimes d'une « souffrance au travail » totalement inédite, parce que liée aux nouvelles formes de gestion capitaliste, et qui débouche parfois sur des suicides qui lui sont directement imputables[1]. J'ajoute, car on a tendance scandaleusement à l'oublier, que ce même système, malgré toutes ses transformations depuis l'époque de Marx, a été *le lieu et donc la cause* de guerres mondiales et de soutien à des dictatures dont le nombre des victimes se compte en millions largement équivalents aux millions de morts du stalinisme. Qui osera alors dire que le capitalisme n'est pas habité par une espèce de pulsion de mort qui tient à sa logique exclusivement mercantile et qu'il n'est pas mauvais, du point de vue éthique de la vie, pour l'humanité, malgré tout ce qu'il a pu lui apporter et qui en a fait aussi un facteur incontestable de progrès à l'échelle de l'histoire[2] ? Or si cette analyse est exacte, elle nous démontre qu'une *éthique universelle de la vie* ne peut se réaliser concrètement que sous la forme d'une *politique anticapitaliste* mise en œuvre à l'échelle mondiale et faisant de la promotion de la vie, dans le travail et hors du travail, la base normative de son projet. Et elle le peut puisque, loin de se contenter d'évoquer un idéal spéculatif exaltant la vie dans l'abstrait ou de solliciter l'individu pour y parvenir, hors de toute démarche collective, elle est capable de s'appuyer sur une analyse historique concrète de ce qui, dans l'organisation sociale du travail liée au régime de la propriété privée de l'économie, y fait empiriquement obstacle. Elle dessine ainsi en creux l'image réaliste d'une *politique universelle de la vie* parfaitement faisable si la volonté collective en décide : le socialisme ou le communisme.

Cette analyse, dans son principe comme dans sa conséquence, est transposable à la question écologique, à condition de la comprendre comme une question pleinement politique. Or il s'agit d'une question plus complexe qu'il n'y paraît. On peut n'y voir qu'un souci de la nature engageant un goût subjectif pour celle-ci, une préférence existentielle pour l'environnement naturel opposé l'environnement culturel, technique ou urbain, préférence qui peut être partagée par des groupes entiers : c'est le cas de l' « écologie profonde » (ou « deep ecology ») apparue aux Etats-Unis, qui attribue à la réalité naturelle une valeur intrinsèque[3] et, plus largement, c'est le cas de l'écologie quand elle dénigre pour lui-même le progrès technique et

---

[1] Voir les travaux récents de psychologues ou sociologues du travail comme B. Doray, C. Dejours, J.-P. Durand ou même R. Castel. La revue *Actuel Marx* (PUF) a abordé ce thème dans son numéro 39 consacré aux « Nouvelles aliénations ».

[2] Marx a fait un bel éloge du capitalisme et de l'avancée historique qu'il représente malgré toutes ses tares, dont on ne trouve pas l'équivalent ailleurs, dans le *Manifeste*, ch. I.

[3] Voir l'analyse juste qu'en fait L. Ferry dans *Le nouvel ordre écologique*, Grasset, 1992.

préconise un mode de vie impliquant un contact direct avec la nature et une utilisation frustre de celle-ci, donc un retour à des formes d'existence historique antérieures à ce progrès. Cette option peut bien entendu s'étayer sur une argumentation philosophique critiquant l'intervention de l'homme sur le monde naturel, comme chez Heidegger qui assimile carrément la technique à un « Arraisonnement de la Terre », une violence faite à celle-ci, rompant une complicité amicale antérieure perçue comme bien meilleure pour l'humanité[1]. Pourtant, dans tous les cas, par-delà les arguments avancés qui peuvent parfois rejoindre ceux de l'autre écologie dont je parlerai ensuite, c'est bien à une option normative en soi arbitraire à quoi nous avons affaire (ce qui ne veut pas dire dépourvue d'intérêt), qui traduit la nostalgie de conditions naturelles d'existence largement mythifiées[2] et à laquelle on peut opposer une option normative contraire, tout aussi arbitraire sur le fond, basée sur la séduction que peut susciter le développement de la civilisation scientifico-technique et les formes de vie ou les avantages qui lui sont associés. La question écologique ainsi comprise ne présente alors qu'un enjeu *éthique* et elle échappe par principe à la politique, hormis le fait qu'une politique démocratique doit lui permettre d'émerger dans le débat public et d'y être résolue ; mais, dans ce cas, aucune norme n'existe qui permettrait de trancher définitivement le débat et d'imposer sans recours telle forme particulière de vie collective.

Par contre, il y a l'autre question écologique, celle qui a émergé au milieu du 20ème siècle et qui s'impose désormais à la politique comme une question majeure à laquelle elle ne peut se soustraire : c'est l'écologie en tant qu'elle pose le problème d'abord du bien-être ou du bien-vivre de l'humanité, ensuite et plus gravement, celui de sa survie en raison des méfaits du développement incontrôlé de la technique et de la production économique. Précisons les données du problème : nous avons pris conscience aujourd'hui que ce développement, généré en réalité par la recherche capitaliste du profit qui ne voit dans toute avancée technique qu'une occasion de faire fructifier le capital (à tel point que même la recherche médicale est désormais prise dans cette logique mercantile), est en train d'abîmer la nature et de détruire les ressources dont l'homme a besoin pour assurer la reproduction de sa vie. C'est ainsi que nous savons que l'augmentation continue de la circulation automobile telle qu'elle existe actuellement rendra la planète invivable d'ici cinquante ans du fait de la pollution qu'elle entraînera. Plus généralement, nous savons que l'exploitation croissante des ressources naturelles, fondée sur un échange inégal avec la nature (l'homme lui prend une énergie qu'il ne lui rend pas),

---

[1] Voir « La question de la technique », in *Essais et conférences*, Tel /Gallimard, 1980.
[2] Les catastrophes, les maladies, la mort font aussi partie de la nature !

ne peut que buter sur des limites irréductibles (ces ressources sont à chaque fois finies) qui signifient la mort potentielle de l'humanité si celle-ci ne modifie pas ses modes de production et de consommation, donc ses modes de vie, ou si elle n'invente pas ou ne découvre pas de nouvelles sources d'énergie, contraintes elles-mêmes d'être non polluantes sous peine d'aggraver le problème global qu'elles sont censées résoudre. On voit donc ce qui est en cause, dans une perspective matérialiste qui reconnaît en l'homme un être naturel, issu de la nature et dépendant d'elle : les atteintes à la *nature* dont nous sommes les témoins sont des atteintes à l'*homme* lui-même, elles mettent en cause dès aujourd'hui les conditions de son bien-être physique et, à terme, les conditions de sa survie, de sa reproduction en tant qu'espèce vivante. Ce qui est en jeu c'est donc bien le *principe pratique de la vie* dont nous sommes parti : la vie comme principe éthique de base associé à la morale nous impose de résoudre la crise écologique pour assurer la vie de tous, présente et future. Elle nous impose *une politique écologique conçue comme une politique de la vie universelle (ou une politique universelle de la vie)*, laquelle doit être rapportée à ses conditions réelles : la lutte contre le capitalisme compris comme un système qui ne fait de la vie du plus grand nombre que le moyen de la productivité du capital et donc la sacrifie plus ou moins et sous des formes variées, si tel est son besoin.

Mais s'enfermer dans une critique du capitalisme ne suffit pas à garantir une pareille alternative ; il faut y ajouter une rupture avec l'idéologie techniciste et économiste qui a accompagné sa naissance et son développement, qui lui est désormais consubstantielle (tout en masquant sa nature de classe) et qu'il tend à imposer partout dans le monde. Non qu'il faille critiquer en elles-mêmes la technique et la production économique des biens qui conditionnent de toute évidence « la production, la reproduction et le développement de la vie » (pour reprendre les termes de Dussel), mais il faut rejeter l'usage qu'en fait le capitalisme, la forme qu'elles prennent dans son cadre, mais aussi l'ubris qui pousse les hommes conditionnés par lui à en faire des valeurs absolues, bonnes à tout point de vue et qu'il faudrait donc développer indéfiniment. Il y a là un véritable mythe idéologique, se nourrissant peut-être aussi de mécanismes psychologiques largement présents dans l'humanité[1], risquant donc de survivre au capitalisme, et qui

---

[1] Comme la volonté de puissance telle que l'a conçue Nietzsche, dont Heidegger a pu dire qu'il s'agit d'une volonté qui « se veut elle-même », sans égard à son contenu, et qui est donc aveugle sur ses méfaits possibles ; ou encore comme le goût du mouvement et de la nouveauté pour eux-mêmes, l'obsession du quantitatif, la tendance à fuir en avant dans l'activité collective pour donner un sens à une existence qui n'en a peut-être pas, etc. Et il est vrai que l'on a du mal à imaginer une humanité qui cesserait d'avancer ou de se développer historiquement ! C'est bien pourtant de cela qu'il s'agit : maîtriser ce mouvement historique ou lui donner un autre contenu.

occulte le danger que la démesure technicienne et économique fait courir à la vie elle-même dans toute société, y compris dans une société dont l'économie serait collectivisée. Ce mythe prend plus précisément la forme d'un culte de la croissance matérielle considérée, sans le moindre esprit critique par la plupart des hommes politiques, gauche socialiste comprise, comme *la* solution aux maux actuels de l'humanité. Or cette idée non seulement est dangereuse, puisqu'elle occulte la nocivité d'une croissance indéfinie, mais elle est fausse : elle oublie que celle-ci ne résout pas par elle-même les problèmes qu'elle est censée résoudre comme le chômage ou la misère, et elle masque le fait que la solution de ces problèmes est d'abord *politique*, qu'elle se trouve prioritairement (ce qui ne veut pas dire exclusivement) dans *une autre répartition de la richesse déjà produite*, sans qu'il soit nécessaire d'en augmenter la quantité. L'on sait par exemple que la croissance de la production mondiale et de la richesse des classes possédantes, dans la dernière période, n'a pas fait baisser le taux de chômage et la misère, qu'elle s'est même accompagnée de leur augmentation ; et l'on sait aussi que les moyens existent d'ores et déjà pour nourrir l'ensemble de l'humanité, Tiers-Monde inclus, et la faire échapper à la malnutrition et à la famine. Une politique écologique prenant en charge la question de la vie doit donc aller bien au-delà de l'idée de développement soutenable, admise un peu partout (mais guère suivie d'effets, au demeurant), s'ouvrir à un examen critique du concept même de croissance et envisager de prendre ses distances, au moins par hypothèse et sous bénéfice d'inventaire, avec le programme de développement indéfini des sciences et des techniques qui sous-tend la société occidentale depuis plusieurs siècles, que la philosophie des Lumières avait intégré à son projet moral et politique et que Descartes avait exactement défini, par anticipation, quand il nous demandait de devenir « comme maîtres et possesseurs de la nature » et qu'il voyait dans cette maîtrise, étendue au corps humain, le moyen réellement efficace de la vie heureuse[1]. Non que ce programme n'ait aucune valeur : il définit au contraire une part essentielle de l'humanité de l'homme, il est au principe de sa libération concrète vis-à-vis des diverses aliénations naturelles qu'il subit, il a été largement réalisé dans le domaine de la nature inanimée, il doit être continué dans celui de la nature vivante et nous bénéficions

---

[1] *Discours de la méthode*, 6ème partie. Il y critique « la philosophie spéculative qu'on enseigne dans les écoles » au profit d'une philosophie « pratique » liée à « des connaissances qui soient fort utiles à la vie », portant à la fois sur la nature extérieure et sur le corps humain ; il réclame « une infinité d'artifices, qui feraient qu'on jouirait sans aucune peine des fruits de la terre et de toutes les commodités qui s'y trouvent » et, l'esprit dépendant « si fort du tempérament et disposition des organes du corps », il voit même dans la médecine le moyen de rendre les hommes « plus sages et plus habiles qu'ils n'ont été jusqu'ici ». Le développement des sciences et des techniques, sans terme assignable, est donc clairement conçu ici comme le moyen du bonheur.

incontestablement de ses effets dans l'ordre du bonheur quotidien. Mais nous sommes parvenus à un seuil tel, spécialement dans le domaine économique dont Descartes n'avait pas l'idée, que la valeur de ses effets est en train de s'inverser à plusieurs égards et qu'il s'agit donc d'interroger le devenir éventuel de notre puissance technicienne et économique pour voir dans quels domaines et sous quelles formes il doit être poursuivi. C'est ce que l'idée d'une politique de « *décroissance* » nous suggère, à condition de bien définir ce qu'on entend par là pour ne pas verser dans l'aveuglement inverse d'une dénonciation a-critique du monde de la science, de la technique et de la production, qui nous renverrait à l'impuissance éthique devant la vie qu'il s'agit au contraire d'abolir. Il faut donc entendre par le principe de la « décroissance » : 1 d'abord le refus de faire de la croissance, essentiellement dans le domaine économique, une valeur inconditionnelle soustraite à la critique ; 2 ensuite, le projet non du rejet de toute croissance, mais celui d'une croissance sélective, impliquant son ralentissement, voire son abandon dans certains secteurs et même, le cas échéant, la suppression de certaines formes de production : autant la croissance de la technique médicale et de la science biologique qui lui est liée doit être maintenue parce qu'elle est en elle-même bénéfique pour l'homme, autant l'augmentation des performances de vitesse des divers moyens de transport doit être arrêtée faute d'un intérêt propre et, surtout, en raison de son prix écologique – pour ne prendre que ce double exemple[1] ; 3 enfin, c'est aussi le souci général de subordonner le développement de la science, de la technique et de l'économie à un projet de vie bonne et porteuse de sens, à l'échelle individuelle comme à l'échelle collective[2].

La construction politique du sujet éthique

Mais l'éthique n'a pas seulement affaire à la vie envisagée objectivement et en quelque sorte quantitativement (production, reproduction,

---

[1] Autres exemples : la question de l'énergie nucléaire doit faire l'objet d'un examen fondamental, soustrait à la pression des lobbies, vu les risques qu'elle comporte en elle-même et vu le problème posé par le traitement de ses déchets ; ou encore, la relocalisation de l'économie doit être envisagée comme une alternative indispensable à la mondialisation effrénée de la production et des échanges, source considérable de gaspillage d'énergie et de pollution.

[2] On voit la différence entre une politique de simple « développement durable » et une politique éventuelle de « décroissance » : la première implique par définition la croissance, même si elle la soumet à des critères qualitatifs que le concept purement quantitatif de croissance ne comporte pas ; la seconde critique l'idée même de croissance. Sur ce sujet la littérature commence à être importante : je renvoie simplement à *Pour une politique de la décroissance*, Golias, 2007, et au dossier « Capitalisme, crises et développement » de la revue *Contretemps*, Textuel, n° 21. On sera sensible, en particulier, à l'opposition des points de vue de J.-M. Harribey et de P. Ariès.

développement), même s'il s'agit, comme ce qui précède le sous-entendait, de la *quantité d'une qualité*, qui conditionne l'existence de toutes les qualités et dont la valeur est infinie puisque pour l'homme c'est l'être opposé au néant. Elle est confrontée à la *qualité propre* de cette vie, de telle sorte qu'elle soit bonne aux yeux de celui qui la vit et qu'elle le mène au bonheur. Or, même si le bonheur peut être associé à des visions différentes de l'existence entre lesquelles la raison ne saurait trancher, l'essentiel est que chaque homme puisse en décider consciemment, quitte à se dire, mais après réflexion, que le bon ou le bonheur se trouve pour lui dans l'abandon à la spontanéité irréfléchie des impulsions vitales : ce serait encore une forme de maîtrise du bonheur permettant d'en faciliter la possession (puisqu'il y aurait réflexion et décision) et donc une forme minimale de sagesse[1].

Ce pouvoir de l'homme sur sa vie est une construction qu'ont revendiquée les différentes sagesses du passé. Cette ambition reste juste, mais elle doit cesser d'être l'apanage de quelques-uns, ce qu'elle a toujours été faute d'avoir conçu les conditions sociales de son universalisation ou d'y avoir seulement songé ; elle doit désormais être envisagée dans une dimension clairement collective et donc transférée à la politique dont la tâche, au-delà de ses objectifs proprement sociaux, doit être de contribuer à construire chez tous les êtres humains un *sujet éthique* capable de choisir en conscience ce qui est bon pour lui et susceptible de le rendre heureux. Le rôle de la politique, à ce niveau précis, est par conséquent de promouvoir le *devenir-sujet de l'homme (de tous les hommes) en matière d'éthique*, là où règne en général l'inconscience de la vie spontanée et inculte qui le voue la plupart du temps au malheur. Parallèlement, cette ambition ne peut plus être conçue sous la forme spéculative qu'elle a prise dans la tradition éthique ; elle doit s'articuler à l'analyse positive ou scientifique, la plus empirique qui soit, des sources concrètes du malheur humain tel que les sciences humaines nous en livrent la clef : la multitude des causes sociales de la « détresse réelle » des hommes (Marx) ou de leur « souffrance sociale » (Bourdieu) qui les brise, les casse, en fait des sous-hommes auxquels les chiens sont comparables[2], ainsi que la multitude des causes psychologiques du malheur subjectif que la psychanalyse a éclairées et qui ne sont pas, malgré leur spécificité, indépendantes de la société[3]. Dans la première catégorie des

---

[1] On trouve une pareille idée chez Nietzsche, au-delà de sa critique de l'idéal rationnel de la sagesse. Voir, sur ce point, le bref ouvrage d'A. Stanguennec, *Réflexion sur trois sagesses*, Pleins Feux, 2001.
[2] Marx cite cette formule à l'ironie terrible : « Pauvres chiens, on veut vous traiter comme des hommes ! »
[3] Je pense ici à la répression sexuelle, source principale des névroses selon Freud, qui s'enracine dans un certain type de société dominée par la religion, ou à la capacité de verbaliser les conflits, inégalement répartie selon les classes sociales, qui facilite la résolution des conflits inter-humains. « L'antipsychiatrie » des années 1970 a attiré l'attention sur cet

causes empêchant la construction libre d'une vie heureuse, il y a la pauvreté, la misère, le chômage, l'inculture qui leur est liée, les conditions d'habitat – bref, la réalité du monde social de l'exploitation ; dans la seconde catégorie, il y a les conflits familiaux, les carences éducatives, la difficulté à maîtriser ses pulsions et à les civiliser, etc., autant de réalités proprement psychologiques et qui sont à traiter à leur niveau propre. Sur cette base, la politique ne peut se concevoir sans des pratiques sociales de diverse nature, mettant en œuvre concrètement l'intelligence scientifique de ces causes de malheur : dépassement du capitalisme, bien entendu, puisqu'il est largement porteur de souffrance quand il est abandonné à sa logique propre et qu'il *aliène* les hommes en les dépossédant du pouvoir de décider de leur vie ; mais aussi diffusion du savoir psychologique et mise à la portée de tous, en particulier, des découvertes de la psychanalyse et de l'aide qu'elle peut apporter dans la construction ou la reconstruction du sujet humain ; transformations éducatives, aussi, et développement systématique de l'enseignement de façon à universaliser l'accès à la culture et, comme le souhaitait déjà Diderot, « rendre la philosophie populaire », etc.[1] Enfin, il y a les formes spécifiquement sociales de ce qu'on pourrait appeler une « *déraison éthique collective* », qui révèlent une absence inquiétante de questionnement public sur ce qui mérite ou non d'être vécu et d'être qualifié de « vie bonne ». D'une manière générale, la domination de l'argent sur les activités humaines entraîne un nivellement par le bas des valeurs et des formes de vie, qui se traduit par une montée générale de la médiocrité dans le contenu de l'existence : investissement grandissant sur la consommation matérielle, culte de la richesse et de ses signes distinctifs et ostentatoires, valorisation excessive de réussites humaines sans grand intérêt comme celle des sportifs, promotion de formes ou d'œuvres culturelles sans ambition artistique, incitation aux addictions comme les jeux de hasard, etc. – l'ensemble façonnant une subjectivité de plus en plus pauvre et superficielle. A tous ces niveaux, qui touchent au concret de la vie des individus en

---

aspect socio-historique irrécusable du malheur psychique et de la maladie mentale, sur lequel une politique « instruite » doit pouvoir avoir prise.

[1] Ce qui manque terriblement à Foucault dans sa conception de la « subjectivation éthique », c'est bien cette double articulation aux savoirs positifs et à une politique clairement anticapitaliste. Sa critique de la psychanalyse et de son hypothèse répressive en matière de sexualité (voir *La volonté de savoir*) ne me semble pas pertinente, de même que sa dénonciation constante du lien savoir/pouvoir qui occulte le potentiel de liberté dont le savoir scientifique est, au contraire, porteur par essence pour le sujet. Par ailleurs, son intérêt pour les minorités opprimées et sa critique des micropouvoirs laissent de côté l'indispensable critique du macropouvoir capitaliste, mondialisé aujourd'hui, sans laquelle la lutte contre la domination est sans effets profonds et verse dans l'incantation ou la pose. Vue sous ces deux angles, sa revendication de la liberté me paraît s'enfermer dans une vision libérale-libertaire du problème plutôt superficielle et réserver sans raison l'authentique subjectivation éthique à une élite de la culture.

société, s'impose donc l'urgence de construire une sagesse collective, donc l'urgence d'une *sagesse politique* incarnée dans une *politique de la sagesse* créant les conditions objectives, culturelles en dernier ressort, à la fois du choix par chacun de sa forme éthique de vie et d'un débat public et démocratique sur les formes éthiquement souhaitables de la vie collective[1].

Cette exigence devient tellement insistante qu'elle se retrouve au cœur de l'écologie politique telle que F. Guattari l'a théorisée, avec une rare lucidité en même temps qu'un grand courage militant, dans *Les trois écologies*[2]. Car la vie qui fonde la préoccupation écologique entendue rigoureusement ne saurait se résumer à la vie biologique envisagée dans son rapport à l'environnement naturel ; elle doit être comprise aussi dans ses deux autres dimensions constitutives : la dimension sociale et la dimension psychologique ou mentale. Or, à ces deux niveaux, la vie y est tout autant lésée ou détériorée qu'au niveau simplement naturel, et il s'y pose donc un dramatique problème à la fois de souffrance et de qualité de vie, pour les raisons mêmes que j'ai précédemment indiquées, liées à la domination de la logique marchande du capitalisme sur l'existence humaine. « Les modes de vie humains, individuels et collectifs, évoluent dans le sens d'une progressive détérioration » affirme d'emblée Guattari et il ajoute, constatant l'appauvrissement de la vie subjective dans de multiples domaines du fait de la standardisation sociale des mœurs : « C'est le rapport de la subjectivité avec son extériorité – qu'elle soit sociale, animale, végétale, cosmique – qui se trouve ainsi compromis dans une sorte de mouvement général d'implosion et d'infantilisation régressive. »[3] Cette atteinte à la subjectivité, corrélative des atteintes à la vie sociale, ne porte pas seulement et mécaniquement sur son contenu à travers sa banalisation ; elle atteint la *fonction-sujet* elle-même, la capacité d'être éthiquement le *sujet de* sa vie et d'en inventer d'une manière originale les valeurs. Dans cette perspective, il s'agit donc bien de revitaliser le sujet pour lui permettre de se réinventer, à travers ce qu'il appelle « des dispositifs de production de subjectivité »[4] à mettre en place dans tous les champs de l'existence où cela peut se faire, et de tracer « des lignes de recomposition des praxis humaines dans les domaines les plus variés »[5] de façon à aller vers une plus grande singularité

---

[1] Voir l'ouvrage intéressant de G. Gastaud, *Sagesse de la Révolution* (Le Temps des Cerises, 2009), qui développe à sa manière cette conception politique de la sagesse.
[2] Galilée, 1989. Je n'en partage pas pour autant toutes les analyses prospectives ou les propositions pratiques et, spécialement, son rejet partiel de la psychanalyse et de son prétendu « scientisme ». Mais j'en partage pleinement les analyses de départ qui accusent la situation que le capitalisme fait aux hommes et sa conception de l'écologie, à la fois en extension et en compréhension.
[3] Op. cité, p. 11 et p. 12.
[4] Ib., p. 21.
[5] Ib.

de vie. C'est ce qu'il nomme une « écosophie de caractère éthico-politique », à savoir une sagesse pensant l'homme dans son milieu à la fois naturel et social, intégrant sa dimension psychique (qui est aussi relation à un milieu de vie) et dont on aura compris, car ce point est essentiel, qu'elle est bien une *politique* : 1 elle n'est pas laissée au dit « libre choix » individuel de chacun – même si, en dernière instance, c'est au sujet individuel de la prendre en charge dans le cadre d'une coopération collective –, elle s'inscrit dans des dispositifs institutionnels (lois, appareils, structures politiques) et des pratiques qui en permettent l'élaboration et la réalisation ; 2 elle n'est pas non plus séparable de son temps et des possibilités scientifiques et techniques qu'il offre, sans nostalgie pour un passé où la puissance de l'homme sur sa vie était moindre[1] ; 3 enfin, elle suppose un débat public sur les valeurs de l'existence dont l'objectif est d'inverser les valeurs dominantes pour autant qu'elles sont aliénantes, ce qui implique l'instauration d'une démocratie politique et culturelle généralisée. Nous devons donc envisager ce qu'on peut appeler une *technologie sociale de la sagesse*, qui ne l'abandonne pas à la seule spéculation individuelle : la critique éthique de la vie, de ses altérations et de ses impasses axiologiques, renvoie à la critique sociale des formes de vie collective qui produisent ces altérations et rendent possibles ces impasses, et elle débouche sur le projet de les transformer.

Nous retrouvons clairement ici notre idée de départ d'une production politique d'une forme nouvelle d'humanité enracinée dans une visée normative, puisque l'objectif visé est celui de « mutations existentielles portant sur l'*essence* de la subjectivité »[2] et que celles-ci concernent même « des domaines moléculaires de sensibilité, d'intelligence et de désir »[3] dont ni le sens commun ni la tradition philosophique n'ont imaginé qu'elles puissent relever de l'instance politique ! On voit alors le contraste considérable, dans l'ordre de l'ambition, entre une pareille démarche et celle de la philosophie morale contemporaine quand elle désinvestit le domaine politique : celle-ci laisse le champ libre aux forces sociales du malheur, voire les entretient par le repli qu'elle préconise sur la problématique de la vie individuelle et des rapports interpersonnels avec autrui, alors que celle-là entend les maîtriser, y remédier en intervenant sur la causalité historique du

---

[1] Il s'agit d'envisager une « production d'existence dans les nouveaux contextes historiques » (ib., p. 22) et non de revenir en arrière, précise-t-il clairement. Par ailleurs, il indique que le progrès dans la subjectivation peut s'appuyer sur les nouvelles techniques de la science (par exemple au niveau de la communication) ; cette subjectivation a donc une dimension collective et matérielle et pas seulement individuelle : il y a des *processus objectifs* de subjectivation, à la fois possibles et réels.
[2] Ib., p. 22 (souligné par moi).
[3] Ib., p. 14.

malheur et elle y ajoute le projet de rendre les individus, seuls ou en groupe, capables d'une vie de qualité.

En quel sens la politique n'a pas à intervenir dans l'éthique

Il reste cependant à examiner de plus près ce qui, dans l'éthique, conformément à son concept propre, est hors politique et donc en quel sens la politique n'a pas à y intervenir alors que, pour une part, elle ne cesse de le faire, mais sans s'en rendre compte le plus souvent. Après l'aspect positif et légitime de cette intervention, c'est donc sa limite indispensable qu'il faut marquer soigneusement.

Si l'on exclut la question éthique préliminaire de la vie biologique, l'éthique dont nous avons réclamé qu'une raison politique s'en empare à sa manière pour en faire un projet collectif conscient, était pour l'essentiel l'éthique réfléchie. Mais il y a aussi, nous l'avons vu, l'éthique spontanée constituée par les valorisations individuelles, émanant de la vie naturelle ou de divers conditionnements. Or c'est là le lieu d'un pluralisme irréductible qu'aucune raison éthico-politique ne saurait résoudre, en même temps que le lieu d'une spontanéité elle aussi irréductible et que cette même raison éthico-politique ne peut qu'entériner. Ces deux points marquent une *limite absolue*, à la fois de fait et de droit, que la politique ne doit pas franchir, même si historiquement elle s'est crue autorisée à le faire. Précisons-les.

Le pluralisme axiologique, d'abord. Nous l'avons déjà analysé dans notre partie sur l'éthique, mais il faut y revenir dans ce nouveau cadre. Nietzsche a dit l'essentiel lorsque, s'en prenant au projet « naïf » d'uniformiser la vie humaine à la lumière d'un seul modèle d'homme, il indique : « La réalité nous présente une exaltante profusion de types, toute l'exubérante prodigalité d'un jeu infini de formes et de métamorphoses »[1]. Or, l'on ne voit pas pourquoi cette profusion non seulement *devrait* cesser (sauf à vouloir lui substituer un modèle homogène de vie parce qu'on jugerait cette profusion productrice de malheur) mais *pourrait* cesser, surtout si l'on prend en compte la dimension de plus en plus prégnante de l'histoire qui ne cesse d'offrir à l'homme de nouvelles manières d'être lui-même. J'ajoute que cette richesse existentielle vaut en extension comme en compréhension, puisqu'elle peut se distribuer *entre* les hommes ou les groupes comme *au sein* de chaque homme ou de chaque groupe. C'est donc bien à un homme riche en besoins et en modalités diverses de vie que l'histoire peut donner et donne déjà naissance, malgré les limitations que

---

[1] *Crépuscule des idoles*, « La morale, une anti-nature », § 6.

tend à lui apporter l'organisation économique actuelle, et cette richesse anthropologique ne peut être objectivement hiérarchisée[1].

La spontanéité, ensuite. Ce point est délicat puisque nous n'avons cessé d'insister sur le fait que l'homme est largement produit par les circonstances objectives de sa vie et qu'un projet politique de sagesse, se fondant sur ce conditionnement, aurait précisément pour but de modifier cette vie en intervenant sur ces circonstances et, par conséquent, porterait atteinte à cette spontanéité. A quoi il faut répondre : 1 que, même suscités ou façonnés par l'histoire et la société, une part des besoins (tendances, désirs, préférences, etc.) dont la satisfaction apporte le bonheur, restent individuels, variant chez les hommes en fonction de leur idiosyncrasie comme en fonction de leur biographie nécessairement singulière et donc singularisante ; 2 que ces besoins sont en partie imprévisibles dans la mesure où c'est la vie, envisagée comme suite d'évènements individuels ou collectifs, qui les fait surgir : on ne saurait prévoir à l'avance tout ce qu'un individu aimera dans sa vie ni ce que la société produira comme nouveaux besoins du fait du développement de ses techniques. On comprend alors la part d'absurdité (je dis bien seulement la part) qu'il y a à prétendre connaître a priori le contenu et les moyens du bonheur, à la fois pour tous et pour chacun, et c'est ce que voulait dire Kant, contre les prétentions d'une sagesse rationnelle, quand il affirmait que « le bonheur est un idéal, non de la raison, mais de l'imagination »[2] : on peut en avoir des images, on ne peut le connaître scientifiquement avec précision ; et l'on comprend aussi la part d'absurdité corrélative (je dis bien, à nouveau, la part) qu'il y a à prétendre s'appuyer sur une pareille connaissance pour fonder l'aspiration de la politique à résoudre la question du bonheur, même si on aimerait savoir cette aspiration réalisable. Il y a là un butoir fort pour une « politique du bonheur » (à laquelle il ne faut pourtant pas renoncer) et je rappelle d'ailleurs que la sagesse individuelle elle-même, qui entend contribuer au bonheur par la raison, ne fait qu'entériner des valorisations spontanées qui ne dépendent pas d'elle : elle ne peut que travailler sur celles-ci et non les produire.

Enfin, au-delà de ces arguments de fait vouant à l'échec toute politique qui voudrait régenter le bonheur humain, il y a un autre argument, de droit, qui rend de toute façon illégitime une pareille politique : la spontanéité, au moins vécue et fût-elle illusoire, du bonheur fait partie de sa définition. Un bonheur octroyé ou imposé n'est pas un vrai bonheur, celui-ci n'est ce qu'il est que pour autant qu'il est vécu comme émanant de la satisfaction de

---

[1] Elle est au cœur de la définition que donne Marx du communisme, dès les *Manuscrits de 1844* ; mais Marx est amené à la hiérarchiser, j'y reviendrai un peu plus loin.

[2] *FMM*, 2ème section, p. 132. Mais j'aurai l'occasion d'indiquer que ce n'est là qu'une vérité partielle, comme ce qui précède l'a déjà suggéré : la raison a aussi un rôle à jouer dans la production du bonheur.

besoins trouvant leur source dans l'individu lui-même : la contrainte dans ce domaine détruit ce qu'elle prétend apporter. Et l'on peut dire de l'homme heureux ce que J.-S. Mill disait de la « nature humaine » pour la préserver des interventions intempestives de l'Etat : ce « n'est pas une machine qui se construit d'après un modèle et qui se programme pour faire exactement le travail qu'on lui prescrit »[1]. Une conclusion s'impose donc : alors même que nous saurions, et nous le savons, que le bonheur est largement produit par des circonstances sociales et psychologiques sur lesquelles une raison politique, culturellement informée par les sciences humaines, a prise, la politique doit *faire comme si*, à un moment donné et les hommes étant ce qu'ils sont, naturellement, historiquement ou du fait de leur biographie, le bonheur *dépendait d'eux*. Il y a là un énoncé normatif et performatif, destiné à produire ce qu'il énonce comme un devoir : le respect de la libre initiative individuelle dans l'ordre subjectif du bonheur.

Est-ce à dire que cette liberté éthique doive être reconnue comme absolue ? Certainement pas. Car la vie individuelle ne peut être conçue comme pleinement « individuelle » que par une abstraction commode à laquelle, jusqu'à présent, nous avons souvent cédé ; il faut admettre, au contraire, qu'il y a des aspects de cette vie qui touchent inévitablement à autrui, sauf à nier le caractère relationnel de l'être humain. A ce niveau, la morale doit intervenir car elle impose des bornes infranchissables à la liberté éthique, à savoir le respect d'autrui sous toutes ses formes, et elle autorise l'Etat à *contraindre* quand ces bornes sont franchies. C'est ainsi que le même Mill, si soucieux des droits de l'individu face à la puissance étatique, affirme, au nom des « intérêts permanents de l'homme », qu'ils « autorisent la sujétion de la spontanéité individuelle à un contrôle extérieur [...] pour les actions de chacun qui touchent l'intérêt d'autrui »[2]. On ne saurait donc « contraindre quiconque pour son propre bien », mais on peut « l'empêcher de nuire aux autres »[3].

On voit ainsi qu'un Etat démocratique, ayant compris la distinction des sphères de l'éthique et de la morale, doit pratiquer officiellement l'*abstinence* en matière d'éthique, sous la réserve qu'elle n'interfère pas avec le champ de la morale. Pourtant, ce n'est pas comme cela que les choses se

---

[1] *De la liberté*, op. cité, p. 151.
[2] Ib., p. 76.
[3] Ib, p. 74. Il précise cependant que sa doctrine « n'entend s'appliquer qu'aux êtres humains dans la maturité de leur facultés » (p. 75) : elle ne peut valoir pour les enfants et les adolescents qui n'ont pas atteint l'âge de la majorité civile, ni pour les peuples qui, pour une raison historique, n'ont pas encore acquis la capacité culturelle du libre choix : « La liberté, comme principe, ne peut s'appliquer à un état de chose antérieur à l'époque où l'humanité devient capable de s'améliorer par la libre discussion entre individus égaux », indique-t-il (ib.).

sont passées dans l'histoire et continuent malheureusement de se passer encore aujourd'hui. Nous retrouvons ici les jeux de l'éthique et de la morale, grâce à quoi une option éthique, individuelle ou collective, se trouve investie d'une signification morale qui la présente comme obligatoire, la dote d'une importance qu'elle n'a pas et l'autorise à s'imposer par la contrainte. Le « bruit et la fureur » de l'histoire (Shakespeare) sont largement dus à cette confusion du bon et du bien dans de multiples domaines et elle est donc elle-même, paradoxalement, productrice non simplement de mauvais, mais de *mal*, à savoir la violence. D'une manière générale, la violence des affrontements idéologiques, quand ceux-ci ne sont pas seulement l'expression déguisée de réels conflits économiques ou sociaux, vient de là, elle est due au dogmatisme que cette confusion engendre et elle peut aller jusqu'au crime et à la guerre. C'est ainsi que les luttes nationales, quand elles vont au-delà de la revendication légitime de l'indépendance et de l'exercice du pouvoir démocratique pour un peuple, dégénèrent souvent en nationalisme outrancier et belliqueux, qui fait de la nation un fétiche fantasmatique et sacralisé, érigé en absolu moral[1], pour lequel on a cru devoir mourir ou faire mourir les autres. D'une manière analogue, les religions ont toutes été des facteurs de haine, de conflit et de guerre, parce qu'elles ont doté l'engagement religieux (la foi, la pratique cultuelle et l'appartenance à telle communauté ecclésiale) d'une valeur morale intrinsèque qu'il n'a pas, cette valeur morale ne pouvant être liée qu'aux actes moraux eux-mêmes[2]. Elles se sont alors autorisées à condamner, pourchasser et punir l'incroyance et les incroyants, ou les autres formes de croyances et de croyants, en toute bonne conscience et même en se pensant obligées de le faire, parce qu'elles y voyaient la figure du Mal et même du Mal suprême, au lieu d'y voir une simple position éthique étrangère à la morale ; à quoi on ajoutera l'envahissement de tous les secteurs de la vie individuelle par des normes arbitraires, sinon elles-mêmes immorales. C'est bien dans le domaine religieux que s'est trouvée la première forme de totalitarisme que l'histoire ait connue et qui s'explique, à son niveau propre, par la raison que j'indique.

Mais ce qui est vrai de ces exemples situés disons à droite du spectre politique (car les religions s'y sont très largement situées), s'applique aussi à l'action des régimes qui se situaient à l'autre bord, à savoir les régimes qui se sont dits communistes au 20ème siècle et qui étaient en réalité de type stalinien, n'offrant qu'une caricature de l'idéal communiste tel que Marx l'a pensé. Je laisse de côté la moralisation injustifiable des mœurs et,

---

[1] Voir l'accusation de « traître à la patrie » pour quiconque refusait de la défendre.
[2] Kant a remarquablement dénoncé ce phénomène de « folie religieuse » à propos de la « superstition du culte » dans *La religion dans les limites de la simple raison*.

spécialement, de la vie sexuelle individuelle, qui a souvent offert un double paradoxal du modèle répressif religieux et justifié l'accusation de « totalitarisme » portée à l'encontre de ces régimes, malgré les avancées économiques et sociales qui les ont aussi accompagnés et les objectifs émancipateurs qu'ils affichaient officiellement[1]. C'est l'ensemble de la vie humaine qu'on a prétendu régenter au nom de normes érigeant la vie collective en valeur première et condamnant ceux qui prétendait s'y soustraire, que ce soit dans la vie quotidienne, le travail, l'art ou la philosophie : on oubliait alors que la transformation communiste de la société n'a d'autre sens que de permettre à chaque homme de s'approprier ou d'inventer son individualité, dans mais aussi hors de la vie sociale, et c'est du coup l'autonomie du champ de l'éthique qui s'est trouvée niée. Je ne m'attarderai que sur un seul exemple, délicat car il est à la jonction du social et de l'individuel : les besoins. Les régimes de type stalinien ont voulu définir et imposer les besoins que les individus devaient éprouver, à travers une instance centrale, l'Etat, possédant, planifiant et organisant la production sans se soucier de ce qu'il peut y avoir de spontané dans l'expérience même des besoins, surtout lorsqu'ils prennent la forme de désirs, et en oubliant que le marché des biens, y compris sur la base d'une économie collectivisée, peut être une bonne manière de ne pas léser ou nier cette spontanéité et constituer un bon indicateur de ce dont les hommes ont réellement envie. Ainsi, faute de démocratie, des caractéristiques pourtant souhaitables et même exigibles moralement du régime économique (propriété publique, planification, organisation collective) se sont transformées en instruments d'une « dictature sur les besoins » qu'il faut rejeter dans le principe[2] – sans oublier d'ailleurs que le capitalisme est lui aussi une « dictature sur les besoins », mais d'une tout autre forme, pas forcément moins mauvaise et provoquée par la recherche du profit[3]. Plus largement, au-delà de l'exemple de ces régimes, la menace d'une pareille dictature pèse sur tout projet d'organisation sociale, y compris le mieux intentionné, qui introduit officiellement une hiérarchie qualitative entre les besoins (ou les désirs)

---

[1] C'est ainsi que l'homosexualité a souvent fait l'objet d'un interdit inadmissible et que le « familialisme », apologie a-critique de la vie familiale, y a été dominant. Mais une analyse objective et nuancée signalera aussi des avancées dans ce domaine, selon l'époque et les pays.
[2] Voir de F. Feher, « La dictature sur les besoins », in A. Heller et F. Feher, *Marxisme et démocratie*, Maspero, 1981.
[3] On peut caractériser brièvement la différence en disant que la première a été une dictature politique et idéologique alors que la seconde constitue une dictature essentiellement économique, qui impose des besoins dans un but mercantile tout en respectant les règles juridiques de la démocratie, occultant ainsi ce qu'il y a de « dictatorial » en elle : elle s'exerce à travers *le consentement* des consommateurs *qu'elle produit*.

humains[1]. Non seulement en distinguant des « besoins réels » et des « besoins imaginaires » (comme manger de la nourriture et manger de la viande, ou le besoin d'un logement et celui de confort), mais en instaurant une hiérarchie morale au sein des besoins en parlant de « bons » et de « mauvais » besoins et donc en transmuant la classification éthique en classification morale[2]. Or il faut être clair : tous les besoins (ou désirs) se valent moralement dès lors qu'ils ne portent pas atteinte à la dignité d'autrui (comme le besoin psychologique de domination, plus fréquent qu'on ne croit, ou celui d'enrichissement quand il mène à l'exploitation d'autrui) ou qu'ils ne l'empêchent pas lui-même d'éprouver et de satisfaire une multitude de besoins (ou désirs) et donc d'être libre dans le registre de sa vie individuelle (comme le fait l'addiction à la drogue). Nous retrouvons ici la limite morale à la liberté éthique qu'indiquait avec force Mill : ne pas nuire à autrui (voire, peut-on ajouter, ne pas se nuire à soi-même) et la totale liberté à l'intérieur de cette limite du fait de l'*absolue équivalence morale* des besoins et des désirs, naturels ou culturels, que notre vie déploie ou, plus exactement, du fait du caractère *moralement neutre* de ceux-ci. Comme le dit A. Heller, « tous les besoins sont réels, et ont donc tous le droit d'être reconnus »[3] dès lors qu'ils se tiennent à l'intérieur de la limite qui a été indiquée. Par contre, cela n'exclut en rien l'existence d'un système qualitatif de *préférences* qui hiérarchise les besoins (ou les désirs), qui distingue donc entre besoins « préférés » et besoins « non préférés », du moment que cette distinction s'effectue « sur la base d'une échelle consciente de valeurs »[4], qu'elle soit d'ailleurs individuelle ou collective et, je le précise dans mon langage, du moment qu'elle a conscience du caractère purement éthique de ces valeurs et donc de cette hiérarchisation. L'existence d'un pareil système de préférences est difficilement évitable vu l'essence « valorisante » de la vie – on n'imagine guère un être humain vivant dans l'indifférence totale aux différences de valeur et appréhendant toutes les dimensions de l'existence de la même manière, sur un même plan –, elle est souhaitable puisque ce sont ces préférences qui font le prix de l'existence en lui conférant son relief et ses couleurs propres, et, enfin, il n'y a rien à en craindre dans la mesure où ces préférences ont clairement conscience de leur modeste statut éthique. Il est alors ouvert au dialogue et au débat public : c'est la démocratie conçue comme lieu d'élaboration des valeurs qui méritent le plus d'être vécues, la vie ne devant pas seulement être appréciée

---

[1] Voir le remarquable texte de A. Heller, « Les "vrais" et les "faux" besoins », in *Marxisme et démocratie*, op. cité. Je m'en inspire dans ce qui suit.

[2] « Bon » et « mauvais » correspondent ici à « bien » et mal ». A. Heller n'opère pas cette distinction, qui manque à sa réflexion.

[3] Op. cité, p. 247.

[4] Ib., p. 263.

en intensité, c'est-à-dire en quantité, mais aussi en qualité[1]. C'est ainsi que l'on ne saurait renoncer à l'idée d'« excellence » opposée à celle de « médiocrité » ou de « pauvreté » de vie, dès lors que la première est comprise comme pouvant être accessible à tous et n'est pas réservée à une élite. Le capitalisme d'aujourd'hui, on l'a vu, nous offre précisément le spectacle d'un système qui, au nom de la rentabilité marchande, à la fois *uniformise* et *médiocrise* les existences de ceux qui n'ont pas les moyens culturels d'y résister et qui constituent pour l'instant la grande majorité de la population. C'est donc bien à susciter le sens, le goût et l'ambition de la qualité de la vie sous toutes ses formes qu'une raison éthico-politique doit s'atteler, même si ses jugements peuvent être contestés, voire paraître archaïques parce que non conformes à ce qu'on appelle la « modernité » et qui n'est souvent qu'un autre nom pour la domination du marché capitaliste. Il faut oser affirmer, malgré la discussion de principe à laquelle les jugements de valeur éthiques s'exposent, que l'intelligence, la réflexion, l'inventivité personnelle, l'accès aux œuvres d'art, à l'émotion esthétique et, plus largement, à la culture, sont des formes de vie supérieures à celles qui dominent aujourd'hui et qui sont produites par le règne étouffant de la marchandise.

On distinguera alors, dans l'ordre même de l'éthique, des valeurs qui relèvent de l'individuel et de l'intime, et des valeurs qui concernent des formes collectives de vie : les premières, même si elles aspirent à être partagées, se cantonnent à la sphère privée (amour, amitié, jeu, réflexion personnelle, etc.) et n'aspirent pas à se répandre, alors que les secondes (types de besoins sociaux, finalité de la production, rôle et nature des loisirs, etc.) ambitionnent naturellement d'être *instituées socialement* à travers des lois, des organisations, une direction donnée officiellement à la vie sociale, etc., vu le champ collectif auquel elles s'appliquent. La question qui se pose alors est de savoir dans quelle mesure une contrainte étatique peut s'imposer ici et jusqu'à quel point. La seule solution est de s'inspirer à nouveau ici de A. Heller et de son idée d'une « démocratie conçue comme un travail »[2] : d'une part, une option éthique d'ensemble, quelle qu'elle soit, doit être offerte au débat public de tous et il est normal que, sur cette base, si elle est adoptée par la majorité, elle soit imposée par la puissance publique à la totalité de la population, quitte à être rejetée ensuite par cette même population, sur la base de l'expérience qu'elle en a faite ; d'autre part, cette imposition ne doit pas supprimer l'existence et le droit à l'expression de

---

[1] En ce sens, je me sépare de Guattari quand il se réclame d'une « logique des intensités », définie comme une « éco-logique » (op. cité, p. 36) : une sagesse, qu'elle soit individuelle ou collective, doit élaborer tout autant une « logique des qualités de vie ». Mais la querelle est d'ordre terminologique car le projet de Guattari a bien en vue la qualité de l'existence.
[2] Op. cité, p. 262.

minorités organisées militant pour une autre option éthique de vie sociale, aspirant elle-même à devenir majoritaire : à l'intérieur même du *consensus* démocratique, qui est justifié à imposer ses décisions, le *dissensus* doit être légitimé et autorisé de fait en raison de la pluralité essentielle de l'éthique, et il faut accepter que ce qui fait dissensus un jour aspire lui-même à faire un autre jour consensus, donc à s'imposer à l'ensemble du corps social.

On peut préciser cela sur l'exemple crucial et compliqué de l'écologie, que j'ai déjà développé mais dont il faut compléter brièvement l'analyse. Conçue comme une politique de la vie universelle à partir de ce « bon » éthique de base qu'est la vie, elle touche indirectement à la morale puisqu'elle met en jeu l'intégrité vitale de l'espèce humaine, et l'idée de confier à la contrainte étatique le soin de prendre en charge cette préoccupation et de l'instituer est non seulement légitime mais moralement obligatoire, comme on le comprendra mieux quand j'aurai traité du rapport de la politique à la morale. C'est ce qu'on appellera *l'écologie d'existence*, qui tombe très normalement sous le coup de la loi politique. Mais on peut aussi n'y voir, comme je l'ai dit, qu'une option existentielle, une préférence pour une forme de vie intégrée à une nature peu transformée par l'homme et épousant ses formes propres au lieu de les dominer et de les modifier en profondeur comme le fait la centrale électrique remplaçant le « vieux pont de bois » sur le Rhin, pour reprendre un exemple à la fois caricatural et parlant de Heidegger[1]. Et l'on pourra associer à cette vie « naturelle » des valeurs de tranquillité, de silence, de temporalité paisible, voire de beauté, qui sont clairement éthiques, sans pouvoir moral d'obligation[2]. C'est ce qu'on appellera *l'écologie de préférence*. De quel droit, dans ce cas, la politique pourrait-elle intervenir et légiférer ? La réponse est simple et se trouve à nouveau dans le concept de *démocratie*, avec ses deux faces. D'une part, la démocratie, à l'intérieur des limites morales signalées, doit laisser libre cours à toutes les préférences vitales, spécialement quand elles sont celles de groupes entiers comme c'est ici le cas : elle ne doit donc rien interdire dans ce domaine et la libre expression du refus de la civilisation industrielle est de droit. D'autre part, cette expression ne pouvant pas, quand elle vise des formes de vie collective, éviter d'aspirer à l'hégémonie, peut elle-même prendre la forme de lois qui l'instituent sous une forme contraignante, dès

---

[1] *Essais et conférences*, op. cité, p. 22. Heidegger y voit même un « élément monstrueux » de domination technicienne de la nature.
[2] C'est ainsi que, à la préférence esthétique pour la nature, on peut opposer une préférence elle-même esthétique pour le monde industriel, voire faire l'apologie de sa beauté comme l'a fait, par exemple, le cinéaste italien Antonioni dans *Le désert rouge*.

lors que c'est le suffrage universel qui en a décidé et qu'il est admis qu'il peut en décider autrement et défaire ce qu'il a fait[1].

Un dernier exemple montrera l'importance qu'il y a à cerner ainsi le domaine de l'éthique pour interdire à la politique de s'en emparer autrement que sous la forme démocratique modeste, parce que réversible, sans charge obligatoire, que nous venons d'indiquer : celui de Marx. Ce qu'on peut dire ici, c'est qu'il a un problème théorique avec la question de la valeur en général (ou des valeurs), qu'il a tendance à la réduire à un phénomène idéologique[2], sans distinguer entre la valeur éthique et la valeur morale, alors que son œuvre tout entière est imprégnée de ce que J. Granier a justement appelé un « pathos valoriel »[3], à savoir de jugements de valeur chargés d'affectivité, faits de cris de colère ou d'indignation comme d'aspirations ou de revendications d'une vie meilleure pour l'humanité qui en font autre chose qu'une œuvre seulement scientifique dont l'objectif serait simplement de comprendre froidement le réel. Du coup, il n'aperçoit pas la différence qu'il y a entre juger moralement le capitalisme – ce qu'il fait tout en le déniant théoriquement – et le juger éthiquement ou, inversement, celle qui sépare les caractéristiques du communisme qui relèvent d'une valorisation incontestablement morale et celles qui n'engagent qu'une option éthique en sa faveur. C'est ainsi que son appréciation d'ensemble du capitalisme et plus largement de l'histoire, telle qu'elle s'exprime par exemple dans le *Manifeste du Parti communiste*, comporte une apologie des sciences et des techniques (alors même qu'il en critique l'usage mercantile), donc du développement de la connaissance et de la puissance technicienne à l'égard de la nature, avec ses effets sur la vie et la conscience des hommes[4], que l'on retrouve dans sa définition prospective du communisme (même s'il l'a peu développée pour elle-même) puisque celui-ci est censé en poursuivre la dynamique ; or, cette apologie est clairement un héritage de la philosophie des Lumières et n'a rien de spécifiquement moral : elle est éthique et peut

---

[1] On peut penser ici aux Parcs régionaux et nationaux, dont la création a répondu à un souci clairement éthique de qualité de la vie et dont les règles de fonctionnement sont justement contraignantes puisque la collectivité en a démocratiquement décidé. Mais on ne saurait interdire à cette même collectivité de faire un jour le choix inverse d'une vie de qualité moindre dans ce domaine, à condition qu'il soit démocratiquement décidé. Le paradoxe de la démocratie, ici, c'est qu'elle ne saurait interdire la médiocrité et qu'elle peut même y mener si les conditions culturelles d'une réflexion éthique de haut niveau chez tous ne sont pas instaurées par la politique.
[2] Comme je l'ai montré à propos de l'éthique et de la morale. Je laisse de côté, évidemment, le concept de valeur en économie qui n'entre pas directement dans le cadre de ma réflexion.
[3] In *Penser la praxis*, PUF, 1980.
[4] Par exemple, parlant de l'effacement de la société paysanne par l'industrialisation, Marx affirme que la bourgeoisie « a arraché une partie importante de la population à l'abrutissement de la vie des champs » (op. cité, ch. I).

être, on l'a vu précédemment avec la question écologique, remise en cause aujourd'hui, y compris quand on se réclame d'un projet communiste. De même, il y a chez lui une option normative forte en faveur de la mondialisation, du dépassement progressif des nations et de leurs particularismes, qui ne se contente pas d'enregistrer passivement le mouvement factuel de l'histoire qu'il a devant les yeux[1], qui le reprend pleinement à son compte, mais qu'on ne peut dire seulement morale même si une forme d'adhésion à l'idée d'universalité du genre humain s'y manifeste. Car la valeur de cette mondialisation, par-delà la forme capitaliste déchaînée qu'elle a prise depuis le 19ème siècle, n'est pas évidente à tous points de vue : elle peut se payer, par exemple, de la disparition de réalités historiques ou de formes de vie auxquelles les hommes sont attachés et elle suscite d'ailleurs aujourd'hui, dans le camp progressiste, la prise de conscience inverse que les différences, nationales ou culturelles, peuvent être bonnes pour l'humanité dès lors qu'elles ne dressent pas les hommes les uns contre les autres, qu'elles peuvent accompagner positivement la construction de l'unité humaine en lui évitant de verser dans l'identité et l'uniformité. On assiste même à l'émergence d'une revendication de « relocalisation » de l'économie qui n'a rien de « réactionnaire » puisque son ambition est, en particulier, d'éviter les gaspillages d'énergie dans l'échange des marchandises et qu'elle relève ainsi de la préoccupation écologique. L'option de Marx en faveur de la mondialisation est donc bien pour une part de nature éthique et elle doit être soumise, comme toute option de cette nature, au débat. Enfin, il y a cette visée d'un homme « riche en besoins », d'un « homme total », comportant « une totalité de manifestation vitale humaine » et, ce qui est tout aussi important, en éprouvant le « besoin », par opposition à l'homme rabougri et borné de l'univers capitaliste, satisfait de sa pauvreté humaine, sans ouverture subjective sur la multiplicité, que nous présentent les *Manuscrits de 1844*[2]. C'est ici le point le plus délicat et nous le réexaminerons plus loin, à propos de la morale et de la politique. Ce qu'on peut dire, c'est que la valorisation de la richesse anthropologique, c'est-à-dire la valorisation de la multiplicité des besoins (ou désirs) et de leur satisfaction comme, d'ailleurs, des capacités (sensorielles, intellectuelles, techniques, esthétiques, sinon

---

[1] Dans le même ouvrage, il vante le « caractère cosmopolite » que la bourgeoisie donne « à la production et à la consommation de tous les pays », ajoutant même : « Au grand regret des réactionnaires, elle a enlevé à l'industrie sa base nationale ». Du coup, dans le domaine intellectuel, « l'étroitesse et l'exclusivisme nationaux deviennent impossibles » et l'on peut envisager la naissance d' « une littérature universelle » (ib.). Dans le chapitre II, consacré à la présentation du programme communiste, il assume au positif la disparition progressive des « démarcations nationales » et des « antagonismes entre les peuples » que suscite le développement de la bourgeoisie, ajoutant : « Le prolétariat au pouvoir les fera disparaître plus encore ».
[2] Op. cité, troisième manuscrit.

affectives) de l'homme, qui sous-tend fortement l'engagement communiste de Marx puisqu'elle définit l'idéal humain pour lequel il s'est battu, ne peut pas, *en tant que telle*, être qualifiée de morale et ne saurait donc être tenue pour obligatoire[1], pour plusieurs raisons. D'abord parce que si on la comprend comme une définition de l'*individualité* souhaitable, elle fait abstraction de la relation avec autrui et des rapports sociaux, constitue seulement le modèle d'un *type humain* qui entre en concurrence avec la définition d'autres types humains et nous fait donc sortir de la morale ; au surplus, prise à la lettre, l'idée de la multiplicité des besoins peut être conçue sur un plan strictement quantitatif qui ne nous dit rien sur la qualité des besoins à satisfaire. Ensuite, parce qu'elle engage sans le dire une idée du bonheur qui nous fait clairement entrer dans le champ de l'éthique et qui s'offre à ce titre au débat. L'homme « riche en besoins » est censé multiplier les occurrences de bonheur en multipliant les occasions de satisfaction et donc accéder à un bonheur plus *grand*. Mais pourquoi faudrait-il multiplier les besoins et leur satisfaction pour être *plus* ou *mieux* heureux (et l'hésitation du vocabulaire ici témoigne qu'il y a une difficulté) ? Ne peut-on être heureux dans l'approfondissement continu de quelques besoins consciemment choisis, dont la satisfaction est assurée, qui évite la dispersion autant que la fuite en avant dans le « toujours plus », sources souvent de frustration et de déception, donc de malheur ?[2] La réflexion éthique passée, qu'on ne saurait rayer d'un trait de plume, nous a offert des modèles de bonheur ou de vie réussie très différents de celui-ci. L'épicurisme, par exemple, nous propose une conception inverse du bonheur puisqu'il nous demande de nous contenter de la satisfaction des désirs naturels et nécessaires et qu'il rejette la satisfaction des désirs « vains » ou artificiels (comme le confort), ceux-là mêmes que le développement de la civilisation produit et multiplie et qui sont au cœur de la définition de « l'homme total » de Marx. Or, même si on ne peut suivre cette doctrine telle quelle (ce que personne ne fait, d'ailleurs, même ses spécialistes), on peut au moins en retenir l'idée que la maîtrise des besoins (ou des désirs) n'est pas indifférente au bonheur, l'opposer à celle de leur multiplication et y voir la preuve évidente qu'aucune certitude ne règne dans ce domaine qui nous imposerait une règle de vie[3]. Enfin, il faut remarquer que Marx ne se contente pas de

---

[1] Ce qui n'est pas le cas, on le verra, si on l'envisage sous l'angle de la question du dépassement de l'aliénation.
[2] En multipliant les besoins, le progrès historique augmente aussi le risque de leur insatisfaction grandissante. Kant le suggère lucidement dans la première section des *FMM*, quand il affirme que « la raison n'est pas suffisamment capable de gouverner la volonté à l'égard de ses objets et de la satisfaction de tous nos besoins (*qu'elle multiplie pour une part*) » (op. cité, p. 93, souligné par moi).
[3] On pourrait aussi citer la magnifique critique de la démesure des désirs à laquelle Socrate procède dans le *Gorgias* de Platon.

formuler le programme d'une multiplication des besoins ; il discrimine entre eux, il hiérarchise, puisqu'il critique justement, dans les mêmes *Manuscrits de 1844*, la conception d'un « communisme grossier », qui égalise la condition des hommes par le bas en étendant « la catégorie d'ouvrier » à « tous les hommes » au lieu de la supprimer ou, encore, qui assume les valeurs bourgeoises de la propriété privée, de la richesse et de l'avoir en se contentant de les généraliser au lieu de rompre avec elles et de mettre en avant la valeur de la « personnalité de l'homme »[1]. Qui ne voit qu'on est là en présence d'une hiérarchisation éthique qui promeut le communisme dont il se déclare partisan en communisme éthique, sans force de loi morale ? La conclusion s'impose donc : une part du communisme marxien esquisse l'idéal d'une nouvelle forme d'humanité à produire politiquement, que l'on peut souhaiter, qu'il faut même souhaiter selon moi, en tout cas pour l'essentiel : une humanité savante et puissante, maîtrisant la nature et se maîtrisant elle-même ; une humanité ouverte sur l'universel et visant son unification, mais sachant intégrer et donc respecter les différences que l'histoire lui a léguées pour autant qu'elles sont bonnes pour elle ; une humanité, enfin, sachant multiplier ses besoins, ses capacités et ses sources de satisfaction pour étendre la sphère de son bonheur. Mais il est clair que cet idéal relève d'une option éthique facultative, qu'aucune valeur morale n'y est expressément engagée, ce qui lui interdit d'être porteur de la moindre obligation et de pouvoir s'incarner dans une quelconque contrainte étatique.

A nouveau il apparaît que la politique doit se désengager largement de la sphère éthique, au sens où elle ne saurait y légiférer a priori et lui imposer quoi que ce soit, sauf à le faire après un débat démocratique sanctionné par le suffrage universel. L'ignorance de ce point la voue au risque de la dérive totalitaire. Ce n'est pas le cas d'une autre part de la politique, la plus importante, celle qui dépend de la morale.

---

[1] Op. cité, p. 85.

La morale et la politique

La morale ayant été définie en compréhension dans sa distinction avec l'éthique et son extension ayant été du coup nettement restreinte, elle peut déployer, à l'intérieur de son champ propre, tout son potentiel normatif d'obligation. Encore faut-il examiner en quoi elle concerne la politique ou, si l'on préfère, quels sont ses principes normatifs qui peuvent s'y appliquer et quelles conséquences concrètes son intervention entraîne dans le domaine de celle-ci. Cela demande une longue analyse.

La société, substance de la morale

La morale a pour objet très précis le champ relationnel de la vie avec autrui[1] ; la politique, elle, a pour objet la vie en commun, qu'elle prend en charge et vise à organiser : c'est là sa définition minimale, indépendante de toute conception politique particulière – puisque l'on peut organiser pour gérer aussi bien que pour transformer – et qui ne peut donc que faire l'accord. On voit tout de suite que leurs champs respectifs se recoupent et que la morale *est donc d'emblée politique.* Sauf que pour l'opinion courante et pour l'opinion philosophique dominante, terriblement frileuse et conservatrice, la relation avec autrui est réduite à la sphère des relations interindividuelles ou intersubjectives, qui ne relève pas directement de la politique, ce qui permet de soustraire cette dernière, qui s'intéresse aux *rapports sociaux* et non essentiellement à la vie interindividuelle, à la morale elle-même. D'où le renouveau, voire l'inflation de discours moraux sur cette vie (inter)individuelle dans la dernière période, qui s'accompagne d'un affadissement de la philosophie politique, du fait de son éloignement des sciences sociales qui la nourrissaient au 20ème siècle comme du recul de l'influence théorique du marxisme qui avait l'immense mérite de ne pas dissocier le projet de transformer la société de celui de comprendre scientifiquement l'homme. Cela donne en général un retour à la réflexion sur la vertu et le vice qui, eu égard au savoir anthropologique contemporain, paraît très désuète et sans qu'on sache d'ailleurs clairement si la catégorie de vertu (ou de vice), chez ceux qui la remettent en avant, renvoie à une

---

[1] Je laisse de côté délibérément la question de l'existence d'éventuels devoirs envers nous-mêmes, qui n'est pas anodine mais n'est pas concernée par la politique.

disposition naturelle, un habitus, un effet de l'éducation ou plus sûrement (mais encore plus imaginairement) à un supposé libre usage de la volonté dont nous avons montré qu'il n'est qu'une fiction inventée pour juger, louer ou condamner, les individus en lieu et place de la société : celle-ci, avec son influence sur les individus et leurs prétendus « vertus » ou « vices », est clairement mise hors-jeu[1]. C'est bien pourquoi cette réflexion morale doit être déclarée « abstraite », sinon superficielle : elle fait abstraction des déterminismes qui engendrent largement l'objet qu'elle analyse (la vertu et le vice individuels) et elle en reste à l'apparence morale qu'il présente dans le cadre d'une pareille réflexion. A l'inverse, la morale, comprise d'une manière matérialiste, doit s'intéresser d'abord à la société : elle doit prendre en compte prioritairement le champ social, entendu au sens large mais précis de l'ensemble des rapports sociaux objectifs qui sont au cœur de la réalité historique et qui sont aussi bien *politiques* (au sens étroit : l'Etat est ses institutions), *sociaux* (au sens étroit : les droits sociaux, l'accès à la santé, à l'éducation, aux loisirs, etc.) qu'*économiques* (le statut de la propriété de la production, par exemple, privée ou collective). Là est la réalité la plus importante de ce qu'il faut entendre désormais par « morale », là est son effectivité, sa vérité concrète, et quiconque s'en désintéresse doit être déclaré, pour une large part de sa pensée, réellement « immoraliste ». Mais de quel point de vue, plus précisément, y a-t-il là une réalité qui tombe sous la législation de la morale : au nom de quoi doit-elle être jugée par celle-ci ?[2]

L'exemple kantien

Il nous faut à nouveau revenir à Kant et à son idée de la morale que nous avons pu transformer de simple hypothèse en thèse, sur la base des avancées du matérialisme scientifique, biologique et historique : *il y a une morale aux certitudes de laquelle nous ne pouvons nous soustraire désormais*, dans les pays développés, quand nous possédons un minimum de culture, et ceux qui s'engagent en politique et prétendent en faire fi ou, pire, la nient

---

[1] Dans le meilleur des cas cela donne le *Petit traité des grandes vertus* d'A. Comte-Sponville, qui comporte de belle analyses de détail mais ne nous renseigne pas vraiment sur ce qu'il en est du statut théorique de la vertu et, surtout, qui est coupé pour l'essentiel de la politique. A l'opposé de cette approche, M. Conche, parlant de l'amour, signale justement qu'il doit se traduire dans une condamnation politique du capitalisme, sinon « il reste confiné dans la bulle amoureuse, familiale ou amicale » (in *La Voie certaine vers « Dieu » ou l'Esprit de la religion*, Les Cahiers de l'Egaré, 2008, p. 37-38).

[2] Les ouvrages sur la jonction de la morale et de la politique étant peu nombreux, je signale celui, excellent, de D. Collin, *Morale et justice sociale*, op. cité, avec lequel je suis souvent d'accord tout en empruntant d'autres voies argumentatives. Pour une analyse directe du problème au sein du matérialisme, voir le texte rigoureux de M. Horkheimer, « Matérialisme et morale », dans *Théorie critique* (Payot, 2009), qui rejoint en partie mon approche, bien que le statut de la valeur morale engagée par la critique politique y demeure énigmatique.

verbalement, sinon théoriquement, n'ont pas l'excuse de l'ignorance. Certes, on ne saurait dire que tout le monde se l'est appropriée au même degré et il est clair qu'une part importante de la planète ne l'a pas encore faite sienne, par exemple les pays où l'esclavage est encore pratiqué (il en existe !), ceux où le crime fait partie encore des moyens du combat politique (en Amérique latine, par exemple), où le travail des enfants ne fait pas problème, où la femme est dominée par l'homme (comme en terre d'Islam) ou encore, les régimes où, malgré des avancées incontestables de la conscience collective dans bien des domaines, on continue d'appliquer sans scrupule la peine de mort (Etats-Unis, Chine). Mais ces inégalités de fait dans l'acquisition, la distribution ou la maturation de ce qu'on peut nommer, pour faire court, la conscience morale, n'annulent en rien son existence culturellement acquise, dont la Déclaration des droits de l'homme et du citoyen, non seulement celle, française, de 1789, mais celle, universelle et autrement plus riche, de 1948, porte témoignage sans conteste : nous avons là l'équivalent historique de ce que Kant appelait un « fait de la raison » et donc la preuve factuelle de l'existence de ce qui est « contre-factuel » puisque normatif, commandant aux faits[1], preuve prenant la forme de l'inscription de normes obligatoires dans le texte d'une déclaration juridique réellement existante. Or, c'est précisément au *contenu normatif* de la morale tel que Kant l'a formulé qu'il faut se référer pour comprendre un pareil texte et, plus largement, pour comprendre ce que la morale *commande à la politique*.

Revenons donc au principe de l'Universel qui en est le fondement pratique ultime. Après l'avoir déduit et présenté sous sa forme strictement abstraite dans la première section des *Fondements de la métaphysique de mœurs*, il en fournit, dans la deuxième section, une formulation plus proche de l'intuition sensible ou, si l'on veut, plus matérielle ou « matériale », en trois versions successives que je résume : la première indique que la maxime de la volonté doit pouvoir prendre la forme d'une loi universelle de la nature ; la deuxième qu'elle ne doit pas réduire autrui à l'état de moyen mais le considérer aussi comme une fin en soi, ce qui fait de l'homme une personne devant faire l'objet d'un respect inconditionnel ; la troisième, enfin, indique qu'une maxime n'est morale que si chacun peut s'en considérer comme l'auteur. On dira, pour les désigner brièvement, que la première formulation énonce le principe de l'Universel, la seconde le principe du respect de la personne humaine, la troisième le principe de l'autonomie. Or ce que qu'on voit tout de suite, contrairement à une légende qui voudrait que la morale kantienne soit inapplicable[2], c'est que ces principes ainsi précisés touchent clairement à *l'ensemble* de nos rapports

---

[1] J'emprunte cette idée que la morale est « contre-factuelle » à Habermas.
[2] « Kant a les mains pures mais il n'a pas de mains » a dit Péguy.

avec autrui et donc, par conséquent, aux *rapports sociaux* qui en font partie pour une part essentielle, même si, du fait de l'abstraction relative de leur formulation, conséquence inévitable de l'universalité de leur extension, ces derniers ne sont pas explicitement mentionnés comme tels. Car cet « autrui » qui est intégré à l'universalisation de la maxime morale (premier principe), qui doit être respecté dans sa personne (deuxième principe) et doit être considéré comme l'auteur possible de la loi (troisième maxime), n'est pas seulement l'individu proche que je côtoie régulièrement et avec qui j'entretiens des rapports personnels (d'amour, de parenté ou d'amitié), mais celui avec qui je travaille ou à qui me lient des rapports de coopération, de coexistence ou d'interdépendance au sein de la collectivité humaine, quel que soit le niveau, la nature ou la taille de celle-ci. Autrui ce n'est donc pas seulement le prochain que je connais, mais c'est l'autre homme, quel qu'il soit, que je ne connais pas en général, anonyme donc, considéré cependant dans son existence concrète (politique, sociale, économique, culturelle) et quelle que soit la longueur de la chaîne objective qui me relie à lui, que l'on ignore souvent, comme celle qui fait qu'un habitant d'un pays occidental développé, vivant dans l'aisance, profite peu ou prou de l'exploitation d'un travailleur du Tiers-Monde[1]. La morale, par conséquent, ne se contente pas de légiférer modestement dans le domaine de l'action interindividuelle ; elle nous impose au même titre des obligations dans la sphère publique, à la fois au niveau des *moyens* de l'action collective, en en interdisant certains et en en commandant d'autres et, surtout, on l'oublie trop souvent, au niveau de ses *fins*.

Ce qui le confirme, du point de vue même de la conception que Kant se fait de la morale, c'est que la fondation qu'il en opère dans cet ouvrage n'est que le préalable à une présentation concrète des devoirs humains dans ce qu'il appelle, d'une manière qu'on peut trouver contestable et archaïque, une *Métaphysique des mœurs*, laquelle n'est rien d'autre qu'une déduction positive de ceux-ci dans toute leur variété opérée à partir du principe formel de l'Universel, donc a priori (c'est ce que veut dire « métaphysique »), mais tenant compte de l'existence sensible de l'homme, avec ses besoins et ses désirs, en même temps que de son existence sociale, ce qui prouve à quel point la morale trouve une *application* ou une *traduction* dans le concret de notre vie quand il s'agit d'en formuler les exigences, mais ce qui ne signifie pas pour autant qu'elle y trouve d'emblée une *réalisation*. Cette présentation se décompose en une *Doctrine du droit* et en une *Doctrine de la vertu* qui se distinguent à la fois par leur objet et par l'esprit qui les anime. La première

---

[1] Ce phénomène s'accélère aujourd'hui avec la mondialisation de l'économie, mais il s'est mis en place avec le colonialisme. C'est l'impérialisme économique, qui n'a pas besoin d'une domination directement politique pour exister.

concerne la coexistence de nos libres arbitres que l'on peut comprendre, sans aucune implication métaphysique ici, comme étant les *personnes* dont la morale attribue le statut à tout homme et dont le droit va définir les droits et les devoirs. Ce qui caractérise celui-ci, c'est qu'il ne porte que sur les relations extérieures des hommes entre eux, nous obligeant à en respecter la liberté dans le champ social, qu'il s'agisse de leurs relations privées de personne à personne (comme la propriété), de leurs relations publiques au sein d'une communauté régie par un Etat ou, enfin, de leur relations au sein de la communauté internationale où il s'agit alors essentiellement des rapports des Etats entre eux ; d'où la distinction entre un droit privé et un droit public, lequel s'ouvre lui-même à un droit international ou cosmopolite. Ne portant que sur les relations extérieures des entités qu'il concerne (personnes privées, personnes publiques, Etats), le droit ne nous impose apparemment pas de fins pour nos actions individuelles, mais simplement des lois instituant un cadre à l'intérieur duquel celles-ci peuvent et doivent se déployer, à savoir le respect de la liberté de vouloir et d'agir d'autrui. Mais surtout, il fait abstraction de nos motivations subjectives : le droit ne nous demande pas d'obéir à la loi par moralité, il se désintéresse donc de nos intentions ; il ne porte que sur le *contenu* de l'action, sur *ce que* nous faisons et que l'autorité publique peut constater empiriquement. C'est pourquoi la sphère du droit n'engage en rien une conception qu'on pourrait croire idéaliste de la morale : ce qu'il nous commande, soit à titre privé, soit à titre public – et on verra sa conséquence, dans l'ordre international, avec le devoir de paix –, peut très bien être réalisé, comme c'est le cas la plus part du temps, par intérêt et non par « bonne volonté », car la « bonne volonté » n'est pas son affaire ; son domaine moral est celui de la « légalité » des comportements, de leur conformité à une loi juridique objective, elle-même censée incarner une loi morale, et non la moralité subjective[1]. Nous retrouvons ici, paradoxalement, ce que nous avons dit d'une « morale sans Sujet » : les impératifs du droit ne s'adressent pas à un Sujet (avec une majuscule) métaphysique ou abstrait, mais à un sujet (avec une minuscule) pratique, défini par la loi et doté d'intérêts égoïstes. Enfin, dernière caractéristique, fondamentale pour la politique telle que nous allons l'envisager : ainsi conçu comme incarnation des exigences morales de l'Universel, le droit *a le droit* (si l'on peut dire) et *doit* même nécessairement être accompagné de la « faculté de contraindre »[2]. Le raisonnement est

---

[1] Ce que la morale commande à travers le droit peut donc être « pathologiquement extorqué », à savoir obtenu par le jeu de l'égoïsme, qui n'est pas moral. Par contre, il y a bien une obligation morale d'obéir au droit, même si ce n'est pas par moralité.
[2] Op. cité, Introduction, § D, p.105-106. Voir aussi le § E dont le titre est : « Le droit *strict* peut aussi être représenté comme la possibilité d'une contrainte réciproque complète s'accordant avec la liberté de chacun selon des lois universelles » (ib., p. 106).

simple mais imparable : toute atteinte au droit consistant en une contrainte exercée sur la liberté d'autrui et lui portant atteinte, la morale commande la contrainte visant à l'empêcher ; celle-ci ne consiste qu'à faire « obstacle à ce qui fait obstacle à la liberté », c'est une contrainte productrice de liberté, qui est moralement « juste »[1]. C'est donc la morale elle-même qui commande au droit de se réaliser dans ou à travers une contrainte juridique que l'Etat a pour charge de faire appliquer.

La *Doctrine de la vertu* pourrait sembler éloignée de cette extension de la morale au champ social. Elle se consacre en effet aux vertus personnelles, incarnées dans des devoirs envers soi-même ou dans des devoirs envers autrui dont la portée sociale peut paraître limitée comme la bienfaisance, la reconnaissance, la sympathie, etc. Par ailleurs, la vertu suppose la présence d'une libre intention morale du sujet à chaque fois, ce qui exclut que la société puisse intervenir avec son pouvoir de contrainte comme pour le droit : on ne peut contraindre quelqu'un à avoir et à manifester de la sympathie pour quelqu'un d'autre et, plus encore, à s'en faire un devoir moral, puisque le propre d'un devoir moral c'est qu'on se l'impose à soi-même à titre de fin et qu'il ne peut donc résulter d'une contrainte externe, qui serait à la fois impossible à réaliser et contradictoire[2]. Pourtant, la situation est plus compliquée et plus intéressante qu'il n'y paraît, à condition de prolonger librement la réflexion de Kant. Celui-ci avance en effet l'idée qu'il y a *des fins qui sont en même temps des devoirs*[3] : point remarquable, qui anime la conception même selon laquelle il y a des devoirs de vertu et qui dément à nouveau l'accusation de formalisme formulé contre une morale de l'Universel puisque la morale, ici et de façon très concrète, se prononce sur le *contenu* même de l'action humaine, sur sa *matière*, en lui imposant des fins, des objectifs empiriques. Laissons de côté les devoirs par lesquels l'homme doit viser sa propre perfection puisqu'il s'agit de devoirs de l'homme envers lui-même et intéressons-nous à l'autre catégorie, celle qui nous oblige à *contribuer* ou à *travailler au bonheur d'autrui*. L'idée avait déjà été indiquée dans les *Fondements de la métaphysique des mœurs* puisqu'il y était précisé que le simple respect d'autrui, qui ne porte pas atteinte délibérément à ce bonheur, ne suffit pas à la morale puisque ce n'est là qu'« un accord négatif, non positif, avec l'humanité comme fin en soi » alors qu'il s'agit pour chaque homme de « favoriser, autant qu'il est en lui,

---

[1] Ib.
[2] Op. cité, Introduction, II, Vrin, 1968. « Malheur au législateur qui voudrait établir par la contrainte une constitution à des fins éthiques ! » prévient un passage de *La religion dans les limites de la simple raison* (Vrin, 1968, p. 130) – « fins éthiques » signifiant ici « fins vertueuses ».
[3] Op. cité, Introduction.

les fins des autres »[1]. Ici, elle est systématiquement développée et définit tout une catégorie de devoirs qui sont au cœur de notre vie relationnelle. Cette obligation générale de contribuer au bonheur d'autrui concerne autant son bien-être physique que son bien-être moral, et elle prend tout particulièrement la forme d'un devoir d'amour entendu au sens pratique (puisqu'un amour de sentiment ne saurait être commandé), incarné spécialement dans la bienveillance et dans les actes effectifs de bienfaisance qu'elle entraîne : c'est, tout simplement, le comportement (et non le simple vœu) qui entend faire du bien à autrui en travaillant à son bonheur. Certes, dans la perspective de Kant pour qui il n'y a pas de connaissance rationnelle possible du bonheur, ce devoir reste relativement indéterminé, tant dans les moyens qu'il doit mettre en œuvre que dans le degré d'engagement qui est demandé : il est « d'obligation large », par opposition aux devoirs de droit, « d'obligation stricte », qui non seulement sont contraignants (leur non-respect peut être sanctionné), mais nous obligent à des actes particuliers, exactement définis. Il n'empêche, il s'agit bien là d'un domaine d'obligation qui prouve que la morale s'intéresse non seulement au bonheur individuel mais au bonheur collectif, même s'il elle ne fait pas du bonheur considéré en lui-même le fondement de ses prescriptions. Or cette idée de « fin-devoir » et donc celle d'une production de bonheur travers la morale peuvent être étendues au droit lui-même, dès lors qu'on l'envisage dans toute sa concrétude sociale et économique, comme je le ferai par la suite : le droit aussi nous commande des actions qui contribuent au bonheur d'autrui[2].

Enfin, il convient de ne pas oublier que la morale chez Kant débouche explicitement sur une philosophie politique, soit formulée comme telle dans le *Projet de paix perpétuelle*, soit exprimée dans le cadre de sa philosophie de l'histoire et en liaison avec elle. Dans les deux cas, elle y joue un rôle central puisqu'elle intervient pour assigner à la politique et à l'histoire une finalité idéale qui leur est commune et dont elle entend fournir le fondement normatif. Car cette philosophie politique est d'abord une philosophie *de* la politique, de la politique dans *son lien essentiel avec la morale*, dont l'ambition force le respect, en tout cas pour qui est convaincu que la morale n'est pas rien et ne saurait se réduire à un substitut dérisoire de la politique. Ce lien n'est pas un lien *empirique* qui se déploierait dans l'histoire effective et l'animerait sous la forme de motivations morales réellement agissantes dans la politique et pouvant faire l'objet d'une connaissance, même s'il peut s'y vérifier à travers des acquis juridiques et des évènements politiques dans lesquels le *contenu* de certaines exigences morales se trouve réalisé ; il s'agit

---

[1] Op. cité, 2ème section, p. 153.
[2] Je me sépare sur ce point de B. Bourgeois dans l'analyse intéressante qu'il fait des droits de l'homme selon Kant : il sous-estime ce lien de la morale et, donc, de la politique au bonheur. Voir son ouvrage *Philosophie et droits de l'homme de Kant à Marx*, PUF, 1990, ch. 2.

d'un *lien de droit* qui définit la politique telle qu'elle devrait être, selon son concept normatif tiré de la morale, qui la définit ainsi idéalement à l'avance et exige qu'elle se conforme empiriquement à la définition qu'il en donne. « La vraie politique donc ne peut faire aucun pas, sans rendre d'abord hommage à la morale » dit par exemple Kant[1] : or, qu'est-ce que cette « vraie » politique, sinon la politique normative imposée par la morale et distinguée de la politique effective dont on a régulièrement l'expérience et dans laquelle les intérêts sensibles jouent un rôle prédominant ? Que la politique *dépende* de la morale signifie par conséquent que la politique *doit dépendre* de la morale : c'est un énoncé performatif de la morale elle-même qui entend ainsi produire ce qu'elle prescrit, comme lorsque Kant affirme que « la politique doit plier le genou devant le droit »[2]. Il peut alors récuser vigoureusement la figure du « moraliste politique » qui « se fabrique une morale à la convenance des intérêts de l'homme d'Etat » au profit du « politique moral » qui, partant de la morale, entend concilier la politique avec celle-ci et en réaliser les fins ultimes. C'est un devoir pour celui-ci de dénoncer les « vices » qui peuvent se rencontrer dans la constitution des Etats ou dans les rapports des Etats entre eux et de se faire le militant actif d'une « politique morale » prenant en charge la réalisation de ces fins[3]. On comprend que Kant ait pu lui-même inscrire son propre travail philosophique dans cette perspective comme le moment théorique de cet engagement pratique, en prenant parti clairement, même si c'est avec des précautions, pour la République qui constitue typiquement une fin qui est un devoir pour l'action collective[4], en saluant la Révolution française comme un événement considérable de l'histoire universelle manifestant l'avènement de la morale en politique[5] ou encore en s'engageant résolument pour la paix, dans laquelle il voyait le « chef d'œuvre de la raison » (sous-entendu : de la raison pratique) et dont il ne s'est pas contenté de théoriser la nécessité morale et l'inscription, selon lui, dans un plan providentiel régissant l'histoire, mais pour la réalisation de laquelle il a rédigé un projet

---

[1] *Projet de paix perpétuelle*, Vrin, 2002, p. 117.
[2] Ib. Il apparaît ainsi clairement, comme le dit profondément Kant, que « déjà par elle-même la morale est une pratique » et il précise : « au sens objectif, en tant que comprenant des lois ordonnant sans condition, conformément auxquelles nous *devons* agir » (op. cité, p. 91).
[3] Op. cité, Appendice I. C'est ce que les *FMM* appelaient le « règne des fins ».
[4] « Ainsi, c'est un principe de la politique morale qu'un peuple ne doit s'unir en un Etat que selon les seules notions de droit, d'égalité et de liberté » et il indique que « ce principe n'est pas fondé sur la prudence, mais sur le devoir » (op. cité, p. 111).
[5] Voir ce qu'il en dit dans *Le conflit des facultés*, 2ème section, § VI. Il fait même de l'émotion éprouvée par les spectateurs désintéressés de cette révolution la preuve de l'existence en l'homme d'une disposition au bien permettant d'envisager un progrès moral et politique du genre humain, progrès que cette même révolution amorce.

directement politique, le *Projet de paix perpétuelle* précisément, qui a influencé l'histoire postérieure des Etats à l'échelle du monde.

Transposition : de l'exemple kantien au modèle matérialiste

La réflexion kantienne, aussi importante soit-elle, n'est qu'un exemple dont il ne faut pas se cacher qu'elle comporte des lacunes. D'abord dans ses soubassements théoriques puisque, par-delà son idéalisme philosophique, il y a aussi une problématique des facultés naturelles qui oublie leur enracinement biologique et historique et, dans sa philosophie de l'histoire, une référence à un plan de la Providence censé favoriser la réalisation politique de la morale, sur laquelle plane l'ombre d'un Dieu hypothétique dont il nous faut faire abstraction. Mais surtout, il est clair qu'elle contient des propositions de détail qui portent la marque idéologique de son époque et de sa classe, par exemple lorsque son adhésion au principe de la République ne l'empêche pas d'émettre des réserves sur la démocratie elle-même comme forme d'Etat ou lorsqu'il distingue des citoyens actifs et des citoyens passifs, les premiers seuls ayant le droit de voter en raison de leur indépendance économique, qui conditionnait selon lui l'accès à la liberté politique effective. Plus largement, sa réflexion d'ensemble sur l'organisation sociale et la propriété économique n'est pas parvenue au niveau de conscience auquel parviendra la réflexion de Marx et tout le courant socialiste ou communiste au 19ème siècle, et on peut dire qu'il reste enfermé dans une conception bourgeoise de la propriété individuelle ; il ne peut donc intégrer la question centrale de l'exploitation (avec ses effets sociaux) dans sa théorisation politique et en envisager la critique et le dépassement comme sa conception de la morale aurait pu et dû l'y conduire, s'il en avait eu conscience. Son projet d'une « politique morale » se restreint donc, pour l'essentiel, à une apologie vigoureuse de la République comme seul régime politique légitime, dans la droite ligne de Rousseau, et à la défense de la valeur inconditionnelle de la paix : ce n'est pas rien, c'est même très important, mais ce n'est pas tout, loin s'en faut !

Il faut donc plutôt se servir de cet exemple comme d'un *modèle* ou d'un *paradigme* dont il faut tirer des leçons générales sur la relation de la morale et de la politique, quitte à le transposer, à le prolonger et, bien entendu, à l'inscrire dans un espace de pensée matérialiste intégrant le savoir critique sur l'histoire, la société et les hommes qui se met en place à partir du siècle suivant. Je formulerai donc un ensemble de thèses qui guideront la suite de mes analyses :

1 On ne peut séparer la morale et la politique qui entretiennent un lien *essentiel*, à savoir un lien d'*essence* : la politique ne se déploie pas seulement dans l'élément empirique de processus psychologiques et historiques comme

le jeu des intérêts, des égoïsmes, des ambitions, des appétits de pouvoir ou de richesse, la recherche de la gloire ou de la puissance, les rapports de forces entre classes ou nations, etc. – ce qui est aussi largement le cas *en fait*, conformément à ce qu'en pensent l'opinion courante, les politologues présents dans les médias et nombre de théoriciens, et qui la constitue d'ailleurs et à juste titre en objet d'une science non seulement possible, mais réellement existante, quelles que soient ses lacunes ou les contradictions qui la traversent[1] ; elle se déploie tout autant dans *l'élément de la morale* dans la mesure où celle-ci lui prescrit ce qu'elle doit être et où elle l'offre donc dans *tous* les cas à son jugement, soit pour que celui-ci constate qu'elle en réalise bien les exigences, soit pour qu'il constate qu'elle les bafoue : dans les deux cas, qu'elle soit morale ou immorale, la politique relève du genre de *la morale*. Comme le disait déjà Rousseau, avant que Kant n'en théorise l'idée, « ceux qui voudront traiter séparément la politique et la morale n'entendront jamais rien à chacune des deux »[2].

2 Cet élément moral de la politique est *décalé* ontologiquement par rapport à l'élément empirique de celle-ci, auquel on croit pouvoir la réduire : bien qu'il s'y réalise, il lui est hétérogène puisqu'il est normatif, contre-factuel. Il n'a pas l'objectivité des faits dont s'occupe la science historique ou politique puisqu'il indique une dimension de valeur *qui est posée* par la conscience humaine parvenue à un certain degré d'évolution ou de constitution : la moralité ou l'immoralité d'une réalité politique quelconque (événement, transformation sociale, constitution, type de gouvernement, etc.) est donc *jugée* autant que constatée : elle est appréciée dans l'éclairage d'un espace de valeur morale instauré par l'homme et elle fait donc l'objet d'*une espèce d'interprétation* : juger moralement le réel – condamner le racisme, par exemple – ce n'est pas le connaître mais *lui donner un sens*, un sens d'immoralité ou de scandale, *à la lumière d'une valeur* qui est posée par ailleurs, qui ne se laisse pas voir empiriquement comme l'acte raciste lui-même ni connaître comme les causes de cet acte (ignorance, peur de l'autre, déclassement, etc.), c'est donc assumer le réel sur un plan normatif par un acte spécifique de valorisation qui lui attribue ses qualités « morales », positives ou négatives[3]. Comme le dit très bien A. Badiou à propos de la revendication politique de l'unité du monde qu'il oppose au constat tragique

---
[1] S'agissant de ce type de pensée politique en France, voir par exemple l'œuvre de R . Aron, en particulier *Paix et guerre entre les nations*, Calman-Lévy, 1962 ou l'ouvrage de J. Freund *Qu'est-ce que la politique ?* ; à l'étranger, voir l'œuvre de K. Schmidt, etc.
[2] *Emile ou de l'éducation*, Garnier-Flammarion, 1966, p. 306. Dans le passage d'où est extrait cette affirmation, Rousseau développe l'idée que l'on ne peut comprendre séparément l'homme et la société. Mais cela revient à la thèse que j'énonce, qui correspond d'ailleurs à sa philosophie d'ensemble.
[3] Mais cette interprétation est très différente de celle de l'éthique puisqu'elle prétend à l'objectivité, comme je l'indique juste après.

de ses divisions, de ses déchirements et de ses conflits (dont le racisme est une forme) – et son propos doit être étendu à toutes les revendications politiques : « Nous ne pouvons aller d'un accord analytique sur l'existence du monde en direction d'une action normative quant aux qualités de ce monde » car la question normative est hétérogène à la question analytique que prennent en charge les sciences et qui fonde exclusivement les politiques gestionnaires : celle-ci nous dit comment est le monde, celle-là ce qu'il doit être bien qu'il ne le soit pas[1].

3 Pourtant, cet élément moral n'est pas arbitraire (ou imaginaire) comme ne sont pas arbitraires (ou imaginaires) les jugements qui en sont issus contrairement à ce que pourrait laisser entendre le terme d' « interprétation » appliqué au jugement moral. Car si la morale est bien présupposée par l'affirmation qui dit que la politique en dépend, elle a été posée par la raison qui en est l'origine réelle, on l'a vu, et elle a été fondée normativement par cette même raison. Elle constitue donc une sphère d'objectivité propre, de nature pratique, distincte de l'objectivité naturelle ou socio-historique qu'étudient les sciences, mais réelle puisqu'elle est faite de jugements rationnels à validité universelle qui sont *comme* des connaissances ou *comme* des vérités. Du coup, ses jugements qui nous font prendre parti pour ou contre des formes socio-historiques de vie peuvent prétendre avoir le statut d'une connaissance ou d'une quasi-connaissance morale du monde, connaissance objective au même titre que les valeurs qui les fondent : affirmer qu'*il y a* de l'injustice dans les rapports d'exploitation envisagés sous l'angle de la morale (car l'exploitation peut être aussi envisagée sous un angle scientifique et elle tombe alors hors de la morale), ce n'est donc pas fantasmer le réel ou l'interpréter arbitrairement à la lumière d'un moralisme dépassé, ce n'est pas non plus adopter une grille de lecture du réel qui serait obsolète, c'est viser une *qualité morale réelle* (« morale » au sens générique) du monde économique dominé par la propriété privée des moyens de production : c'est du même mouvement, et pour autant que la science sociale nous a préalablement informés sur ce monde, faire apparaître cette qualité (non la faire être) et la dénoncer, l'apprécier critiquement. C'est tout simplement connaître le monde *du point de vue* de la morale : connaissance normative, ou implicitement normative, si l'on veut, mais connaissance tout de même puisque les qualités morales (toujours au sens générique) du monde ainsi révélées – et nous en ferons un tableau systématique plus tard –, si elle n'existent que *pour* une conscience morale qui les appréhende, n'existent pas *par* cette conscience puisqu'elles sont supportées par et incarnées dans des

---

[1] A. Badiou, *De quoi Sarkozy est-il le nom ?*, Lignes, 2007, p. 81. Il peut alors préciser que la phrase « il y a un seul monde » n'est pas une « conclusion objective », elle est « performative » : « Nous décidons qu'il en est ainsi pour nous. »

réalités matérielles objectives[1] : la relation capitaliste d'exploitation existe dans sa réalité sociale effective (extorsion d'une survaleur ou d'une plus-value liée à un surtravail) et on doit l'admettre même si on est insensible à son injustice propre, c'est-à-dire si on n'appréhende pas sa signification morale négative faute d'un référent normatif suffisamment présent pour le faire, donc en raison d'une déficience patente de la conscience morale, quelle qu'en soit l'origine[2].

4 Cet élément moral dans l'approche de la politique est non seulement objectif, il est aussi inévitable car nous sommes désormais *dans* la morale et soumis à sa juridiction, contraints d'appréhender le monde à l'aide de ses normes ; c'est donc du point de vue de la morale que la relation de la morale et de la politique est appréhendée, et non du point de vue inverse ou d'un tiers point de vue, externe. Certes, il y a là comme une pétition de principe, mais notre analyse de la genèse naturelle et historique de la morale montre qu'on doit l'admettre et qu'elle ne présuppose pas arbitrairement ce qui est en question : c'est l'histoire elle-même, précédée par l'évolution biologique, qui a fait émerger cet Universel au moyen duquel nous la jugeons (y compris rétrospectivement) et au nom duquel, aussi, nous la faisons en partie, et nous ne pouvons échapper à cette situation. Je préciserai même que toute négation de la morale en politique se paie d'un retour subreptice de celle-ci, soit à un niveau « infra » ou déplacé, latéral, soit à un niveau « méta ». Je m'explique à l'aide de trois exemples. La critique de la morale, dénoncée comme abstraite et inefficace, au nom de la politique, seule instance jugée concrète et efficace, que l'on trouve dans la tradition marxiste officielle, y compris chez Marx quand il fait de la morale « l'impuissance mise en action »[3], non seulement oublie que la politique communiste se fonde aussi sur des valeurs morales, souvent inavouées, mais s'attribue une dignité, une universalité et une force d'obligation qui appartiennent normalement à la morale. La politique communiste est donc, en réalité, la morale de ceux qui critiquent la

---

[1] J. Granier a élaboré une conception extrêmement originale et insuffisamment connue de ce statut de la valeur en montrant que, sans se confondre avec les objets de l'expérience, elle s'« étaye » sur eux, considérés comme des « inducteurs valoriels » qui assurent sa présence spécifique dans ces objets : voir *Penser la praxis*, op. cité. J'applique complètement cette conception à la valeur morale telle que je la comprends.

[2] On se souviendra que la conscience morale, dans son contenu propre, étant un *acquis* culturel, elle peut ne pas exister de la même manière selon les époques, les cultures, les groupes, les classes, les individus. Ce n'est que sur cette base que l'on peut comprendre que toute l'Antiquité ait justifié l'esclavage. Et ce n'est que sur cette base également que l'on peut comprendre ses variations actuelles, qui se résument en un affaiblissement considérable de la conscience morale collective, lequel se traduit lui-même par une baisse du sens critique dans l'appréhension politique de la modernité capitaliste et le développement d'un individualisme de masse, insensible aux souffrances sociales.

[3] « La critique moralisante et la morale critique », in *Karl Marx*, op. cité.

morale ! Quant au cynisme qui, compris dans son sens noble, entend démythifier les valeurs morales et se traduit en politique par une apologie du réalisme fondé sur la prise en compte impitoyable des rapports de force, il se vit lui-même comme une morale de la lucidité et, comme toute morale, il milite pour son propre point de vue, n'hésitant pas à dévaloriser ceux qui ne le partagent pas : le cynisme moral cache donc une morale *du* cynisme. Enfin, à un niveau plus profond, toute critique de la morale qui ne voit en elle qu'une force sociale d'oppression de la vie et lui préfère la réalité d'une action émancipatrice débarrassée de l'entrave qu'elle constitue, occulte le fait que cette visée d'émancipation est en soi morale, mais d'une moralité de second niveau, qui inclut le refus de la moralité de premier niveau. *On ne saurait donc s'émanciper de la morale en politique et par celle-ci puisque la catégorie d'émancipation est une catégorie elle-même morale.* Il vaut donc mieux le savoir, avoir la conscience lucide de ce que peut être, d'un point de vue matérialiste, la morale et éviter ainsi les risques inhérents à un moralisme qui s'ignore et se déguise en fanatisme politique ou en fanatisme de la politique coupée de son fondement moral.

5 Nous pouvons alors revenir à notre thèse initiale de la relation essentielle de la morale et de la politique et la préciser. Il faut dire clairement que la politique, par-delà les fonctions « positives », à savoir factuelles, qu'elles remplit nécessairement et qui en font une technique de gestion ou de transformation gestionnaire de la société, sans visée spécialement normative et ne s'interrogeant pas sur les intérêts sociaux en jeu, *a, c'est-à-dire doit avoir* pour fonction de *réaliser les fins de la morale* dans son rapport au vivre-ensemble collectif, de les inscrire dans la réalité socio-historique objective, tout en respectant les normes que celle-ci prescrit dans les moyens qu'elle peut utiliser pour y parvenir. On peut ainsi parler d'une *politique de bienfaisance*, d'une politique qui fait du bien aux hommes – comme il y a, à l'opposé, une *politique de malfaisance*, qui leur fait du mal – inscrite dans des pratiques et des institutions dotées, comme le dit justement Dussel, d'une « *prétention de bonté* »[1] parce que l'Universel moral s'y concrétise. On voit alors la révolution dans la conception dominante de la morale que cette proposition induit : elle consiste à cesser d'enfermer celle-ci dans la « forme-Sujet », avec sa problématique de l'intention (qu'on ne saurait théoriquement résoudre) et sa thématique, très égocentrique finalement, des vertus individuelles dont le déploiement en direction d'autrui demeure restreint, et à la *transférer* dans le champ social, sans l'abandonner pour autant ; car dans ce transfert la morale *est conservée*, avec ses valeurs propres, voire son lexique (bienfaisance/malfaisance, bonté, justice, etc.), sauf que le Sujet moral, à statut métaphysique auquel on les rapportait traditionnellement, a

---

[1] Op. cité.

disparu et qu'il n'y est question que de sujets finis, historiques et surtout collectifs dont seul le contenu moral de l'action importe vraiment. C'est donc dans cet élément-là de la réalité socio-historique, et non dans celui de l'intériorité et de l'action vertueuse individuelle, que la morale trouve sa substance véritable.

Reste à voir en détail à travers quelle médiation, dans quels domaines et sous quelles formes concrètes la réalisation de la morale s'effectue, c'est-à-dire, répétons-le, *doit* s'effectuer.

La médiation : le droit

On ne peut ici que reprendre ce que dit Kant, quitte à moderniser et à enrichir son propos de réflexions ultérieures, parmi lesquelles celle de Habermas me paraît la plus approfondie. L'idée principale qu'il faut retenir est que, comme nous ne vivons pas et ne vivrons jamais ni dans un état de solitude ni dans un état de nature « social » qui serait marqué par une spontanéité morale régissant de l'intérieur le « vivre-ensemble » et rendant inutile l'interventions de lois positives, il faut organiser la coexistence des libertés individuelles de telle sorte qu'elles se respectent mutuellement et telle est la fonction essentielle du droit : « Le droit est donc l'ensemble des conditions selon lesquelles l'arbitre de l'un peut être uni à l'arbitre de l'autre selon une loi universelle de la liberté »[1]. Chez Kant cette nécessité tient à la nature humaine, aux désirs, besoins, penchants liés à la « faculté de désirer » qui, tout en supposant la présence d'autrui et constituant donc l'individu humain comme être d'emblée « sociable », le rendent simultanément « insociable », non accordé aux autres : en rivalité avec eux, en compétition, etc.[2] On peut, il est vrai, juger qu'il surestime cette dimension de « nature » faisant obstacle à la socialisation ou à l'entente entre les hommes et lui objecter, à la lumière des sciences humaines contemporaines, tout ce qui dans l'organisation historique de la société produit ou nourrit de la conflictualité : non seulement son organisation en classes qui alimente une guerre, larvée ou ouverte, de groupes sociaux aux intérêts antagonistes et engendre chez les dominés, à travers de multiples déterminismes, une agressivité qui n'a rien de naturel et s'exprime dans une violence sociale aux formes multiples (vol, délinquance, conflits interindividuels ou de bandes comme on le voit aujourd'hui dans les banlieues pauvres des villes, etc.), mais aussi son degré d'évolution globale et, spécialement, la division de l'humanité en nations ou en ensembles inégalement développés, avec ses rapports d'exploitation et de domination à l'échelle mondiale, qui nourrit la

---

[1] *Doctrine du droit*, p. 104.
[2] Le thème d'une « insociable sociabilité » de l'homme est développé dans l'*Idée d'une histoire universelle au point de vue cosmopolitique*, Quatrième proposition.

réalité et la menace persistantes des guerres. Pourtant, par-delà la disparition théoriquement soutenable et politiquement envisageable de nombre de ces facteurs, purement historiques, d'insociabilité qui permet de concevoir sur le long terme un « vivre-ensemble » largement apaisé, on ne saurait imaginer d'organisation sociale d'où *toutes* les causes de conflits *possibles* auraient disparu. On peut penser que d'autres causes subsisteront alimentant la *possibilité permanente* de désaccords et rendant nécessaire l'existence d'un droit pour les trancher : les conflits d'intérêt et de pouvoir entre groupes, y compris au sein d'une société sans classes ; les oppositions entre individus dont la source peut se trouver dans des constantes anthropologiques dont on ne peut dogmatiquement exclure l'hypothèse (volonté de puissance de Nietzsche, pulsion de mort de Freud) ou, tout banalement, la dysharmonie des individus, avec leurs désirs concurrents et la gamme de sentiments qui peuvent les opposer dans des situations de vie multiples (jalousie amoureuse, envie sociale, course pour les places, etc.). On ne voit donc pas comment on pourrait se passer, eu égard à ce qu'il faut bien appeler, sinon l'imperfection, au moins la *finitude* humaine, d'un droit contraignant les hommes à s'entendre et à se respecter, fut-ce en précisant que la nécessité d'y recourir explicitement ira en s'amenuisant dans toute une série de domaines. J'ajoute cette remarque de bon sens, mais que peu font : une société dont l'organisation tarirait le besoin de la contrainte pour amener les hommes à s'entendre serait précisément une société organisée sur des bases *juridiques* telles (la propriété collective de l'économie, par exemple) qu'elles rendraient ce besoin inutile. Un peu comme pour la morale, la nécessité d'un droit se trouverait alors déplacée d'un niveau à un autre : du niveau interindividuel, où il serait moins indispensable de le faire appliquer, à un niveau collectif (une organisation juridique de la société selon les normes du socialisme ou du communisme) où sa présence permettrait de le rendre davantage évitable à l'autre niveau. On peut ainsi estimer, pour concrétiser mon propos, qu'une société fondée sur un droit interdisant l'exploitation du travail, l'inégalité de l'homme et de la femme ou le racisme, tarirait progressivement les sources de conflits à ces trois niveaux (travail, rapport homme/femme, relations entre races), en raison précisément de sa nouvelle organisation juridique d'ensemble.

Mais ce qu'il faut comprendre, au-delà de cette nécessité *factuelle* du droit que je viens de justifier dans une perspective kantienne bien élargie, c'est la nature *morale* de la nécessité du droit étant donnée la nature morale de celui-ci. Kant ici n'a pas besoin d'être transposé, il suffit de l'entendre et de le suivre à la lettre. S'il distingue bien la légalité juridique de la légalité morale, la première ne portant que sur le comportement extérieur ou le contenu de l'action alors que la seconde inclut la motivation intérieure, c'est en précisant clairement que ce sont deux sphères *de la morale elle-même* (entendue au sens large), donc qu'elles relèvent toutes deux du champ de l'*obligation pratique* liée à l'Universel. Il peut alors indiquer que si le devoir juridique n'est pas le devoir moral, il y a *un devoir moral d'obéir au devoir juridique*, donc de réaliser le contenu de ce qu'il prescrit, fût-ce sans motivation morale. Cela tient précisément à l'exigence de respect universel de la liberté humaine que porte le droit, qui en constitue l'objectivation (même imparfaite et donc susceptible de transformations) : la morale précède logiquement le droit qui n'en est qu'un moment ou un aspect, elle le fonde aussi bien dans sa nécessité propre, « de droit » ou morale, que dans son contenu, et *celui-ci en est donc la réalisation* dans le domaine de la liberté extérieure[1]. On comprend alors que, immédiatement après avoir défini le droit, Kant, énonçant son principe, qualifie de « juste » l'action qui lui est conforme, c'est-à-dire lui attribue une valeur morale intrinsèque du seul fait qu'elle met en œuvre ce principe, quelle que soit son intention : « Est *juste* toute action qui permet ou dont la maxime permet à la liberté de l'arbitre de tout un chacun de coexister avec la liberté de tout autre suivant une loi universelle » ; et il indique même un peu plus loin : « C'est à mon égard une exigence de la morale que d'ériger en maxime la conduite qui convient au droit »[2]. Ainsi le droit, dont on pourrait penser qu'il n'est qu'un cadre formel à l'intérieur duquel les actions individuelles susceptibles d'être qualifiées de « morales » peuvent se déployer ou qu'il n'est, si l'on préfère, que le moyen contextuel de ce déploiement de la moralité de l'action, devient directement une *fin* moralement obligatoire au même titre que les fins qui constituent la vertu, donc un objet direct d'obligation pratique, ou encore *une réalité directement morale*.

La conséquence est claire : même si nous devons aujourd'hui renoncer à l'idée d'un droit déconnecté de ses enjeux historiques réels liés aux intérêts de classe dans lesquels il est pris et qui relativisent considérablement l'universalité qu'il revendique, on ne peut que suivre le philosophe allemand dans sa manière de concevoir le lien du droit à la morale. Comme le dit Habermas, dans un contexte de réflexion qui, s'il reste kantien, n'est pas idéaliste quand il s'agit de penser l'origine concrète des normes morales et juridiques : la « légitimité de la légalité » tient à « une relation interne entre droit et morale »[3], ce qui interdit que l'on fasse de celui-ci un simple reflet des rapports de force entre les hommes. Or, ce qui apparaît, si l'on admet cette liaison du droit à la morale, c'est que *le droit nous fournit très précisément un exemple, sinon l'exemple par excellence, de ce que nous*

---

[1] Comme le dit A. Renaut commentant la *Doctrine du droit* : « Elle situe le droit par rapport à la morale (pure) comme en étant l'incarnation » (Présentation de la *Métaphysique des mœurs I*, Garnier-Flammarion, 1994, p. 35)
[2] Op. cité, p. 104 et p. 105.
[3] *Droit et morale*, op. cité, p. 28.

appelons une « morale sans Sujet ». Je m'explique. Bien que possédant un contenu moral (quoique imparfait et inachevé dans sa traduction) le droit, je l'ai déjà indiqué – mais ce point est important pour ma réflexion et c'est pourquoi j'y reviens –, fait totalement abstraction des éventuelles motivations morales de l'agent qu'il contraint à agir selon ses prescriptions et, la plupart du temps, c'est l'intérêt, lié à la peur de la sanction, qui détermine l'obéissance à celles-ci. Dans son fonctionnement effectif il ne se fonde donc en rien sur l'hypothèse spéculative d'un Sujet métaphysique libre dont la morale, entendue au sens traditionnel, a au contraire besoin : la légalité du comportement qu'il exige, réclamée elle-même, au demeurant, par cette même morale, n'a pas à s'étayer sur un choix libre de la moralité comme telle, donc sur un respect envers la légalité en elle-même, pour être pleinement ce qu'elle a à être, à savoir ce qu'on peut appeler une *moralité-légalité juridique* de l'action effectivement accomplie. Il illustre donc parfaitement l'idée matérialiste d'une *morale du contenu* (de l'action), distinguée d'une morale de l'intention, que le matérialisme exige[1]. Un exemple simple le fera mieux comprendre, qui touche au droit social. La loi interdit désormais qu'un patron licencie des ouvriers sans motif économique lié à la viabilité de l'entreprise. Or, que le patron le fasse simplement parce que cela est interdit et pour ne pas être condamné s'il le faisait, et non parce qu'il prendrait en compte la légitimité morale de cette loi, fruit d'une prise conscience historique laborieusement acquise des droits des travailleurs dont il reconnaîtrait le bien-fondé, *n'importe en rien* à la loi elle-même et *n'affecte en rien* la valeur propre, morale-légale, du comportement de celui qui la respecte. Je précise tout de même qu'en mettant en avant une pareille conception de la morale et en la valorisant théoriquement, il ne s'agit pas de faire l'apologie de ce qu'on pourrait considérer comme une immense comédie sociale de la moralité juridique, à savoir de faire l'apologie du calcul intéressé sous-tendant les actes conformes au droit et de valoriser celui-ci parce qu'il permettrait à ce calcul de se déployer dans son ombre ou grâce à lui. Il s'agit simplement d'admettre que la question de la capacité que pourrait avoir l'homme d'être mu par des intentions purement morales étant théoriquement indécidable, y faire exclusivement appel dans la pratique reviendrait à prendre le risque de l'impuissance : compter sur la seule moralité subjective pour obtenir une société de droit ou respectant le

---

[1] L'idée que le droit fait abstraction de la motivation morale a été particulièrement développée, après Kant, par Hegel. Dans sa *Propédeutique philosophique* il affirme, par exemple, que le droit fait abstraction à la fois de « l'intention qu'on a en agissant », de « la conviction que ce que j'ai à faire soit juste ou injuste », enfin de « la disposition d'esprit dans la quelle un acte est accompli », laquelle peut être intéressée (op. cité, Gonthier, 1964, p. 30). Du coup, il peut indiquer à titre de proposition générale : « Le droit impose au vouloir universel l'obligation de se réaliser sans égard à l'intention ou à la conviction du singulier », à savoir de l'agent individuel (ib., p. 34).

droit, ce serait miser sur ce qui n'est peut-être qu'une fiction intellectuelle et se condamner à attendre longtemps la mise en pratique de ce respect. Ce serait risquer aussi, notre réflexion antérieure l'a suggéré, de verser dans un moralisme violent et inhumain en cas de non-respect du droit, puisqu'il s'agirait alors de punir sévèrement un acte que l'on aura attribué au libre arbitre et que l'on aura ainsi précipitamment « moralisé » (au sens d'une moralité de l'intention) en lui donnant une signification morale qu'il n'a probablement pas.

On voit l'importance de cette approche pour une réflexion moderne sur la moralité objective ou sociale qui n'entend pas se payer de mots et vise à l'efficacité, au devenir effectif de la morale dans le monde[1]. D'une part, elle fait place à l'intérêt dont elle reconnaît que le droit le sert et qu'il est donc aussi à son origine : les grandes conquêtes juridiques de l'humanité se sont enracinées de fait dans des revendications intéressées visant à améliorer la vie concrète des individus, groupes, classes ou races – y compris quand il s'agissait des droits politiques dits « formels » –, même si ces revendications devaient non seulement s'inscrire dans un horizon normatif d'universalité, mais comporter un contenu réellement universel (même limité) pour prétendre valoir et être acceptées, ce qui les faisait sortir de la seule logique de l'intérêt et leur donnait une dimension incontestablement morale[2] ; et elle reconnaît ainsi que l'intérêt peut très bien être et est souvent le motif du respect comportemental du droit, sans que cela en altère la valeur propre, indissolublement juridique et « morale légale ». D'autre part, elle permet de comprendre que le droit vienne palier ou compenser ce que Habermas appelle les « faiblesses de la morale autonome »[3], disons de la morale abstraite avec son hypothèse d'un Sujet à la fois omniscient et libre. Le droit, en effet, comble le déficit cognitif qui fait que l'être humain ne possède pas d'emblée la connaissance de l'Universel puisque, celui-ci ayant été acquis historiquement, il doit se l'approprier à travers un processus éducatif et, surtout, pouvoir s'informer de sa traduction juridique, souvent extrêmement technique, dans tous les domaines où il s'applique : les différents codes sont

---

[1] Voir à nouveau *Droit et morale* d' Habermas, dont je m'inspire dans ce qui suit.
[2] Qu'il y ait dans la manière dont le droit se présente une dimension d'illusion ou de mystification idéologique qui masque la particularité des intérêts en jeu et qui l'offre à la critique marxiste me paraît évident, et j'en parle plus loin. Mais cette illusion est réelle et réellement agissante, productrice d'effets effectivement progressistes, ce qui interdit de la réduire à un reflet erroné et mystificateur de la lutte des intérêts, assurant à bon compte l'unité sociale et donc purement interne au « processus social », comme le fait J. Robelin dans son livre, par ailleurs décapant, *La petite fabrique du droit* (Kimé, 1994). A l'opposé, J. Bidet a raison de faire de l'Universel le seul principe de légitimité pour la politique moderne, y compris pour la politique libérale, alors même que ce principe s'inverserait en son contraire dans la politique capitaliste que cette dernière inspire : voir sa *Théorie générale*, PUF, 1999.
[3] Ib., p. 49.

là pour lui fournir cette information. Mais tout autant, le droit vient combler le déficit de motivation morale à le respecter que nous constatons depuis son origine et dont la suppression totale ne paraît pas possible à vue d'homme, sauf à verser dans une vision angélique de la psychologie humaine et de sa transformation assurée dans une société dont l'injustice aura été supprimée : la possibilité de contrainte qui lui est liée, la peur corrélative de la sanction, l'appel multiforme à l'intérêt que l'on tire à s'y conformer (on peut faire carrière en respectant les lois et grâce à ce respect, par exemple)[1], nous incitent à lui obéir en dehors de toute considération morale spécifique. Si donc on peut dire que, à ces deux niveaux de la connaissance et de l'action, *la morale est une charge*, une charge subjective, eu égard aux obstacles qu'elle rencontre en l'homme, on peut dire que le droit, en ayant en vue toutes les transformations dont il peut et doit être l'objet pour remplir sa fonction morale, *nous décharge de l'obligation d'être subjectivement moraux pour agir selon les prescriptions objectives de la morale*, du fait même de son objectivité externe, faite de lois contraignantes. En d'autres termes, le droit *prend en charge la morale* considérée comme contenu objectif, conduite effective au sein de la société, et nous dispense donc de la moralité subjective, avec sa difficulté propre, ses mérites mais aussi ses fautes et, donc, sa culpabilité pesante et douloureuse dont le fondement peut être considéré comme fictif.

Cependant, si le droit exclut bien le Sujet métaphysique de la morale traditionnelle et nous fait bénéficier de sa disparition, il n'en fait pas moins place à un sujet, fini mais réel, dont l'importance est essentielle. En quel sens ? Avant tout parce que le droit lui-même repose sur l'idée d'un pareil sujet, un sujet *de droit* précisément, détenteur de droits (au pluriel) de plus en plus nombreux dans toute une série de domaines, donc un sujet « ayant droit à » et « sujet » à ce titre, mais corrélativement soumis à l'obligation juridique de les respecter chez autrui, donc également un sujet « devant respecter les droits » des autres et « sujet » là aussi à ce titre, quoiqu'il s'agisse d'un titre inverse du précédent puisque hétérocentré[2]. En d'autres termes, le droit traite l'homme *comme* doté d'une *personnalité* et pas seulement comme un être de nature ou d'histoire dépourvu d'initiative, personnalité insérée dans un jeu de rapports intersubjectifs au sein duquel à la fois elle doit être prise en compte par autrui et elle doit prendre en compte

---

[1] Plus largement et plus profondément : les hommes ont intérêt, sur le long terme, à être moraux dans leur conduite. Autrement dit : la moralité (dans la conduite) est encore le meilleur calcul, dans la longue durée. Le problème est qu'ils vivent dans le court terme au sein duquel l'immoralité peut être payante, ce qui rend nécessaire le droit pour les contraindre à agir moralement.
[2] Le sujet juridique est le « destinataire d'une norme » dit justement G. de la Pradelle dans un ouvrage lucide, *L'homme juridique*, Presses universitaires de Grenoble/Maspero, 1979, p. 74.

autrui. Mais il faut bien comprendre ce que signifie ontologiquement ce traitement de l'homme « comme » un sujet, qui vaut, bien entendu, pour tous les hommes. Ce n'est pas un constat puisque, par exemple, si l'on prend l'article 1 de la Déclaration des droits de l'homme et du citoyen : « Les hommes naissent et demeurent libres et égaux en droits », la liberté et l'égalité qu'elle proclame ne peuvent être observées et attestées empiriquement, voire même sont contredites par la réalité concrète de l'homme en société[1] ; et ce n'est pas non plus la conclusion d'une simple réflexion théorique qui, scrutant l'essence de l'homme, s'imposerait à tous puisqu'il a fallu des siècles pour la formuler et qu'elle a eu du mal à faire l'accord de la communauté internationale. En réalité, il s'agit très exactement d'une *déclaration* qui affirme ce qui doit être, qui exprime donc une *exigence*, mais une exigence paradoxale puisque, à la différence de la seule exigence morale, elle crée la réalité qu'elle exige en la formulant dans un droit objectif : en nous demandant de *traiter* les hommes *comme* des sujets de droit, « libres et égaux en droits », le droit *en fait réellement* des sujets de droit et cet énoncé peut être considéré comme un énoncé *performatif* qui produit la réalité de ce qu'il dit en le disant[2]. La réalité du sujet juridique est donc instituée, c'est une construction artificielle, mais elle est effective à ce titre et on doit même la considérer comme indispensable : elle est nécessaire à l'unité et au fonctionnement du jeu social. On le voit bien lorsque l'on prend conscience que le sujet juridique est, par définition, un sujet considéré initialement comme libre et responsable de ses actes, censé connaître les obligations du droit et donc soumis à des sanctions quand il les viole : ces sanctions, liées à la possibilité de contrainte inhérente au droit, entraînent effectivement l'homme à se comporter en sujet libre et responsable, comme s'il l'était ontologiquement alors qu'il ne s'agit que d'une exigence interne à la société. Il ne suffit donc pas de dire que l'idéologie juridique (en particulier) « interpelle les individus en sujets » comme l'affirme Althusser en une formule qui pourrait laisser penser que cette catégorie n'est qu'une fiction sans réalité pratique, que l'homme se

---

[1] « L'homme est né libre et partout il est dans les fers » disait Rousseau au 18ème siècle avant que cette Déclaration soit proclamée.
[2] J'ajoute que la Déclaration va plus loin : elle inscrit dans l'essence de l'homme la manière dont on doit le traiter, elle transforme donc en énoncé ontologique (« Les hommes naissent et demeurent, etc. ») une exigence normative (« Les doivent être traités comme, etc. »). Il y a là une espèce d'alchimie théorico-pratique qui consiste à inscrire dans l'être de l'homme une double valeur (liberté, égalité) qui en fait une personne définissant la façon dont on doit le considérer pratiquement. P. Ricœur, se référant à P. Strawson, parle à ce propos d'un processus d' « ascription » (in *Soi-même comme un autre*, Seuil, 1990, Quatrième étude). On peut donc dire que la Déclaration et, au-delà d'elle, le droit en général *ascrivent* en l'homme une valeur et des droits qui ont un statut de *prescription*. L. Sève reprend à sa manière cette perspective à propos de la notion de personne, en particulier dans *Qu'est-ce que la personne humaine ?*, La Dispute, 2006.

rêve inutilement comme être libre quand il s'appréhende comme sujet et qu'on pourrait s'en passer[1]; il faut ajouter expressément non seulement que cette fiction est inévitable, mais qu'elle constitue l'homme réellement en « sujet », avec son action responsable, *dans* l'espace social du droit, aussi artificiel que soit celui-ci[2]. Le « sujet » est donc une réalité socialement nécessaire comme le droit lui-même, à la fois présupposé et posé par lui : c'est une *construction performative du droit*.

Pour autant – et nous retrouvons ici, mais transposé, ce que nous avons dit du « sujet » moral conçu d'une manière matérialiste – ce sujet est bien un sujet fini, dont la capacité de choix peut être entravée. Pour s'en convaincre il suffit de voir comment le Code pénal contemporain définit l'homme à qui sont imputées des fautes et qui doit donc en subir la sanction[3]. Il s'agit bien d'un sujet, c'est-à-dire d'un homme qui est censé être au principe de ses actes parce qu'il les a voulus et qui ne tombe sous la juridiction de la justice qu'à cette condition. L'article 121-3 dit très clairement : « Il n'y a point de crime ou de délit sans intention de le commettre », ce qui exclut bien évidemment les actes commis par une personne « qui agit sous l'empire d'une force ou d'une contrainte à laquelle elle n'a pu résister » (article 122-3). Qui dit sujet dit donc conscience, intention et libre arbitre au sens très précis où ses actes lui sont attribués, ne sont pas vus comme la conséquence d'une intervention étrangère et où l'on considère qu'il en est responsable. Mais cette acception n'implique en rien la supposition métaphysique d'un libre arbitre absolu, constamment présent en l'homme. En effet, le même Code pénal, dans son article 122-1, fait aussitôt intervenir l'idée que la responsabilité humaine telle que le droit l'envisage peut être soit supprimée, soit atténuée : supprimée quand la personne « était atteinte, au moment des faits, d'un trouble psychique ou neuropsychique ayant aboli son discernement ou le contrôle de ses actes » ; atténuée puisque, lorsque la personne est atteinte d'un pareil trouble « ayant altéré son discernement ou entravé le contrôle de ses actes », la justice « tient compte de cette circonstance lorsqu'elle détermine la peine et en fixe le régime ». Le libre arbitre du sujet juridique n'est donc pas dans le droit actuel un libre arbitre radical, donné à l'homme une fois pour toutes ; c'est un libre arbitre

---

[1] *Positions*, « Idéologie et appareils idéologiques d'Etat », op. cité, p. 110 sq.
[2] Ce que ne nierait pas Althusser étant donnée sa conception de l'idéologie : celle-ci est « éternelle », elle est une dimension indépassable de l'existence humaine et elle constitue donc réellement l'homme en « sujet » dans le rapport imaginaire qu'il entretient nécessairement avec lui-même et avec les autres. C'est bien pourquoi, selon lui, « les individus sont toujours-déjà des sujets » (ib., p. 115) et, si je le comprends bien, le seront toujours. Je précise simplement que cette « forme-sujet », aussi imaginaire soit-elle du point de vue théorique de celui qui la pense et la démystifie, a tout le poids d'une réalité culturelle inévitable.
[3] Je me réfère à l'édition 2005 de celui-ci chez Dalloz.

susceptible de degrés en fonction des circonstances, voire susceptible d'être aboli – ce qui rend nécessaire l'intervention de psychologues, de psychiatres ou de psychanalystes pour en attester ou en apprécier l'existence. C'est à ce sujet-là, d'allure matérialiste, que le droit a affaire et donc également la morale qu'il engage, et on ne voit pas comment une société, quelle qu'elle soit, pourrait ne pas le présupposer dans son fonctionnement concret[1]. J'ajoute seulement, pour éviter toute ambiguïté, que le droit, à la différence de la morale, continue bien de ne pas faire intervenir l'intention subjective dans l'exigence du respect de ses prescriptions, ce qui lui interdit également de concevoir un quelconque mérite ou des degrés de mérite qu'il y aurait à s'y conformer : il ne distribue pas de récompenses ! Car s'il prend en compte la notion subjective d'intention, c'est uniquement dans l'ordre *pénal*, quand il s'agit de juger des délits ou des fautes, donc quand il s'agit d'apprécier le non-respect de ses prescriptions et de le sanctionner[2].

Dans ce contexte, on peut même envisager de restaurer non une problématique des vices et des vertus qui me paraît définitivement obsolète – de qui oserait-on dire aujourd'hui qu'il est vertueux ou vicieux sans prêter à sourire ? –, mais une problématique mesurée des qualités morales du sujet que notre réflexion semblerait pourtant devoir exclure, elle aussi. Je m'explique. Si la morale concerne d'abord le contenu de l'action et spécialement le contenu de l'action collective, elle s'applique aussi à l'action individuelle, laquelle est elle-même impliquée dans l'action collective : celle-ci n'est pas une action automate et elle y trouve son enracinement constant (et pas seulement un support), quel que soit le poids du déterminisme social qui pèse sur elle. Marx lui-même, dont avons déjà souligné que sa conception de l'homme était déterministe, indique dans *L'idéologie allemande*, texte fondateur de son approche matérialiste de l'histoire, que la base de cette approche « ce sont les individus réels, leur action et leur conditions d'existence matérielles, celles qu'il ont trouvées

---

[1] Réfléchissant sur l'articulation de la morale et du droit avec le matérialisme d'inspiration marxiste, T. Andréani indique justement : « La notion de sujet n'est donc pas complètement invalidée, dans la mesure où il y a bien un élément de subjectivité irréductible aux conditions objectives » ; et il ajoute : « On peut apprécier une responsabilité non par rapport à l'hypothèse d'un sujet libre qui aurait ensuite des circonstances atténuantes, mais au contraire dans l'idée d'un individu déterminé qui a néanmoins une part variable de choix » (*De la société à l'histoire*, Méridiens-Klincksieck, 1989, t. II, p . 504-505). C'est cette part de subjectivité responsable que le droit pose *objectivement*.

[2] J.-M. Guyau, dont on a vu à quel point il récuse la conception morale de la sanction, indique bien que, même en l'absence de toute considération d'une liberté morale ou métaphysique, « le déterminisme intérieur de l'individu ne saurait échapper à l'appréciation légale » et que la justice doit examiner « avec quel degré de volonté consciente [un] acte a été accompli » (op. cité, p. 189, note).

toutes prêtes comme aussi celles qui sont nées de leur action »[1], ce qui est une manière d'affirmer clairement que l'activité individuelle est au cœur des rapports sociaux et que l'individu n'en est pas seulement le jouet passif. Or, même si cette activité n'est pas libre au sens habituel de ce terme, elle confère à l'homme la *capacité ontologique* de produire le social, donc celle aussi de le modifier, de le transformer en transformant le monde ; et, s'agissant très précisément des rapports sociaux, sphère privilégiée de la morale, elle lui confère une forme de liberté et donc de responsabilité à leur égard : celle d'accepter et de conserver leur injustice ou leur immoralité propre (quand c'est le cas) ou, au contraire, celle de refuser et de supprimer celle-ci. Cette responsabilité est certes conditionnée par toute une série de facteurs qui n'ont rien à voir avec des caractéristiques proprement individuelles comme l'état de développement de la société, la diffusion du savoir, l'idéologie et donc la nature des valeurs dominantes qui facilitent ou pas l'émergence d'une conscience critique, la biographie personnelle, etc. ; mais elle est aussi liée à des attitudes, des motivations, des manières d'être et d'agir qui sont bien, elles, individuelles et dont la qualification relève d'un registre que l'on peut dire moral. Le courage, l'audace, la fidélité, la ténacité, la sincérité, l'honnêteté, la générosité existent, quelle que soit la genèse que la sociologie et surtout la psychologie peuvent en offrir, qui peut contribuer à en démystifier la valeur apparente ; inversement, la lâcheté, la pusillanimité, la fausseté, l'infidélité, la malhonnêteté, l'égoïsme existent aussi, quelle que soit l'explication que ces même sciences peuvent en donner et qui, dans ce cas, tend à en innocenter l'individu. Ce sont bien là des qualités que l'on peut qualifier de « morales » (elles ne sont pas « éthiques ») parce qu'elles contribuent réellement à la moralité ou à l'immoralité de l'action non seulement individuelle mais collective, en lui fournissant de quoi faciliter son déploiement, en permettant donc subjectivement la production de son contenu objectif qui, pourtant, seul importe quand il s'agit de la juger. On a donc le droit théorique de parler de qualités morales (au sens générique) de l'individu pour autant qu'on les envisage non *en elles-mêmes* mais *par rapport* à l'action morale objective, spécialement dans l'ordre collectif, selon donc qu'elles favorisent ou au contraire entravent sa réalisation, et qu'on ne les conçoit pas, bien entendu, comme la manifestation d'une liberté métaphysique. C'est bien pourquoi l'on peut passer *plus ou moins* (je tiens à cette formulation prudente pour éviter le dérapage dans le moralisme accusateur) de la condamnation d'une action inhérente à un système social ou à des circonstances, à la condamnation ou, en tout cas, à la dévalorisation de celui qui la commet ou la déploie de fait. C'est le cas de Marx dans son rapport à l'exploitation capitaliste, puisque son attitude normative vis-à-vis

---

[1] Op. cité, p. 45.

d'elle déborde fréquemment du cadre systémique objectif dans lequel il la condamne, qui ne paraît pas impliquer de responsables, et atteint aussi ceux qui la mettent en œuvre avec leur égoïsme, leur cupidité, leur férocité, etc.[1] C'est ainsi que, parlant de l'accumulation primitive qui a permis la mise en place du capitalisme, il affirme que « l'expropriation des producteurs immédiats s'exécute avec un vandalisme impitoyable qu'aiguillonnent les mobiles les plus infâmes, les passions les plus sordides et les plus haïssables dans leur petitesse »[2]. Plus largement, cela explique que tous autant que nous sommes – et même le théoricien qui a compris le déterminisme qui produit nos actes – nous ne restions pas indifférents aux motivations subjectives des autres et que nous y réagissions subjectivement sur un plan normatif : nous préférons ceux qui nous paraissent animés de mobiles « moraux » (au sens que j'ai indiqué), nous les aimons, nous leur témoignons sinon de l'admiration (le terme ne me paraît pas convenir, visant des qualités hors morale comme le talent), en tout cas de l'estime et, inversement, nous sommes portés à rejeter ceux qui présentent à nos yeux des mobiles inverses, nous éprouvons pour eux de l'antipathie, voire du mépris. Or, sauf à déclarer ce registre de l'expérience humaine subjective totalement fictif et illusoire, en faire la démonstration convaincante et proposer un projet crédible de son dépassement à l'échelle de l'humanité entière, il me semble que le matérialisme doit en enregistrer la réalité et l'intégrer à sa conception de l'homme ; on peut même risquer l'idée qu'il y a des *affects moraux* ou des *affects de la morale*, liés spécifiquement à elle, de la même manière que Badiou parle, plus largement d' « affects de la vérité »[3]. Certes, on peut toujours, dans une perspective de réduction anthropologique radicale, concevoir de ramener les sentiments « moraux » à un principe psychologique unique comme l'intérêt (ou la volonté de puissance) dont ils ne seraient que le déguisement, individuel ou collectif ; mais outre que cette réduction totale,

---

[1] « Dans le concept de capital, il y a le capitaliste » dit-il en une formule qui déréifie clairement le fonctionnement de l'économie (capitaliste) et indique que, au cœur des phénomènes économiques, il y *aussi* des hommes et des pratiques, qui méritent donc, également d'être jugés normativement (in les *Grundrisse*, Editions sociales, 1980, t. 1, p. 451).

[2] *Le Capital*, L. I, ch. 32. L'ouvrage est plein de notations de ce type, d'une vivacité étonnante, faisant référence à la « psychologie morale » des capitalistes et traduisant un vrai sentiment moral d'indignation à leur égard. Ce n'est pas là vraiment une inconséquence de sa pensée si l'on admet ce que je dis, mais plutôt le fait qu'il n'était pas au clair avec la question de la normativité morale. Sur l'idée qu'il y aurait là une inconséquence théorique, voir à nouveau l'article de J.-P. Airut sur la notion de « crime innommable », op. cité. Il reste que Marx ne condamne pas l'exploitation juridiquement puisqu'il signale qu'elle est conforme au droit capitaliste : c'est ce droit lui-même qu'il critique.

[3] In *L'éthique*, Hatier, 1993, p. 48. L'éthique, au sens où il l'entend mais que nous préférons nommer « morale », est pour lui l'une des formes de l'expérience de la vérité avec la science, l'amour et la politique.

qui ne laisserait rien subsister hors d'elle de la moralité entendue comme ouverture réelle à autrui et souci réel de celui-ci, ne me convainc pas, notre définition du « moral » et des qualités « morales » échappe à l'invalidation que pourrait faire peser sur elle le soupçon théorique d'un intérêt omniprésent : nous érigeons en principe que la morale est effectivement utile à l'homme et sert donc son intérêt – sauf qu'il s'agit de l'intérêt de *tous* les hommes – et il faut donc admettre, parallèlement, qu'il y a des sentiments qui, alors même qu'ils seraient intéressés, facilitent sa réalisation, sont donc « moraux » en ce sens et doivent être valorisés du point de vue de la société mais aussi de la morale[1]. Si celle-ci est bien, comme le dit très justement Habermas, « une disposition protectrice qui compense une vulnérabilité structurellement inscrite dans les formes de vie socioculturelles »[2], une approche matérialiste lucide ne peut qu'être favorable à tout ce qui en permet l'accomplissement : non seulement le droit objectif, mais les motivations subjectives qui peuvent être le moteur psychologique de son respect.

On peut même concevoir, dès lors, que la politique, à travers la médiation du droit et de l'Etat qui en est le fondement institutionnel, contribue d'une manière importante à cette production d'une nouvelle forme d'humanité dont la recherche est au cœur de notre réflexion sur la politique et dont nous ne cessons de postuler la possibilité. Cela suppose, bien entendu, que non seulement on ne puisse se passer d'Etat et de droit, même dans une société communiste contrairement à ce qui paraît être à la fois le souhait et la prévision de Marx, mais qu'on en réhabilite les fonctions indissolublement morale et anthropologique à la lumière de ce que nous venons de dire. C'est Gramsci, le meilleur continuateur « critique » de l'auteur du *Manifeste* dans ce domaine, qui a parfaitement indiqué ce rôle essentiel (au niveau normatif) de l'instance étatique et juridique contre sa conception purement fonctionnelle et utilitariste, liée aux seuls intérêts économiques, même s'il n'en a pas développé tous les attendus. Dans les *Cahiers de la prison*, partant de l'idée qu'il y a toujours un « conformisme social », à savoir une production d'un certain type d'homme « conforme » aux conditions historiques d'une époque, il assume ce fait et le transforme en tâche moralement assignée à l'Etat : « Tâche éducative et formative de l'Etat, qui a toujours le but de créer de nouveaux types de civilisation plus élevés, […] donc d'élaborer même physiquement de nouveaux types

---

[1] La question de savoir si les affects (ou sentiments) moraux sont intéressés ou désintéressés est proprement indécidable. Je rejoins à nouveau Badiou sur ce point : «" Indécidable" veut dire qu'aucun calcul ne permet de décider s'il y a ou pas renoncement essentiel » – sous-entendu : renoncement à l'intérêt. Et il ajoute justement : « L'intérêt peut n'être pas clairement représentable comme distinct de l'intérêt-désintéressé » (op. cité, p. 49-50).
[2] *De l'éthique de la discussion*, op. cité, p. 19.

d'humanité » dit-il ; et se demandant comment y arriver, mais de telle sorte que le processus éducatif ainsi finalisé soit vécu comme une « liberté », il précise : « Question du "droit", dont le concept devra être étendu »[1], en l'occurrence étendu à des domaines auxquels le droit ne s'applique pas encore. Et dans un autre passage où il développe davantage sa conception du droit, dont il dit qu'elle « doit être essentiellement rénovatrice » et qu'elle ne peut donc « être trouvée intégralement dans aucune doctrine préexistante », il affirme, marquant le lien de l'Etat et du droit au sein d'une même finalité normative visant à transformer l'homme : « Si tout Etat tend à créer et à maintenir un certain type de civilisation et de citoyen (et par suite de coexistence et de rapports individuels), s'il tend à faire disparaître certaines mœurs et attitudes et à en diffuser d'autres, le droit sera l'instrument destiné à cette fin (à coté de l'école et autres institutions et activités) et il doit être élaboré afin d'être conforme à ce but, afin d'avoir le maximum d'efficacité et d'aboutir à des résultats positifs » ; et il ajoute, tout en excluant de cette conception du droit « tout résidu de transcendance et d'absolu » et donc « pratiquement [...] tout fanatisme d'ordre moralisateur », que celui-ci est « l'aspect répressif et négatif de toute l'activité positive de formation civile déployée par l'Etat »[2]. Il fallait citer intégralement ces lignes car elles définissent au mieux, avec beaucoup de réalisme et de prudence, donc sans le moindre risque de totalitarisme moraliste, l'ambition de la politique, à travers le droit et l'Etat, quand elle assume sa dimension morale.

Insuffisances et mystification du droit ?

Reste une dernière considération qu'il faut développer et qui est une réponse anticipée à une objection que l'on pourrait nous faire : en admettant, comme nous l'avons suggéré, que le droit trouve aussi sa source, sinon sa source principale, dans des intérêts humains particuliers et pas seulement dans une pure volonté de droit issue de la morale, et donc qu'il se met au service de ces intérêts, ne sommes-nous pas contraint de reconnaître les *insuffisances* criantes que son contenu effectif a présentées historiquement et qu'il présente encore, eu égard à sa visée propre, voire d'affirmer que l'universalité qu'il revendique est largement *mystificatrice* et que notre réflexion jusqu'à présent est elle-même prise dans cette mystification ?

---

[1] « Notes sur Machiavel, sur la politique et sur le prince moderne » in *Gramsci dans le texte*, op. cité, p. 562-563.
[2] Ib., p. 566-567. Il va jusqu'à préciser que sa conception du droit « ne peut partir du point de vue que l'Etat ne "punit" pas (si ce terme est ramené à son sens humain), mais lutte seulement contre les "dangers" d'ordre social », ce qui récuse clairement l'idée que la contrainte étatique, via le droit, puisse disparaître. Il en justifie donc la nécessité du point de vue même de l'humanisation de l'homme.

L'idée que le droit sous ses différentes formes, qu'il s'agisse du droit public (en y intégrant le droit pénal), du droit privé ou du droit international (dont le rôle aujourd'hui, à l'heure de la mondialisation capitaliste, est décisif), trouve sa source dans des intérêts de classe et, d'abord, dans les intérêts de la classe économiquement dominante qui a les moyens de l'élaborer et de l'imposer politiquement à l'ensemble du corps social, qu'il ait donc pour fonction de servir ces intérêts, qui sont des intérêts *particuliers*, est une idée que l'on ne peut nier. Elle a été imposée par l'analyse critique que fait Marx de la Déclaration des droits de l'homme et du citoyen de 1789 (dans ses versions corrigées de 1791 et 1793) dans *La question juive* et qui a ensuite été systématisée par le courant de pensée qui s'en réclame et, d'abord, par Engels dans l'*Anti-Dühring* ou dans *Ludwig Feuerbach et la fin de la philosophie classique allemande*[1]. Dans ce texte, Marx montre bien que l'homme dont la Déclaration proclame les droits n'est pas l'homme générique ou universel qu'elle met en avant mais l'homme bourgeois, donc l'homme d'une classe particulière dont elle défend les intérêts, sans le dire vraiment ; et les droits politiques du citoyen, dont à aucun moment, il faut le souligner, il n'affirme qu'ils ne sont rien, qu'ils n'ont aucune universalité et qu'ils se ramènent à une pure illusion juridique, sont malgré tout conçus, pour une large part, comme un moyen au service de ces droits de l'homme bourgeois. C'est ainsi, pour ne prendre que ce double exemple, que le droit de propriété privée est considéré dès 1789 comme un droit « inviolable et sacré » (article 17), qu'il est repris et précisé dans celle de 1793, sans que le caractère de classe de cette propriété soit mentionné, et que la sûreté est pensée comme un droit devant en particulier protéger les « propriétés » de l'homme (article 8), à savoir en particulier, si l'on traduit, la propriété bourgeoise des moyens de production. Or ce que signifie cette analyse, si l'on en dépasse l'objet propre pour l'élargir au droit en général et en dégager le principe critique, est clair : le droit vu dans cette perspective ne repose pas sur un principe transcendant l'histoire – droit naturel inscrit en l'homme qu'il suffirait de dégager par une analyse introspective ou ensemble d'énoncés rationnels ayant une valeur transhistorique et qu'une volonté pure serait capable de vouloir[2] –, il constitue une production humaine immanente à la vie sociale, avec ses conflits d'intérêts entre les classes (comme entre les nations ou les cultures : pensons à la domination coloniale ou au racisme) et donc aussi ses dominations d'intérêts qu'il va traduire et servir. C'est ainsi que Marx (avec Engels) peut dire à la

---

[1] J'indique tout de suite que *La question juive* (1843) est un grand texte qui, s'il a des limites, n'a pas les limites que la plupart des commentateurs qui lui sont hostiles lui assignent.
[2] La première orientation est celle de Rousseau, la deuxième est, bien entendu, celle de Kant. Mais elles se rejoignent sur le fond : le droit rationnel de Kant est un droit naturel, celui-là même que reconnaît la Déclaration de 1789.

bourgeoisie, dans les conditions particulièrement inhumaines du milieu du 19ème siècle, avec ses rapports de forces extrêmement défavorables au monde ouvrier: « Votre droit n'est que la volonté de votre classe érigée en loi, volonté dont le contenu est déterminé par les conditions matérielles d'existence de votre classe »[1], et dans *Le Capital* on le voit analyser avec une minutie impitoyable la manière dont la législation du travail dans les fabriques sert constamment l'intérêt de la classe bourgeoise dans sa recherche effrénée du profit. Pour être convaincu de cet aspect intéressé du droit, il suffit d'analyser ses différentes formulations à travers l'histoire, de 1789 à nos jours, et de voir à quel point il enregistre les rapports de force entre les classes ou les groupes. C'est ainsi que la Déclaration intégrée à la Constitution de 1946 en France énonce des droits sociaux multiples comme le droit de grève, le droit au travail, le droit à la santé, à l'enseignement et à la culture, qui ne figuraient pas dans celle de 1789. L'existence de ces nouveaux droits, si elle modifie le diagnostic, historiquement situé, de Marx dénonçant dans le droit de son temps un droit bourgeois, n'annule pas le principe théorique qui l'inspirait : ces droits inédits traduisent l'irruption dans le champ juridique de nouveaux intérêts de classe, ceux du monde du travail précisément, que le nouveau rapport des forces politiques, lui-même issu de luttes sociales antérieures, a permis d'imposer à la classe bourgeoise, érodant ainsi sa domination socio-politique en érodant sa domination juridique[2]. C'est donc bien sur le même terrain de l'intérêt qui nourrissait le droit bourgeois que ces conquêtes juridiques antibourgeoises ont eu lieu, exprimant certes d'autres intérêts mais prouvant ainsi que c'est bien l'intérêt, entendu au sens générique, qui suscite largement le droit.

On peut alors comprendre la part de mystification qu'il comporte incontestablement. Le droit traduit bien des intérêts particuliers qui font partie de la réalité socio-historique dans laquelle il prend sa source, mais il les masque le plus souvent en les transposant dans son langage propre, qui introduit alors un double écart vis-à-vis du réel : d'une part il traduit moins le réel que l'idéologie à travers laquelle les hommes qui font le droit se représentent le réel, et l'on sait que l'idéologie a pour caractéristique intellectuelle de déformer la réalité, de ne pas la refléter exactement à l'inverse de la science[3] ; et d'autre part il transpose lui-même cette idéologie

---

[1] *Manifeste*, ch. II. Voir aussi ce que dit Engels : « Les prescriptions du droit bourgeois ne sont que l'expression sous une forme juridique des conditions d'existence économiques de la société » (*Ludwig Feuerbach et la fin de la philosophie classique allemande*, in Karl Marx et Frédéric Engels, *Sur la religion*, Editions sociales, 1968, p. 255).
[2] Il faut aussi mentionner l'importante question de l'égalité juridique de l'homme et de la femme, enfin proclamée en 1946, qui exprime l'évolution économique aussi bien que l'évolution des mœurs dans la société.
[3] Parmi les sources effectives du droit il y a non seulement les juristes, mais le gouvernement, le parlement dans les régimes démocratiques, et les juges qui mettent en œuvre le droit et

en la rationalisant, en la systématisant et en la sublimant au moyen de ses concepts[1]. Au cœur de cette élaboration il y a, bien entendu, cette même universalité dont nous nous réclamons au positif, avec son abstraction spécifique du sujet du droit, qui est un sujet *de droit*, défini et constitué par des droits et des devoirs au sein d'un espace juridique qui fait abstraction des disparités sociales considérables qui affectent ce même sujet dans la réalité concrète, extérieure à cet espace. Laissons de côté le fait que le droit comporte parfois des discriminations explicites et paradoxales dans certains domaines comme, actuellement, le droit de vote des étrangers aux élections municipales qui n'est pas accordé à ceux qui ne sont pas d'origine européenne. Quand il déclare que tous les êtres humains sont des « sujets » dotés d'une personnalité juridique équivalente, il oublie que la capacité à jouir de droits qui leur est ainsi conférée n'est pas nécessairement suivie d'une jouissance effective dans la réalité concrète du fait des inégalités sociales. C'est ainsi que le droit de propriété n'est pas suivi d'effet pour tous ceux, et ils sont nombreux, qui n'ont pas les moyens financiers de devenir propriétaires de tel ou tel bien comme le logement. C'est ainsi également que beaucoup de droits sociaux comme le droit à la culture, à l'enseignement ou aux loisirs, restent largement lettre morte pour les membres des classes populaires malgré leur universalité proclamée : dans ces cas le droit universel reconnu demeure formel, sans réalisation égale pour tous les sujets de droit ; il définit alors un *possible juridique* et non un *possible réel*. Ou encore, à un niveau plus restreint, c'est ainsi que la catégorie de salarié, dans le droit du travail, regroupe dans une même catégorie les ouvriers, les cadres et certains patrons, oubliant tout ce qui les différencie concrètement[2]. Mais l'exemple le plus parlant et le plus fondamental pour démonter le mécanisme de mystification idéologique inhérent au droit est encore celui que Marx a mis en évidence dans le livre I du *Capital* à propos du contrat de travail en régime capitaliste, qui préside à l'exploitation du prolétaire[3]. La mystification idéologique, ici, se déploie à deux niveaux. D'abord lorsque l'ouvrier est embauché par un chef d'entreprise, il se livre aux lois du marché du travail et il le fait donc sur la base d'un contrat qui lui permet d'échanger un travail contre un salaire ; or ce contrat, comme tout contrat, est libre (l'ouvrier n'est pas contraint par la force à travailler) et égal car il

---

contribuent à sa formation en l'interprétant dans la jurisprudence. Or, tous les hommes ainsi impliqués dans la genèse du droit sont pris dans le jeu concret des intérêts et donc dans l'idéologie qu'il secrète. C'est ainsi, pour prendre un exemple un peu particulier, que la manière dont on punit sévèrement les délinquants renvoie à une problématique de la culpabilité individuelle qui s'enracine dans l'idéologie traditionnelle du Sujet moral, laquelle évite de s'interroger sur les causes sociales de la délinquance

[1] Sur ce double écart vis-à-vis de la réalité, voir l'ouvrage de G. de la Pradelle, op. cité, ch. 1.
[2] Voir G. de la Pratelle, op. cité, p. 31 et 67.
[3] Op. cité. Voir en particulier la deuxième et la sixième section.

répond aux lois de l'échange marchand : deux contractants ayant les mêmes droits et échangeant également des équivalents apparents, salaire contre force de travail, chacun donnant ce qu'il possède. D'où l'impression, secrétée par la nature juridique de l'acte contractuel lui-même, que l'organisation capitaliste du travail repose sur la liberté, l'égalité et la propriété, et qu'elle constitue donc « un véritable Eden des droits naturels de l'homme et du citoyen »[1] proclamés par la Déclaration de 1789. Or ce n'est là qu'une illusion qui masque la réalité concrète hors contrat, laquelle est aux antipodes de cette apparence : le prolétaire est contraint économiquement de vendre son travail sous peine de mourir de faim ; du coup, il est en situation de totale inégalité de statut économique par rapport au chef d'entreprise, inégalité qui se découvre aussi derrière la notion commune de propriété puisque celle du chef d'entreprise, qui le définit comme capitaliste, porte sur des instruments de production qui constituent une richesse, alors que la propriété du travailleur est celle, minimale et en un sens dérisoire, de sa propre force de travail. Mais il y a un deuxième niveau de mystification, encore plus grave, que la théorie de la plus-value révèle. L'échange marchand entre le capitaliste et le prolétaire concerne en réalité, du côté du prolétaire, la vente d'une marchandise particulière, la force de travail, qui a cette particularité de produire bien plus qu'elle ne coûte en salaire au capitaliste : le capitaliste ne paie, conformément à la loi des échanges, que le prix de sa production, en l'occurrence le prix des moyens nécessaires à sa reproduction quotidienne, alors qu'elle produit un surplus de valeur que le capitaliste s'approprie, qui est précisément la plus-value, origine du profit et de l'enrichissement capitalistes et qui correspond à un temps de travail durant lequel le travailleur ne travaille pas pour lui mais pour celui qui l'a engagé, en fournissant un surtravail ; le travailleur est donc *exploité*, volé d'une large partie du produit de son travail, et cela dans la plus parfaite légalité. On voit la mystification et sa source : elle est liée à la forme salaire elle-même, qui fait croire que l'ouvrier est payé pour son *travail* (et le fait que le salaire puisse varier quand le temps de travail varie peut renforcer cette apparence) alors qu'il n'est payé que pour sa *force de travail*. Il y a là une illusion, nécessaire à son niveau, mais qui n'en est pas moins fausse, qui a pour conséquence de *rendre l'exploitation invisible* aux yeux de celui qui la subit, sinon aux yeux de celui qui l'institue : « La forme salaire, dit Marx, ou paiement direct du travail, fait donc disparaître toute trace de division de la journée de travail entre travail nécessaire et surtravail, entre travail payé et non payé, de sorte que tout le travail de l'ouvrier libre est censé être payé .» Et, comparant cette organisation avec celles de l'esclavage et du servage qui rendaient visible l'exploitation, il précise : « Ici le rapport monétaire

---

[1] Op. cité, p. 136.

dissimule le travail gratuit du salarié pour son capitaliste. »¹ La forme salaire *occulte* donc le phénomène même de l'exploitation qu'elle produit et organise. Marx peut alors en tirer une conclusion générale sur les illusions engendrées par l'organisation juridique du travail propre au mode de production capitaliste : « Cette forme, qui n'exprime que les fausses apparences du travail salarié, rend invisible le rapport réel entre capital et travail et en montre précisément le contraire ; c'est d'elle que dérivent *toutes les notions juridiques du salarié et du capitaliste*, toutes les mystifications de la production capitaliste, toutes les illusions libérales et tous les faux-fuyants de l'économie vulgaire. »² L'on comprend bien alors, dans ce cas, la *fonction idéologique* de classe que le droit peut remplir, à travers les illusions dont il est porteur : en niant l'injustice qu'il organise pourtant, en la rendant invisible, voire en la légitimant du même mouvement qu'il la rend invisible (liberté, égalité, propriété, salaire comme prix du travail), il fait accepter les intérêts dominants qu'il sert, il contribue à la reproduction des rapports de classes, il est un instrument de conservation des inégalités sociales, même s'il est aussi capable d'enregistrer les mouvements sociaux qui entendent réduire ces inégalités³.

Le résultat extrême de ce processus d'idéologisation du droit se trouve dans l'idéalisme philosophique dont il est spontanément porteur et que beaucoup de ses théoriciens ont renforcé en le portant au concept. « Les professionnels de la politique, les théoriciens du droit public et les juristes du droit privé escamotent en effet la liaison avec les faits économiques » remarque Engels et comme ceux-ci doivent « prendre la forme de motifs juridiques pour être sanctionnés sous forme de lois », en tenant compte de l'ensemble du système juridique, « c'est la forme juridique qui doit être tout et le contenu économique rien »⁴. D'où, après cette abstraction, une représentation idéaliste du statut du droit par rapport à l'histoire réelle. Alors qu'il est déterminé par elle, il apparaît comme autonome par rapport à elle et comme puisant sa source dans une conscience originaire, donc dans un Sujet libre et rationnel, capable de légiférer a priori et d'une manière indépendante sur le réel et de l'organiser : « Le reflet de rapports économiques sous forme de principes juridiques a nécessairement aussi pour résultat de mettre les choses en bas : il se produit sans que ceux qui agissent en aient conscience ;

---

¹ Op. cité, p. 388. Le « travail nécessaire » est le travail nécessaire à l'ouvrier pour obtenir son salaire et lui permettre ainsi d'avoir de quoi reproduire sa force de travail.
² Ib. Le passage souligné l'est par moi.
³ B. Edelman a bien analysé le fonctionnement de ces illusions à partir de la catégorie du Sujet juridique propriétaire, libre et égal : empruntée à la sphère de la circulation marchande où elle correspond à quelque chose, elle est appliquée à la sphère de la production où elle n'a pas de fondement concret et masque l'exploitation. Voir *Le droit saisi par la photographie*, Flammarion, 2001, ch. V et VI.
⁴ *Ludwig Feuerbach et la fin de la philosophie classique allemande*, op. cité, p. 256.

le juriste s'imagine qu'il opère par propositions a priori, alors que ce ne sont pourtant que des reflets économiques – et c'est pourquoi tout est mis la tête en bas ». Cela constitue, indique-t-il, « *un point de vue idéologique* »[1], si l'on entend par là non seulement un point de vue générateur d'idées fausses, mais un point de vue qui s'illusionne sur le statut des idées en les croyant indépendantes de l'histoire qui les conditionne, voire en croyant qu'elles peuvent commander à celle-ci, ce qui définit très exactement l'idéalisme dans le domaine historique. J'ajoute seulement, pour éviter tout malentendu pouvant suggérer que les juristes et les théoriciens du droit seraient des cyniques servant consciemment les intérêts dominants, que tout cela s'effectue, pour l'essentiel, dans l'inconscience et donc, assez largement, dans l'innocence[2] : le droit ignore la réalité historique qui le produit comme il la fait ignorer, et il *ignore qu'il l'ignore et la fait ignorer* ; et c'est à l'abri de cette double ignorance, l'ignorance qu'il comporte et celle qu'il impose, qu'il peut déployer toute sa capacité de défense des intérêts de classe dominants et servir à la reproduction de la société telle qu'elle est. C'est pourquoi ce reflet mystifié du réel est actif en son sein et que, effet de l'histoire, il est aussi à son niveau et au sens où nous l'avons indiqué, cause pour une part de celle-ci. Soyons même plus précis : c'est parce qu'il se réclame d'une problématique mystifiante de l'Universel qu'il peut jouer son rôle de défense d'intérêts particuliers puisqu'il peut alors les faire accepter par ceux qui en sont victimes[3].

On voit alors clairement que cette analyse pourrait déstabiliser toute notre réflexion sur le droit présenté comme la médiation de la morale et de ses exigences universalistes : en soutenant cette thèse, reprise de Kant, puis de Habermas, ne sommes nous pas victime de la mystification idéologique que nous venons d'analyser ? La réponse ne peut être que double : d'une part il est vrai que le droit est fonctionnel aux intérêts humains, qu'il enregistre effectivement la domination de certains d'entre eux et qu'il est donc un instrument politique au service de ceux-ci et non une option pure, motivée par la morale, en faveur de l'Universel[4] ; mais, d'autre part, la question se

---

[1] Lettre d'Engels à Conrad Schmidt du 27 octobre 1890, in Marx et Engels, *Etudes philosophiques*, Editions sociales, 1961, p. 159 (souligné par Engels).

[2] Il y là, à nouveau, une causalité sans Sujet, même si elle fonctionne à l'illusion du Sujet.

[3] C'est ainsi que la Déclaration de 1789 a pu faire l'unité de la bourgeoisie et des classes populaires (voire d'une fraction de la noblesse) alors qu'elle représentait avant tout les intérêts de la première.

[4] Ce que Habermas lui-même reconnaît : « Alors que les normes morales sont toujours à elles-mêmes leur propre fin, les normes juridiques servent *aussi* de moyens pour des fins politiques » (in *Droit et morale*, op. cité, p. 50). Je laisse par ailleurs de côté toute la fonctionnalité qu'on peut dire « technique » du droit (c'est le cas du code de la route, par exemple) qui est hors de mon propos puisqu'elle n'est pas directement concernée par la morale.

pose de savoir *s'il n'est que cela* et la réponse, ici, est clairement non. Il est incontestable que toute déclaration de droit, y compris dans un domaine restreint et même si des exceptions à la mise en œuvre du principe ou de la règle juridique sont ensuite indiquées, emprunte à la morale son principe universaliste. La Déclaration de 1789 en est le plus parfait exemple puisque tous ses énoncés prescriptifs prennent la forme d'un énoncé à extension universelle : « Les hommes... », « Le but de toute association politique... », « Le principe de toute souveraineté... », « La liberté... », etc. Et lorsqu'une exception est indiquée, comme à propos du droit de propriété qui, déclaré inviolable, peut cependant être suspendu[1], c'est encore au nom d'un motif universaliste : « lorsque la nécessité publique, légalement constatée, l'exige évidemment ». Mais, sauf à vouloir à tout prix rabattre le droit sur l'intérêt et à nier d'emblée l'existence de la normativité morale, il ne faut pas voir là un simple masque destiné à permettre à l'intérêt particulier de mieux se réaliser à travers l'adhésion unanime d'autrui mensongèrement sollicitée, mais bien plutôt la revendication de l'Universel conçu, conformément à ce que nous en avons dit dans le domaine moral, comme *le seul principe possible de légitimité* pour un énoncé décidant du vivre-ensemble. Car il apparaît bien qu'aucune affirmation pratique s'inscrivant dans l'espace des relations humaines, spécialement dans l'espace public des relations sociales, ne peut désormais se passer d'une justification de type moral, donc fondée sur une référence principielle à l'Universel : il y a là un fait pratique ou normatif historiquement attesté, dont nous avons déjà dit qu'il constituait l'équivalent historique du « fait de la raison » de Kant, à partir duquel ou à l'intérieur duquel tout discours de la valeur aujourd'hui se déploie et, spécialement, le discours du droit. J. Bidet, dans son ambitieuse réflexion sur notre modernité qui entend aller plus loin que ce qu'en dit Marx dans sa théorie du capitalisme, en fait clairement le constat, que je partage pleinement : la modernité, dit-il, instaure l'Universel en « principe de la pratique », principe qui exige que celle-ci s'y conforme, à tel point qu'il faut y voir une donnée première, constitutive du discours normatif de l'époque moderne : « *Il convient en effet de placer ainsi l'universel en premier*, en tant qu'il est déclaré dans le discours de la modernité »[2]. La seule question qui se pose alors est de savoir quel est son statut et son origine, par où nous revenons à notre réflexion antérieure sur la morale puisque le droit en est une modalité essentielle. J. Bidet ne conçoit pas l'Universel comme un simple élément idéologique de la superstructure (comme le fait Marx), reflétant d'une façon mystifiée et mystifiante la société marchande capitaliste, ni comme la seule

---

[1] Ce que Marx n'indique pas dans sa critique de *La question juive*.
[2] « L'universel comme fin et comme commencement », in *Actuel Marx* n° 20, Autour de Pierre Bourdieu, p. 143 (souligné par lui). Cette affirmation se retrouve an cœur de son grand ouvrage, *Théorie générale*, PUF, 1999, qui en développe tous les attendus.

résultante d'une contrainte du discours (c'est l'explication de Habermas) ; il en fait bien plutôt une caractéristique normative essentielle de ce qu'il appelle la « métastructure » de la modernité (dans laquelle une société socialiste serait également prise selon lui), à savoir l'ensemble des éléments matériels, organisationnels et idéels, donc aussi juridiques et déclaratifs (ou discursifs), qui structurent d'une manière transversale notre société à partir du principe de la contractualité, réalisé aussi bien dans le marché que dans l'Etat. L'Universel ainsi compris, même s'il s'inverse en son contraire dans la structure concrète du capitalisme puisque la liberté et l'égalité déclarées sont niées par lui dans le phénomène de l'exploitation, n'en est pas moins réel en tant que norme exigible et valide à ce titre : il n'est pas un épiphénomène illusoire et mensonger, il est réellement structurant ou « métastructurant » pour la société et la conscience modernes, et il peut et doit être le moteur de la critique et des luttes sociales qui, constatant sa non-effectivité, en demandent la pleine réalisation[1]. Le problème qui se présente cependant, outre que l'analyse de Bidet n'intègre pas vraiment la distinction de l'éthique et de la morale, est d'éclairer davantage *en amont* l'origine de ce principe proprement *moral*. Il est certes clair que, pour lui, il ne « tombe pas du ciel » puisque, *présupposé* par le contractualisme marchand mis en place par la production capitaliste dans le champ du travail avec son Etat, il est *historiquement posé* par elle dans et par sa métastructure[2]. Reste que cette métastructure doit être elle aussi comprise réflexivement, c'est-à-dire à un niveau lui-même « méta » (à moins que ce ne soit à un niveau « infra », au sens où l'on parle d'infrastructure), proprement anthropologique, qui fasse sa place aussi bien à l'évolution naturelle qu'à l'histoire, donc aux hommes qui en sont partie prenante, même s'ils n'en sont pas la cause première et libre puisqu'ils en sont tout autant les produits. Car une structure, fût-elle une « métastructure » (et pas plus que l'histoire, d'ailleurs), ne fait rien par elle-même : elle n'opère que par les hommes qui la produisent et l'activent (il n'en sont pas seulement les supports) et, en particulier, elle ne saurait *par elle-même* énoncer des normes ; celles-ci ne peuvent être conçues et proclamées que par *la conscience humaine*, seule capable de discours, même si ce discours est organiquement lié à un ensemble de données historiques qui en conditionnent le contenu. C'est ici que nous retrouvons les résultats de notre réflexion antérieure sur la morale : celle-ci est une compétence naturelle de l'homme issue de l'évolution, mais soumise à un processus de développement spécifiquement historique qui la fait progresser vers la

---

[1] Voir *Théorie générale*, op. cité, en particulier le chapitre 1 et le chapitre 9 consacré à une critique de l'éthique du discours de Habermas.
[2] Ce doublet conceptuel présupposé/posé joue un rôle important dans la réflexion de Bidet. Il le revendique en particulier pour prévenir toute espèce de chute dans un idéalisme historique qui ferait l'impasse sur l'origine historique de la métastructure de la modernité.

conscience de l'Universel comme norme ultime de la conduite individuelle et collective, en dehors donc de toute relativité idéologique. Et c'est en raison de cette compétence normative que les hommes sont amenés, aussi lentement et imparfaitement que l'on voudra, à se poser la question du droit qu'ils ont à agir de telle ou telle manière et à formuler un droit dans lequel la question *du* droit, entendue comme question *de* droit dépassant la seule problématique de l'intérêt individuel égoïste, émerge inévitablement et s'y trouve exprimée. Nulle téléologie n'est à l'œuvre ici, nulle profession de foi optimiste, mais une affirmation réflexive tirée de la culture scientifique contemporaine, qui enregistre la réalité de ce « fait moral » que constitue la conscience désormais acquise de l'Universel, donc la réalité historique de cela même qui nous permet de critiquer la réalité historique et d'envisager de l'améliorer. L'homme n'est donc pas seulement un animal idéologique (ce qu'il est incontestablement, avec toutes les duperies involontaires que cela implique), il est aussi un *animal moral* capable de droit et contraint d'y recourir pour justifier aux yeux d'autrui comme à ses propres yeux ce qu'il fait, même si ce qu'il fait effectivement est très éloigné de ce qu'il prétend faire juridiquement.

Les insuffisances du droit se laissent alors comprendre. Ce qui est en jeu à ce niveau ce n'est ni la nécessaire existence du droit ni le nécessaire principe de l'Universel qui l'anime et lui fournit dans tous les cas son horizon normatif, mais *la manière dont ce principe est interprété et traduit dans le champ socio-historique concret*, qui est liée aux conditions historiques et donc idéologiques dans lesquelles cette interprétation-traduction s'effectue. C'est ainsi que Kant, nous l'avons vu, pourtant théoricien de ce principe et partisan intransigeant du régime républicain, réserve le droit de vote aux hommes détenteurs d'un minimum d'indépendance économique et il en exclut les femmes[1]. Plus largement, sa *Doctrine du droit*, malgré son orientation progressiste d'ensemble, comporte toute une série d'archaïsmes, comme sa conception de la domesticité ou celle du mariage et de la sexualité, qui ne peuvent être mises au compte du principe universaliste qui fonde toute sa réflexion, mais au compte de la manière dont il l'interprète et le traduit dans le contexte idéologique de son époque[2]. Au-delà de Kant et à un niveau plus profond car touchant au

---

[1] *Doctrine du droit*, op. cité, 1ère partie, 2ème section, § 46. Il reconnaît d'ailleurs que le concept de « citoyens passifs » semble « en contradiction avec la définition du concept de citoyen en général ».

[2] A propos du droit conjugal on trouve ainsi cette étonnante affirmation, étonnante en elle-même mais aussi par sa prétendue fondation rationnelle a priori : « Si l'homme et la femme veulent jouir l'un de l'autre réciproquement en fonction de leurs facultés sexuelles, ils *doivent* nécessairement se marier et ceci est nécessaire d'après les lois juridiques de la raison pure » (op. cité, p. 156-157). Drôle de « raison pure » qui se mêle ainsi de ce qui est « impur » (selon Kant) !

principe même de l'universalité humaine du droit, il suffit de rappeler et d'analyser brièvement la position d'Aristote sur l'esclavage, en sachant qu'elle fut sur le fond partagée par toute l'Antiquité, christianisme compris, et qu'il a fallu attendre Rousseau pour que l'esclavage soit dénoncé théoriquement et le 19ème siècle pour qu'il soit définitivement aboli, au moins en Occident[1]. Pour Aristote l'esclavage est sans conteste légitime. Dans son ouvrage *La politique*, après une longue réflexion sur le statut anthropologique de l'esclave, il se pose explicitement la question de savoir s'il est légitime qu'il y ait des esclaves et il conclut qu'« il est donc manifeste qu'il y a des cas où par nature certains hommes sont libres et d'autres esclaves, et que pour ces derniers demeurer dans l'esclavage est à la fois bienfaisant et juste »[2]. Or ce qu'il faut bien comprendre, c'est que cette prise de position, qui nous paraît désormais scandaleuse puisqu'elle divise l'humanité en deux et contrevient frontalement au principe universaliste de l'égale liberté de tous les hommes[3], se justifie elle-même aux yeux d'Aristote par un recours paradoxal à l'Universel au sein de sa réflexion anthropologique. En effet, Aristote ne considère pas vraiment l'esclave comme un homme à part entière, même s'il en a l'apparence physique. D'un point de vue économique, il est assimilé à un « instrument animé » à coté des « instruments inanimés » et il peut donc être défini comme une « propriété animée », une chose (vivante) que l'on peut posséder et utiliser ; et du point de vue de l'organisation naturelle des êtres, il est assimilé à un animal domestique que sa nature a voué à l'obéissance : « C'est immédiatement après la naissance qu'une séparation s'établit entre certaines réalités, les unes étant destinées au commandement, et les autres à l'obéissance » dit-il, et il ajoute : « Effectivement l'usage que nous faisons des esclaves ne s'écarte que peu de l'usage que nous faisons des animaux : le secours que nous attendons de la force corporelle provient indifféremment des uns et des autres »[4] : l'assimilation dans ce cas se fait au niveau de l'usage, mais elle implique l'affirmation d'une équivalence des natures respectives de l'esclave et de l'animal. On voit alors que le déni des droits humains de l'esclave s'effectue sur le fond théorique d'une conception de celui-ci qui lui refuse son plein statut d'humain – il lui manque une raison développée indique le texte –, et l'esclavage n'est donc à aucun moment pensé comme une atteinte

---

[1] Voir *Du Contrat social*, L. I, ch. IV. Quant au christianisme, bien que sa conception d'un homme générique et sa morale de l'amour fussent incompatibles avec celui-ci, il l'a, à travers ses institutions officielles, non seulement accepté, mais pleinement justifié.

[2] Op. cité, traduction Tricot, I, 5, Vrin, 1962. La nuance (« il y a des cas ») tient à ce qu'il est parfois difficile de distinguer la « nature » des uns et des autres.

[3] Il n'y a pas de négation du droit humain plus grande que l'esclavage : il enlève à l'homme sa liberté native et, en faisant d'un homme la propriété d'un autre homme auquel il doit une obéissance absolue, il introduit entre eux la plus forte dissymétrie qui soit concevable.

[4] Ib.

à l'universalité du droit humain puisqu'il s'applique à un être qui « n'est pas vraiment homme »[1] : il ne saurait être perçu comme scandaleux, l'idéologie l'a rendu invisible *comme scandale*. Inversement, le droit du maître est pensé comme le droit de *tout* homme « libre », donc sur la base d'une référence à l'universalité de l'homme « libre ». Certes, il s'agit là d'une universalité *restreinte*, mais *à l'intérieur* du champ humain ainsi défini arbitrairement la norme de l'Universel est bien présente, le droit s'appliquant à tous les membres du champ. Ce qui confirme notre propos de départ : ce qui est en jeu dans cette forme extrême de déni de l'universalité du droit, ce n'est pas le principe normatif de l'Universel mais la manière rigoureusement idéologique dont il est interprété, traduit et appliqué au champ social dans les conditions historiques d'une époque particulière.

Progrès et action du droit

On peut à partir de là concevoir que le droit puisse à la fois progresser et agir sur la réalité historique pour la faire elle-même progresser moralement. Commençons par le deuxième point. Le droit agit sur la réalité du fait de sa spécificité et de sa relative autonomie, comme toutes les formes de la conscience humaine, qu'elles soient objectivées dans des textes, des codes et des institutions ou qu'elles demeurent de simples formes vécues de conscience. Il faut ici en finir une fois pour toutes avec la représentation proprement ahurissante d'un matérialisme historique pour lequel la conscience humaine, avec les idées qui l'habitent, serait uniquement déterminée et non déterminante, et qui ne serait donc qu'un reflet passif des conditions socio-historiques, ultimement économiques, représentation toujours présente chez ceux qui lisent Marx d'une manière partisane, à la fois hostile et superficielle[2]. D'une part la conscience est toujours présupposée par toute action humaine selon lui, au point qu'on peut en faire une présupposition générale de toute histoire, une espèce de condition transcendantale, si l'on veut, mais qui n'a rien d'originaire puisqu'elle est corporellement produite et, surtout, qu'elle est inséparable de ces autres présuppositions que sont la production des moyens d'existence, la production élargie des besoins, la reproduction biologique de la vie et l'interdépendance des hommes. C'est alors, dit Marx, « que nous trouvons que l'homme a aussi de la "conscience" » et cette conscience, qui met

---

[1] Aristote maintient l'idée que l'esclave présente une « qualité d'homme » (op. cité, I, 4), ce qui fait qu'un animal ne peut être un esclave, mais la dénomination demeure verbale ou, en tout cas, minimale ou partielle.

[2] C'est le cas malheureusement de L. Ferry, dont je ne comprends pas décidément son aveuglement à l'égard de Marx, quand il affirme que celui-ci « réduit la conscience à un reflet passif de processus matériels (modes de production, forces productives, lutte des classes...) » (in A. Comte-Sponville et L. Ferry, op. cité, p. 58).

l'homme « en rapport » avec le monde, le distingue de l'animal et est inhérente à son existence sociale[1]. D'autre part et tout autant, le *contenu* de cette conscience, envisagé dans toute sa variété, s'il est bien un *effet* de la vie socio-historique – c'est la thèse matérialiste de base –, réagit sur cette vie, est donc *cause* d'effets socio-historiques spécifiques, que ceux-ci soient de conservation et de reproduction ou de changement et de transformation[2]. C'est ici, bien sûr, que le droit intervient avec les idées et les exigences morales qui le sous-tendent et s'y expriment, quelle que soit l'insuffisance de leur traduction. Qu'il ait un rôle manifeste de conservation ou de reproduction prouve précisément qu'il existe au sein de la société un espace propre pour son efficace et que, au sein de cet espace, peut s'engouffrer son rôle inverse de changement et de transformation, aussi second soit-il par rapport aux conditions historiques qui le rendent lui-même possible. Engels l'admet clairement puisque, après avoir développé la conception d'un droit reflet idéologique, parce que renversé, du réel, il indique que le fait que celui-ci « réagit à son tour sur la base économique et peut la modifier, dans certaines limites, [lui] paraît l'évidence même »[3]. J'ajoute que, mobilisant le sujet de droit qu'il constitue et inscrit (ou ascrit) dans le sujet humain réel[4], il peut servir non seulement de point d'appui mais de base et de fondement (base effective, fondement normatif) pour une critique de la réalité qui, le prenant en quelque sorte au mot, retourne contre lui les principes qu'il énonce en exigeant qu'il en donne une autre interprétation concrète ou qu'il les étende à d'autres champs que le champ politique, entendu au sens étroit du terme, auquel on les a longtemps cantonnés – et c'est ainsi qu'il a joué son rôle dans l'histoire du mouvement ouvrier depuis 1789. Engels, à nouveau, l'a très bien dit : « Les prolétaires prennent la bourgeoisie au mot : l'égalité ne doit pas seulement être établie en apparence, seulement dans le domaine de l'Etat, elle doit l'être aussi réellement dans le domaine économique et social . »[5]

---

[1] In *L'idéologie allemande,* op. cité, p. 59.
[2] Voir en particulier la lettre d'Engels à Joseph Bloch du 21 septembre 1890, dans laquelle il démarque le matérialisme historique de toute vision réduisant la causalité historique à la seule causalité économique, affirme que celle-ci n'est déterminante qu' « en dernière instance » et sur le long terme, et met en avant la multiplicité des facteurs agissant historiquement dans une interaction permanente, parmi lesquelles il y a les idées et théories de toutes sortes (in *Etudes philosophiques*, op. cité, p. 154-156).
[3] Lettre à Conrad Schmidt du 27 octobre 1890, in *Etudes philosophiques*, op. cité, p. 159.
[4] Je rappelle que le sujet *du droit* est aussi un sujet *de* droit. Pour l'idée d' « ascription », voir plus haut.
[5] *Anti-Dühring*, op. cité, p. 134. Mais je ne le suis pas dans la suite de son analyse quand il fait de la revendication de l'égalité un simple « moyen d'agitation » du prolétariat dans sa lutte contre la bourgeoise, lui servant à lui demander d'aller plus loin que sa conception restrictive de l'égalité et qui « tombe avec l'égalité bourgeoise elle-même » (ib., p. 135). C'est oublier qu'une société communiste devra elle-même faire appliquer et donc d'abord

La manière dont le droit progresse peut alors être expliquée. Le droit, non plus que la morale, n'est certes pas un simple fétiche idéologique comme peut l'être telle ou telle croyance religieuse destinée à être détruite par l'histoire, mais son mode de constitution historique fait qu'il est d'abord pris inévitablement dans l'idéologie. Celle-ci, qui en relativise considérablement la portée, de facto, ne concerne pas l'horizon normatif d'universalité qui est nécessairement le sien (sans cet horizon il n'existerait pas) en liaison avec le principe moral formel de l'Universel, mais la manière dont il est interprété et appliqué à la « matière » du champ social, donc concrétisé, dans un processus historique dont Habermas dit justement qu'il le « *déformalise* »[1], lui enlevant peu à peu son abstraction initiale à l'abri de laquelle il a pu nourrir bien des mystifications et donc conforter bien des injustices. De nouveaux intérêts, en dehors des intérêts étroitement politiques, sont pris en charge par lui et font donc l'objet d'une juridicisation dont on n'aurait pas soupçonné qu'elle fût possible dans le passé. C'est ainsi que « la barrière qui séparait la sphère étatique de la "réalisation du bien-être commun" du champ social où chacun poursuivait, en vertu de l'autonomie privée, son bien-être individuel, est tombée »[2]. Sa déformalisation se traduit donc à la fois par une *concrétisation* de la manière dont on le comprend et par une *extension* de son champ d'application, tout cela sous l'effet du mouvement de l'histoire hors de lui et des prises de conscience normatives de plus en plus affinées qui s'y opèrent. Tout progrès du droit peut du coup être compris comme un progrès moral du réel lui-même, de la vie humaine conçue dans son historicité concrète.

On peut alors indiquer tout de suite les quatre niveaux dans lesquels ce progrès va pouvoir se réaliser, en précisant le vocabulaire en jeu : 1 Le champ *politique* entendu au sens étroit des institutions étatiques, de leur forme et de leur fonctionnement, avec tous les droits qui lui sont spécifiquement afférents comme le droit de vote, la liberté de conscience, etc. 2 Le champ *social* entendu lui aussi au sens étroit, mais riche de contenu, qui couvre le domaine du travail, de la santé, de l'éducation et de l'enseignement, des loisirs, de l'activité syndicale, etc. 3 Le champ *économique* qui touche à la question de l'organisation de la production, donc à celle de la propriété des moyens de production et de ce qu'on appelle le

---

proclamer des normes juridiques égalitaires radicalement nouvelles. C'est ainsi que, dans la *Critique du programme de Gotha*, Marx lui-même revendique un ordre social communiste fondé sur le principe : « De chacun selon ses capacités, à chacun selon ses besoins », que la société devra inscrire « sur ses drapeaux ». Or, qu'est cela sinon une proclamation juridique, qui suppose l'existence d'un droit positif ayant « dépassé l'horizon borné du droit bourgeois » ?

[1] Voir *Droit et morale*, op. cité.
[2] Ib., p. 40.

marché. Il ne faut pas oublier ce champ car il est décisif par rapport à bien des aspects de l'existence sociale, alors qu'il est resté longtemps et reste encore tabou : il est le niveau de la vie collective que l'action politique tend à déclarer hors morale et face auquel elle avoue le plus son impuissance Je dirai d'ores et déjà que le premier domaine peut être caractérisé comme étant le lieu de la *domination*, le deuxième comme le lieu de l'*oppression*, le troisième enfin comme celui de l'*exploitation*. Ces trois phénomènes sont spécifiques, mais ils sont articulés entre eux et, surtout, ils tombent également sous le coup de la législation de la morale et doivent donc faire l'objet d'une appréhension morale, même si celle-ci, bien entendu, est loin de tout dire de ces phénomènes, aussi bien en ce qui concerne leur nature (l'économie, par exemple, ne se réduit pas à une réalité morale !) qu'en ce qui concerne la possibilité de les supprimer. 4 Enfin, il y a le phénomène de l'*aliénation* dont le champ propre est *la vie individuelle*, mais considérée dans son articulation essentielle aux autres champs, qui leur est en quelque sorte transversale et qui n'a donc pas un champ lisible comme les trois autres phénomènes, sur lequel le droit pourrait légiférer ; il doit relever d'un traitement moral particulier si l'on ne veut pas que la lutte pour son dépassement ne génère une nouvelle et paradoxale aliénation. J'ajoute, en anticipant sur les analyses qui vont suivre, que le progrès du droit, ou le progrès dans et par le droit, est plus qu'une simple addition de droits distincts s'ajoutant les uns aux autres dans le temps, et ce pour plusieurs raisons : les champs auxquels s'appliquent progressivement le droit sont interdépendants puisque les conquêtes politiques dépendent pour leur accomplissement concret des conquêtes sociales et économiques tout autant qu'elles permettent celles-ci ; le droit en progressant quantitativement réalise de mieux en mieux son concept, à savoir la visée d'universalité qui le constitue, il progresse donc qualitativement et cela au prix, souvent, de révolutions et de suppressions de droits antérieurs ; enfin, il a une signification globale quant à la vie humaine, donc une signification anthropologique inséparable, dans la perspective matérialiste qui est la nôtre, de son sens moral : il permet à l'homme de se réaliser, sinon même de se construire, dans et par l'histoire.

On comprend mieux, à travers toutes ces remarques, à quel point la politique est soumise à la morale et à quel point, inversement, elle doit refuser la tyrannie des faits (toute puissance des intérêts égoïstes, nécessités économiques indépassables, etc.) auxquels on voudrait la soumettre. On peut le dire d'une manière paradoxale, qui est un propos « méta » à l'égard du droit : la politique *doit* œuvrer à l'instauration de droits (avec les devoirs qui leur sont corrélés) dans tous les champs de l'existence, dès lors que ceux-ci sont pensés à l'aune de l'Universel moral ; elle est donc soumise, en quelque sorte, à un *devoir de droit*, à un devoir de production *du* droit.

La morale dans le champ politique

Le premier champ d'application de la morale à la vie collective au moyen du droit est celui de la politique : les institutions, la forme du gouvernement, bref, le régime politique. La réflexion sur les types de gouvernement ou de constitution est abondante – de Platon à Tocqueville et la théorie libérale contemporaine, en passant par Aristote et Montesquieu, pour ne citer qu'eux – mais mon propos n'est pas d'en refaire l'historique, un peu vain selon moi. Il est bien plutôt de la reprendre sous l'angle de sa liaison essentielle à la morale, tout en l'ouvrant à l'histoire réelle telle que Marx l'éclaire, point de vue qui est rarement pris en compte, y compris paradoxalement par ceux qui n'ont que le mot « démocratie » ou l'expression « droits de l'homme » à la bouche, parce qu'il les obligerait à dépasser l'abstraction de leur approche et à intégrer cette même histoire réelle, avec ses réalités difficilement acceptables du point de vue même des exigences qui sont les leurs. Dans cette perspective, la solution au problème posé par la morale dans ce domaine, à savoir quel est le type de régime qu'elle impose, est simple et d'emblée évidente, même si l'histoire a mis du temps à l'imposer : c'est le régime républicain, prolongé en gouvernement démocratique. Pour le comprendre, il suffit de revenir à la matrice de la morale telle que Kant l'a dégagée et d'en indiquer la conséquence politique qu'il a lui-même tirée, qu'on retrouve formulée à la perfection chez Rousseau comme s'il s'en était inspiré, avant d'en montrer les limites d'un point de vue fourni par Marx.

On admettra que le régime républicain est celui de la démocratie législative qui exige que la souveraineté appartienne au peuple envisagé dans sa totalité : tous les hommes y sont considérés comme ayant le même droit à légiférer, à définir donc la loi commune de leur vie collective, et c'est à cette seule et simple condition que cette loi peut être considérée comme légitime et pouvant s'imposer à chacun. Or qui ne voit que cette « seule et simple condition » met en œuvre les trois critères de la moralité tel que Kant les a définis ? 1 Le critère de l'Universel puisque *tous* les hommes participent à l'instauration de la loi politique et qu'ils ne doivent y obéir que pour autant qu'elle a supporté cette épreuve réelle (et pas seulement logique ou idéale) de l'universalisation. 2 Le critère du respect de la personne humaine puisque chacun *reconnaît à tout autre* le droit à la même fonction législative, sans le soumettre et le transformer en moyen de ses propres fins. 3 Le critère, enfin, de l'autonomie puisque la loi à laquelle je vais obéir est une loi dont j'aurai décidé librement, donc que *je me serai imposée à moi-même*, dans le cadre, bien entendu, de ma coexistence avec autrui. C'est bien pourquoi on ne peut que le suivre quand, dans le *Projet de Paix perpétuelle*, il affirme, sous la forme en quelque sorte d'un axiome fondateur de cette politique morale qui doit s'imposer à tous, que « dans tout Etat la constitution civile doit être républicaine »[1] et qu'il précise que « la constitution républicaine est la seule qui soit parfaitement adaptée au droit de l'homme »[2] puisque celui-ci exige moralement la liberté et l'égalité[3]. Son argumentation est la suivante : s'appuyant sur l'idée rousseauiste que seul un contrat primitif entre les hommes est à même de fonder un authentique ordre social et de constituer un peuple vivant à l'état civil, il en déduit que « c'est précisément la volonté générale, donnée a priori (soit dans un peuple, soit dans les relations mutuelles des différents peuples) qui seule détermine ce qui est de droit parmi les hommes »[4], ce qui, étant donnée la nature morale du droit, érige clairement la République en *seul régime politique conforme à la morale et donc exigé par elle*[5]. Certes, la réflexion de Kant, on l'a déjà fait remarquer, utilise un langage idéaliste – celui d'une raison a priori sans genèse naturelle ni historique et contenant ici d'emblée, d'une manière innée, le principe républicain – qui ne convient plus et, au niveau proprement politique, elle est grevée de distinctions ou de réserves qui en marquent les limites et témoignent de son enracinement dans une époque et une nation[6]. Mais ces limites, proprement idéologiques, n'affectent que le contenu concret d'une pensée dont le principe n'est pas atteint par elles et demeure *en lui-même, à son niveau d'abstraction propre*, entièrement valide. La preuve s'en trouve dans la vie ultérieure du principe républicain : il fait ou tend à faire l'unanimité deux siècles après, même quand on refuse, explicitement en tout cas, d'en présenter une justification normative de type moral.

Il reste que c'est chez Rousseau, dans son *Contrat social*, que l'idée de République trouve sa formulation la plus parfaite, à la fois principielle et concrète, sans que sa liaison à la normativité morale soit absente (même si elle n'est pas conceptuellement théorisée) puisqu'on peut y voir la *traduction même* du principe moral tel que Kant l'a formulé, comme s'il apportait la mise en forme politique anticipée d'un régime dont le philosophe allemand a fourni seulement ensuite la justification morale. Son projet

---

[1] C'est le titre du premier article définitif, op. cité, p. 31.
[2] Ib., p. 75 et p. 77.
[3] Voir le développement sur le « droit inné » (dont le droit positif doit être l'expression) déterminé par ces valeurs essentielles de liberté et d'égalité dans la *Doctrine du droit*, op. cité, p. 111-112 : c'est le droit universel à la liberté et à l'égalité.
[4] *Projet de paix perpétuelle*, op. cité, p. 111.
[5] On retrouve les mêmes idées dans la *Doctrine du droit*, dans la partie consacrée au droit politique, avec par exemple cette affirmation : « Le pouvoir législatif ne peut appartenir qu'à la volonté unifiée du peuple » (op. cité, § 46, p. 196).
[6] C'est ainsi, pour citer un nouvel exemple, qu'il en vient à critiquer la démocratie de gouvernement, menacée selon lui par le despotisme, et à lui préférer un système monarchique représentatif gouvernant dans l'*esprit* de la République. Pour un bilan critique complet, nuancé et rigoureux de cette pensée, qui lui rend justice, voir l'ouvrage d'A. Tosel, *Kant révolutionnaire*, PUF, 1988.

s'annonce clairement comme normatif, mais sans sacrifier à l'utopie idéaliste puisqu'il affirme d'emblée qu'il s'agit de chercher « dans l'ordre civil » une « règle d'administration légitime et sûre » et qu'il indique, dans le droit fil d'une conception de la morale qui, sans se fonder sur l'utilité, la rejoint puisqu'elle vise l'utile de tous : « Je tâcherai d'allier toujours, dans cette recherche, ce que le droit permet avec ce que l'intérêt prescrit, afin que la justice et l'utilité ne se trouvent point divisées. »[1] Il part alors de l'idée (reprise, on l'a vu, par Kant) que la société repose sur un contrat implicite (ce n'est pas un fait historique ou une origine réelle) sans lequel son existence même serait incompréhensible puisqu'il est à la base de l'unité du corps social : il transforme une *agrégation* d'individus – c'est l'état de nature – en *association* collective – c'est l'état social ou civil –, laquelle association est un « corps moral et collectif »[2]. Mais Rousseau ne s'en tient pas à cette affirmation strictement théorique qu'il y a là une condition de possibilité absolument nécessaire de l'ordre social envisagé en lui-même, valant pour toutes les sociétés concrètes avec leurs défauts, nous permettant de comprendre qu'elles existent et survivent mais ne les jugeant pas et *les laissant pratiquement en l'état*. Bien au contraire, et c'est là toute la force de sa réflexion, par cette alchimie que nous avons déjà rencontrée qui transforme le fait en droit ou en valeur, il promeut immédiatement cette condition de possibilité en *norme* ou en *modèle de société* et il en formule explicitement les clauses demeurées implicites jusque là. Elles se présentent alors comme les règles *absolument impératives, parce que dotées d'une signification morale*, selon lesquelles une société idéale doit être construite mais aussi, d'ores et déjà, comme le *fondement normatif* de la *critique* des sociétés existantes – projection idéale et critique du réel étant les deux faces inséparables d'une même réflexion politique qui entend juger le réel pour le transformer. On peut préciser ces clauses constitutives du pacte républicain, quitte à les reformuler légèrement : tous les hommes y participent sans exception ; l'intérêt de chacun respecte celui des autres en se fondant dans l'intérêt collectif ; la volonté générale, synthèse et non addition des volontés particulières, définit la loi commune[3] ; enfin, la liberté de tout homme s'y trouve réalisée puisqu'il n'y obéit qu'à une loi qu'il s'est donnée avec les

---

[1] *Du contrat social*, début du livre I, 10/18, p.49. La morale, donc, est utile et l'utilité *de tous* est morale.

[2] Op. cité, L. I, ch. VI, p. 62. C'est ce chapitre, essentiel car fondateur de sa théorie politique, que je commente principalement.

[3] Rousseau insiste fortement sur le fait que la « volonté générale » n'est pas la « volonté de tous » : elle implique que chaque volonté particulière renonce à une part de son intérêt au profit des autres volontés particulières (et réciproquement), de façon à obtenir une synthèse qui définit l'intérêt commun et s'exprime dans la volonté générale. Ce sacrifice partiel (mais seulement partiel) de l'intérêt individuel est proprement *moral*. Voir op. cité, L.I, ch. VII, p. 64 et L. II, ch. III, p. 73.

autres¹. Qui n'aperçoit tout de suite que les trois critères de la moralité opèrent ici aussi à plein, même s'ils ne sont pas, comme chez Kant, théorisés à leur niveau propre : l'universalité de la loi, le respect égalitaire de chaque personne, l'autonomie dans le cadre même de mes rapports avec autrui ? Ce sont eux qui, par leur présence spécifique au sein de la réflexion, lui donnent un sens normatif et font ici aussi de la République (ou de la démocratie législative) le seul *régime politique moralement légitime*, régime que les hommes sont donc tenus de mettre en œuvre². On voit alors s'effectuer une transmutation de l'existence humaine qu'un matérialisme soucieux de penser la spécificité de l'homme doit pleinement assumer : la promotion de l'humain à la dignité de l'existence politique. Un peuple apparaît, une cité se constitue, l'homme devient à la fois un citoyen (il décide des lois) et un sujet (il leur obéit) et il n'obéit en tant que sujet à l'Etat que pour autant qu'il en est l'instituteur en tant que citoyen, accédant ainsi à la liberté morale « qui seule rend l'homme vraiment maître de lui »³ ; enfin, ce qui est essentiel, une « égalité morale et légitime » remplace l'inégalité naturelle qui peut exister entre les hommes et ceux-ci « deviennent tous égaux par convention et de droit »⁴. On est bien, mais sous une *forme politiquement déterminée*, dans ce « règne des fins » traitant l'homme comme « fin en soi » que Kant assignait comme but ultime à la morale⁵.

Voici donc un premier acquis avec lequel on ne saurait transiger et qui nous prouve à quel point la référence à la morale est *féconde* ou *productive politiquement* quand on cesse de l'envisager sous la forme, paradoxalement abstraite, d'un simple guide ou catéchisme de l'action interindividuelle qui la

---

¹ « Chacun se donnant à tous ne se donne à personne » dit justement Rousseau (ib., p. 61). La liberté de l'homme social n'a donc rien à voir avec la spontanéité de l'homme naturel, elle consiste en « l'obéissance à la loi qu'on s'est prescrite » (ib., ch. VIII, p. 66).
² Sauf que pour Rousseau il n'y a pas de droit naturel pré-social qui *obligerait à contracter*. C'est ainsi qu'il affirme, dans le chapitre VII consacré au « souverain », « qu'il n'y a ni ne peut y avoir nulle espèce de loi fondamentale obligatoire pour le corps du peuple, *pas même le contrat social* » (ib., p. 63 – souligné par moi). Cela signifie que, le contrat étant la seule source légitime d'obligation, il ne peut y avoir d'obligation le précédant et *y obligeant*. On peut considérer que c'est là une lacune de sa théorisation, comblée par Kant : l'homme vivant *avec* autrui et non d'une impossible vie monadique et monologique, il se doit aux autres et cela selon les clauses même du contrat social. Au-delà donc de l'impossibilité qu'il y a de ne pas le faire, on peut dire qu'il y a obligation de contracter et de vivre en politique conformément aux clauses explicites du contrat telles que Rousseau les expose. Le nier serait revenir sur la précession logique de la morale vis-à-vis de la politique, nier la dépendance de celle-ci à l'égard de celle-là, qu'il affirme par ailleurs, et autonomiser à tort la politique en prétendant qu'elle est à elle-même sa propre vérité normative, ce qui constitue l'erreur majeure qu'il s'agit précisément d'éviter et que je combats : l'ubris d'une politique poussée à l'absolu et n'ayant de comptes à rendre qu'à elle-même.
³ Op. cité, ch. VIII, p. 66.
⁴ Ib., L. I, ch. IX, p. 69.
⁵ Voir les *FMM*, 2ème section.

coupe de ses prolongement concrets dans le champ de la vie collective, abstraction ou coupure qui en constitue une véritable trahison. On peut présenter cet acquis d'une autre manière, plus ramassée, en recourant au vocabulaire de la *domination* : la domination politique d'un homme ou d'un groupe d'hommes sur un autre homme ou un autre groupe d'hommes est immorale car elle ne peut, par définition, être universalisée, toute relation de domination étant clivante ou discriminante, distinguant (et opposant) un dominant (ou un groupe de dominants) et un dominé (ou un groupe de dominés). C'est pourquoi la suppression de la domination, exigée par la morale, implique nécessairement l'instauration de la République (ou de la démocratie législative), seul régime dont la définition même consiste en la suppression de toute domination politique de l'homme sur l'homme.

Cependant, dira-t-on, tout cela est bien beau, mais comporte une grande part de mythification. D'abord parce que la démocratie de législation, même si elle est essentielle, ne garantit pas la démocratie d'exécution, ce qui suppose que l'on réfléchisse aussi à la *forme du gouvernement* capable de la mettre en œuvre et d'actualiser ainsi ses promesses ; mais surtout, parce que cette prise en compte purement politique du régime républicain peut elle-même être considérée comme *abstraite* pour autant qu'elle semble laisser de côté tout ce qui, à l'extérieur du champ politique des institutions, dans la société concrète, pèse sur lui, en limite la portée et empêche même la démocratie politique de réaliser son ambition propre. On éludera la première objection, qu'une réflexion politique un peu détaillée peut résoudre et qui n'a pas de caractère théorique fondamental (même si elle peut faire les délices des politologues, qui s'en tiennent souvent là)[1]. Par contre il faut répondre tout de suite à la seconde objection car elle est décisive et se tourner ici vers Marx et l'éclairage critique qu'il nous apporte sur ce point, et ce d'autant plus que c'est l'occasion de préciser ce qu'il a dit ou n'a pas dit et donc d'éliminer le contresens que certains de ses partisans aussi bien que ses adversaires font sur sa pensée politique, nourrissant ainsi un débat de dupes, en quelque sorte en miroir, dont il faut absolument sortir.

L'œuvre-phare, ici, est *La question juive*[2] et c'est à partir d'une lecture biaisée de ce texte que s'est forgée la légende d'un Marx hostile à la démocratie politique et à l'émancipation spécifique qu'elle réalise ou en

---

[1] Je laisse de côté aussi les problèmes posés par la mise en œuvre de la volonté générale à travers le suffrage universel. Je rappelle seulement que pour Rousseau l'expression idéale de la volonté générale réside, par définition, dans l'unanimité du vote, ce qui arrive rarement, et que dès lors on doit en passer par son expression imparfaite à travers la règle de la majorité ; mais celle-ci fait elle-même et nécessairement l'objet d'un accord unanime, par où on retrouve l'unanimité inhérente au pacte social.
[2] Je la cite dans l'édition 10/18, 1968, avec une traduction de J.-M. Palmier. J'y ai brièvement fait allusion plus haut.

niant l'intérêt, avec ce paradoxe que je viens d'indiquer : les adversaires de Marx comme certains de ses partisans s'entendent sur cette idée, les premiers en profitant pour rejeter sa pensée politique, les seconds le louant d'avoir démythifié la démocratie bourgeoise et croyant pouvoir se réclamer de lui pour s'en passer dans la pratique[1]. En réalité, c'est là une grossière erreur pour qui lit sans œillères ce texte bref, mais d'une grande intelligence. Marx, répondant à un ouvrage de B. Bauer sur la question de l'émancipation des juifs, la lie à la question de l'émancipation humaine en général et il montre avec beaucoup de lucidité que l'émancipation apportée par un Etat républicain ou démocratique telle que l'a proclamée la Révolution française ou telle qu'elle se trouvait réalisée dans certains Etats d'Amérique du Nord, se cantonne au plan politique ou civique des libertés en énonçant des droits du *citoyen*[2] et que cette émancipation est donc limitée et imparfaite : elle ne concerne pas l'*homme* envisagé dans sa vie socio-économique concrète qui, extérieure au champ politique, demeure inchangée avec son aliénation multiforme propre (inégalités, propriété privée, etc.)[3] et il peut donc dire que « l'émancipation politique n'est pas le mode absolu et total de l'émancipation *humaine* »[4]. Au surplus, faisant l'objet d'une mythification de type religieux ou, pour le moins, idéaliste, elle est source d'illusion : elle fait croire en une émancipation humaine totale, nous amenant à prendre la partie pour le tout et, ce faisant, elle est mystifiante, elle masque la permanence de l'aliénation hors d'elle et, donc (c'est moi qui ajoute ce point), elle l'entretient idéologiquement. Enfin, distinguant les droits de l'homme et ceux du citoyen[5], il montre que l'homme dont il est question dans les premiers est l'homme d'une classe, l'homme bourgeois[6], dont les privilèges ou les intérêts particuliers sont indûment naturalisés et, sous cet habillage, défendus, à l'encontre de l'universalité revendiquée par ailleurs, et que les droits du citoyen eux-mêmes sont instrumentalisés : ils sont pour une part fonctionnels aux intérêts de l'homme bourgeois, ils contribuent à les

---

[1] Dans le premier camp il faut citer B. Barret-Kriegel dont l'analyse de Marx, injustifiablement courte, dans *Les droits de l'homme et le droit naturel* (PUF, 1989, p. 14-15), témoigne d'une rare incompréhension de sa pensée sur ce point. Dans l'autre camp, il y a l'exemple, très différent par sa qualité, de S. Kouvelakis dont l'analyse brillante repose malheureusement sur une incompréhension comparable : voir son article « Critique de la citoyenneté » in *Marx contemporain, Acte 2*, Syllepse, 2088, p. 139-176.
[2] Voir, par exemple, p. 35 et p. 37.
[3] Voir p. 24 où il indique que l'humanité de l'homme, affirmée dans l'Etat politique, est niée dans la réalité.
[4] Op. cité, p. 22.
[5] Même si la formulation du texte est nuancée : Marx annonce qu'il va parler des droits de l'homme « en ce qu'ils diffèrent des droits du citoyen » (p. 35) – sous-entendu : ce sont *aussi* des droits du citoyen.
[6] « Quel est cet "homme" distinct du citoyen ? Ce n'est rien d'autre que le *membre de la société bourgeoise* » (ib. p. 37).

servir. C'est ainsi que la liberté proclamée comme un droit humain universel au plan de la citoyenneté se convertit pratiquement en liberté de posséder, donc en droit à la propriété privée réservé concrètement à ceux qui possèdent, ou que le droit à la sûreté permet aussi (pas seulement) d'assurer la conservation de celle-ci[1].

Pourtant, malgré toutes ces restrictions avancées avec lucidité sur la portée réelle des droits du citoyen, à aucun moment Marx ne les nie *en eux-mêmes*[2]. Ce point, qui peut paraître ténu pour un lecteur superficiel se contentant de retenir que, de toute façon, Marx critique les droits de l'homme et du citoyen, est en réalité *essentiel*, à la fois théoriquement quand il s'agit de savoir si l'instance du droit peut être un fondement pour la critique marxienne de l'aliénation sociale (au sens large) et nous mener à un projet d'émancipation complète, et pratiquement quand il s'agit de savoir quelle attitude adopter vis-à-vis de la démocratie politique dite « formelle » quand on se réclame d'un pareil projet ; c'est pourquoi il faut s'y s'arrêter et le préciser définitivement. Or il est clair que la critique des droits du citoyen est une critique *externe* ou *extrinsèque*, qui signale leurs limites et les illusions qu'elles génèrent ; en aucun cas il ne s'agit, comme pour les droits de l'homme, d'une critique *interne* ou *intrinsèque* qui reviendrait à leur dénier toute valeur *propre* et à les récuser sans retour[3]. On ne peut donc pas parler, comme le fait S. Kouvelakis, d'une « limite interne, structurelle » de l'émancipation politique, qui impliquerait qu'on procède à la « subversion de la notion même » pour ouvrir la perspective d'une

---

[1] Ib., p. 38-39.
[2] Contrairement à ce que dit, avec beaucoup de toupet, B. Barret-Kriegel. Confondant droits de l'homme et droits du citoyen, identifiant donc le traitement pourtant différent que Marx réserve aux uns et aux autres, elle affirme, citant *La question juive* et d'autres textes : « Dans ses œuvres de jeunesse [...] Marx dénie la moindre valeur aux droits de l'homme » (op. cité, p. 14). Et elle se permet d'ajouter : « Il n'y a pas de libération juridique de l'homme, il n'y a qu'une émancipation sociale de la collectivité » (p. 14-15), ce qui lui permet de rejeter Marx. A l'autre bout du spectre politique, S. Kouvelakis soutient pour une part la même idée, mais il en inverse la valeur et félicite Marx de l'avoir défendue, de ne pas s'être laissé mystifier par le discours ou l'illusion juridique : « Il y a bien chez Marx une critique radicale de la citoyenneté définie comme moment spécifique qui dit la liberté et l'égalité des individus en tant que porteurs et sujets de droit(s) » et, du coup, « l'émancipation dont se réclame le projet d'une révolution communiste tel que Marx le conçoit ne peut se dire dans la langue de la citoyenneté, du droit ou des droits » (article cité, p. 142). C'est ce contresens commun à ceux qui s'opposent à Marx et à une partie de ceux qui le défendent qu'il faut dépasser.
[3] Je précise cependant, s'agissant des droits de l'homme, que leur critique violente ne les vise que pour autant qu'il s'agit des droits de l'homme *bourgeois*, donc des droits d'un homme particulier, égoïste. Marx n'aurait sans doute pas critiqué la proclamation des droits d'un homme réellement universel, donc l'idée de droits eux-mêmes effectivement universels. La formule de la *Critique du programme de Gotha*, « De chacun selon ses capacités, à chacun selon ses besoins », définissant la répartition des richesses dans une société communiste, en est un exemple, sinon l'exemple même.

émancipation humaine authentique[1]. L'émancipation purement politique *fait partie* de l'émancipation humaine totale[2] et on ne voit pas comment l'accès à cette totalité pourrait commencer par supprimer ce qui en est une partie ! C'est bien pourquoi Marx peut affirmer sans la moindre ambiguïté, ce qui est rarement remarqué, que l'émancipation politique, qui n'est qu'un intermédiaire dans la voie de l'émancipation complète de l'homme, est néanmoins un « intermédiaire nécessaire »[3] et même qu'elle « constitue, assurément, un grand progrès »[4]. Et c'est bien pourquoi aussi, dans sa théorisation de la forme politique du processus révolutionnaire devant mener au communisme, Marx s'est dès le départ réclamé de la démocratie, définissant la révolution communiste, par opposition aux révolutions minoritaires du passé, comme « le mouvement autonome de l'immense majorité dans l'intérêt de l'immense majorité »[5] : non seulement « dans l'intérêt » mais émanant « de » cette majorité, ce qui définit précisément un mouvement démocratique dont le peuple est l'acteur et pas uniquement l'objet ; et quand il a précisé ce qu'il entendait par la « dictature du prolétariat », qui désignait chez lui le pouvoir politique de transition vers une société sans classes et sans Etat, il a clairement dit que sa forme ne pouvait être que celle de la *république démocratique*[6] ; enfin, lorsque Engels a voulu répondre aux accusations des adversaires du mouvement communiste brandissant cette notion de « dictature du prolétariat » comme symbole de la prétendue inspiration antidémocratique de Marx, il a affirmé que l'exemple même de celle-ci avait été fourni par la Commune de Paris, qui a été, faut-il le rappeler, le plus grand événement démocratique de toute l'histoire humaine[7]. La démocratie politique et les droits spécifiques qu'elle implique, qui promeuvent tous la liberté sous sa forme politique (suffrage universel, liberté d'association, de conscience, de la presse, pluralisme des opinions,

---

[1] Article cité, p. 175.
[2] Ce que suggère la formule déjà citée selon laquelle « l'émancipation politique n'est pas le mode absolu et total de l'émancipation *humaine* » (p. 22 – souligné par lui) : l'émancipation politique est bien *un mode* de l'émancipation humaine !
[3] Ib.
[4] P. 26.
[5] *Manifeste*, ch. I.
[6] Voir la *Critique du programme de Gotha*, in *Critique des programmes de Gotha et d'Erfurt*, Editions sociales, 1972, p. 45. La même idée est exprimée par Engels dans la *Critique du programme d'Erfurt*, ib., p. 103. Cette notion de « dictature du prolétariat », peu fréquemment utilisée par Marx, a malheureusement fait écran du fait du terme « dictature » qu'elle comporte, qui n'avait rien à voir avec les formes de dictature politique que le 20ème siècle a depuis connues : cette dénomination a occulté sa signification pleinement démocratique. Sur cette question, voir E. Balibar, *Sur la dictature du prolétariat*, Maspero, 1976 et J. Texier, *Révolution et démocratie chez Marx et Engels*, PUF, 1998.
[7] Voir la fin de son introduction à la réédition de l'ouvrage de Marx, *La guerre civile en France*, Editions sociales, 1968, p. 25.

etc.), est donc bien pour Marx un principe essentiel : à la fois *partie* de l'émancipation totale de l'homme et, on vient de le voir s'agissant de la transition vers le communisme, *forme* de l'ensemble du processus d'émancipation, au-delà même de son champ politique restreint. Par contre, ce que ne dit pas le texte de *La question juive* mais qu'on peut dire à sa place en s'inspirant de ce qu'implique la pensée de Marx par ailleurs, c'est que, par une subtile dialectique de l'externe et de l'interne, les limites externes de la démocratie politique, qui tiennent à ce qu'elle ne s'accompagne pas d'une démocratie ni sociale ni économique, ont un effet sur sa *réalité interne* : elles l'empêchent d'accomplir son ambition sur son plan propre, d'être pleinement une démocratie politique, donc de *réaliser son concept même*. En effet, comment envisager un exercice effectif par tous de la citoyenneté simplement politique sans un accès de tous à l'information, à la connaissance, à la réflexion, à l'intelligence, bref à la culture, et comment envisager cet accès sans des transformations sociales profondes, elles mêmes conditionnées par des transformations économiques, permettant l'accès à l'éducation, au loisir, mettant fin à l'abrutissement par le travail productif, etc. ?[1] Le sujet politique, y compris comme sujet de droit, n'est pas donné dans toute son effectivité par la seule lettre d'une juridiction proclamée ; il doit être (comme le sujet éthique ou le sujet moral, d'ailleurs) *construit* à travers des procédures éducatives et de profondes réformes socio-économiques. On voit donc que, sans des transformations révolutionnaires réellement émancipatrices *hors du champ politique*, c'est la liberté même de tous *au sein de ce champ* qui est menacée, donc son fonctionnement réellement démocratique conforme à son concept : la démocratie devient une coquille partiellement vide, délestée d'une part de son contenu, apanage des privilégiés de la fortune et de la culture. Certes, une coquille n'est pas rien ; mais ce n'est alors qu'une forme qui, sans être irréelle, manque de réalité, de contenu substantiel. On voit par conséquent ce que Marx nous oblige à penser : si la démocratie politique est bien absolument indispensable, il y a des conditions socio-économiques de celle-ci qui sont à réaliser hors d'elle et sans lesquelles elle n'est pas pleinement elle-même[2].

---

[1] La monopolisation des fonctions électives par les classes aisées que l'on constate aujourd'hui et la crise de la représentation politique qu'elle induit s'expliquent de cette manière.

[2] On aura compris qu'il n'est donc pas question d'*opposer* Rousseau et Marx, mais de compléter le premier par le second, voire de trouver dans Rousseau (comme dans Kant, d'ailleurs, pour la dimension proprement morale), un fondement ou un cadre normatif général pour la politique préconisée par Marx. G. Della Volpe a très bien mis en lumière cette filiation entre Marx et Rousseau, malgré l'individualisme théorique présupposé par la pensée de celui-ci, dans son ouvrage *Rousseau et Marx*, Grasset, 1974. C'est ainsi que, pour s'en tenir à la question de la démocratie, il affirme que le communisme marxien absorbe « la substance de la

Si ce qui précède est juste, on peut alors trouver dans ce qui fonde normativement la revendication du droit politique républicain – la revendication associée de la liberté et de l'égalité ou, selon une formule d'E. Balibar, l'exigence de « l'égaliberté » – de quoi dépasser les limites de celui-ci, sans renoncer à sa notion, et aborder alors de nouveaux terrains pour l'émancipation, le social et l'économique. Car si l'émancipation sociale et économique est bien en excès par rapport à l'émancipation politique envisagée à la lettre et exige donc que l'on change de plan pour accéder à d'autres plans où l'on a besoin de concepts spécifiques pour la concevoir, comprendre sa nécessité et aider à sa réalisation, l'exigence de cette nouvelle et double émancipation est potentiellement contenue dans la revendication normative initiale qui inspire l'émancipation purement politique. Comme le dit E. Bloch dans ce livre remarquable qu'est *Droit naturel et dignité humaine*, dont l'inspiration marxienne clairement revendiquée est à l'opposé d'une conception positiviste de l'histoire et de la politique qu'on croit pouvoir tirer de l'auteur du *Capital* : « Liberté, Egalité, Fraternité – l'orthopédie, telle qu'on l'a tentée, de la marche debout, de la fierté humaine – renvoie bien au-delà de l'horizon bourgeois »[1] et c'est être fidèle à ce qu'il appelle, d'une formule reprise de Marx, « l'esprit de la révolution »[2] incarné dans cette devise, que d'aller au-delà de cet horizon qui le limite, pour en réaliser la promesse. Quelles que soient donc les ruptures auxquelles il faut procéder, c'est bien à un processus d'*extension* du droit politique, prétendument formel, de la Déclaration de 1789, que nous avons alors affaire, tout au moins si nous acceptons de voir dans ce droit élargi, par-delà sa seule concrétude socio-économique, un processus pleinement normatif de réalisation de la moralité objective déjà à l'œuvre dans la politique.

La morale dans le champ social

Nous avons déjà souligné que la revendication des droits politiques s'enracinait, malgré leur abstraction et l'universalité réelle qu'ils peuvent comporter, dans des intérêts concrets et que le sujet *du* droit n'est donc pas un pur sujet légiférant moralement et a priori sur l'organisation de la Cité.

---

problématique rousseauienne de la souveraineté populaire et de la démocratie directe » (op. cité, p. 105).

[1] Op. cité, Payot, 2002, p. 210. Je souscris sans réserve aux analyses de Bloch (sauf à y ajouter ma propre conceptualisation), y compris quand, dans son examen de *La question juive*, il réhabilite l'idée même de « droits de l'homme », distingués de ceux du citoyen, par-delà le contenu « bourgeois » qu'ils ont et qu'il dénonce aussi avec lucidité. C'est ainsi que, présentant la critique qu'en fait Marx, il affirme à juste titre : « Il a montré qu'ils avaient un contenu de classe bourgeois – et cela avec une netteté inégalable. Mais ils ont tout autant un contenu d'avenir qui, alors, n'avait pas encore d'assise. »
[2] Ib., p. 213.

Cette idée se vérifie encore plus clairement quand il s'agit des droits sociaux qui, portant sur le contenu de la vie sociale avec toutes ses déterminations concrètes et ses différences, affichent d'emblée leur origine empirique au sein de cette vie.

Pour s'en convaincre, il suffit d'examiner dans le détail les nouveaux droits intégrés à la Constitution française de 1946 ainsi que ceux de la Déclaration universelle des droits de l'homme de 1948, et de les comparer avec ceux de la Déclaration de 1789, même renouvelée en 1791 et en 1793[1]. Si on laisse de côté les quelques enrichissements ou précisions apportés dans l'ordre de la liberté et de l'égalité politiques (l'essentiel avait été dit en 1789, hormis l'égalité de la femme et de l'homme proclamée seulement en 1946[2]), c'est bien dans l'ordre des droits sociaux que nous constatons un formidable progrès qui s'apparente quasiment à une *découverte* de la *dimension sociale* de l'existence humaine et des droits qu'on peut considérer comme lui étant désormais inhérents, ces droits s'accompagnant évidemment du devoir de l'Etat républicain de les faire respecter. Indiquons-en la liste, dans la Constitution de 1946 d'abord : droit à un travail (qui fait du chômage une situation anticonstitutionnelle en France !), droit à l'organisation syndicale capable de peser sur la détermination des conditions du travail et sur la gestion de l'entreprise, droit de grève, non seulement droit mais devoir, peu souvent signalé, pour l'Etat de procéder à des nationalisations d'entreprises quand l'intérêt collectif l'impose – ce qui empiète déjà sur l'économie et légitime par avance une organisation socialiste de celle-ci –, droit aux conditions permettant le développement de l'individu et de la famille, droit à la sécurité matérielle, au repos et aux loisirs, droit à l'instruction, à la formation professionnelle, à la culture et donc à un enseignement gratuit qui en fournit l'accès à tous. Cette liste est éloquente et déborde considérablement les quelques préoccupations proprement sociales qu'on trouvait dans la Déclaration de 1789 (comme le droit de déterminer l'impôt) ou dans celle de 1793 (comme le droit aux secours publics et à l'instruction) ! La Déclaration de 1948 n'est pas en reste et complète même cette liste, sauf que, étant internationale, elle n'a pas de valeur obligatoire faute d'un Etat international susceptible de la faire directement appliquer[3] : les articles 22 à 27 reprennent les droits précédents et ajoutent même le droit explicite à la sécurité sociale, à l'égalité du salaire pour un travail égal, le droit à une juste rémunération et à la protection sociale, le droit aux congés

---

[1] Pour une analyse assez complète et juste de la Déclaration de 1789 et de sa postérité, voir l'ouvrage de J. Morange, *La Déclaration des droits de l'homme et du citoyen*, PUF, 1998.
[2] Il ne faut pas sous-estimer cette lacune : elle cantonnait l'universalité du principe républicain de 1789 à la moitié du genre humain !
[3] Elle ne devient juridiquement obligatoire que lorsqu'elle est reprise à leur compte par les Etats nationaux.

payés et à une limitation raisonnable de la durée du travail, pour ne prendre que ces exemples. Qui ne voit, alors, que ce sont bien des *intérêts de vie* dont la satisfaction est exigée à travers tous ces droits et non des impératifs moraux abstraits que la seule raison commanderait, et que, du coup, ces intérêts sont concrètement efficients dans l'émergence, la revendication et la proclamation de ceux-ci : c'est bien l'intérêt porté à telle ou telle forme ou qualité de vie (travail, santé, loisir, culture, etc.), lesquelles contribuent d'ailleurs à augmenter la quantité de vie disponible, qui détermine la production effective du droit social, au cœur d'une histoire où les intérêts de vie des différentes classes sociales s'opposent pour leur satisfaction, l'intérêt des classes dominantes tendant à étouffer ou à spolier celui des classes dominées et ces dernières se battant pour satisfaire le leur dans et par le droit. Celui-ci apparaît ainsi non comme une simple mystification idéologique au service de la classe au pouvoir, mais, à travers des compromis inévitables, comme le lieu d'expression, au moins partielle, des aspiration humaines des dominés et le moyen de leur réalisation. Comme l'indique N. Poulantzas, qui est pourtant d'une grande lucidité quant aux effets mystificateurs du droit : « La loi ne fait pas que tromper ou masquer, ni que réprimer en obligeant de faire ou en interdisant. Elle organise et sanctionne aussi des *droits réels* des classes dominées [...] et comporte, inscrits en elle, les compromis matériels imposés par les luttes populaires aux classes dominantes. »[1]

Pourtant, compris ainsi, le droit social paraît bien immergé entièrement dans la vie socio-historique matérielle et déterminé par elle, il ne semble en rien la transcender puisqu'il l'organise en fonction des rapports de force entre les classes. En quel sens, alors, peut-on y voir autre chose qu'une réalité éthique énonçant des règles de fonctionnement de la vie socio-historique totalement intéressées, sans signification morale ?[2] Ou, si l'on préfère : en quoi la loi juridique, ici, peut-elle entretenir un rapport avec une quelconque loi morale ? La réponse est claire et elle a été suggérée à propos du droit en général : l'organisation de la vie dans un sens éthiquement meilleur (ce qui est incontestable : vie plus aisée, plus saine, plus cultivée, etc.) est dans ce cas explicitement réclamée *pour tous*. Tous les droits qui ont été précédemment indiqués se présentent comme des énoncés universels qui valent pour tous les hommes, le principe même d'une discrimination entre eux (selon la race ou la religion, par exemple), étant précisément rejeté universellement, sans condition, en toute circonstance. Il est vrai que certains d'entre eux ont une signification particulière puisqu'ils s'appliquent à une

---

[1] In *L'Etat, le pouvoir, le socialisme*, PUF, 1978, p. 91 (souligné par lui).
[2] On peut dire du droit social ce que nous avons dit de l'éthique : il est *dans* la vie, *de* la vie et *pour* la vie.

catégorie spéciale de la population, comme le droit des travailleurs à participer à la gestion des entreprises ; mais cela tient à la différenciation sociale elle-même que le droit, ici, n'a pas pour fonction d'abolir mais d'aménager, sa transformation profonde relevant d'une révolution économique éventuelle et donc d'un autre type de droit dont il sera question ensuite. Mais, d'une part, à l'intérieur d'une catégorie sociale donnée, l'universalité est bien là (« Tout travailleur, etc. ») et, d'autre part, la préoccupation, socialement conditionnée, d'une vie bonne dans ce qu'elle a à la fois de général et de concret, concerne bien *tous* les hommes, par-delà les limitations que les différences économiques (qui sont des différences de classe ou liées à la division sociale du travail) apportent inévitablement à sa mise en œuvre, l'empêchant ainsi de parvenir à une universalité effective[1]. On voit donc ce qui opère ici à nouveau et qui confère au droit social son statut normatif de type moral : l'Universel. Car de même que la légitimité de la revendication politique républicaine (ou démocratique) est fondée sur le fait que la domination n'est pas universalisable et que seule l'absence de domination liée à l'égalité politique l'est, de même la légitimité inhérente à la revendication des droits sociaux (dont la liste n'est d'ailleurs pas close) est fondée sur leur stricte universalité et sur le fait que l'oppression sociale elle aussi, contre laquelle ces droits ne cessent de lutter, n'est pas universalisable. Comme la domination, elle constitue un *rapport* qui *distingue* entre un oppresseur et un opprimé – par exemple, le patron interdisant la grève et l'ouvrier empêché ainsi de dire son insatisfaction et de réclamer son dû –, rapport qui, par définition, ne peut être rendu universel : pour qu'il y ait un oppresseur il faut qu'il y ait un opprimé, tout le monde ne saurait être oppresseur et il est impossible de concevoir intellectuellement une société où *tous* décideraient d'une oppression quelconque puisqu'il ne resterait personne à opprimer. Au surplus, et alors même que l'on imaginerait une situation où tous décideraient d'une éventuelle oppression à venir[2], on voit mal *qui* se déciderait ensuite à devenir de fait l'opprimé : l'oppression deviendrait subjectivement impossible faute de candidat à cette situation.

---

[1] C'est bien pourquoi on peut comprendre Marx quand il affirme dans la *Critique du programme de Gotha* que tout droit est « fondé sur l'inégalité » : il réclame une égalité de traitement dans le cadre d'une réalité marquée par les inégalités sociales et économiques, par exemple lorsqu'il formule l'exigence « A travail égal, salaire égal », ce qui implique que les salaires soient inégaux lorsque les travaux sont inégaux. Dans une société où les inégalités économiques de classe auraient disparu, l'égalité des droits sociaux serait en quelque sorte réalisée automatiquement en amont, par l'égalisation des conditions, et leur universalité deviendrait effective. Mais cela n'autorise pas, à nouveau, à envisager un dépérissement du droit : il faudra bien toujours un droit pour pérenniser cette nouvelle situation économico-sociale et une contrainte étatique pour le faire respecter.

[2] Je transpose à ma manière la situation du « voile d'ignorance » de J. Rawls, où l'on décide d'une inégalité sans savoir qui en sera victime.

Que ce soit donc sur le plan du concept ou sur celui des faits, l'oppression ne peut être que le fait d'un seul ou de quelques uns, ce qui la condamne irrémédiablement au regard de la morale.

L'Universel est bien par conséquent ce qui fonde la légitimité des revendications du droit social tel que nous l'avons examiné, par-delà ses motivations intéressées, et on ne peut nier qu'il soit objectivement présent en elles, quel que soit le poids de l'intérêt matériel qui s'y exprime. Et s'il leur confère du coup une *valeur morale*, c'est au sens que nous avons donné à cette expression qui se réfère en priorité au *contenu* de l'action humaine, par-delà ses intentions subjectives. Conformément à notre compréhension matérialiste de la morale, cet Universel n'est jamais dissocié d'une préoccupation vitale impliquant que la morale soit utile aux hommes, mais à tous les hommes, et qui culmine dans cette idée magnifique de droits visant au « libre développement de la personnalité » de chacun ou encore au « plein épanouissement de la personnalité humaine » que proclame la Déclaration universelle de 1948 (articles 22 et 26). L'universalité morale ici présente n'est pas celle d'un principe abstrait ou formel qui s'imposerait à la vie sans rien lui emprunter – vision superficielle visant à la discréditer et au nom de laquelle on croit pouvoir s'en débarrasser à bon compte, se mettant ainsi intellectuellement à l'abri de ses obligations ; elle est indissociable d'un contenu de vie dont elle vise la promotion – une vie riche quantitativement (il s'agit par exemple d'éloigner la mort ou la maladie) et qualitativement (il s'agit de bien vivre), mais elle en exige la promotion chez tous : elle est l'universalité ou, plus exactement, l'exigence d'universalisation *de* cette vie, en l'occurrence celle des conditions qui permettent à chacun d'y accéder – ce que réalise le droit social. C'est bien à une articulation de l'éthique et de la morale (sous la domination de la morale) que le droit social procède, dans l'esprit de notre réflexion antérieure : il améliore la vie – c'est sa dimension éthique –, mais la vie de tous – c'est sa dimension morale.

Si l'on admet cette analyse, étayée sur l'histoire des conquêtes juridiques, donc exempte de coup de force idéologique, on comprend à quel point il convient de récuser les doctrines du droit qui, sous prétexte d'éviter les illusions idéalistes qu'il peut générer, le coupent de la morale soit en le rabattant sur le droit positif débarrassé alors de toute préoccupation de justice (Kelsen), soit en y voyant une affaire de convention arbitraire s'enracinant dans une décision du législateur (K Schmidt), soit, enfin, en le réduisant à une expression déguisée de la vie, s'illusionnant, comme la morale, sur son statut d'instance normative transcendant la vie et lui commandant. Je ne commenterai que cette dernière hypothèse, en laissant de côté ce qui chez Marx ou dans la tradition marxiste a pu la nourrir en ramenant le droit à un phénomène idéologique, car toute ma réflexion vise à récuser ce point de vue[1]. Par contre, il faut rappeler que c'est Nietzsche qui, du fait de son immoralisme extrême, a exprimé avec le plus de radicalité cette conception doublement nihiliste (elle vise la morale et le droit) et en a le mieux illustré, en tout cas pour un lecteur critique, le danger. D'un bout à l'autre de son œuvre il nie que le droit pose une quelconque question *de droit*, c'est-à-dire de légitimité normative renvoyant à la morale, puisque celle-ci n'est pour lui qu'une fiction vitale sans justification objective. C'est ainsi que, dans *Humain, trop humain*, le droit est entièrement résolu dans la force et les rapports de force, et la question posée par le socialisme (avec les droits sociaux qu'il exprime) n'est pas alors de savoir ce qu'il vaut mais quelle force ou quelle puissance sociale il représente (§ 446) ; ou encore, le droit est ramené à des motivations psychologiques égoïstes : la revendication de l'égalité des droits, si elle peut éventuellement avoir un sens de justice (notation rare et curieuse chez lui) dans la classe dirigeante, n'en a aucun dans la « caste assujettie » où elle n'est que l'émanation « de la convoitise » (§ 451), « l'esprit d'injustice est chevillé […] dans l'âme des non-possédants » qui « ne sont pas meilleurs que les possédants et n'ont aucun privilège moral » dans leurs revendications sociales (§ 452), tout cela le conduisant à ne penser la nécessité du droit que sous l'angle de l'arbitraire axiologique (§ 459). Et quand le thème de la volonté de puissance fait irruption dans son œuvre, avec sa prétention explicative impitoyable, la réduction du droit à l'égoïsme humain est encore plus radicale : si le socialiste exige « la "justice", le "droit", les "droits égaux" », c'est parce qu'il souffre et trouve un « plaisir » à revendiquer ainsi[2]. Plus largement, c'est la politique dans son ensemble qui est subsumée sous ce concept : il n'y voit que « des problèmes de puissance, une quantité de puissance opposée à une autre quantité » et il ajoute qu'il ne croit pas « à un droit qui ne repose pas sur le pouvoir de se faire respecter », il considère « tous les droits comme des conquêtes »[3] – sous-entendu : issues de la seule force. La logique de cette position peut alors se développer dans une parfaite bonne conscience théorique : en rabattant intégralement le droit, au même titre que la morale, sur l'intérêt et les rapports de force entre les hommes, en niant qu'il exprime réellement une quelconque instance morale *de Droit* s'exprimant dans le droit positif, distincte de l'instance du *Fait* (les motivations égoïstes) et susceptible de la juger comme de l'améliorer, il peut

---

[1] L'une des sources intellectuelles du stalinisme se trouve incontestablement dans cette conception dévalorisante du droit, corrélative de la négation théorique de la morale. Dans l'ex-Union soviétique, l'un des rares à avoir théorisé le rôle spécifique du droit est E. B. Pachoukanis dans *La théorie générale du droit et le marxisme*, 1924, EDI, 1970. Mais il en pronostique la disparition dans le communisme.
[2] *La volonté de puissance*, Le livre de poche, § 227.
[3] Ib., § 428.

acquiescer sans scrupule au déroulement de la réalité socio-historique et donc aux injustices qu'elle comporte pour qui maintient l'objectivité de l'instance morale et de son expression juridique. Exit donc la Déclaration des droits de l'homme avec sa légitimité propre puisque aucun jugement de valeur objectif de portée universelle ne peut la *justifier*, et vive le déploiement historique d'une volonté de puissance fondamentalement inégalitaire sur laquelle se fracasse l'illusion de vouloir et de pouvoir faire progresser moralement, par le droit, la vie sociale[1].

Ce n'est là qu'une position extrême, mais elle témoigne bien, à sa manière, de ce renoncement moral devant l'histoire et de sa conséquence politique, de cette victoire de Machiavel sur Kant dont nous avons signalé le risque au début de notre réflexion sur la politique et que nous combattons parce qu'elle ouvre théoriquement la porte à tous les cynismes pratiques. Nous espérons avoir démontré, par-delà son danger propre, qui n'est qu'un argument indirect par la conséquence, qu'elle est *en elle-même fausse* : il y a bien *de fait*, au sens d'un fait normatif, certes, mais qui se laisse pourtant attester dans la positivité des lois juridiques, un horizon à la fois irréductible et croissant d'universalité morale dans le droit et ses conquêtes progressives, lesquelles sont donc des conquêtes non dans le seul ordre de la force ou de la puissance comme le prétend Nietzsche, mais bien, spécifiquement, dans l'ordre de la morale entendue au sens matérialiste. A l'inverse, la référence à un droit naturel pensé comme fondement moral du droit positif et l'obligeant à s'y conformer, malgré toutes les illusions théoriques et politiques qui ont pu l'accompagner, a révélé un étonnant potentiel critique et progressiste dans l'histoire des idées et l'histoire tout court. C'est ainsi que chez Rousseau, avant même qu'elle ne joue un rôle dans l'élaboration du projet du *Contrat social*, la prise en compte d'un droit naturel est à la base de la critique intransigeante des inégalités sociales ou « de convention » à laquelle procède le *Discours sur l'origine et les fondements de l'inégalité parmi les hommes*, dont le paragraphe de conclusion résume admirablement la signification morale[2] ; et c'est le cas aussi chez un Fichte qui, dans les *Fondements du droit naturel*, liant clairement droit et moralité dans le droit naturel, a été capable d'anticiper un Etat se devant d'assurer aux hommes travail et

---

[1] C'est là un aspect de la pensée de Nietzsche qui est régulièrement occulté par la quasi totalité de ses commentateurs. Par opposition, voir mon analyse critique « Nietzsche ou l'impuissance du peuple » dans l'ouvrage collectif *La puissance du peuple*, sous la direction d'Y. Vargas, t. 1, 2ème édition, Le Temps des Cerises, 2007.

[2] Op. cité, Gallimard /Idées, 1965, p. 127. Della Volpe a fortement insisté sur cette dimension de la pensée de Rousseau, qu'il en enracine dans une revendication de « liberté égalitaire » qui n'est pas un égalitarisme mais l'exigence de justice que les inégalités sociales soient proportionnées aux inégalités ou aux mérites réels des individus, contrairement à qui se passait et continue de se passer aujourd'hui dans la société : voir son ouvrage déjà cité, *Rousseau et Marx*.

subsistance : « Chacun doit pouvoir vivre de son travail » et « il ne doit y avoir aucun pauvre » affirme-t-il, par exemple[1], manifestant sur ce point une avancée incontestable par rapport à Kant. E. Bloch montre même que le droit naturel classique a pu inspirer les différentes utopies sociales du 19ème siècle (Owen, Fourier, Saint-Simon) avec leur effet mobilisateur propre et leurs conséquences, au moins indirectes, sur l'action du mouvement ouvrier, à la lumière de la commune « projection d'une volonté de bien faire »[2] dans le champ socio-politique.

Il reste que les conquêtes du droit ne sauraient se figer dans les seuls champs du politique et du social, comme si l'économie, elle, était hors morale et comme si l'économie capitaliste, car c'est d'elle qu'il s'agit aujourd'hui, était notre destin final et une figure naturelle de l'organisation de la production non susceptible d'être *interrogée*, d'abord, et donc *transformée*, ensuite, dans un horizon de sens lui-même moral. C'est cette dernière question, totalement iconoclaste pour l'idéologie aujourd'hui dominante, alors qu'elle ne l'était pas au siècle dernier, qu'il faut maintenant examiner.

La morale dans le champ économique

C'est à ce niveau que se joue la partie la plus décisive pour notre réflexion, non du point de vue de la fondation d'une politique morale puisque la réalité économique, pas plus que toute autre réalité, ne saurait juger de sa propre valeur ou justifier des normes obligatoires de vie, mais pour deux raisons étroitement liées qu'il faut indiquer. D'abord parce que, dans l'ordre causal des faits, il faut bien admettre avec Marx que la base d'une société, celle qui détermine les autres niveaux de l'existence sociale et son fonctionnement d'ensemble, se situe bien dans la sphère de la production matérielle, avec le type de propriété économique qu'elle présente, quels que soient le poids, la spécificité ou l'autonomie relative des autres facteurs (y compris la psychologie humaine). De ce point de vue, la formule de Marx affirmant dans sa jeunesse : « Etre radical, c'est prendre les choses à la racine. Mais la racine pour l'homme, c'est l'homme lui-même »[3], doit être transformée dans l'esprit même du progrès ultérieur de sa pensée et remplacée par l'affirmation suivante : la racine ultime de la réalité de l'homme est économique et être radical, c'est partir de là. Qui ne s'en préoccupe pas ne peut prétendre réfléchir sur « l'homme », y compris d'un

---

[1] Voir E. Bloch, op. cité, p. 92 et p. 241, où il signale à quel point cela est proche d'une inspiration politique de type *socialiste*.
[2] Ib. p. 249.
[3] Introduction à la *Critique de la philosophie du droit de Hegel*, in *Sur la religion*, op. cité, p. 50.

point de vue normatif, et nous en proposer une idée exacte : c'est d'une abstraction qu'il nous parle alors, malgré l'aspect concret du langage qu'il peut employer, celui des motivations psychologiques par exemple. Ensuite parce que, vu son importance, l'ordre économique doit alors être pris en compte quand il s'agit d'envisager le champ complet d'application de la morale à l'homme. A ce niveau, nous rencontrons un obstacle de taille, qui a le poids d'un immense préjugé qui habite désormais largement la conscience collective et que nous avons déjà évoqué, à savoir l'idée que l'économie serait *hors du champ de la morale* et de ses jugements critiques, donc des exigences de transformation du réel auxquelles elle nous confronte. Cette idée peut s'intégrer à la conception plus large selon laquelle l'organisation sociale dans son ensemble (mais l'économie tout spécialement) constituant un système ou un processus impersonnel qui n'a été voulu par personne, elle n'a pas à être jugée moralement. C'est la thèse défendue par Hayek[1], soutenue par l'argument que seul un comportement individuel intentionnel peut être qualifié moralement de « juste » ou « injuste », ce qui entraîne logiquement l'idée que le concept de « justice sociale » est absurde, voir même, dit-il, injuste[2]. Il y voit carrément un vestige d'anthropomorphisme, projetant sur une réalité décrétée inhumaine, au sens d'impersonnelle, des intentions humaines, lequel anthropomorphisme animerait le courant socialiste et, spécialement, le marxisme avec sa prétention de redistribuer d'une manière juste la richesse économique et les moyens de la produire. C'est donc sur un amoralisme complet dans le champ de l'organisation économique de la société que débouche cette conception, ce qui revient à une forme de cynisme qui se donne par avance les moyens d'occulter l'immoralité ou l'injustice qu'il alimente puisqu'il la dénie théoriquement en lui ôtant tout fondement intellectuel[3]. Mais cette même idée de l'amoralité de l'économie peut être présentée plus directement. C'est le cas de la formulation qu'en donne A. Comte-Sponville dans *Le capitalisme est-il moral ?*[4], dont le succès public traduit bien la prégnance de cette idéologie aujourd'hui (même si les excès visibles du capitalisme financier l'ont quelque peu décrédibilisée récemment), sans compter qu'elle est énoncée par un auteur qui fut autrefois proche du marxisme et qui, par ailleurs, confère à

---

[1] Voir *Droit, législation et liberté*, op. cité, t. 2, ch. 9.
[2] Ib., p. 78.
[3] Cela n'enlève rien à la force d'interpellation de cette argumentation. C'est bien pourquoi il faut y faire face.
[4] Op. cité (j'y ai déjà fait allusion plus haut). Le titre de cet ouvrage surprend d'emblée, car on attendrait la question inverse : « Le capitalisme est-il immoral ? ». En effet, malgré le défaitisme moral ambiant, rares sont ceux qui songent à une éventuelle moralité du capitalisme et c'est plutôt au reproche d'immoralité qu'il est confronté, quand il l'est. Cet ouvrage a été réédité en 2009, avec une longue postface dans laquelle il répond à des objections que M. Conche, L. Sève et moi-même lui avons faites.

la morale une place importante dans sa réflexion anthropologique. Distinguant, au sein de la vie sociale, l'ordre scientifico-technique, l'ordre juridico-politique, l'ordre moral et l'ordre éthique (qu'il définit par l'amour), Comte-Sponville place d'emblée l'économie dans le premier, ce qui lui permet de situer la morale en position d'extériorité, sinon d'hétérogénéité, par rapport à elle, et d'affirmer logiquement que le capitalisme dans son organisation économique est étranger à la morale : ni moral, ni immoral, mais « amoral », et il l'est, insiste-t-il, « totalement, radicalement, définitivement »[1]. Il ne nie d'ailleurs pas que la morale puisse l'influencer, mais selon lui elle ne doit et ne peut le faire qu'en le régulant pour en limiter les méfaits humains. A cet argument de la neutralité normative de l'économie, il ajoute celui que l'on trouvait chez Hayek et auquel il donne un statut matérialiste, à savoir l'idée que nul Sujet intentionnel n'est à l'œuvre en elle et que donc on ne saurait la juger, l'approuver ou l'accuser sur un plan moral. Or cette position, dans son point de départ, repose sur une erreur d'analyse que l'on s'étonne de trouver chez lui (qui a lu Marx) : l'intégration complète de l'économie à l'ordre scientifico-technique, précisée par l'idée que l'économie est une science et une technique. C'est oublier ce qui sépare l'économie de cet ordre : la science et la technique, considérés socialement, ne sont que des *moyens* ; elles sont donc neutres en elles-mêmes d'un point de vue normatif et seul leur *usage* par les hommes peut être jugé moralement (pensons à l'exemple extrême de l'énergie nucléaire : usage pacifique et utile ou usage guerrier et meurtrier). A l'inverse, et c'est le grand enseignement de Marx, l'économie dans sa réalité concrète, quelle que soit son articulation aux techniques matérielles de production, est constituée de *pratiques* par lesquelles certains hommes *se comportent* d'une certaine manière *à l'égard d'autres hommes* – en les exploitant, par exemple, ou en les soumettant à une organisation du travail inhumaine – et elle relève donc, j'y insiste moi-même, de droit ou par essence, par conséquent nécessairement, de jugements de valeur à teneur morale[2]. Et la science qui les étudie ne peut être considérée comme une science au sens habituel du

---

[1] Voir op. cité, p. 47-51 et p. 71-79.
[2] S'agissant du travail, je rappelle que la division *sociale* du travail est distincte de sa division *technique* : on ne peut rien sur cette dernière alors que l'on peut intervenir sur la première en répartissant et en organisant différemment le travail de façon à éviter ou à amoindrir les différentes formes de la souffrance au travail (temps de travail excessif, cadences infernales, pression à la productivité, etc.). Cela relève d'une pratique engageant des choix sociaux et non de la technique elle-même, et une pratique non seulement peut mais doit être dite « humaine » ou « inhumaine » selon qu'elle respecte ou pas les êtres humains qu'elle implique, contrairement à une technique ! C'est cette réduction de l'économie à la technique qui empêche Comte-Sponville de comprendre que l'économie a une signification morale. Comme le dit Marx, « l'économie politique n'est pas la technologie » (*Contribution à la critique de l'économie politique*, op. cité, p. 151) et c'est la technologie qui, seule, est amorale.

terme, qui dégagerait des lois objectives à l'image des lois naturelles, dont on n'aurait rien à dire sur le plan normatif : elle étudie des lois dont Marx a montré qu'elles étaient internes à un certain système de production régi par la propriété privée, elles constituent donc des *règles de fonctionnement* propres à un certain type d'économie, organisant un certain type de rapports pratiques entre les hommes et ayant elles-mêmes un statut pratique : elles on été instituées, elles peuvent être modifiées ; à tous ces points de vue les « lois » économiques tombent donc directement sous la législation de la morale comme tout ce qui touche à la pratique[1]. Ladite « science économique » est par conséquent, de par la nature de son objet, une science *implicitement normative* ou *normative à son insu* (la plupart du temps), qui ne saurait être indifférente à la morale et à laquelle, inversement, la morale ne saurait être indifférente, au point que Marx a pu voir en elle, dans les *Manuscrits de 1844*, « une science morale réelle, la plus morale des sciences » – sous-entendu : une science qui engage des jugements de valeur moraux[2]. C'est bien pourquoi elle peut être *critique*, comme Marx a toujours voulu qu'elle le soit pour sa propre théorie, dès lors que ses jugements sont eux-mêmes porteurs d'une appréciation morale de son objet[3].

On voit donc que l'économie en général, par conséquent l'économie capitaliste en particulier, est concernée par la morale, qu'on peut l'*interroger* sur son sens moral et envisager de la *transformer* si la morale l'exige, et que la question de savoir si le capitalisme est immoral ou non (je préfère cette formulation) est pleinement légitime sur un plan théorique. Et je précise que, s'il est clair que la morale ne peut jouer de rôle dans la production de la

---

[1] Je renvoie ici à l'importante « thèse de la règle » énoncée par J. Bidet dans sa *Théorie générale*, selon laquelle il n'y a pas de « loi sociale naturelle » : « Dans une société moderne, il n'existe d'abord aucune *loi*, mais seulement des *règles* » (op. cité, p. 112 – souligné par lui). C'est bien pourquoi le champ économique est aussi *politique*, portant sa marque et relevant de son intervention.

[2] Op. cité, p. 103. En l'occurrence, l'économie politique bourgeoise, que Marx critique parce qu'elle préconise l'ascétisme pour l'ouvrier en en faisant une prétendue loi naturelle de la production, engage des jugements de valeur *immoraux*.

[3] On ne saurait pourtant reprocher à Marx d'avoir eu pour but de « moraliser l'économie » comme le fait Comte-Sponville à la suite de son analyse des rapports de la morale et de l'économie (op. cité, p. 79-83) et d'avoir ainsi rationalisé dans sa théorie un option morale initiale (op. cité, p. 251) : c'est oublier l'extraordinaire objectivité scientifique de cette théorie, dont les résultats effectifs doivent être appréciés à la lumière des critères propres à la science. Mais il reste à articuler finement cette objectivité avec la présence en elle de normes morales, dans une tension elle-même théorique qu'il ne faut pas se masquer et qui me paraît valoir pour les sciences sociales en général. Ce qu'on peut par contre lui reprocher, c'est de ne pas avoir théorisé cette dimension morale de son œuvre, étant donné qu'il se réclame fortement de la science, voire verse parfois dans une approche scientiste de la politique qui oublie sa signification également normative. Comte-Sponville admet d'ailleurs clairement qu'il y a là un « point aveugle » chez Marx (ib.).

richesse, qui relève de processus productifs matériels[1], elle a tout son rôle à jouer dans sa répartition comme dans celle des moyens de la produire, et que c'est en ce point précis que la question de l'injustice du système capitaliste se pose, comme celle de sa transformation nécessaire *sur la base d'une motivation morale*, même si celle-ci, bien entendu, ne saurait y suffire[2]. Il faut même préciser que, contrairement à l'apparence mais eu égard au rôle que joue la réalité économique dans l'ensemble de la réalité humaine, c'est sans doute là le champ d'application primordial de la morale, le lieu de sa *substance effective ultime*, ce qui entraîne à dire que prétendre se préoccuper de morale sans s'intéresser au sort que l'économie fait aux hommes, avec toutes les conséquences concrètes que cela entraîne sur leur vie envisagée dans toutes ses dimensions (car il y a des conséquences non économiques, proprement anthropologiques, de l'économie), relève d'une légèreté qui n'est pas seulement intellectuelle mais, disons-le, morale. Cependant, pour en rester à la légèreté intellectuelle, ce qui empêche beaucoup de comprendre ce point essentiel et peut les excuser de leur indifférence morale à l'économie, c'est la difficulté qu'il y a à admettre l'idée matérialiste d'une *moralité objective*, déconnectée de la problématique traditionnelle d'une moralité de la seule conduite individuelle intentionnelle, et s'incarnant (ou pas) dans des rapports sociaux objectifs mais constitués de pratiques. Or ces rapports à chaque fois *forment système*, à travers un droit qui les organise, et on peut juger de la conformité ou pas, ou du degré de conformité de ces systèmes à l'Universel moral. On peut donc et même l'on doit, puisque l'on ne peut se soustraire aux exigences de la morale, parler de *systèmes sociaux plus ou moins moraux selon le droit qui y prévaut, y compris, sinon surtout, dans l'ordre économique*, sans craindre de verser dans une inconséquence ou dans une approche morale risquant d'être totalitaire parce que légiférant dans un domaine qui, soi-disant, ne la concernerait pas. L'erreur qui sous-tend la

---

[1] C'est là l'autre face importante, proprement matérielle, de la politique par laquelle elle relève de la science et de la technique, mais qui n'est pas directement l'objet de ma réflexion.
[2] Comte-Sponville, reconnaissant l'injustice du capitalisme, déconnecte sans raison la problématique de la justice et celle de la moralité et refuse donc à nouveau, pour ce motif, de le condamner moralement. C'est oublier que le concept de justice (ou d'injustice) est un concept éminemment *moral*, concernant la distribution des biens sociaux, distribution elle-même sociale, et ce n'est que métaphoriquement que l'on peut parler d'injustices naturelles. Voir sa réponse à M. Conche dans l'ouvrage cité. J'en profite pour indiquer que si je ne parle pas davantage de justice sociale, c'est que je ne distingue pas fondamentalement le bien (moral) et le juste (social), la justice n'étant pour moi qu'une modalité du bien, son application à la question de la *distribution* de ces « biens » (au sens courant du terme) que sont les richesses, les salaires, les récompenses, les places, les fonctions, les droits de toutes sortes et, plus généralement, les occurrences sociales du bonheur. Elle relève donc souvent d'un problème de *rétribution* et son critère c'est l'égalité, fût-elle relative. Une société juste, c'est donc une société réalisant la moralité où la bonté objective dans tous ces domaines, à savoir l'égalité sociale (au sens large).

thèse de l'amoralité de l'économie (ou la critique du concept de justice sociale) saute alors aux yeux : elle tient à ce que l'on s'enferme précisément dans la conception *subjective* de la moralité (action individuelle, intention, rapports interpersonnels) et qu'on oublie ou refuse l'autre conception, celle d'une *moralité objective* engagée dans le contenu de la vie collective et qui, sans annuler complètement la précédente, l'emporte largement sur elle en importance. J'ajoute, pour terminer sur ce point et tenir compte des nuances qu'un matérialisme rigoureux impose et que j'ai déjà eu l'occasion d'exprimer, que cette conception n'exclut pas tout appel à une forme de moralité subjective dans le champ même de l'existence collective – sauf à tomber dans un objectivisme radical difficilement soutenable, au sein duquel la spécificité de l'humain disparaît. Car si les hommes, conformément à l'idée d'un déterminisme historique d'ensemble pesant sur leurs comportements, ne sont pas pleinement responsables de la société dans laquelle ils vivent et des actions qu'ils y mènent, ils n'en sont pas pour autant totalement innocents, surtout à une époque où les sciences sociales existent et où l'accès à la culture se démocratise, développant ainsi des formes diverses de conscience de soi et de la société chez les agents sociaux. On ne saurait donc adopter l'anti-humanisme absolu d'un Althusser pour qui non seulement l'homme ne constitue pas le Sujet (avec une majuscule) de l'histoire – ce qui est juste –, mais les hommes non plus ne peuvent être considérés comme des sujets (avec une minuscule et au pluriel) *de* l'histoire, n'étant que des sujets *dans* celle-ci, ce qui leur enlève toute espèce de responsabilité historique[1]. On doit au contraire les concevoir comme étant *pour une part* des sujets *de* l'histoire qu'ils font, mais à un degré qu'on ne peut déterminer a priori et qui peut varier selon la position sociale qu'ils occupent, le pouvoir de décision politique qu'ils possèdent et le savoir dont ils disposent – autant d'éléments qui, eux-mêmes, varient avec l'histoire[2]. Ce propos est conforme à la pensée complète de Marx car s'il a bien insisté, dans *Le Capital*, sur le fait que, à travers le capitaliste et le propriétaire foncier, il n'attaque pas des personnes mais critique des fonctions économiques, et précisé que l'individu n'est pas « responsable » des rapports sociaux et en constitue la « créature »[3], en même temps il ne cesse de marquer l'importance de l'activité humaine au cœur de l'histoire, d'accorder une attention de principe à l'individualité et il est capable d'affirmer dans les *Grundrisse*, alors même qu'il analyse la production capitaliste dans toute son objectivité qui l'offre à la science, que « dans le concept de capital, il y a le

---

[1] Voir *Réponse à John Lewis*, Maspero, 1973, en particulier p. 69-76.
[2] Le rapport des hommes à l'histoire est donc non seulement socialement mais *historiquement variable.*
[3] Voir plus haut, 2ème partie.

capitaliste »[1], ce qui explique que, par-delà l'analyse critique d'un *système* économique, il puisse s'en prendre *aussi* aux *acteurs* (ou aux *agents*) de ce système sur un ton qui est clairement moral et ne saurait être considéré comme un reste injustifié de moralisme archaïque en lui. Et pour revenir aux règles de fonctionnement du capitalisme, il est clair qu'elles sont liées à un droit qui organise avec une rigueur extrême, voire impitoyable, la libre concurrence et que ce droit, pris en charge par un Etat contraignant, a été institué consciemment par des hommes, avec leur idéologie et leurs objectifs politiques propres. Certes, ce qu'ils faisaient ainsi au départ était réfracté à travers une idéologie qui leur masquait l'immoralité (ou l'injustice) de ce qu'ils faisaient ; mais ils l'ont bien *fait* et ils ont déployé pour ce faire une étonnante capacité politique et intellectuelle d'organisation qui va croissant depuis le 19ème siècle, à l'échelle nationale d'abord et désormais à l'échelle internationale[2]. C'est bien pourquoi, en prolongeant le double esprit de la critique marxienne (objective d'abord, mais aussi subjective), on peut aujourd'hui dénoncer, par-delà le système capitaliste mondialisé envisagé comme système, ceux qui y coopèrent activement et dont on a du mal à imaginer qu'ils n'en soient pas conscients à un degré quelconque : patrons voyous, requins de la finance, chefs d'entreprise qui délocalisent sans vergogne, actionnaires faisant scandaleusement pression sur le coût du travail pour augmenter le profit qu'ils en tirent, etc. Toutes ces expressions, que la crise actuelle du capitalisme, après des années d'anesthésie du sens critique, fait étonnamment resurgir dans la conscience publique, y compris chez ceux qui, partisans du capitalisme, veulent seulement en moraliser les acteurs, traduisent bien la conviction que les hommes qui sont au cœur de ce système de production n'en sont pas de simples jouets inconscients et irresponsables et que, en l'animant comme ils le font, ils engagent une forme de responsabilité individuelle qui les voue désormais à la condamnation morale. Nous avons là le *sujet*, prétendument inexistant, *du* capitalisme : la classe capitaliste elle-même, qu'on ne saurait considérer aujourd'hui comme

---

[1] J'ai déjà cité cette formule, mais elle mérite d'être rappelée vu son importance théorique.
[2] Le paradoxe du libéralisme, c'est que son refus de l'intervention de l'Etat dans l'économie s'accompagne en réalité d'une *institution politique de ce refus* à travers un Etat fort, avec ses fonctions régaliennes (justice, police, armée) faisant appliquer le droit libéral. Cet « interventionnisme » de l'Etat, idéologiquement dénié, se poursuit désormais dans les institutions internationales comme le FMI ou l'OMC où le capitalisme organise son expansion mondiale, sans compter les divers lieux, institutionnels ou pas (clubs de réflexion, forums, etc.), où il pense et décide de sa stratégie de domination. Le projet, clairement libéral, de constitution européenne, proposé aux électeurs en 2005 en France, est un autre exemple de cette organisation consciente du capitalisme : il interdisait la possibilité d'une transformation socialiste de l'économie. Un livre récent de P. Dardot et C. Laval, *La nouvelle raison du monde* (La Découverte, 2009), montre bien que le libéralisme, contrairement à ce que l'on croit souvent, est bien normatif et « constructiviste » : il entend façonner l'homme suivant ses normes marchandes et construire un véritable « sujet libéral ».

un pantin de l'histoire et qui offre donc sans réserve le système au jugement de la morale puisqu'il est clairement voulu par elle[1].

Reste tout de même à démontrer explicitement que ce système économique capitaliste est en lui-même immoral – car c'est le système qu'il s'agit d'abord de critiquer – et que la morale nous commande d'y intervenir pour, au minimum, le corriger et, au maximum et si c'est possible, le remplacer par une nouvelle organisation juridique de la production. Pour cela il faut commencer par lever un obstacle lexical (ou sémantique) lié aux catégories de ce qu'on appelle l'individualisme méthodologique dans les sciences sociales et que l'œuvre de Hayek (à nouveau) illustre bien. Si, en effet, la société repose sur l'*individu* considéré comme une réalité première et sur les *inter-actions* entre les individus ainsi pensés, et si ceux-ci sont à la fois dotés d'un *libre arbitre* qui les rend responsables de leurs actes et de *talents naturels inégaux* dont la société n'est en rien la source, alors il n'y a au sein de celle-ci que des *groupes* différents et non des classes sociales antagonistes, le mérite de chacun est au fondement de son rang social et la propriété privée de l'économie, par laquelle certains monopolisent le pouvoir économique et peuvent exploiter autrui, disparaît au profit de la *libre entreprise* et de la propriété «*pluraliste*»... et alors tout est pour le mieux dans le meilleur des mondes libéraux possibles : monde lisse, sans aspérités ni contradictions, sans inégalités injustes et, point essentiel, *sans exploitation de l'homme par l'homme*[2]. L'interrogation morale à l'égard de la réalité sociale, spécialement de la réalité économique, cesse alors d'avoir une quelconque signification faute non de valeurs, mais d'un référent objectif dans le réel puisque celui-ci est structuré d'une manière qui est moralement acceptable (rôle de l'individu, libre arbitre, talents, etc.). Pour maintenir cette interrogation il faut donc commencer par éliminer cette grille théorique de lecture, non d'ailleurs pour sauver artificiellement, par idéologie partisane, la critique sociale, mais tout simplement parce qu'elle est fausse : c'est cette grille de lecture qui constitue une idéologie, ce sont ses « concepts » qui masquent la réalité et fabriquent une réalité artificielle, imaginaire, servant les intérêts de ceux qui la défendent, et elle n'est rien d'autre qu'une

---

[1] L'argument de l'inconscience idéologique, ou de l'idéologie justifiant et masquant la malfaisance du capitalisme, donc innocentant les capitalistes de ce qu'ils font, s'il a longtemps été juste, l'est par conséquent de moins en moins. Non seulement la culture collective mais la présence désormais conquise de l'activité syndicale dans les entreprises procurent aux capitalistes un minimum de conscience, sinon de savoir théorique, des méfaits humains de leur activité. La multiplication des ouvrages sur la souffrance au travail, qui ne circulent pas sous le manteau, prouve que l'ignorance dans ce domaine ne saurait être aujourd'hui invoquée. C'est bien pourquoi il faut affirmer qu'il y a aujourd'hui *un* sujet ou *des* sujets *du* capitalisme

[2] Sur tout cela, voir le chapitre 3, « Hayek ou les limites d'un défi », de mes *Figures de la déraison politique*, op. cité.

fantasmagorie sociologique libérale. C'est donc sur le terrain de la conception marxienne de la société qu'il faut se situer, parce qu'elle correspond à ce qui se passe effectivement dans le monde social, et c'est dans son cadre intellectuel que l'immoralité inhérente aux rapports de production capitalistes apparaît dans sa réalité objective incontestable, en tout cas pour celui qui maintient l'existence, elle-même objective, de normes morales.

Que nous dit en effet cette conception ? On peut en dégager la signification morale essentielle en partant des analyses décapantes qu'en fournit le *Manifeste du Parti communiste*[1], alors même que Marx n'a pas encore mis au point sa théorie économique de la plus-value, et que résume cette affirmation portant sur la nature du capital : « Le capital n'est pas une puissance personnelle ; c'est une puissance sociale. » En effet, nous a dit Marx auparavant, « être capitaliste, c'est occuper non seulement une position personnelle, mais encore une position sociale dans la production ». En possédant les moyens de production, ce qui est un titre juridique de *propriété* individuelle, le capitaliste a le *pouvoir* d'organiser et d'utiliser à son profit le travail des prolétaires, lequel va produire la richesse même du capitaliste puisque celui-ci s'en approprie la majeure partie, ne donnant aux prolétaires que ce dont ils ont besoin pour renouveler leur force de travail : le travail du prolétaire ne crée donc pas pour lui de la propriété, « il crée du capital, c'est-à-dire la propriété qui exploite le travail salarié, et qui ne peut s'accroître qu'à la condition de produire de nouveau du travail salarié, afin de l'exploiter de nouveau ». On voit le grand mérite de cette brève analyse : elle déréifie le capital, elle montre qu'il n'est pas une *chose* qui n'engagerait qu'un rapport individuel de propriété sur lequel nous n'aurions pas à porter de jugement de valeur moral (comme c'est le cas pour un simple bien de consommation), mais qu'il constitue un *rapport social*, lequel engage une relation *pratique* à autrui et s'expose donc en tant que tel aux jugements de la morale. On peut préciser davantage les divers aspects de ce rapport et la signification normative qu'il prend nécessairement, à chaque fois, pour l'instance morale.

1 C'est d'abord un rapport *exclusif* de propriété, portant sur les moyens de production, opposant celui qui les possède et ceux qui ne les possèdent pas. Cette propriété peut être individuelle ou le fait de quelques uns, à travers l'actionnariat, dans tous les cas elle reste *privée*, elle exclut ceux qui travaillent sur ces moyens de production et en sont, précisément, privés : elle est, si l'on veut, *privante*. Elle ne peut donc être universalisée et l'idée d'un capitalisme populaire ou pour tous, que certains idéologues du capitalisme

---

[1] Op. cité, ch. II, en particulier p. 49-50.

ont pu avancer, n'a rigoureusement aucun sens intellectuel[1]. C'est pourquoi la proclamation d'un droit universel à la propriété tel que l'énonce la Déclaration de 1789 dans son dernier article est, si on l'entend comme droit à la propriété privée économique de type capitaliste, une imposture.

2 Ce rapport de propriété constitue, au-delà de sa réalité juridique et pour reprendre l'expression de Marx, une *puissance sociale*, c'est-à-dire un *pouvoir* d'un homme sur d'autres hommes (ou d'une classe sur une autre classe) lui permettant de décider de leur vie à un niveau anthropologiquement essentiel, le travail, avec tous les effets mutilants de cette subordination, l'individu qui travaille n'ayant « ni indépendance, ni personnalité ». Ce pouvoir, étant dissymétrique (c'est un pouvoir *sur* autrui), il ne peut non plus être universalisé et, tout autant, il porte atteinte à l'autre, il ne respecte pas sa personne concrète. C'est à une véritable appropriation de la vie sociale d'autrui durant le temps de travail à laquelle on a longtemps assisté, avant que les conquêtes du mouvement ouvrier ne modifient en partie cette situation : le patron, en achetant la force de travail comme une marchandise vivante et productive, en devenait le propriétaire temporaire durant le temps où il l'utilisait, et il en avait donc le libre usage. Ce n'est pas pour rien que Marx a pu parler d'un « esclavage salarié », malgré la différence des statuts juridiques du prolétaire et de l'esclave.

3 Enfin, last but not least, cette double situation (propriété, pouvoir) culmine dans le phénomène de l'*exploitation* entendu dans son sens économique précis[2] : l'ouvrier ne bénéficie d'un travail que pour autant qu'il produit des richesses que le capitaliste s'approprie, abstraction faite du salaire qu'il lui verse, il est donc entièrement *instrumentalisé*, réduit à l'état de *moyen* pour l'objectif d'enrichissement du capitaliste. Comme le dit Marx, « l'ouvrier ne vit que pour accroître le capital, et ne vit qu'autant que l'exigent les intérêts de la classe dominante ». Nous sommes là au cœur de la situation faite aux hommes par le régime capitaliste – qui ne fait que renouveler, on le verra, une situation déjà présente dans les sociétés de classes antérieures – et c'est pourquoi il faut y insister. Certes, dans le cas envisagé qui exclut le chômage, l'ouvrier reçoit bien un salaire et possède un emploi et, en ce sens-là, la situation n'est pas que négative pour lui ; le nier serait s'offrir à une critique évidente qui dénoncerait alors dans notre analyse une position idéologique sans fondement. Et par ailleurs, le niveau de rémunération des ouvriers s'est amélioré depuis le 19ème siècle, ainsi que les conditions du travail, ce qui fait que l'on peut dire que le *degré*

---

[1] Les quelques mesures susceptibles d'illustrer concrètement ce projet, comme la distribution d'actions aux ouvriers ou, à un autre niveau, l'intéressement de ceux-ci aux bénéfices des entreprises, ne modifient qu'à la marge ce statut de la propriété et ses conséquences.
[2] Voir sa définition détaillée plus haut, à propos des mystifications du droit qui masquent ce phénomène.

d'exploitation dont ils sont victimes est moindre et que la *forme* de l'exploitation est devenue moins lourde, tout cela (si on laisse de côté les effets des bouleversements techniques de la production) du fait non de la logique du capitalisme lui-même, mais des réformes imposées à celui-ci par l'action syndicale et politique. Mais ce qui persiste sans conteste, c'est le phénomène lui-même de l'exploitation appréhendé dans sa vérité exacte, structurale ou systémique : le salaire de l'ouvrier ne paie pas son travail (le prix de ce qu'il a produit) mais le prix de sa force de travail (la valeur de ce dont il a besoin pour la reproduire, même si sa définition a historiquement évolué), la différence constituant la plus-value, source du profit, que s'approprie le capitaliste. Et la « loi » du système consiste bien à tout faire pour augmenter cet excès de richesse produite, soit en augmentant le temps de travail, soit en améliorant sa productivité, soit en changeant la technique, soit en licenciant quand c'est possible, etc.[1] Ce qu'il faut bien voir à nouveau, c'est ce que signifie sur le plan humain ce phénomène économique structurel : pendant son travail l'ouvrier ne travaille qu'un temps *pour lui*, pendant l'autre temps, qui constitue un surtravail, il travaille *pour un autre*, qui ne l'envisage pas en lui-même comme une *fin*, comme un homme avec ses besoins propres de développement hors du travail, ses désirs individuels, ses aspirations, son droit au bonheur, etc., mais comme un *simple moyen de sa fin à lui*, la richesse, avec toute les fins individuelles particulières qu'elle lui permet de satisfaire[2].

L'exploitation concentre donc en elle toutes les raisons morales que l'on a de condamner la propriété capitaliste de la production. Elle n'est pas universalisable (pas plus que la domination et l'oppression), puisqu'elle discrimine entre l'exploiteur et l'exploité : tout le monde ne peut être exploiteur, c'est-à-dire capitaliste ! Elle ne respecte pas l'homme considéré comme fin en soi, réduisant l'exploité à l'état de moyen au service de l'exploiteur, voire le réifiant, niant sa qualité d'humain pour n'y voir qu'un facteur de production qui a un prix marchand estimé à la valeur de sa reproduction. On doit même y voir, même si Marx refuse d'utiliser ce terme, l'occasion d'un vol – mais d'un vol légal, justifié par la loi et donc nié comme tel – puisque l'ouvrier se voit *extorquer* une partie du produit de son travail[3]. Enfin, le critère de l'autonomie n'y est pas non plus applicable : les

---

[1] Marx a admirablement analysé ces divers mécanismes évolutifs de production du profit (ou de la plus-value) dans *Le Capital*. Les délocalisations dans les pays où le coût du travail est plus bas en sont la dernière illustration.
[2] Dans les *Manuscrits de 1844* Marx indique fortement que l'économie politique capitaliste ne considère pas l'ouvrier « en tant qu'homme » (op. cité, p. 12) ; ce qui est vrai de la théorie l'est, bien entendu, en pratique.
[3] Le fait que ce « vol » soit dénié illustre l'idée de « crime innommable » présentée plus haut. Mais Marx parle bien, dans *Le Capital*, de « l'extorsion de la plus-value ». Sur ce point comme sur les autres points, voir l'ouvrage de F. Kaplan, *Les trois communismes de Marx*,

hommes y sont dans une situation de soumission telle qu'on ne saurait concevoir qu'ils puissent la vouloir s'ils en avaient la possibilité concrète. Tout cela peut se dire dans le langage moral fondamental de la dignité, qui trouve alors un point d'application dans la critique de l'économie capitaliste et exige son abolition : le capitalisme nie à bien des égards la dignité humaine, il est en quelque sorte, pensé dans sa logique pure, *humainement indigne*. Comme l'indique justement E. Bloch, la revendication morale de la dignité, même si elle dépasse largement la sphère économique, « n'est pas en dehors de l'économie comprise au sens marxiste » ; il observe avec raison que Marx y « recourt sans cesse », réclamant le « droit fondamental à ne pas être traité comme une canaille »[1] et il cite ce passage terriblement éloquent du *Capital* (L. I) : « Dans l'agriculture comme dans l'industrie, la transformation capitaliste du procès de production apparaît comme martyrologie des producteurs, le moyen de travail comme moyen d'assujettissement, d'exploitation et d'appauvrissement du travailleur, la combinaison sociale des procès de travail comme oppression organisée de sa vivacité, de sa liberté et de son autonomie individuelle. »[2]

L'exploitation du travail humain doit par conséquent être au centre d'une réflexion morale sur la politique, surtout si l'on admet que la validité de ce concept concerne toutes les sociétés de classes passées : la base de la différenciation en classes antagonistes est précisément là, elle date de la sortie des sociétés primitives, les hommes exploités ayant toujours fourni depuis un surtravail, cristallisé dans un surproduit que s'appropriaient les exploiteurs. La seule différence notable, en dehors du fait que l'exploitation moderne du début du capitalisme a produit des formes de souffrance sociale peut-être plus graves, en tout cas plus cyniques (au sens courant du terme) que par le passé, c'est que le salariat la masque alors que l'exploitation liée à l'esclavage et celle liée au servage étaient visibles : dans le servage le surtravail est séparé, dans l'espace et le temps, du travail durant lequel le serf travaille pour lui, et dans l'esclavage c'est le travail durant lequel l'esclave travaille pour lui qui n'apparaît pas[3]. C'est donc à un véritable *défi* qu'est confrontée une politique morale qui entend penser sa tâche dans cet éclairage : comment rompre avec ce qui a été au cœur de toutes les sociétés un tant soit peu développées connues jusqu'à présent – hormis l'expérience des régimes de type soviétique du 20ème siècle, mais elle a échoué – et qui paraît constituer, si la réflexion conclut trop vite, une constante

---

Noêsis, 1996, 2ème partie : « Le communisme en tant qu'exigence éthique ». Malgré une divergence de vocabulaire et de conceptualisation, j'en partage bien des points de vue.
[1] Op. cité, p. 266.
[2] Ib., p. 266-267. *Le Capital* fourmille d'analyses de ce genre qui indiquent l'existence d'un véritable enfer économique au sein de l'entreprise capitaliste au 19ème siècle.
[3] Voir ce qu'en dit Marx dans *Le Capital*, L. I, op. cité, p. 388.

anthropologique indépassable sur laquelle l'exigence morale, qui nous commande d'y mettre fin, semble devoir se briser ? Or, sans examiner pour l'instant la possibilité de réaliser concrètement cette exigence, on peut tout de suite et très facilement en définir idéalement le contenu, par inversion de ce qui constitue l'immoralité du capitalisme : seule une économie fondée sur la propriété collective des moyens de production est conforme aux réquisits de la morale. Seule, en effet, cette propriété réalise le droit universel à la propriété que la morale exige, rétablissant « non la propriété privée du travailleur, mais sa propriété individuelle, fondée sur les acquêts de l'ère capitaliste, sur la coopération et la possession de tous les moyens de production, y compris le sol »[1] ; seule, si elle est bien comprise comme une appropriation sociale effective et non une appropriation seulement juridique et étatique pouvant s'accompagner de phénomènes de subordination, elle supprime le pouvoir de certains hommes sur d'autres hommes ; seule, enfin, elle permet d'abolir l'exploitation du travail humain, réalise l'accès de tous à la richesse collective, chacun travaillant en fonction de ses capacités et consommant selon ses besoins, pouvant donc donner son adhésion à une société qui lui permet de décider de ce qu'il est socialement. C'est, on l'aura deviné, la définition du *communisme*[2], seule forme de société satisfaisant *l'intérêt de tous* (ou, provisoirement, du plus grand nombre), c'est-à-dire réalisant, dans l'esprit d'une conception matérialiste de la morale, le critère de l'Universel (avec ses différentes déclinaisons) appliqué au contenu concret de la vie. On peut donc y voir, comme le suggère justement E. Bloch, « ce que l'on a si longtemps cherché en vain sous le nom de morale »[3], à condition de préciser que ce « nom » est justifié puisqu'il en constitue la vérité normative et qu'il a aidé à le trouver.

Certes, disant cela, on n'a pas réduit ni l'économie en général, ni l'économie communiste en particulier, à une *affaire de morale*. Ce serait une immense erreur que d'opérer cette réduction, surtout quand on se réclame du matérialisme et de la science et qu'on entend récuser l'utopie en politique : Marx est constamment attentif aux *conditions économiques matérielles*, fournies par l'histoire, qui peuvent rendre possible le communisme avec toute sa valeur humaine propre, à savoir un haut degré de développement de

---

[1] Ib., p. 557.
[2] La définition de la *Critique du programme de Gotha* : « De chacun selon ses capacités, à chacun selon ses besoins », est précédée de celle qui définit la première phase du communisme (ou « socialisme » dans la terminologie traditionnelle) : « De chacun selon ses capacités, à chacun selon son travail ». Celle-ci marque la fin de l'exploitation de la force de travail.
[3] Op. cité, p. 285. Recoupant parfaitement le sens de notre réflexion et prolongeant comme nous Kant, il indique ainsi que « les hommes ne peuvent absolument pas régler la maxime de leurs actions sur le principe d'une législation universelle, tant que cette universalité est une universalité juridique purement formelle, et donc une société de classes » (ib. p. 286).

la production dont le capitalisme doit fournir préalablement les bases, ce qu'il appelle ses « acquêts ». En ce sens-là, il y a bien une *autonomie de l'économie*, qui est celle de la matérialité des techniques (les forces productives), de l'organisation ou division technique du travail qu'elles induisent (on ne produit pas tel objet n'importe comment ou à volonté, c'est l'état de la technique qui en décide), de la quantité, enfin, des richesses produites (déterminée par la productivité du travail, elle-même liée à l'état des techniques). Cette autonomie s'articule à celle de la science, condition de la technique, et il est clair que la morale n'a pas de rôle à jouer *en* elle quand on la comprend sous cet angle. De ce point de vue, le communisme est *aussi* une affaire de développement de la production, laquelle est neutre moralement, et il faut être extrêmement attentif à l'idée selon laquelle y a des conditions matérielles *non morales* absolument indispensables à la réalisation de ce qui est pourtant une exigence *morale* : on ne peut, par exemple, répartir la richesse « en fonction des besoins » que pour autant qu'il existe une richesse suffisante pour le permettre : le communisme, soutient Marx, suppose l'abondance. Mais ce ne sont là – science, technique, abondance matérielle – que des *conditions* : ces conditions étant réalisées, le communisme est *également*, sinon *avant tout*, une question d'organisation sociale de la production : qui possède les techniques de production, comment les utilise-t-on dans le travail, dans quelles conditions et à quelles fins sociales ? et, tout autant : comment répartit-on la richesse ainsi produite ? La réponse communiste à ces questions n'est pas donnée par l'état de la production qu'il requiert mais par la manière dont l'économie est humainement organisée et là, la morale intervient de plein droit, c'est à elle seule de parler, en l'occurrence de légiférer à travers une nouvelle organisation juridique de l'économie parachevant le mouvement par lequel la morale, via le droit, se réalise progressivement dans la réalité socio-historique.

L'articulation des champs politique, social et économique du progrès moral

La lutte contre la domination politique, l'oppression sociale et l'exploitation économique définit donc les trois champs essentiels d'une action qui entend faire progresser moralement la situation des hommes au sein de l'histoire. On peut dire que l'action dans le premier domaine peut se penser principalement à l'aune de la catégorie de la *liberté* puisqu'il s'agit de conquérir le droit d'être le *sujet de* la politique ; que dans le second domaine le souci de la liberté est tout aussi présent, mais qu'il s'accompagne d'une préoccupation claire du *bonheur* puisque les droits qu'on y revendique touchent aussi au contenu concret de la vie (conditions de travail, santé, loisirs, etc.) ; enfin, que le troisième domaine est davantage centré sur le bonheur, puisque l'accès à la richesse, dans une société où les divers biens s'achètent, conditionne la satisfaction des besoins, forme première du bonheur, mais qu'il est aussi traversé par l'aspiration à la liberté puisque l'exploitation est inséparable de formes de subordination dans le travail qui privent l'homme du moyen de le maîtriser et de s'y faire respecter. Mais il faut bien voir que, malgré leur spécificité respective, ces trois champs se *conditionnent* mutuellement : 1 La liberté politique, j'y ai déjà fait allusion, tout en étant essentielle, manque de réalité tant que de multiples droits sociaux n'ont pas été conquis – comme, tout spécialement, l'accès à l'intelligence et la culture – qui seuls permettent l'exercice éclairé du jugement et donc conditionnent de l'intérieur l'activité même du libre arbitre politique : on ne saurait être, ici comme ailleurs, libre et ignorant, et c'est bien pourquoi les classes dominantes n'ont de cesse de vouloir limiter l'accès du peuple à la formation intellectuelle[1]. 2 Même enrichie et rendue plus réelle par ces droits, cette liberté reste encore limitée tant que l'exploitation économique demeure puisque c'est celle-ci qui prive à leur tour ces droits sociaux d'une part de leur effectivité, par toute une série de déterminismes régulièrement occultés. Les exploités n'ont en majorité ni l'argent, ni le temps, ni la motivation pour se cultiver et l'on sait que les inégalités socio-culturelles sont rigoureusement liées aux inégalités économiques. La conséquence qui s'ensuit, c'est qu'ils votent fréquemment pour ceux qui les exploitent (faute de savoir qu'ils les exploitent) ou qu'ils désertent les urnes[2] : dans les deux cas ils ne sont pas *réellement libres* en politique, même s'ils le sont *juridiquement*. La liberté politique dépend donc de la liberté sociale, laquelle dépend de ce qui se passe dans le champ de l'exploitation ; elle dépend donc elle-même de ce qui se passe dans l'économie, ce qui n'est qu'une autre manière d'indiquer que seule la fin de l'exploitation peut rendre effective la liberté politique pourtant conquise juridiquement depuis un certain temps. Comme l'affirme E. Bloch : « Pas de démocratie sans socialisme, pas de socialisme sans démocratie, telle est la formule d'une interaction qui décide du futur »[3]. 4 Précisément, la deuxième partie de cette formule nous fait comprendre que le conditionnement fonctionne également en sens inverse. Il est clair que la liberté politique conditionne la liberté sociale puisque seule elle peut en décider et qu'elle

---

[1] La capacité de résister à l'idéologie dominante et à ses préjugés mystificateurs est étroitement liée au savoir dont on dispose. P. Bourdieu a particulièrement insisté sur la fonction libératrice de la connaissance et, tout particulièrement, de la connaissance sociologique des processus de domination, pour autant que ceux-ci se nourrissent de l'ignorance des dominés à l'égard de la domination elle-même. Voir son admirable *Leçon sur la leçon* (Minuit, 1982), où il théorise ce point.
[2] Voir aux Etats-Unis les taux record d'abstention aux élections dans les milieux populaires.
[3] Op. cité, p. 246. Della Volpe, de son côté, indique justement que le socialisme « rénove » les libertés politiques issues du libéralisme (op. cité, p. 214).

doit l'accompagner pour la faire progresser, comme il est clair qu'elle doit décider de la fin de l'exploitation et de la subordination qui lui est propre et que seule elle peut veiller à ce que de nouvelles formes d'exploitation ou de soumission au travail n'apparaissent à l'abri d'une propriété d'Etat. Emboîtées l'une dans l'autre, la liberté politique et la liberté sociale apparaissent alors non comme de simples point de départ ou des conditions préalables de la liberté socialiste (ou communiste) que les hommes peuvent conquérir en mettant fin à l'exploitation, mais comme la forme même du socialisme (ou du communisme), ce qui l'accompagne et en constitue la finalité ou le sens. C'est pourquoi un socialisme bureaucratique, confiant à l'Etat le monopole de la décision politique comme de la liberté sociale (à travers des syndicats fantoches), faisant abstraction des libertés « formelles » comme des procédures démocratiques de gestion de l'économie et s'en justifiant par le prétexte qu'il aurait mis fin à l'exploitation, est une contradiction dans les termes : pas de socialisme (ou de communisme) sans démocratie politique et sociale![1] 5 Enfin, ce qui est vrai dans l'ordre de la liberté l'est aussi dans l'ordre du bonheur, et on peut l'indiquer rapidement. Le champ politique n'est pas et ne doit pas être mis à l'écart de cette préoccupation dans la mesure où l'injustice, dans quelque champ qu'on la situe, est productrice de malheur. D'abord dans son ordre propre : on souffre de ne pas être libre politiquement (ne serait-ce qu'à cause des geôles) et c'est aussi pour être heureux sous l'angle politique que les hommes réclament d'être libres ! Ensuite, parce que, conformément à l'analyse précédente, c'est la politique qui organise juridiquement les champs social et économique où se déploie (ou pas) la vie heureuse. C'est ainsi qu'il y a des politiques sociales et économiques du bonheur comme il y a des politiques sociales et économiques du malheur, et la vie bonne, au sens d'heureuse, est donc aussi une affaire politique d'organisation d'ensemble de la société et pas seulement une affaire privée dont l'individu déciderait dans son for intérieur sans toucher aux structures objectives de la réalité historique. Ce qu'avait compris les révolutionnaires de 1789 puisque le préambule de leur Déclaration affirme qu'elle permet que les « réclamations des citoyens [...] tournent toujours [...] au bonheur de tous ». Et je précise que ce lien fonctionne ici aussi en sens inverse : si la liberté politique conditionne l'accès aux moyens collectifs du bonheur (pour ce qui en dépend, tout au moins), le bonheur n'est pas sans incidence sur l'exercice de la liberté collective. Les malheureux s'enferment souvent dans leur malheur, ne croyant pas qu'on puisse inventer sa vie différemment : « Les esclaves, disait Rousseau, perdent tout dans leurs fers, jusqu'au désir d'en sortir » ; et l'on

---

[1] C'est le drame des expériences qui se sont réclamées du socialisme (ou du communisme) au 20ème siècle d'avoir rompu ce lien réciproque.

sait par l'expérience historique qu'un excès de malheur ou de désespoir, loin d'aviver l'esprit citoyen et l'ouverture aux autres, peut amener à céder aux tentations démagogiques et illusoirement protectrices d'un pouvoir fort ou dictatorial.[1] Le malheur social, donc, peut alimenter la crise de la démocratie quand celle-ci, s'enfermant dans le service des privilégiés, renonce au projet de contribuer au bonheur de tous ses citoyens, sapant ainsi ce qu'on peut considérer comme l'un des ressorts de son existence.

Cependant, tous ces droits ont un point commun qui les unifie : leur réalisation est suspendue à la norme de l'*égalité* qui seule permet la liberté. L'inégalité des droits politiques (par exemple le suffrage censitaire ou le vote exclusif des hommes), sociaux (par exemple l'absence du droit d'intervenir dans la gestion de l'entreprise pour les salariés) ou économiques (l'inégalité devant la propriété ou la richesse) met, à chaque fois, beaucoup d'êtres humains en position de subordination vis-à-vis d'autres et empêche donc la liberté d'être celle de tous. Si la liberté est donc bien l'objectif visé – et l'on peut dores et déjà dire qu'une politique morale est une politique d'*émancipation* –, l'égalité en est le *moyen* absolument indispensable : sans égalité et, ultimement, sans égalité économique, pas de liberté véritable pour tous[2]. C'est bien pourquoi les deux premiers termes de la devise républicaine « Liberté, Egalité, Fraternité » sont indissociables et que le troisième, la Fraternité, en quelque sorte s'ensuit comme une conséquence objective des rapports sociaux qu'ils mettent en place, sans qu'il soit nécessaire de faire appel à un sentiment d'amour particulier à l'égard d'autrui. Cela ne signifie en rien que celui-ci soit inutile et qu'il ne soit pas préférable de l'éprouver, mais il ne saurait remplacer la moralité objective de la liberté et de l'égalité réunies dans la pratique, qui en est la forme effective[3].

C'est bien par cette égalité non seulement que l'Universel moral est réalisé, par définition (puisqu'il doit s'appliquer également à tous), mais que la revendication morale, peut recevoir un contenu déterminé, dépourvu d'ambiguïté. C'est l'occasion de faire une distinction qui peut clarifier la problématique des droits humains. Je rappelle que dans la mesure où la morale commande à la politique (au sens large) et s'y investit, elle fait des concepts de base de celle-ci, définissant ses fins, des concepts normatifs,

---

[1] Le succès du nazisme a été largement dû à la crise économique et sociale en Allemagne dans les années 1930 et à l'incapacité de la social-démocratie de l'époque de la résoudre.

[2] Voir à nouveau E. Bloch : « Tant que la liberté n'est pas liée, de la manière la plus intime, à l'égalité, elle demeure une chimère ; la liberté est libération de l'oppression, et l'oppression est le produit de l'inégalité économique et de ses effets » (op. cité, p. 199).

[3] Il y a parfois un humanisme emphatique de l'amour, de la fraternité, de la solidarité et même du « Touche pas à mon pote ! », qui masque une déficience de la pratique. C'est l'amour pratique et non l'amour de sentiment qui importe, il doit s'incarner en actes politiques et la politique socialiste (ou communiste) en est la forme éminente ou achevée.

porteurs d'une charge impérative. Mais dans quelle mesure ceux-ci peuvent-ils indiquer des objectifs précis pour la politique, au-delà des exigences générales et abstraites qu'ils formulent ? Il faut alors distinguer des concepts *constitutifs* et des concepts simplement *régulateurs*[1] : les premiers se convertissent aussitôt en objectifs politiques précis, sans indétermination ou ambiguïté, et la règle formelle de l'universalisation donne naissance immédiatement à un contenu déterminé ; les seconds, eux, restent flous et ne se traduisent qu'en objectifs relativement indéterminés, ouvrant sur une tâche elle-même relativement indéfinie, sinon infinie, jamais finie. Or, si l'on examine les trois champs de droits envisagés, on voit qu'ils ne sont que partiellement homogènes de ce point de vue. Bien qu'ils soient tous porteurs d'égalité, ces droits ne sont constitutifs que lorsque la liberté y est en jeu. C'est ainsi que l'exigence de la liberté politique pour tous est pleinement constitutive : elle se traduit d'emblée dans la revendication de la démocratie fondée sur le suffrage universel, avec toutes les dispositions qui lui sont attachées, pour une raison simple : nous sommes ici sur un plan de la politique qui est formel, régissant les rapports extérieurs des libres arbitres des sujets politiques, et la morale, dans ce qu'elle a de formel, peut déterminer sans ambiguïté ce qui lui est conforme à ce niveau : le formel (en morale) est capable de légiférer sur le formel (en politique). Les droits sociaux sont eux aussi constitutifs quand ils touchent à la liberté sociale puisqu'ils l'organisent à différents points de vue qui sont eux aussi formels, comme le droit à l'activité syndicale. Mais ils deviennent simplement régulateurs quand ils concernent le *concret de la vie* où l'aspiration au bonheur est engagée, avec son indétermination propre. C'est ainsi que les droits à « un niveau de vie suffisant » ou à « des conditions équitables et satisfaisantes de travail », présents dans la Déclaration universelle de 1948, ne sauraient recevoir une expression concrète précise et claire, surtout si l'on songe au fait que les critères du « suffisant », de l' « équitable » et du « satisfaisant » sont liés à ce qui est vécu et varient d'une période historique à l'autre, d'une société à une autre, voire d'un individu à l'autre. L'objectivité de l'exigence formelle, dans ces cas, ne peut annuler la subjectivité relative de sa mise en œuvre matérielle et ces droits demeurent donc ici régulateurs. On formulera une remarque analogue à propos de l'exploitation. En un sens, l'exigence de son abolition est rigoureusement constitutive : elle s'applique prioritairement à la forme de la propriété des

---

[1] Je reprends ici à ma manière une distinction, inspirée du vocabulaire kantien, faite par L. Ferry et A. Renaut à propos des « droits-libertés » et des « droits-créances » dans *Philosophie politique, 3, Des droits de l'homme à l'idée républicaine*, PUF, 1985. Je dis bien à ma manière : je conteste vigoureusement leur philosophie libérale (qui se veut républicaine) ainsi que leur critique superficielle du marxisme, et je fais donc un tout autre usage politique de cette distinction.

moyens de production et demande qu'elle appartienne à tous, ce qui se traduit d'emblée en exigence de propriété collective ou publique[1]. Mais au-delà, quand il s'agit de savoir dans quelle mesure l'ouvrier doit récupérer sous la forme de salaire ce qu'il a produit par son travail pour ne plus être exploité, l'exigence reste relativement formelle et ne peut recevoir un contenu pleinement déterminé, ne souffrant aucune contestation[2]. On sait déjà que l'ouvrier ne peut s'approprier la totalité de ce qu'il a produit puisqu'une part de la valeur créée doit être réinvestie dans le développement économique et, surtout, doit servir à financer les activités non productives indispensables au fonctionnement d'ensemble de la société ; quant à la détermination de ce qu'il va recevoir, dans la phase socialiste, « selon ses capacités » et « selon son travail », elle est sujette à caution : une hiérarchie inévitable, expressément revendiquée, intervient ici entre les rémunérations des différents travailleurs, on ne peut la déterminer à l'avance et les critères de son établissement peuvent paraître fluctuants et incertains, sinon injustes. On voit donc que l'exigence de mettre fin à l'exploitation, pour la part qui touche à la vie concrète de l'ouvrier (l'appropriation des richesses qu'il produit) et qui implique de supprimer le malheur qui l'accompagne, ne peut que désigner une direction dans laquelle on doit s'engager, une fois la propriété collective instaurée, mais qu'elle ne peut aller au-delà et prendre une figure économique totalement assurée et précise : le droit qui l'exprime, tout en traduisant une obligation morale parfaitement claire à son niveau, ne peut être, dans le détail de ses prescriptions, que régulateur. On peut certes estimer que cette difficulté n'a de sens, dans la perspective politique que nous évoquons, que pour la phase socialiste et que dans une société communiste, marquée par l'abondance et permettant à chacun de vivre « selon ses besoins », la question serait d'emblée résolue. Laissons de côté le problème de la rétribution « selon les besoins », censé être supprimé par l'existence de la richesse matérielle, même si la détermination de ces besoins, qui prennent aussi chez l'homme la forme de désirs, est sans doute plus compliquée que prévue si l'on pense à ce qu'il peut y avoir d'excessif, d'irrationnel, voire d'infini, dans les aspirations humaines, surtout si l'on y ajoute le jeu de la rivalité des individus entre eux qui pousse à en vouloir

---

[1] Le même principe qui s'applique à la forme de l'Etat s'applique donc à la forme de la propriété économique, sur la base de la même transformation immédiate d'une *exigence formelle* en *contenu matériel*. On voit l'incohérence de la réflexion libérale de Ferry et Renaut, pour autant qu'ils refusent sans motif cette extension que la raison pratique dont ils se réclament commande logiquement.

[2] Je laisse de côté d'autres problèmes comme celui de savoir si *toutes* les entreprises doivent être nationalisées (la constitution française ne le prévoit que pour celles qui ont « les caractères d'un service public national ou d'un monopole de fait ») ou encore celui des diverses formes que peut prendre la propriété collective, par exemple mutualiste ou associative.

toujours plus (que les autres) ; après tout, l'éthique réfléchie peut prendre ici le relais et inciter à une maîtrise collective des besoins et des désirs, voire l'instaurer. Mais il reste l'idée que chacun doit travailler « selon ses capacités » ; or, comment savoir avec certitude ce qu'il en est des capacités individuelles d'une part, de leur mise en œuvre exacte d'autre part, pour éviter que certains ne profitent de la situation et du travail des autres ? Sans surestimer la gravité de ces problèmes comparés à ceux que posent l'exploitation et le malheur social qu'elle engendre dans toutes les sociétés de classes, leur existence, pour celui qui entend concevoir l'avenir d'une société moralement meilleure avec lucidité sans fuir ce qui pourrait l'hypothéquer, prouve au moins une chose : la question de l'égalité (ou de l'inégalité) ne se pose pas de la même manière au plan politique et au plan économique, c'est-à-dire selon qu'on a affaire à la *forme* d'organisation de la vie collective où la liberté est essentiellement en jeu ou au *contenu* concret, matériel, de cette vie où l'aspiration au bonheur est concernée. Répétons-le : dans le premier cas le droit sur lequel l'exigence morale débouche est constitutif et prend la forme d'un objectif d'égalité stricte, dans le second il ne peut être que régulateur et prendre la forme d'un idéal d'égalisation prenant en compte la diversité humaine, que l'égalité stricte risquerait de mutiler[1].

On n'a pourtant pas tout dit sur le champ d'application de la morale en politique en lui assignant comme objectif de mettre fin à la domination, à l'oppression et à l'exploitation. Il reste la question délicate de l'*aliénation*, délicate à la fois en raison de sa définition, de son articulation aux autres champs et, du coup, de son statut.

La question de l'aliénation

Commençons par indiquer ici en quel sens il faut prendre ce terme pour appréhender les *méfaits humains* du capitalisme à un niveau que seul, en tant que concept, il peut éclairer, fournissant alors un nouveau et ultime motif à l'exigence de son dépassement.[2].

---

[1] Pour une analyse concrète plus complète de la question de l'égalité, voir D. Collin, *Morale et justice sociale*, op. cité, ainsi que T. Andréani et M. Feray, *Discours sur l'égalité parmi les hommes*, L'Harmattan, 1993. J'en profite pour préciser que la conception qu'avait Marx du communisme n'a rien à voir avec un égalitarisme sommaire. C'est ainsi que dans les *Manuscrits de 1844* il s'en prend au « communisme grossier » qui « fait abstraction du talent », nie « la personnalité de l'homme » et préconise le « nivellement » en « partant de la représentation d'un minimum » avec « une mesure précise, limitée » (op. cité, p. 85-86).

[2] La pertinence du concept d'aliénation, avec toute sa charge critique pour penser la situation des hommes dans une société de classes, a pu être contestée, en particulier par la manière dont Althusser a compris son statut dans l'œuvre de Marx : celui d'un concept chargé d'un humanisme hérité de Feuerbach aussi bien que d'une signification dialectique issue de Hegel,

Je laisse délibérément de côté ce que l'aliénation peut désigner d'*impuissance* de l'homme face à l'histoire, histoire qu'il fait d'un côté, mais qu'il ne maîtrise pas de l'autre et qu'il ne fait donc pas librement et en pleine conscience. Ce n'est pas rien, bien entendu, mais d'autres concepts peuvent le remplacer pour dire la même situation : dépendance, asservissement, absence de liberté, même si seul il indique ce paradoxe d'une *activité* qui, faute des conditions de sa maîtrise consciente dans le contexte d'une démocratie généralisée, se transforme immédiatement en *passivité*. Je m'en tiendrai à sa *signification anthropologique quant à l'individualité humaine*, qu'on peut résumer ainsi : 1 Les êtres humains sont des produits de la nature avant d'être des produits de l'histoire et, à ce titre, ils sont dotés de potentialités (capacités, besoins) comme le langage, la pensée, le besoin esthétique, etc., dont on peut considérer désormais, par-delà des siècles de représentation contraire affirmant l'inégalité naturelle des hommes, qu'elles sont équivalentes (ce qui ne veut pas dire identiques) chez eux. 2 Il ne s'agit là que de potentialités dont l'activation, la réalisation ou l'actualisation, est soumise à l'histoire et aux rapports sociaux : l'histoire en invente les formes ou contenus concrets, qu'on ne saurait donc ni prévoir ni figer à l'avance ; les rapports sociaux en déterminent le degré de réalisation, qui n'est donc pas le même selon la classe à laquelle on appartient, l'inégalité des classes se traduisant en inégalités de développement individuel. 3 On dira alors aliéné un individu qui, du fait de sa situation *de classe*, ne peut réaliser *ses* potentialités et se voit ainsi mutilé, privé de formes concrètes d'existence auxquelles il aurait eu accès s'il avait vécu dans d'autres conditions sociales : un langage riche, une pensée développée, des goûts esthétiques raffinés, pour reprendre les exemples de potentialités cités. Il est *autre que ce qu'il aurait pu être* si la chance de l'origine sociale avait joué en sa faveur : en l'occurrence, il est moins ou pire, il mène une vie rabougrie, pauvre, bornée, si on la compare à celle qu'il aurait pu connaître[1]. 4 J'ajoute, pour compléter cette analyse, que l'aliénation en général s'*ignore* du fait de la représentation idéologique qui fait croire aux hommes que c'est la nature qui détermine ce qu'ils sont socialement et qu'ils sont donc exactement ce qu'ils auraient pu être, sans manque, sans décalage, et que souvent, même,

---

donc pris dans un héritage philosophique spéculatif qui le rendrait inapte à penser la réalité d'une manière scientifique et qu'il faudrait, comme Marx selon lui, abandonner. Je ne suis pas d'accord avec ce point de vue et j'ai eu l'occasion de justifier largement ce concept ailleurs, en m'appuyant sur les travaux de T. Andréani et G. Mendel : voir le dernier chapitre de mes *Figures de la déraison politique,* op. cité, et ma contribution au dossier « Nouvelles aliénations » de la revue *Actuel Marx*, n° 38, op. cité.

[1] Je laisse de côté une autre figure de l'aliénation : celle qui vient des circonstances psychologiques de la biographie familiale, laquelle peut empêcher la réalisation de soi alors même que les conditions économiques, sociales et culturelles sont favorables. Son traitement relève de la psychologie et non directement de la politique. Freud, ici, doit relayer Marx.

elle se *désire*, elle *adhère* à soi, le conditionnement social poussant les êtres humains à se vouloir tels que la société les a faits, par de multiples mécanismes que la sociologie, la psychologie et l'analyse de l'idéologie peuvent mettre en évidence. L'aliénation est, par conséquent, porteuse pour une part de sa propre reproduction, se bouclant sur elle-même et se poussant ainsi à son comble.

Si l'on admet la validité de cette analyse[1], c'est à un nouveau et dernier regard critique sur l'organisation de la société en classes auquel nous sommes confrontés. Celle-ci ne produit pas seulement ces formes d'immoralité ou d'injustice, déjà intolérables, que sont la domination, l'oppression et l'exploitation dans leurs registres propres ; elle produit aussi des dégâts humains à un niveau *spécifiquement anthropologique* en mutilant une grande masse d'hommes d'une part de leur humanité potentielle, les rendant étrangers à eux-mêmes et les réduisant, si l'on peut dire, à la portion congrue[2]. Qu'en est-il alors de son articulation aux autres phénomènes et de son statut ?

L'aliénation, tout en désignant un *effet spécifique* de la division en classes sociales, ne répond pas à une *causalité spécifique* : elle est une conséquence globale de ce qui se passe dans les autres champs. Montrons-le succinctement sur quelques exemples simples. Il est clair que la domination politique empêche l'exercice des capacités citoyennes, au point qu'on a pu croire pendant des siècles que les classes populaires ne pourraient y accéder ou que les femmes en étaient naturellement exclues. L'absence de droits sociaux ou leur faiblesse a de même fait obstacle à l'épanouissement de la capacité de décision des travailleurs dans le domaine du travail et, surtout, elle a interdit la possibilité pour des masses entières d'êtres humains de combler hors du travail des besoins aussi essentiels que ceux de l'éducation, du loisir, de la culture, dont la satisfaction conditionne l'accès de l'homme à son identité. Enfin, l'exploitation doit être conçue, en dehors de sa seule définition économique quantitative, comme la source ultime de l'aliénation : non seulement parce qu'elle mutile l'homme dans le travail, ne développant

---

[1] A. Honneth donne une définition comparable, pour l'essentiel, de l'aliénation selon Marx, mais il en fait un phénomène relevant des « pathologies du social »: voir ce qu'il en dit dans *La société du mépris*, La Découverte, 2008, p. 55-57. Il insiste bien sur le fait que, si ce concept, chez Marx, ne se réfère en rien à un quelconque état de nature (comme chez Rousseau), il suppose cependant l'existence de capacités ou de dispositions naturelles propres à l'homme.

[2] Marx a magnifiquement dénoncé cela dans les *Manuscrits de 1844*, en reliant cette aliénation à la propriété privée capitaliste, *L'idéologie allemande* poursuit cette critique en accusant la division du travail et les analyses du *Capital* abondent en notations qui ne font que prolonger sur un plan économique désormais assuré ses intuitions antérieures. C'est là la portée incontestablement anthropologique de son travail d'ensemble.

que ses capacités productives et laissant les autres en friche[1], mais parce qu'elle l'empêche financièrement, du fait de la misère ou de la pauvreté qu'elle entraîne, de contenter ces mêmes besoins grâce à quoi il peut réaliser son humanité. J'ajoute que ce sont ces phénomènes combinés qui expliquent aussi l'aspect d'ignorance de soi et de reproduction de soi qui sont inhérents à l'aliénation puisque, en privant l'homme de la culture, ils le privent également de la possibilité d'en prendre conscience et de tenter de s'en libérer.

L'aliénation est donc bien un phénomène *transversal* aux autres phénomènes : elle est à la fois présente en eux et produite par eux. C'est pourquoi sa réalité est plus difficile à cerner (ce qui ne signifie pas qu'elle échappe à la science anthropologique) : non seulement parce qu'elle est dispersée en eux, mais parce qu'il faut repérer les potentialités individuelles par rapport auxquelles seules on peut juger un individu aliéné et démontrer que c'est bien la société dans toutes ses dimensions concrètes qui est responsable de leur mutilation. Mais c'est pourquoi aussi la revendication de son abolition ne saurait avoir un statut *constitutif* mais seulement *régulateur* : elle propose le modèle d'une vie riche en besoins et en capacités, d'une « totalité de manifestations humaines de la vie »[2] qu'on peut difficilement définir à l'avance et qui ne peut donc faire l'objet d'une exigence politique précise. Car quand pourra-t-on être assuré que *toutes* les potentialités d'un individu sont effectivement actualisées ? Les capacités peuvent se découvrir après coup, l'histoire, au niveau de l'humanité, ne cesse d'en produire de nouvelles en liaison avec les inventions techniques, la polyvalence des activités peut être limitée par la division technique du travail et ses nécessités propres, enfin, les besoins eux-mêmes varient historiquement, ce qui fait que l'idée d'une plénitude de satisfaction vitale varie elle-même d'une époque à une autre, ce qui rend imprudente toute projection dogmatique du futur dans ce domaine. On ne peut donc être sûr qu'un individu n'est pas, d'une manière ou d'une autre, aliéné, et ce qui est vrai d'un individu l'est encore plus de toute une collectivité. C'est pourquoi l'impératif d'*émancipation*, car c'est le nom exact de la fin de l'aliénation, ne peut donner lieu à une traduction concrète achevée et ne peut que rester que relativement vague, en dehors des conditions, à caractère négatif, sans lesquelles il ne serait pas réalisable et qui, elles, sont désormais connues – comme la fin de l'exploitation ou la démocratie. Sauf à verser dans l'utopie d'une nouvelle parousie, avec les risques de déception qu'elle peut entraîner quand elle ne se réalise pas, il faut le concevoir comme définissant l'horizon

---

[1] Reprenant les analyses de Marx, Engels dit très bien que « en divisant le travail, on divise l'homme lui-même » (*Anti-Dühring*, op. cité, p. 329).
[2] *Manuscrits de 1844*, op. cité, p. 90.

régulateur d'une politique qui y trouve ainsi un nouveau sens, ce sens que le cynisme libéral ne peut ni ne veut concevoir : l'épanouissement de l'humanité de l'homme dans et par une histoire devenue consciente et voulue, donc la *production* de cette humanité complète de l'homme à travers la production des conditions objectives qui en permettent la réalisation. Pourtant, il ne peut s'agir que d'un processus indéfini, d'un objectif vers lequel il faut tendre mais auquel on ne saurait être certain d'être pleinement parvenu, si tant est que cela soit possible ou ait une signification. Par contre, le fait de le viser est indispensable pour faire progresser l'émancipation : c'est aussi en voulant l'impossible que l'on fait reculer les limites du possible[1].

Ce qui confirme la relative indétermination de ce concept, c'est qu'il touche lui aussi à la question du bonheur : si le bonheur réside bien, chaque fois qu'il se présente, dans la satisfaction d'un besoin, au sens large – besoin physiologique ou économique, désir, tendance, inclination, aspiration –, une vie riche le porte par définition à son maximum, multipliant les occasions de satisfaction. Pourtant, cette idée demeure formelle : elle ne nous dit pas quelle quantité de besoins est nécessaire pour rendre les hommes heureux – entendons : tel ou tel homme – comme elle ne nous renseigne pas sur la nature et la qualité de ces besoins. C'est bien pourquoi, à nouveau, une politique d'émancipation ne saurait légiférer a priori sur le bonheur humain : elle doit laisser le soin de le déterminer, donc celui aussi de déterminer le contenu de cette politique, aux hommes eux-mêmes, pour autant que c'est leur expérience du bonheur qui peut seule définir ce qu'il est pour eux. Il n'y a pas de connaissance du bonheur dans l'abstrait, à distance ou par substitution : elle ne peut être donnée que dans l'épreuve qu'on en fait, à la première personne, et c'est donc à ceux qui sont concernés, les êtres humains considérés dans ce qu'on pourrait appeler leur souveraineté eudémonique, d'en décider[2].

Comment alors penser finalement le statut de l'émancipation et, spécialement, son statut normatif ? Il s'agit bien d'une tâche moralement

---

[1] Cela est tout aussi vrai de l'aliénation de l'homme face à l'histoire : on ne saurait concevoir que les hommes puissent devenir totalement, sans restriction, les *sujets de* celle-ci, abolissant ainsi toutes les contraintes qui pèsent sur leur action. Par contre, il faut le vouloir pour faire reculer les limites que l'on croit pouvoir assigner dogmatiquement à la désaliénation.

[2] Une difficulté surgit ici, qui tient à ce que l'aliénation peut souvent tuer la manifestation consciente des besoins, voire les besoins eux-mêmes quand ils sont d'origine historique, et par conséquent la frustration qui les accompagne. On peut donc être heureux, d'un bonheur fruste, dans l'aliénation et ne pas éprouver le besoin d'en sortir, ce qui complique la tâche d'une politique rigoureusement démocratique d'émancipation qui entend partir de ce qu'éprouvent les hommes. La seule solution est de confier à l'éducation dans ses différentes modalités le soin de les aider à prendre conscience de leur aliénation, quand elle *n'est pas* vécue comme telle à travers l'expérience de la souffrance.

obligatoire pour la politique telle que nous la concevons, en laquelle se parachèvent ses autres obligations : d'une part elle satisfait au réquisit de l'Universel puisqu'il s'agit de l'émancipation de tous ; et d'autre part cette universalité, conformément à notre approche matérialiste, a un contenu concret : c'est l'universalité d'une vie actualisant toutes ses potentialités – cette vie dont nous avons fait une vérité ou une valeur éthique irrécusable. Pour autant, comme notre réflexion sur l'éthique l'a établi, ce contenu concret ne saurait lui-même être défini par avance et exigé des hommes, sauf à entrer en contradiction avec l'exigence d'autonomie que comporte l'idéal d'émancipation. La réponse à cette difficulté se trouve dans une conception rigoureuse en même temps que prudente de cette émancipation : elle consiste non à dire aux hommes ce qu'ils doivent être individuellement, mais à produire les conditions de toutes sortes permettant à chacun de choisir sa vie en toute conscience, elle consiste donc à mettre *le choix de cette vie (quelle qu'en soit la définition) à la disposition de tous*[1]. On voit une dernière fois comment, en politique, la morale peut rejoindre l'éthique, sans se confondre avec elle : une politique morale doit, au-delà de la démocratie politique, sociale et économique, créer les conditions pour que l'homme soit davantage le *sujet de sa vie individuelle*, pour qu'il puisse l'épanouir librement et consciemment, pour qu'il soit donc un véritable *sujet éthique*, ce sujet éthique dont la philosophie classique avait réservé la construction à une élite coupée du peuple. Et l'on comprend, dans le même temps, que cette tâche, bien que touchant à l'éthique, soit moralement obligatoire : si elle se rapporte bien à la vie concrète et en recherche l'expansion et la qualité, elle n'en impose pas de définition particulière, elle a pour seul but d'apporter aux hommes les moyens politiques de son libre choix, ce qui est une détermination *formelle* qui relève de la morale[2]. Marx, sans en développer tous les attendus, en a parfaitement défini l'esprit dans sa jeunesse lorsqu'il a mis son entreprise politique à l'enseigne de « l'impératif catégorique de renverser tous les rapports sociaux qui font de l'homme un être humilié, asservi, abandonné, méprisable »[3], c'est-à-dire, peut-on préciser, aliéné.

A la lumière de cette analyse, on saisira mieux ce qu'il y a d'infondé et même de dérisoire dans la critique du paradigme de la production de l'homme appliqué à la politique, arguant du fait qu'il serait volontariste,

---

[1] A la limite et pour retrouver le langage de l'éthique réfléchie, il s'agit de permettre à chacun d'*être un sage* : est aliéné celui que la société empêche d'accéder à la sagesse.
[2] C'est pourquoi on ne saurait ranger l'aliénation dans la catégorie des « pathologies du social » comme le fait Honneth (mais ce n'est là qu'un aspect de sa réflexion, fortement normative par ailleurs) : l'aliénation se traduit certes aussi par des processus pathologiques de souffrance psychique, voire par une pathologie de masse, mais la société qui la produit n'est pas *malade*, mais *mauvaise* ou *injuste*, condamnable moralement.
[3] *Critique de la philosophie du droit de Hegel*, Introduction, in *Sur la religion*, op. cité, p. 50.

constructiviste et totalitaire, faisant fi de la spontanéité de la vie sociale. Un projet d'émancipation tel que nous le concevons est aux antipodes d'une pareille caricature et d'un pareil danger. D'abord, parce que, fondé sur le diagnostic d'aliénation, il n'entend pas prioritairement construire l'homme mais *reconstruire* ce que ladite spontanéité de la vie collective, à savoir celle du marché capitaliste, a en réalité *détruit* : toutes ces capacités et besoins individuels, donc toute cette part virtuelle d'humanité que les divers mécanismes d'une société de classes tels que nous les avons pointés et que la théorie libérale ne veut pas voir, empêchent de se réaliser et finissent par annihiler. Le libéralisme, lui, laisse cette destruction anthropologique opérer silencieusement et c'est son inhumanité à lui qu'il faut condamner : il est un *destructivisme* et c'est le meilleur reproche qu'on puisse lui faire, finalement, en réponse à l'accusation de « constructivisme » qu'il adresse à tout ce qui, de près ou de loin, s'inspire du marxisme. Ensuite, parce que la (re)construction humaine qu'un projet d'émancipation assume pleinement, outre qu'elle répond à l'exigence morale d'épanouissement de la vie de tous, n'est pas une (re)construction *directe* : il s'agit de construire les conditions objectives permettant à chaque homme de se construire subjectivement, donc de construire une *capacité de construire* sa vie, même si, ce faisant, on entend lui permettre de l'enrichir ou d'en élever la qualité. On est exactement à l'opposé d'une politique liberticide et ce reproche doit être retourné à l'encontre de la politique libérale elle-même pour autant que, derrière la façade d'institutions politiques démocratiques, elle ne cesse de nourrir l'aliénation telle que nous l'avons analysée, qui interdit à la majorité des hommes d'inventer librement leur vie[1].

La vraie question que pose notre analyse, sur son terrain propre, est d'ordre factuel : inspirée de la réflexion de Marx, correspond-elle encore à la réalité de la société d'aujourd'hui, plus d'un siècle et demi après ? Les hommes y sont-ils aliénés comme ils l'étaient indubitablement à son époque ? Laissons de côté la parenthèse qu'a constitué le système soviétique au 20ème siècle, désormais refermée et bien qu'elle ait influencé le capitalisme[2], pour ne nous intéresser qu'au capitalisme contemporain dans les pays occidentaux car c'est là seulement, si elle est possible, qu'une révolution communiste est susceptible de se produire et de réussir dans la

---

[1] C'est bien pourquoi ce qu'il faut appeler le « libérisme », c'est-à-dire le libéralisme économique, contredit le message de liberté dont est porteur le libéralisme politique qui lui a été initialement associé. Sans compter qu'historiquement, au 20ème siècle, il a soutenu la plupart des régimes dictatoriaux dès lors qu'ils reposaient sur une économie libérale.
[2] Le système soviétique, par la menace qu'il représentait d'un communisme au demeurant largement mythifié, a contraint le capitalisme occidental à se réformer en acceptant de satisfaire nombre de revendications de la classe ouvrière.

perspective même de l'auteur du *Manifeste du Parti communiste*[1]. Depuis le 19ème siècle le rapport des forces entre le Capital et le Travail a considérablement changé du fait des luttes syndicales et politiques du mouvement ouvrier, elles-mêmes éclairées, de près ou de loin, par la théorie marxiste et grâce à la présence au pouvoir, ici ou là, de partis socialistes ou communistes. Des droits politiques et sociaux fondamentaux ont été conquis, comme la démocratie ou les acquis sociaux de l'Etat-Providence, et même dans l'ordre économique des progrès importants ont été obtenus, comme l'amélioration globale du revenu de la classe ouvrière et de la classe moyenne. Or, du fait de la liaison structurelle de l'aliénation aux autres champs, toutes ces avancées n'ont pas pu ne pas atténuer l'aliénation des individus et l'on a assisté tout au long du 20ème siècle à un incontestable progrès de l'*individuation* dans l'ensemble de la population. A. Honneth, dans un intéressant article intitulé significativement « Capitalisme et réalisation de soi : les paradoxes de l'individuation »[2], montre bien, en s'appuyant sur les travaux de différents sociologues, que l'amélioration de la situation matérielle, l'accès à l'enseignement et à la culture (même s'il s'agit d'une culture de masse, distincte de la haute culture), ou encore la multiplication des rôles sociaux imposée par le développement de l'économie capitaliste et sa nouvelle organisation du travail (flexibilité, changements de poste, nouvelles formations professionnelles, appel à l'initiative), ont aussi pour conséquence de permettre une recherche et une conquête nouvelles de l'identité personnelle, d'ouvrir davantage le champ des possibles à l'expression de l'individualité, par-delà l'appartenance de classe qui la limite. Pourtant, sans nier cette réalité empirique connectée aux divers progrès que nous avons signalés, il ne nous semble pas que cela puisse remettre en cause notre diagnostic global et donc le concept qui permet de le formuler, l'aliénation, et ce, pour trois raisons. Première raison : le système socio-économique que nous connaissons et qui s'est renforcé depuis la disparition du système soviétique, demeure *structurellement* le même et par conséquent, malgré tous les progrès internes qu'il a connus, qui ne sont pas rien, il se laisse comprendre à l'aide des mêmes concepts qui désignent ses propriétés systémiques, donc pérennes : domination politique (voir la crise de la représentation des classes populaires), oppression sociale (les inégalités dans l'accès à la santé ou à la culture), exploitation économique (voir la pauvreté persistante et les inégalités considérables de fortune). La conséquence qui s'ensuit est évidente : dans une société qui est toujours une société de classes avec ses inégalités structurelles, l'aliénation demeure puisqu'elle tient à la répartition inégale des moyens de réaliser ses potentialités. Il suffit ici de songer à la persistance considérable des

---

[1] Je préciserai ce point plus bas.
[2] Reproduit dans *La société du mépris*, op. cité, ch. 10.

inégalités devant la culture, malgré les efforts faits (plus ou moins) pour démocratiser l'enseignement[1] : non seulement elles mutilent toujours nombre d'enfants des milieux populaires dans le domaine intellectuel et les empêchent de connaître, une fois devenus adultes, les plaisirs inestimables d'une vie cultivée, mais elles leur enlèvent simultanément les moyens de participer, plus tard, en connaissance de cause à la vie politique et d'en être des sujets à la fois actifs et lucides, capables d'échapper aux mystifications de l'idéologie dominante. Deuxième raison : les formes modernes de réalisation de soi qu'offre un capitalisme réformé aux membres des classes dominées sont en réalité bien modestes et, surtout, s'accompagnent de formes inédites d'aliénation, fonctionnelles au système économique envisagé dans ses nouvelles procédures d'exploitation. C'est ainsi que le marché envahit des sphères de la vie qui lui étaient jusqu'à présent étrangères, comme la culture ou la sexualité, pénétrant dans l'intimité subjective, façonnant non seulement les besoins (au sens étroit) mais les désirs, non à l'aune de l'épanouissement individuel mais à celui de la rentabilité mercantile et imposant des modèles de réalisation de soi souvent médiocres, par-delà la fascination immédiate qu'ils peuvent exercer : ce sont de vrais stéréotypes de vie qui sont ainsi proposés, centrés sur la consommation matérielle ou habités par des schémas d'expression du moi marqués par un individualisme narcissique très naïf, sinon même par la violence ou par une sexualité ramenée à son image la plus pauvre[2]. Ceux-ci, non seulement sont imposés à la masse qui, faute d'instruments critiques, les intériorise passivement, naïvement, et ne les choisit pas, mais ils se substituent à des modèles de vie de qualité, réellement originaux et épanouissants, dont les êtres humains pourraient décider si on leur en donnait les moyens : nous avons bien là tous les ingrédients d'une *nouvelle aliénation*[3]. A quoi s'ajoute l'illusion pernicieuse, elle aussi aliénante, qu'il y aurait là une forme de liberté inédite apportée par le libéralisme. En réalité, c'est le contraire d'une authentique liberté qui nous est ainsi fourni, artificielle, sans autonomie ni réflexion sur soi. C'est bien pour quoi elle peut s'accompagner de sentiments de vide et de dépossession que bien des sociologues ont remarqués et qui nourrissent le recours aux addictions, aux excitants et aux drogues, formes

---

[1] On sait qu'aujourd'hui ces inégalités, avec leurs conséquences dramatiques pour l'accès à un métier, non seulement persistent mais s'aggravent, même si le niveau culturel moyen d'ensemble d'une classe d'âge augmente.

[2] Voir le cinéma et les séries télévisées venant des Etats-Unis qui ont fait de ce champ psychologique un véritable marché. A quoi on peut ajouter l'exploitation de modèles imaginaires de réussite (stars, champions sportifs, chefs d'entreprise mythifiés) qui compensent l'échec des vies réelles et, du coup, l'alimentent..

[3] Voir, sur cet envahissement de la subjectivité par le marché capitaliste, les ouvrages de M. Clouscard, *Le capitalisme de la séduction* et *La bête sauvage*, Editions sociales, 1982 et 1983, et de D.-R. Dufour, *L'art de réduire les têtes*, Denoël, 2003.

extrêmes d'hétéronomie subjective. Au surplus, les nouvelles modalités de l'organisation du travail censées mettre au premier plan l'initiative et l'implication personnelle produisent, sur fond de pression à la performance (ou de « culture du résultat ») et d'évaluations ou d'auto-évaluations incessantes, une véritable souffrance au travail à laquelle j'ai déjà fait allusion[1], avec sa pathologie propre (dépressions, arrêts de travail, suicides), dont l'existence est désormais admise et qui prouve à quel point travail et réalisation de soi continuent à être dissociés. L'idéal de la réalisation de soi que notre modernité a cru pouvoir afficher se révèle n'être finalement, comme l'indique lucidement Honneth, que « l'idéologie et la force productive d'un système économique déréglementé »[2]. Troisième et dernière raison, enfin : la thèse d'un capitalisme réformé améliorant substantiellement la situation des hommes et les réconciliant avec eux-mêmes est en train de voler en éclats à l'heure actuelle, avec la crise qu'il connaît un peu partout et dont les prémices étaient déjà visibles, depuis la chute du mur de Berlin, dans les pays d'Europe occidentale. Le rouleau compresseur de la recherche du profit par un système capitaliste étendant son emprise sur une grande partie de la planète avait déjà commencé à défaire les acquis de l'Etat-Providence (santé, loisirs, temps de travail, âge de la retraite, revenu) ; avec la crise récente il est en passe de les faire exploser, accroissant la pauvreté un peu partout et creusant les inégalités non seulement entre pays riches et pays pauvres, mais au sein des pays dits riches. Du coup, l'aspect humainement destructeur du capitalisme (accru par la crise spécifiquement écologique) devient clairement visible malgré toutes les tentatives d'occultation dont il est l'objet de la part de la culture dominante et des médias qui la relaient auprès de la masse de la population, redonnant une étonnante actualité à un concept d'aliénation qui, il y a quelques années, paraissait définitivement obsolète.

L'émancipation individuelle, fin ultime de la politique

Il faut pourtant aller au-delà de ce constat de validité du concept d'aliénation et revenir sur son importance vis-à-vis de la politique. L'aliénation n'est pas seulement le dernier phénomène sur lequel une politique morale doit intervenir *en liaison* avec son travail sur la domination, l'oppression et l'exploitation, *complétant* ainsi son action d'amélioration de la vie humaine à la lumière de l'éclairage critique que ces concepts nous en fournissent. En réalité, l'action visant à l'abolir (ou à la réduire), à savoir l'émancipation, définit le *sens ultime* de cette politique, traitant ses interventions sur les autres phénomènes comme autant de *moyens* pour

---

[1] Voir plus haut à propos de l'éthique de la vie.
[2] Op. cité, p. 381.

atteindre ce but. Ce point est décisif par rapport à notre réflexion d'ensemble. D'abord parce qu'il donne son plein sens *anthropologique* à la politique et nous oblige à la considérer d'une manière radicalement nouvelle par rapport à la manière dont elle est couramment perçue et pratiquée, qui consiste à la ramener à la poursuite de ces médiocres buts, véritables fétiches idéologiques, que sont par exemple le pouvoir, la richesse ou la gloire[1], au nom desquels certains hommes sont amenés à priver d'autres hommes d'une part de leur humanité. En réalité, faite *par* les hommes, elle est faite *pour* les hommes : il s'agit pour eux de récupérer l'action qu'ils déploient, d'en avoir la maîtrise intellectuelle autant que pratique et de la faire servir à leur épanouissement. La politique est donc le moyen éminent de cette maîtrise : elle doit être une production consciente et libre (autant que faire se peut) d'humanité, dans le respect des normes morales qui s'imposent au vivre-ensemble, elle est *le devenir humain de l'humanité elle-même*. Cette proposition n'est pas arbitraire, énonçant une nième définition de la politique succédant à d'autres et destinée à être remplacée par d'autres dans un jeu indéfini, qui serait lassant, sinon décourageant, des interprétations politiques du monde ; articulée sur l'idée que, de toute façon, l'homme se produit largement dans et par l'histoire, elle est tirée de la priorité que nous avons donnée d'emblée à la morale sur la politique conçue comme simple fait : c'est cette morale, habilitée à légiférer sur la politique, qui lui impose non seulement ses moyens mais sa fin collective, celle que venons d'indiquer et dont nous pensons avoir démontré la légitimité. Mais ce point – l'émancipation comme sens ultime de la politique – est aussi décisif pour notre réflexion à un autre égard, qui demande que l'on rappelle le contenu de cette émancipation. Quelle que soit l'importance qu'il faut accorder à l'émancipation collective, avec son champ et ses conditions propres (conquêtes juridiques, politiques, sociales et économiques), c'est l'émancipation individuelle (mais de tous) qui selon nous importe en dernier lieu (ou en premier lieu, comme on voudra). En un sens, nous ne faisons alors que prolonger l'affirmation de Marx selon laquelle « l'histoire sociale des hommes n'est jamais que l'histoire de leur développement individuel, soit qu'ils en aient la conscience, soit qu'ils ne l'aient pas »[2], sauf que nous la reprenons sur un plan normatif pour en faire une tâche imposée explicitement à la politique : donner aux hommes les moyens de se développer individuellement, en toute conscience. Mais en disant cela, nous marquons aussitôt une double limite qu'il faut assigner à cette même politique. D'une part, ce propos nous oblige à réaffirmer que c'est aux individus de procéder à cette invention, une fois que les conditions leur en

---

[1] Ce sont là de « faux biens » aurait pu dire Spinoza ou des choses qui ne sont pas « absolument bonnes » aurait pu dire Kant.
[2] Lettre à Paul Annenkov du 28 décembre 1848, in *Etudes philosophiques*, op. cité, p. 148.

ont été fournies par la politique, quitte à ce que la réflexion éthique suscite elle-même des formes de sagesse collective face à tout ce qui menace le contenu de la vie. Et d'autre part, nous marquons aussi une limite qu'il faut assigner à la *valeur* de la politique : quel que soit le rôle anthropologiquement constituant de la vie sociale et l'ampleur du champ d'expression qu'elle offre aux capacités humaines, elle n'est pas tout et il faut admettre qu'il y a un espace d'épanouissement de l'homme qui, en un sens (mais en un sens seulement), est hors d'elle, vaut par lui-même, intrinsèquement, voire fournit l'aune à laquelle on doit apprécier ultimement une société : permet-elle ou non aux individus de s'y réaliser *en tant que tels* et d'y être heureux ? Nietzsche, qui a dénoncé à juste titre la tyrannie d'une vision de l'existence centrée exclusivement sur l'histoire et la politique, l'a dit ainsi : « Toute philosophie qui croit qu'un événement politique puisse écarter, ou qui plus est résoudre le problème de l'existence est une plaisanterie de philosophie, une pseudo-philosophie. »[1] Je traduis cela à ma manière : l'homme existe aussi en dehors de son immersion dans la société, à la fois comme individu concret recherchant son bonheur et comme sujet disons métaphysique confronté, dans sa solitude, au sens de son existence et à la finalité qu'il peut lui donner, sachant qu'il doit mourir. Dans cet espace-là, celui de son autonomie existentielle, la politique n'a rien à faire et elle ne peut apporter la moindre réponse aux problèmes que l'homme s'y pose ni, au surplus, les éliminer. Croire l'inverse, c'est faire preuve d'une immense bêtise et, tout autant, porter atteinte à une dimension essentielle de l'humanité grâce à laquelle elle peut s'interroger librement, dans l'ouverture à l'Etre, sur sa condition. C'est bien pourquoi il faut *à la fois* valoriser d'une manière essentielle la politique par quoi l'homme assume sa dimension sociale *et* ne pas porter cette valorisation à l'absolu, ce qui mènerait à une nouvelle et paradoxale aliénation de l'homme *dans* sa dimension sociale. C'est ainsi que l'on évitera l'ubris d'une politique qui s'absolutise et qui se croit le principe autosuffisant non seulement de sa propre valeur, mais de sa propre finalité. C'est la morale qui détient la norme de sa valeur et c'est l'éthique, avec son souci de l'individu, qui en définit la fin ultime : la finalité de la politique n'est pas politique mais méta-politique, dans l'émancipation de la vie individuelle hors d'elle, donc dans son propre dépassement, sachant que c'est elle seule qui peut nous en fournir les moyens.

Reste à savoir si cet objectif est concrètement possible. Car, faut-il le préciser et pour nous en tenir à l'aspect moral du problème, que serait une obligation ou une exigence morale qu'on ne pourrait réaliser ? Quel sens

---

[1] *Troisième considération inactuelle* in *Considérations inactuelles III et IV*, Gallimard, 1988, p. 41. Sur l'impérialisme de l'histoire, voir la *Seconde considération inactuelle*.

aurait-elle et à qui s'adresserait-elle ? On ne saurait éluder cette interrogation cruciale.

Le communisme est-il possible ?

Cette question est désormais au cœur de notre actualité politique en ce début de 21ème siècle[1]. L'interrogation elle-même a émergé avec la chute du mur de Berlin en 1989 et l'effondrement de l'URSS qui a suivi, puisque c'est pratiquement un siècle d'histoire contemporaine qui s'en est allé avec ce double évènement, histoire portée par l'espérance d'une société radicalement différente de la société capitaliste et mettant fin, plus largement, aux sociétés de classes et à leur cortège d'injustices qui ont structuré l'aventure humaine depuis la sortie des sociétés primitives. Un historien talentueux et engagé dans le combat libéral comme F. Furet a cru pouvoir très vite théoriser cette situation et diagnostiquer dans l'idée communiste une « illusion » défunte, à savoir, ici, la croyance en un idéal humain de justice sociale et de démocratie complète, fondée sur le désir inconscient de le voir historiquement réalisé et qui se serait dramatiquement fourvoyée sur ses chances de succès[2]. Du coup, c'est l'idée même d'une alternative au capitalisme qui paraît inconcevable : ce système, avec son type d'humanité et ses limites morales qui cantonnent la liberté à celle d'entreprendre et à la démocratie politique, apparaît comme la nouvelle fin de l'histoire, relayant la fin que pouvait représenter le communisme dans la conception marxiste de celle-ci et nous enfermant à jamais dans le règne de l'économie libérale et de son univers marchand[3]. Ce diagnostic est d'ailleurs largement partagé dans le monde intellectuel et politique et il s'alimente de plusieurs signes apparemment convergents dans la situation politique d'aujourd'hui, tout au moins si l'on fait abstraction de la crise récente qui est en train de faire bouger les lignes. J'en distinguerai trois. D'une part, les pays qui continuent de se réclamer du communisme ne le font que formellement ou verbalement : la Chine et le Vietnam, bien que dirigés par des partis communistes, font largement place dans leur économie aux

---

[1] Je reprends au début de cette partie des idées présentes dans mon article « Le communisme est-il possible ? » paru dans la revue *Nouvelles FondationS*, n°7/8, décembre 2007.
[2] Voir *Le passé d'une illusion*, Robert Laffont/Calman-Lévy, dont le sous-titre est : Essai sur l'idée communiste au 20ème siècle. Le concept d'illusion est ici emprunté à l'analyse que fait Freud de la religion dans *L'avenir d'une illusion* : c'est la satisfaction imaginaire d'un désir projetée sur le réel.
[3] C'est la thèse qu'a soutenue l'intellectuel Fukuyama il y a quelques années, avant de la nuancer récemment.

mécanismes capitalistes du marché, avec parfois même, s'agissant du régime chinois, des incitations au profit et des formes d'organisation du travail difficilement acceptables. Tout se passe donc comme si ces régimes, qui constituent l'essentiel de l'héritage communiste du 20ème siècle, avaient renoncé ou étaient en train de renoncer en pratique à l'identité communiste qui les définit en théorie et comme si, tout simplement, ils n'y croyaient plus et étaient donc sortis, mais sans le dire vraiment, de l'illusion dénoncée par Furet. D'autre part, les partis communistes d'Occident voient leur influence baisser régulièrement depuis une vingtaine d'années, malgré des résistances ou des remontées ici ou là, et on peut être tenté d'y voir une tendance lourde pouvant signaler la fin d'un cycle, celui ouvert par la révolution bolchevique de 1917. Enfin, la référence idéologique au marxisme, qui avait malgré tout joué un rôle dans la doctrine et les choix politiques des différents partis socialistes ou sociaux-démocrates en Europe (si l'on excepte le SPD allemand tel qu'il s'est défini à Bad-Godesberg en 1959) ou même ailleurs (ce fut le cas du PS chilien d'Allende), semble de plus en plus s'effacer. C'est le cas en France où le vocabulaire théorique issu de Marx, celui-là même que nous avons employé (luttes de classes, exploitation, oppression, domination, aliénation) ne paraît plus guère inspirer la pensée et l'action des dirigeants socialistes comme s'il s'agissait là d'un vocabulaire obsolète, sans valeur opératoire pour comprendre la société et comme si les exigences d'émancipation dont il est porteur n'avaient plus de sens désormais. C'est donc bien l'idée communiste elle-même qui est atteinte dans la conscience collective et qui a cessé d'être crédible, alors même que la crise actuelle semble redonner validité et vigueur à la critique marxienne du capitalisme. Comment comprendre ce scepticisme ?

C'est du côté de l'échec du système soviétique qu'il faut se tourner pour comprendre cette incrédulité, sinon cette hostilité, générale. Celui-ci a été identifié au message de Marx sans le moindre recul critique, soit par ceux qui y adhéraient et le soutenaient d'une manière aveugle, soit par ceux qui s'y opposaient et y trouvaient le moyen commode et tout aussi aveugle de rejeter Marx et de dédouaner le capitalisme de ses injustices. Or la plupart des caractéristiques de ce système (pas toutes, cependant) sont à l'opposé de ce que l'auteur du *Manifeste* envisageait à travers l'idée de « communisme ». Je me contente d'indiquer quelques-unes de ces oppositions : 1 Le communisme devait résoudre les contradictions économiques du mode de production capitaliste, censé se bloquer à un moment donné de son évolution, et il devait assurer au travail social une productivité supérieure. Or le régime soviétique a clairement buté sur cette question et a été incapable de démontrer qu'il pouvait l'emporter sur le capitalisme à ce niveau proprement économique ; il a même montré le contraire en générant, après une période de croissance incontestable, des phénomènes spécifiques de pénurie. 2

Socialement, il devait favoriser l'appropriation par tous du processus de travail. Dans la réalité, l'appropriation étatique de l'économie s'est traduite par une bureaucratisation généralisée dont les syndicats ont été pour une part complices et dans laquelle les travailleurs ont peu reconnu la promesse de pouvoir collectif qu'on leur avait faite. 3 Politiquement, le projet démocratique a été bafoué : là où Marx voulait une extension généralisée de la démocratie, on a mis en place une dictature du Parti ou de son secrétaire général qui rendait vaine et hypocrite la proclamation de la liberté faite par le régime et interdisait qu'on se réclamât du communisme. 4 Enfin, on peut dire que l'ambition d'épanouir l'individualité de chacun a été largement altérée par une volonté d'imposer des normes collectives de vie dans des domaines qui doivent absolument leur échapper, comme l'art ou la sexualité. On pourrait multiplier les points d'opposition. Ils montreraient tous que les régimes issus de la révolution d'Octobre 1917 ne sont en rien une illustration de ce que Marx entendait par « communisme » et qu'il voulait préparer par ses écrits et ses actes. Ils en sont même, à certains égards, un parfait *contre-exemple*. Le drame, pour nous aujourd'hui et pour qui n'est pas averti de la théorie politique de l'auteur du *Manifeste,* est qu'ils projettent une ombre sur cette théorie qui en déforme le sens et nous rend sceptiques, sinon hostiles, à son égard en nous faisant croire qu'elle est inapplicable, voire dangereuse parce que vouée à l'échec. Pourtant, c'est là une erreur théorique majeure qu'il faut dissiper si l'on veut débattre véritablement de la possibilité ou non du communisme. Pourquoi ?

La possibilité historique du communisme

En tant que penseur matérialiste Marx ambitionnait de comprendre scientifiquement non seulement le fonctionnement de la société de son temps mais l'histoire globale dans ses transformations passées, présentes et futures. Dans ce cadre, il a toujours affirmé que le communisme n'était possible qu'à partir des conditions fournies par le capitalisme développé et, au surplus, à l'échelle mondiale : un fort développement de l'économie sans lequel c'est « la pénurie qui deviendrait générale » et « l'on retomberait fatalement dans la même vieille gadoue »[1] ; un ensemble largement majoritaire de salariés liés, directement ou indirectement, à la grande industrie ; la démocratie politique, enfin, qu'il a toujours considérée comme le cadre historiquement présupposé de la révolution qu'il avait en vue. Certes, il ne s'agit pas de donner à cette conception un statut qu'elle n'a pas et de la transformer en

---

[1] *L'idéologie allemande*, op. cité, p. 63-64. Il indique même que c'est là « une condition pratique préalable absolument indispensable » (ib.) et il affirme expressément plus loin que « l'abolition de la propriété privée n'est [...] possible qu'avec la grande industrie » (ib., p. 80).

une philosophie fataliste de l'histoire, déguisée en science, qui prescrirait à l'humanité un développement uniforme, obéissant aux mêmes lois indépendamment des circonstances historiques et passant par les mêmes stades. A la fin de sa vie, s'intéressant à la possibilité d'une révolution en Russie dans des conditions apparemment contraires à sa théorie, il a rejeté ce type d'extrapolation[1]. Pourtant, il y a là un schéma théorique fort, enraciné dans son élaboration matérialiste d'ensemble qui est, selon moi, clairement évolutionniste et qui lui fournit un modèle politique pour la transition au communisme. Car dans les mêmes textes où il envisage une pareille transition dans les conditions du sous-développement russe, à partir de la propriété communale du sol, il ne cesse de rappeler que seule la contemporanéité du capitalisme occidental, lui apportant ses acquis ou ses acquêts, lui permettrait de réussir conformément au schéma historique initial. Et l'on voit même Engels, à partir de cette affirmation, indiquer plus tard que seule une révolution prolétarienne en Occident permettrait un passage rapide au communisme en Russie ![2] Il faut donc être au clair avec le message théorique de Marx avant de songer à le récuser. Contrairement à ce que la tradition dite « léniniste », codifiée en réalité par Staline, prolongée par le maoïsme et reprise ensuite par les mouvements révolutionnaires du Tiers-Monde au 20ème siècle, a pu faire croire, le marxisme de Marx déconseille la révolution communiste dans un pays sous-développé et isolé, sans l'appui d'une révolution opérée dans les conditions du capitalisme développé. Non qu'il exclue qu'elle puisse s'y *déclencher* mais il nie qu'elle puisse y *réussir* pour des raisons fortes qui tiennent à sa compréhension matérialiste de ce qui est possible et de ce qui est impossible en histoire, donc à son *refus de l'utopie* si l'on entend par là ce qui contredit, à un moment donné, les potentialités objectives d'une société. Et ce qu'il nous enseigne sans ambiguïté, c'est que pour *dépasser* le capitalisme il faut malheureusement en *passer par* lui et faire plus ou mieux que lui, à partir de ses acquis et de ses limites. Qui ne voit que ce qui s'est produit au 20ème siècle donne raison à Marx et que l'échec final du soviétisme, même si tout n'était pas négatif en lui[3], était prévisible au sein de sa théorie ? Mais simultanément, on peut tirer de cette analyse un enseignement politique majeur : ce qui a échoué, ce n'est pas la doctrine marxienne mais l'usage qu'on en a fait dans des conditions et sous des formes qu'elle-même récusait. En d'autres termes, *le test de l'impossibilité historique (économique, sociale et politique) du communisme*

---

[1] Voir sa correspondance avec Véra Zassoutlich dans *Sur les sociétés pré-capitalistes*, Editions sociales, 1970.

[2] Ib.

[3] Pour une analyse intelligente et nuancée du système soviétique, échappant aux clichés habituels de l'anti-soviétisme passionnel, voir de M. Lewin, *Le siècle soviétique*, Fayard /Le Monde diplomatique, 2003.

n'a pas été jusqu'à présent effectué : les solutions que Marx proposait pour résoudre le malheur social de l'homme, qui sont toutes liées à l'appropriation collective de l'économie et au dépassement des classes sociales, n'ont pas été testées dans les conditions qu'il préconisait et qui leur auraient permis de réussir selon lui, et elles ont donc pris des formes et produit des effets qu'il aurait rejetés ; rien ne dit, par conséquent, que dans d'autres conditions elles ne réussiraient pas et ne résoudraient pas une large part ce malheur. Une métaphore illustrera ce propos : si le communisme est le médicament qui convient pour guérir la maladie du capitalisme parvenu à un certain stade de son développement, son échec patent quand on le prend trop tôt ne prouve rien quant à son efficacité si on le prend au stade avancé de la maladie pour lequel il a été prévu. On peut même aller plus loin : l'histoire contemporaine du mouvement ouvrier occidental nous prouve l'inverse. En effet, qu'ont fait les partis socialistes et communistes d'Europe au 20ème siècle, avec des influences respectives diverses, sinon imposer au capitalisme développé des réformes qui ont considérablement amélioré le statut du monde du travail dans de multiples domaines (niveau de vie, droits sociaux, libertés politiques, voire épanouissement individuel) ? Ces réformes portent incontestablement la marque de l'influence du marxisme sur l'action des classes socialement dominées par le capitalisme (même quand elles ne s'en revendiquaient pas explicitement) et on est en droit de penser qu'elles ont amorcé en leur temps une transformation socialiste du capitalisme ressemblant fortement à ce que Marx souhaitait quand il se disait partisan d' une « évolution révolutionnaire »[1]. Reste à savoir si ces solutions poussées jusqu'au bout, jusqu'à la forme que leur assigne le communisme, sont réellement possibles ou viables. Leur impossibilité n'a pas été démontrée, certes, mais leur possibilité est-elle pour autant établie et doit-on faire absolument confiance à Marx lorsqu'il l'affirme ? N'y aurait-il pas dans l'homme lui-même de quoi nous en faire douter ?

La possibilité anthropologique du communisme

Nous sommes là au cœur de notre problème et il touche la question d'une éventuelle nature humaine susceptible de s'opposer au vivre-ensemble communiste, d'en hypothéquer les chances de réalisation et d'empêcher cette traduction socio-historique complète de la moralité qui constitue l'horizon de notre réflexion[2]. On sait que pour Marx la question est très tôt résolue, à un certain niveau de sa pensée tout au moins. Pour lui, il n'y a pas de nature

---

[1] Cette formule se trouve dans l'*Adresse du Comité central à la Ligue des communistes*, rédigée avec Engels en 1850. Elle a été ensuite reprise et systématisée par Jean Jaurès.
[2] Je reprends ici une discussion que j'ai esquissée plus haut à propos de la nécessité du droit.

humaine soustraite à l'histoire et à ses variations[1], l'homme est « formé par les circonstances » et il n'est donc ni bon ni mauvais, il est ce que les circonstances font de lui[2]. Certes, il est mu par son intérêt, mais celui-ci est légitime et n'en fait pas nécessairement l'ennemi des autres hommes : il suffit de concevoir une organisation sociale qui réoriente l'agencement des intérêts individuels de telle sorte qu'ils s'accordent intelligemment les uns aux autres, hors de toute visée moralisante demandant à l'homme de condamner et de réprimer certaines de ses tendances naturelles. Cette manière de concevoir l'être humain comporte un bénéfice politique évident, même si elle n'a pas été développée dans ce but : elle permet à Marx d'envisager une disparition des contradictions les plus importantes qui opposent les hommes, comme les conflits de classes ou les guerres, en agissant sur leurs causes socio-économiques qui tiennent à la propriété privée de l'économie et à l'exploitation du travail humain. Un progrès moral substantiel des rapports sociaux est donc pleinement concevable (même si Marx refuse de s'exprimer dans ces termes), dont une politique communiste est censée être l'agent, parce que rien dans l'homme ne s'y oppose « par nature ». Or, on peut estimer qu'il y a là une vue anthropologique exagérément optimiste qu'il faut désormais confronter à d'autres hypothèses sur l'homme susceptibles de nous inciter non à abandonner, mais à réviser certains aspects de l'héritage marxien et à être plus prudents quant aux projections que nous pouvons faire sur le futur à partir de lui.

Il y a par exemple l'idée de Nietzsche selon laquelle l'homme serait animé par une volonté de puissance animant tous ses actes, même les plus nobles ou les plus désintéressés en apparence[3]. Je ne dis pas qu'il faut l'adopter, mais je soutiens qu'elle constitue une hypothèse anthropologique impressionnante, éclairant bien des comportements humains, y compris dans des champs censés lui échapper, comme les engagements apparemment désintéressés des hommes politiques. Le problème est qu'elle permet à Nietzsche d'invalider toute possibilité de progrès aussi bien moral que

---

[1] « L'histoire tout entière n'est qu'une transformation continue de la nature humaine » dit-il par exemple dans *Misère de la philosophie* (in Proudhon/Marx, *Philosophie de la misère/Misère de la philosophie*, 10/18, 1964, p. 459).

[2] Même si, on l'a vu, l'idée de « nature humaine » reste présente dans sa conception de l'aliénation sous la forme de potentialités communes à tous les hommes, son actualisation est bien soumise à l'histoire, elle n'est pas en elle-même mauvaise et elle ne saurait donc constituer un obstacle fondamental au communisme. La thèse d'une absence radicale de nature humaine et d'une historicité complète de l'homme est, elle, au cœur de l'ouvrage de L. Sève, « *L'homme* » ?, op. cité.

[3] Voir l'ouvrage intitulé *La volonté de puissance*, mais aussi *Par-delà le bien et le mal* ou encore *Ainsi parlait Zarathoustra*. Cette idée est au cœur de sa conception de la morale et de la politique qui ne sont pour lui que des manifestations déguisées de cette volonté de puissance.

politique : pour lui l'exploitation, l'oppression ou la violence font partie de l'essence de la vie envisagée comme « volonté de puissance » et l'idéal communiste est donc considéré comme une illusion mortifère empêchant l'homme de déployer ses potentialités vitales[1]. Or ce paradigme, même s'il n'est pas toujours référé explicitement à Nietzsche, envahit aujourd'hui la conscience collective, il alimente idéologiquement les politiques néolibérales, y compris à l'Est, et il contribue à faire croire dangereusement que la lutte est une donnée indépassable des rapports inter-humains[2]. Plus près de nous et dans un contexte de réflexion épistémologiquement plus solide parce que lié à une démarche scientifique, il y a l'hypothèse que fait Freud de la « pulsion de mort » à partir de son travail d'analyste. Pour lui, l'homme est doté d'une violence instinctive primitivement tournée vers lui-même et qu'il retourne, dans un second temps, vers l'extérieur ; on peut donc dire qu'il est naturellement agressif et que cela constitue une source de perturbations potentielles dans ses rapports avec autrui qui ne doit rien aux circonstances sociales. Or, ici aussi, cette conception pessimiste de l'homme produit un effet négatif sur la croyance en un progrès possible grâce à la politique. C'est ainsi que dans ce grand livre qu'est à sa manière *Malaise dans la civilisation*, on voit Freud polémiquer théoriquement avec les communistes sur cette base, quoique sans hostilité idéologique particulière. Parlant des conflits qui minent la société et risquent de rompre son équilibre, il reproche aux communistes de prétendre « avoir découvert la voie de la délivrance du mal », à savoir « l'institution de la propriété privée » ; et il ajoute que leur doctrine repose sur un « postulat psychologique » qui n'est selon lui qu'une « illusion sans consistance aucune » : l'idée d'une nature humaine naturellement pacifique et généreuse[3]. La conséquence politique qu'il en tire alors est cohérente : il n'y a pas de solution socio-économique au problème de l'agressivité humaine telle qu'elle se manifeste dans les conflits de tous ordres, de la vie quotidienne aux conflits internationaux en passant par les conflits de classes, et il faudra toujours un Etat fort, relayé par l'éducation, pour la réprimer et la sublimer[4]. D'un point de vue freudien, une société sans

---

[1] « L'"exploitation" n'est pas le fait d'une société corrompue, imparfaite ou primitive ; elle est inhérente à la nature même de la vie » dit-il (*Par-delà le bien et le mal,* op. cité, 10/18-UGE, p. 266).
[2] Ce paradigme recoupe celui dit du « darwinisme social » qui croit pouvoir s'autoriser de Darwin pour affirmer que la « lutte pour la vie » est une détermination naturelle de l'existence humaine et qu'elle est donc inévitable. Je rappelle que le « darwinisme social » est *antidarwinien.*
[3] *Malaise dans la civilisation*, PUF, 1971, p. 66-67.
[4] Ce qui ne l'empêche pas d'affirmer que l'on peut et que l'on doit lutter « contre les inégalités de richesses et ce qui en découle » (ib., p. 67, note).

répression et donc sans Etat est anthropologiquement impossible et l'idée même d'une disparition de l'exploitation en sort fragilisée[1].

On pourrait ajouter d'autres exemples, passés ou contemporains[2] : ils tendent tous à nous suggérer, avec des nuances ou des concepts différents d'un auteur à l'autre, qu'on ne saurait transformer l'homme et donc révolutionner la société puisque c'est l'homme, avec ses défauts naturels insurmontables (violence, envie, compétition, rivalité, etc.), qui fait la société. Peut-on accepter un pareil pessimisme et l'appliquer mécaniquement au projet communiste pour n'y voir qu'une illusion venant de ce qu'il aurait méconnu la face naturellement sombre de l'humanité ? Je ne le pense pas, même s'il nous oblige, au moins par précaution, à le modifier. On doit, en effet, maintenir absolument la thèse d'une *historicité importante* (je tiens à cette formulation précise) de l'homme et de ses capacités de vie sociale, pour deux raisons. D'abord parce que la preuve de son caractère naturellement belliqueux n'a pas été faite sur un plan suffisamment scientifique : l'interpellation nietzschéenne reste une interpellation spéculative (même si Nietzsche prétend se situer sur le terrain d'une science de l'homme) dont le fondement biologique n'est pas apporté, et l'hypothèse freudienne de la pulsion de mort n'est qu'une hypothèse explicative qui ne saurait occulter tout ce qui dans la violence humaine est *réactif*, c'est-à-dire produit par les situations proprement *sociales* de frustration que subit l'homme et sur lesquelles une pratique humaine pourrait avoir une prise[3]. Ensuite parce que nous avons bien des éléments tirés des sciences humaines qui militent clairement en sens inverse : l'histoire, la géographie, la sociologie, l'économie, l'ethnologie comparée, et même la psychanalyse quand elle explique l'individu par sa biographie (ce qui constitue tout de même son apport le plus important), tendent toutes à imposer l'idée d'un homme largement façonné par son environnement à travers de multiples déterminismes et qu'on peut donc « humaniser » si l'on « humanise » celui-ci, dans un processus historique d'« humanisation » dont on ne saurait fixer le terme à l'avance. Au demeurant, il suffit de consulter le passé pour

---

[1] « L'homme est, en effet, tenté de satisfaire son besoin d'agression aux dépens de son prochain, d'exploiter son travail sans dédommagements » soutient-il (ib., p. 64-65).
[2] Hobbes et même Kant, pour le passé ; dans la dernière période, voir les réflexions de R. Girard et R. Debray.
[3] La manière dont certains disciples de Freud négligent cette origine sociale de l'agressivité fait théoriquement problème : voir les analyses de J. Rivière in M. Klein et J. Rivière, *L'amour et la haine*, Payot, 1969, dont les bases me paraissent bien superficielles. A l'inverse, sur la pulsion de mort considérée en elle-même, on peut lire la critique qu'en fait G. Mendel dans *La psychanalyse revisitée*, La Découverte, 1988. Plus largement, Mendel, attentif aux déterminismes sociaux autant qu'à ceux, psychologiques, de l'enfance, pense qu'on ne peut a priori assigner une limite aux progrès dont l'homme est capable, spécialement dans l'ordre de l'autonomie.

constater que régulièrement on a décrété anthropologiquement impossibles des transformations sociales qui se sont historiquement réalisées, ce qui ruinait le diagnostic anthropologique initial : la suppression de l'esclavage que toute l'Antiquité a déclaré « naturel », le suffrage universel, la réduction des inégalités sociales, la promotion de l'égalité homme-femme, etc. On peut donc en conclure que *la démonstration de l'impossibilité anthropologique du communisme* n'a pas davantage été faite par l'intelligence et qu'on ne saurait donc s'en réclamer pour refuser d'en tenter l'expérience. Comme le dit justement Horkheimer commentant Kant, mais son propos a une portée générale : « L'anthropologie ne peut fournir aucun argument valable contre le projet de dépasser de mauvaises conditions sociales. »[1]

Reste que la démonstration contraire n'a pas non plus été fournie. En particulier, l'hypothèse freudienne d'une agressivité naturelle demeure, avec les mobiles qui lui sont associés comme l'intérêt égoïste ou la rivalité, et il vaut mieux l'intégrer par prudence pour éviter un angélisme qui se retourne souvent en catastrophe politique dans la mesure où il peut nourrir un volontarisme abstrait, aveugle sur les conditions psychologiques autant qu'historiques de l'action et qui se heurte ensuite à elles. Lorsqu'on refuse d'en envisager un tant soit peu la validité, on risque d'être vite confronté à l'échec économique faute d'avoir fait appel à ces mobiles (en particulier l'intérêt matériel) ; on est alors amené à imposer par la force ce qu'on n'a pu susciter spontanément, comme une égalité importante à laquelle les hommes ne sont peut-être pas prêts à consentir, sinon définitivement du fait d'un éventuel besoin irréductible de différenciation, en tout cas pendant un temps assez long du fait d'un héritage historique lourd qui les a ainsi façonnés. On assiste alors, dans ce cas où la contrainte se substitue à une spontanéité défaillante, non à la réalisation de la morale mais à la mise en place d'une *tyrannie de la morale* qui trouve dans la politique son bras armé et contredit ainsi frontalement son propre concept, c'est-à-dire sa visée libératrice respectueuse des personnes, tyrannie débouchant sur une *politique immorale de la morale*[2]. La Révolution française dans ses débordements ultimes a pu

---

[1] « Matérialisme et morale », in *Théorie critique*, op. cité, p. 81. Dans « Egoïsme et émancipation », il indique tout aussi justement que « la solution pratique aussi bien que théorique des problèmes anthropologiques ne peut être donnée que par le progrès de la société elle-même » (in *Théorie traditionnelle et théorie critique*, Tel/Gallimard, 1996, p. 224).

[2] Cette politique immorale de la morale est aussi rendue possible par le fait que la morale se déguise en politique, oublie sa formulation abstraite propre qui légifère autant sur les moyens de l'action que sur ses fins, lui interdisant la violence, et, enfin, s'en prend aux sujets de l'action comme s'ils étaient libres et responsables. Dans tous les cas, le « terrorisme moral », car c'est de cela qu'il s'agit, alimente la terreur politique et il est immoral en tant qu'il constitue un terrorisme. G. Büchner a magnifiquement mis l'accent sur ce danger dans sa pièce *La mort de Danton* et A. Camus a su le signaler avec lucidité dans la partie consacrée à « La révolte historique » de *L'homme révolté*. Finalement, il y a deux risques qui pèsent sur

donner une image de ce danger et, surtout, les épisodes de terreur sanguinaire qui ont malheureusement caractérisé, au 20ème siècle, aussi bien le stalinisme en Russie, que la Révolution culturelle de Mao en Chine ou, encore, la tragédie des Khmers rouges au Cambodge, épisodes dans lesquels la visée communiste revendiquée s'est, en réalité, *autodisqualifiée* et *autodétruite* du fait des moyens qu'elle mettait en œuvre. Comment dès lors, si l'on tient à éviter absolument soit cet échec (économique) soit ces perversions (politiques), peut-on tenir compte d'une éventuelle part « négative », sombre ou antisociale, de l'homme tout en maintenant le projet communiste et l'ambition morale dont nous le dotons ? Elle me paraît imposer une double modification, politique et théorique, à l'intérieur du champ de réflexions et de propositions ouvert par Marx.

Le projet communiste tel qu'il a été formulé à l'origine est bien celui d'une émancipation *radicale*, qui va d'ailleurs au-delà de cette démocratie généralisée que nous avons mise en avant pour le qualifier, puisqu'il veut la disparition de l'Etat. Si chez Marx lui-même ce point est moins net qu'on ne le croit habituellement[1], l'idée est clairement revendiquée par Engels comme par Lénine et elle est au cœur de la tradition théorique qui en est issue, même si le 20ème siècle politique ne l'a pas du tout illustrée. Plus précisément, ce qu'on a appelé le « marxisme » affirme que l'Etat doit et peut dépérir. Qu'il le doit parce qu'il constitue une source de domination insupportable sur l'homme, le soumettant à une puissance apparemment étrangère alors qu'il faudrait au contraire le faire accéder à l'autonomie : Marx ici, comme l'a justement souligné Lénine dans *L'Etat et la révolution*, est d'accord avec l'anarchisme, sauf qu'il veut mettre en place progressivement les conditions socio-économiques du dépérissement de l'instance étatique et non l'abolir tout de suite. Qu'il le peut parce que, précisément, Marx n'enracine la plupart du temps l'existence de l'Etat *que* dans les seules contradictions de classes et qu'il n'y voit donc *que* l'instrument de répression des conflits socio-économiques liés à la propriété privée[2] ; il oublie alors tout ce qui, dans cette conflictualité, pourrait tenir à des données naturelles susceptibles d'opposer les hommes les uns aux autres dans n'importe quelle société, dont

---

une politique morale : son empiètement sur l'ordre de l'éthique que nous avons déjà évoqué ; et dans son ordre propre, l'oubli de la moralité des moyens au nom de celle de la fin, associé à la figure idéaliste du Sujet libre qui amène à s'en prendre aux individus, au point de les condamner soit à la mort soit au Goulag, ce qui peut revenir au même.

[1] C'est ainsi que dans la *Critique du programme de Gotha* il envisage des « fonctions sociales » de l'Etat analogues à ses « fonctions actuelles », précise que seule la science peut dire quelles elles seront et il conçoit donc un « Etat futur de la société communiste » (op. cité, p. 43-44).

[2] Par exemple, dans le *Manifeste* il affirme à la fin du chapitre II : « Le pouvoir politique, à proprement parler, est le pouvoir organisé d'une classe pour l'oppression d'une autre » (op. cité, p. 57).

les conflits de pouvoir, y compris au sein des organisations révolutionnaires qui se battent pour la fin du pouvoir d'Etat et l'invention de rapports humains non hiérarchiques, donnent parfois une malheureuse illustration. Il n'envisage donc pas que l'Etat puisse continuer à être nécessaire, avec sa fonction coercitive minimale, du fait de la persistance de pareils conflits au sein d'une société communiste et afin de les gérer : il suppose soit que ces conflits auront disparu, soit que les hommes seront capables de les réguler spontanément, sans intervention externe, dans une parfaite *auto-nomie* enfin réalisée : une situation sociale où ils édicteraient eux-mêmes et appliqueraient spontanément les règles morales organisant leur coexistence à la fois juste et paisible. Lénine, avec son étonnante acuité intellectuelle, a indiqué à sa manière le présupposé de cette perspective politique : c'est une transformation sociale de l'homme telle que *la moralité devienne une habitude*. Dans une société débarrassée de l'exploitation, « les hommes, dit-il, *s'habitueront* à respecter les règles élémentaires de la vie en société connues depuis des siècles, rebattues depuis des millénaires dans toutes les prescriptions morales, à les respecter sans violence, sans contrainte, sans soumission » et du coup on n'aura pas besoin de « *cet appareil spécial de coercition* qui a nom : l'Etat »[1]. Certes, récusant lucidement l'utopie, il ne nie pas que des « excès individuels » dans les comportements sociaux continueront à se produire et qu'il sera donc nécessaire de les interdire ; mais l'ampleur de ceux-ci ne lui paraît pas telle qu'il faille envisager de maintenir une instance étatique pour les empêcher ou réprimer et, de toute façon, le progrès social devrait peu à peu les réduire et rendre leur répression de moins en moins indispensable[2]. C'est quasiment le « règne des fins » kantien rendu effectif, la référence à Kant en moins et sans l'hypothèse d'une insociabilité naturelle de l'homme qui rendait l'existence de l'Etat malgré tout inévitable pour celui-ci ! Or il me semble qu'on ne saurait raisonnablement aller jusque-là, à vue d'homme tout au moins : Lénine me paraît sous-estimer l'ampleur possible de ces conflits ou de ces « excès individuels » dans une société débarrassée de l'exploitation. Il est vrai que, se situant à l'intérieur de celle-ci, ils ne sauraient avoir la gravité des conflits de classes ou des conflits générés par l'existence des classes, comme la délinquance sociale, et donc la remettre en cause. En ce sens, toute une part de la dimension répressive de l'Etat, associée à la domination de classe, devrait bien disparaître. Mais il est difficile de concevoir que les conflits inter-humains s'enracinent *uniquement* dans les contradictions économiques de classes et qu'ils disparaîtront automatiquement avec elles. Si l'on admet, au contraire, l'hypothèse prudente de causes anthropologiques plus larges, de

---

[1] Op. cité, p. 102 (les passages soulignés le sont par Lénine). Cette idée revient plusieurs fois dans l'ouvrage.
[2] Ib., p. 103-104.

nature psychologique et en quelque sorte transhistoriques, donc toujours susceptibles d'exister, ou, plus banalement, l'existence inévitable de conflits d'intérêts entre groupes sociaux distincts (je ne parle pas de classes), il faut alors en conclure que la thèse du dépérissement de l'Etat, entendue rigoureusement, n'est pas soutenable et qu'il faut lui substituer celle de sa *démocratisation maximale* : nous aurons toujours besoin d'un Etat, ne serait-ce que pour instituer et protéger tous les acquis du communisme lui-même, donc d'un Etat politique « gouvernant les hommes » et pas seulement d'un Etat gestionnaire « administrant les choses »[1], et la perspective de son dépérissement ne peut être sauvée qu'à titre d'idée régulatrice permettant d'impulser le processus de sa démocratisation indéfinie.

Mais la nécessité de l'Etat touche à une autre raison, couplée à la précédente mais spécifique, qui touche au besoin de normes morales pour assurer précisément le vivre-ensemble dans quelque société que ce soit. On a vu que Marx a cru pouvoir résoudre la question en la niant : pour lui les normes morales ne sont que l'expression mystifiée d'exigences sociales concrètes, suscitées par les antagonismes de classes, que le communisme doit satisfaire, et la nécessité d'y recourir devrait s'évanouir avec la satisfaction de ces exigences[2]. Or il se trompe ici : non seulement le communisme a une dimension morale essentielle qui le constitue en idéal obligatoire, l'arrache à la seule science politique et à la simple gestion efficace des intérêts humains, et qu'il doit revendiquer s'il veut conquérir les consciences et s'inscrire durablement dans les formes concrètes de la vie ; mais, plus largement, c'est la morale elle-même (et non la religion ou la simple idéologie comme beaucoup le prétendent) qui est une dimension essentielle de la vie avec autrui : que ce soit au niveau « macro » de la société globale ou à celui, « micro », des relations interindividuelles quotidiennes, elle la fait échapper à la « guerre de tous contre tous ». Cette dimension n'est pas donnée naturellement et définitivement : elle n'est qu'un acquis de l'évolution naturelle et de l'histoire culturelle, elle est donc fragile autant que précieuse, toujours menacée par la régression, sinon la disparition, et elle doit donc être préservée et entretenue. Or c'est précisément à l'Etat, incarné dans un droit contraignant et prolongé par l'éducation, de jouer ce rôle d'instituteur de l'humanité en l'homme, de

---

[1] Je fais allusion à la formule d'Engels dans l'*Anti-Dühring*, inspirée de Saint-Simon, affirmant que, dans le communisme, « le gouvernement des hommes fait place à l'administration des choses » (op. cité, p. 317). Elle peut d'ailleurs faire croire à une disparition, tout aussi impossible, de *l'activité politique comme telle*, distinguée de l'activité gestionnaire à caractère purement scientifico-technique. Sur cette question de l'impossibilité du dépérissement de l'Etat et de la politique, voir le chapitre V de l'ouvrage de T. Andréani, *De la société à l'histoire* (op. cité, t. 2), consacré à la « reproduction politique », dont je partage les idées essentielles.
[2] Voir le *Manifeste*, ch. II.

l'aider à entretenir des relations pacifiques et justes avec autrui, ce qui implique l'interdiction et la répression de ce qui, en lui et dans ses rapports extérieurs avec les autres hommes, s'y oppose[1]. Penser le contraire, c'est verser dans l'utopie, corrélative de celle de la disparition de l'Etat et du droit, d'une harmonie d'emblée assurée des hommes qui ouvre en réalité la voie, par inconscience, à tous les scandales de la domination de l'homme sur l'homme.

On aura compris que ces remarques, venant après celles concernant le prétendu échec historique du communisme, préservent l'essentiel du message d'émancipation marxien, qui tourne autour de la problématique de l'exploitation du travail et de son dépassement dans une société débarrassée des classes sociales, avec ses effets en chaîne sur la vie individuelle. Mais, en précisant les conditions et les formes de sa réalisation, elles rendent le projet communiste anthropologiquement crédible. De ce point de vue, c'est à ceux qui, dogmatiquement, le déclarent impossible de faire la preuve de ce qu'ils avancent.

Quelles motivations pour une société juste ?

Une difficulté subsiste pourtant, du point de vue même où nous nous situons : si la possibilité de l'objectif ultime d'émancipation doit être, en toute rigueur intellectuelle, fermement maintenue ouverte faute d'arguments contraires suffisamment convaincants, comment envisager concrètement sa réalisation ? C'est ici le désarroi complet, quelle que soit désormais la montée de l'aspiration à une société post-capitaliste dans l'opinion publique mondiale. Commençons par éliminer un modèle de réponse qui confierait à la *nécessité historique* le soin d'y parvenir. Ce thème d'une histoire censée accoucher sur le long terme d'un bien commun se trouvait déjà chez Kant avec sa thèse d'un plan de la Providence qui, jouant des conflits interhumains, amènerait progressivement les hommes à s'entendre, au sein de chaque nation d'abord et ensuite à l'échelle internationale, débouchant ainsi sur une paix perpétuelle[2], comme il se trouvait chez Hegel avec son idée d'une finalité immanente de l'histoire devant faire advenir, sûrement quoique difficilement et douloureusement, le triomphe de la Raison[3]. On le

---

[1] Au-delà de la simple interdiction externe, liée à la loi positive, pesant sur les comportements, c'est le concept freudien de « sublimation » qui est ici décisif : lié à l'intériorisation des interdits sociaux, ce mécanisme produit un travail de l'individu sur son fond pulsionnel asocial qui permet sa socialisation et le fait progresser dans l'ordre de la moralité objective. La sublimation, tout en se référant à une nature humaine « négative », prouve que celle-ci peut être transformée, en l'occurrence améliorée, dans ses *manifestations* par la culture et ses normes. En ce sens-là, l'homme peut bien être changé !
[2] Voir son essai *Histoire universelle d'un point de vue cosmopolitique*.
[3] Voir *La Raison dans l'histoire*.

retrouve, transformé et, si je puis dire, déguisé, chez Marx, malgré son projet de science historique : il y a chez lui, d'une manière récurrente, l'idée que les contradictions internes du capitalisme (économiques, sociales et politiques) doivent entraîner nécessairement sa chute et produire tôt ou tard une société communiste débarrassée de toutes les tares des sociétés de classes passées et signant la fin de la « préhistoire » humaine : « La bourgeoisie produit avant tout ses propres fossoyeurs. Sa chute et la victoire du prolétariat sont également inévitables » dit-il par exemple dans le *Manifeste du Parti communiste*, pour ne citer que ce texte. Or il est clair que Marx, dans ce cas, projette son désir sur le réel, donne à la réalisation qu'il souhaite par ailleurs l'allure pseudo objective d'un processus historique à venir que la science pourrait prévoir, transformant ainsi le désirable en inévitable et rompant alors avec l'exigeant souci de scientificité matérialiste qui anime son œuvre. C'est ce même souci qui nous oblige à penser avec lui contre lui et à renoncer à cette croyance prophétique[1] : si le communisme est bien désormais, conformément ici à ses prévisions, matériellement possible – le capitalisme en accumule sous nos yeux, au 21ème siècle, les présupposés objectifs de toutes sortes –, il ne saurait être dit nécessaire au sens où il devrait inéluctablement advenir. Il doit être *produit* par les hommes, mais il peut l'être comme il peut ne pas l'être. C'est bien pourquoi, une fois ce modèle de la nécessité historique abandonné au profit de la thèse d'un avenir essentiellement ouvert, il faut se demander *sur quelle base* sa réalisation peut avoir lieu, c'est-à-dire, puisque ce sont les hommes et les hommes seuls qui font l'histoire[2], à partir de quelles *motivations* humaines on peut la concevoir, hors de tout millénarisme.

Un premier modèle plausible d'explication se présente, celui du *jeu des intérêts* censé produire, par son libre déploiement, la réalisation du bien commun. Le problème est que, formulé ainsi abstraitement, sans plus de précision, on le trouve aussi bien au cœur du libéralisme que chez Marx, donc avec des définitions de ce bien commun et de ses moyens politiques de réalisation largement opposées. S'agissant du libéralisme dans ses différentes variantes (Hume, Bentham, Mill, Smith, Spencer, les tenants récents du néolibéralisme économique comme Friedmann, Nozick ou Hayek) et malgré des nuances politiques importantes tenant au rôle de l'Etat, dans tous les cas il postule bien que c'est l'intérêt individuel qui est le moteur de la conduite humaine (et non, par exemple, la raison morale) et que la libre expression des intérêts particuliers, dans le cadre d'une concurrence

---

[1] Il y a bien là une croyance illusoire, au sens freudien. Mais comme on le sait avec Freud, une illusion n'est pas nécessairement fausse : qu'elle ait sa source dans un désir ne la réfute pas sur le fond. Dans sa polémique avec Marx, Furet a oublié ce point !

[2] « L'histoire ne fait rien » dit justement Engels dans un passage de *La Sainte Famille* rédigé par lui.

plus ou moins généralisée selon les auteurs, s'autorégule progressivement et promeut finalement l'intérêt général, le bonheur du plus grand nombre associé à un maximum de liberté[1]. Je laisse délibérément de côté ce modèle pour une raison simple : quels qu'aient été ses mérites historiques, ne serait-ce que comme facteur idéologique de développement du capitalisme lui-même, sur le long terme sa prédiction et son postulat se révèlent être *faux*, de fait. D'une part, le libéralisme économique abandonné à lui-même a produit bien des maux dont le marxisme a eu l'immense mérite de se faire l'analyste critique, ramenant sa vision optimiste de ses conséquences humaines lointaines à un conte de fées, et ce pour une raison simple : il n'est que *l'égoïsme institutionnalisé*, inscrit dans l'économie mais débordant sur les autres niveaux de la société, et l'on ne voit pas pourquoi ou comment la libre expression de celui-ci pourrait entraîner des conséquences généreuses ou heureuses pour l'ensemble de l'humanité[2]. D'autre part, les acquis sociaux que les régimes d'économie libérale ont présentés – en dehors donc de leur organisation politique démocratique et de leur indiscutable efficacité économique – lui ont été toujours *imposés* de l'extérieur par des mouvements inspirés par la tradition politique qui lui est *opposée*, à savoir la tradition socialiste ou communiste, et l'on ne saurait donc trouver en lui une quelconque voie *spécifique* pour l'émancipation humaine. Le paradoxe est que ce modèle de l'efficacité de l'intérêt est également présent chez Marx lui-même, quoique inscrit dans une perspective historico-politique rigoureusement inverse. On peut en effet lire sa conception de la transition du capitalisme au communisme de la manière suivante : ce sont les contradictions économiques *objectives* du capitalisme (crises, prolétarisation, paupérisation) qui, en frustrant *l'intérêt* de la grande majorité du peuple, vont l'entraîner à se révolter et à faire la révolution pour obtenir une organisation de la société satisfaisant mieux son *intérêt*. Le passage au communisme reposerait donc, dans cette perspective, sur la seule dialectique *factuelle* d'un affrontement d'intérêts entre les classes destiné à maximiser la satisfaction de l'intérêt des exploités, sans qu'un jugement de valeur moral

---

[1] Contrairement à l'idée qu'on s'en fait souvent, la référence normative à l'intérêt *de tous* est fortement revendiquée par le libéralisme originel de Bentham, Smith, puis Mill, de même que l'appel à l'Etat pour réduire les injustices sociales, ce qui fait de ceux-ci des penseurs incontestablement progressistes pour leur temps.

[2] C'est pourquoi chez ses fondateurs il est obligé de se référer à la croyance plus ou moins explicite en une providence divine ayant organisé cette harmonie finale des intérêts : c'est le cas chez Smith avec sa théorie de « la main invisible du marché » ou chez Bastiat. Ou encore, il est contraint d'introduire un correctif naturel à l'égoïsme, comme la sympathie chez le même Smith. Sur ces points et sur le libéralisme en général, voir l'ouvrage nuancé de F. Vergara, *Introduction aux fondements philosophiques du libéralisme*, La Découverte, 1992. Pour une approche critique de l'anthropologie néolibérale, voit le livre lumineux de T. Andréani, *Un être de raison*, Syllepse, 2000.

intervienne chez ceux-ci sur leur situation sociale et fonde l'exigence autonome d'une société moralement juste. C'est bien pourquoi la morale, selon Marx dans la majeure partie de ses textes, n'a pas à intervenir à l'occasion de ce processus historico-social : ni *en* lui comme motivation propre des agents, ni dans le discours du théoricien ou de l'homme politique *sur* lui (sauf à titre d'élément d'agitation idéologique). Non seulement, comme nous l'avons déjà indiqué, il affirme que les communistes « ne prêchent pas de morale », mais il refuse de condamner l'égoïsme et de préconiser le dévouement, comme il récuse la fausse (selon lui) opposition de l'intérêt privé et de l'intérêt général, les exploités devant défendre l'intérêt général incarné dans le communisme au nom de leur intérêt personnel, donc *par intérêt* ou *par égoïsme*[1]. Ce qui l'amène à définir cette nouvelle société et le mobile susceptible de pousser les hommes à la vouloir dans des termes très réalistes, d'où toute connotation morale a apparemment disparu et où l'utilité par rapport à la satisfaction des besoins domine : les communistes « aspirent simplement à réaliser une organisation de la production et des échanges telle qu'elle leur assure la satisfaction normale de leurs besoins, c'est-à-dire une satisfaction limitée seulement par ces besoins eux-mêmes »[2]. Nulle norme externe, transcendant la vie individuelle et sociale n'intervient ici, ni dans cette vie ni dans le discours sur cette vie, laquelle se fournit à elle-même sa propre norme (la satisfaction des besoins) et se charge de la réaliser. On pourrait donc être tenté d'affirmer comme S. Petrucciani que cette forme de vie « n'est pas présentée par Marx comme un devoir-être moral » et qu'«il pense plutôt qu'elle ne pourra naître que des intérêts, des conflits et des nécessités du développement réel »[3] ; elle relèverait donc de l'éthique et d'une éthique de type utilitariste : le communisme ne serait qu'une meilleure organisation des intérêts dont Marx aurait eu l'intelligence, plus efficace que la solution libérale, mais se réclamant du même idéal de vie et faisant appel au même mobile humain, battant donc le libéralisme *sur son propre terrain*, qu'il ferait ainsi sien, celui de l'intérêt comme but et moteur de la conduite humaine.

Cette lecture du projet marxien d'émancipation, sans être inexacte, comporte cependant un défaut : elle ne met pas au premier plan l'idée que cet intérêt dont Marx vante et revendique la satisfaction est explicitement l'intérêt *de tous* et que, à la lumière de son analyse de l'économie capitaliste, la revendication apparemment analogue d'un bien commun affichée par le libéralisme apparaît pour ce qu'elle est : une duperie idéologique, dont les libéraux, quand ils sont sincères et ne versent pas dans le cynisme néolibéral,

---

[1] Voir *L'idéologie allemande*, op. cité, p. 279-280.

[2] Ib., p. 289 (passage biffé du manuscrit).

[3] « "Marx and morality" : Marx, l'éthique et la justice » in *Actuel Marx* n°10, PUF, 1991, p. 163.

sont eux-mêmes victimes. Si, au contraire, on met en avant, comme nous l'avons fait, cette dimension d'universalité irrécusable présente dans le discours de Marx et dans l'idéal qui est le sien (même s'il le nie comme idéal), l'approche change : le communisme apparaît dans sa dimension proprement morale, au-delà de la seule satisfaction « égoïste » des uns et des autres. Et si l'intérêt bien compris peut y mener[1] et y mène même par définition, en quelque sorte dans l'abstrait ou idéalement, il est douteux que sa seule prise en compte puisse suffire concrètement à y entraîner : dans le court terme et pour quelques uns, voire pour beaucoup, cet intérêt peut faire opter résolument en faveur du capitalisme[2]. C'est pourquoi, si l'on veut rendre la réalisation du communisme concevable, il faut s'appuyer sur un autre modèle théorique : celui d'une anthropologie non pas neutre axiologiquement mais en quelque sorte « positive », qui pourrait faire échec à la fois à l'hypothèse pessimiste que nous avons évoquée plus haut et, tout autant, à celle d'une omniprésence de l'intérêt dans nos comportements qui attire trop le communisme dans le voisinage idéologique du libéralisme et n'en marque pas suffisamment la spécificité et la supériorité morales.

Je n'évoquerai que rapidement la réflexion matérialiste de P. Kropotkine dans *La morale anarchiste*[3]. Elle entend montrer, hors de tout idéalisme religieux ou moralisant, que l'homme a hérité de son origine animale non seulement une tendance irréductible au plaisir, mais une capacité naturelle au bien, fondée sur le sentiment de solidarité, qui lui permet de trouver son plaisir (égoïste) autant et même plus dans l'altruisme que dans l'égoïsme entendu au sens strict ; cette capacité de solidarité, quand elle se développe et devient une habitude, constitue une vraie « loi du progrès » : elle explique le succès évolutif de l'espèce humaine, son amélioration constante dans le sens d'une générosité grandissante à l'égard de tous les hommes, comme elle explique les révolutions collectives ou l'action individuelle des révolutionnaires contre les injustices, puisque l'homme y trouve finalement l'expression de sa pulsion vitale. Cette approche n'est pas inintéressante mais, au-delà de sa rapidité et de ses impasses théoriques, comme le refus de la notion de « devoir », elle débouche sur un optimisme anthropologique qu'on peut trouver, tel qu'il nous est présenté, un peu naïf : la possibilité d'une révolution future, anarchiste tout autant que communiste, est ici

---

[1] Marx lui-même le dit dans *La Sainte Famille* : « L'intérêt bien compris est le principe de toute morale » (op. cité, p. 571). Mais c'est pour dissoudre la morale dans l'intérêt, c'est-à-dire dans l'éthique ; car si la morale c'est *aussi* l'intérêt bien compris, l'intérêt bien compris n'est pas *en lui-même* la morale.
[2] Et c'est ce qu'il fait souvent, y compris dans les milieux populaires spoliés par lui. En coupant les individus les uns des autres dans un individualisme à courte vue, le capitalisme fait miroiter à chacun une réalisation imaginaire de son intérêt qu'il ne peut apporter effectivement à tous ; mais entre temps il a réellement obtenu leur adhésion idéologique.
[3] Op. cité.

expliquée et garantie par la conception d'un homme qui y est naturellement porté parce qu'il y trouve la forme la plus accomplie de son bonheur[1], sans que la preuve de cette conception anthropologique soit suffisamment apportée[2]. C'est donc plutôt du côté de celui qui est à l'arrière fond de cette réflexion, bien que son héritage ne soit pas explicitement revendiqué, qu'il faut se tourner pour avoir une justification scientifiquement plus assurée de l'aptitude de l'homme à progresser moralement : Darwin.

Nous avons déjà présenté l'apport décisif que constitue *La filiation de l'homme* pour une explication scientifique de la morale puisque cet ouvrage montre comment elle trouve son origine naturelle dans l'évolution des espèces. Mais il faut y revenir pour indiquer cette fois-ci comment il peut éclairer le devenir historique futur de l'homme, en étant attentif à nouveau à ce que P. Tort a appelé « l'effet réversif de l'évolution », mais vu sous ce nouvel angle de l'avenir – « effet réversif » dont la méconnaissance est encore stupéfiante et produit des lectures et des usages de la théorie darwinienne très peu rigoureux, qu'il faut refuser même quand ils se veulent politiquement progressistes[3]. L'idée centrale de Darwin à ce point de vue est que l'homme en développant la culture s'éloigne de son origine animale, acquiert un « sens moral » grâce auquel il s'ouvre de plus en plus aux autres au point de pouvoir embrasser l'ensemble de l'humanité dans le champ de sa sympathie, par-delà les limites de race ou de classe, et d'avoir, poussé par des sentiments moraux de plus en plus raffinés, des conduites de solidarité de plus en plus étendues. On voit le profit théorique qu'une réflexion sur la capacité de l'homme à progresser, c'est-à-dire à se *transformer* dans le sens d'un *mieux moral* au sein de l'histoire, peut tirer de cette théorie qui est tout sauf spéculative : elle nous *prouve*, sans rompre avec l'enracinement naturel de l'homme, donc en restant sur le terrain scientifique du matérialisme, que l'homme n'est pas prisonnier d'une nature « négative » invariante qu'il

---

[1] Mais il ne s'agit que d'une possibilité : à aucun moment Kropotkine ne parle d'une nécessité ou d'une inéluctabilité de cette révolution. L'ouvrage se termine d'ailleurs par un appel à la volonté de l'homme : « A toi de choisir » (p. 79).

[2] La référence ultime de Kropotkine, ici, est J.-M. Guyau, l'auteur de *Esquisse d'une morale sans obligation ni sanction*, que nous avons déjà rencontré, qui enracine la morale dans une espèce de prodigalité vitale qui serait inhérente à l'homme et qu'il suffirait de laisser s'exprimer. Mais il a davantage développé le fondement biologique de son projet politique dans un autre ouvrage, dont le titre parle par lui-même, *L'entraide. Un facteur de l'évolution*.

[3] Voir, par exemple, l'ouvrage à la fois intéressant et curieux de P. Singer, *Une gauche darwinienne*, Cassini, 2002. Tout en se réclamant de Darwin, il paraît l'enfermer dans ce contresens radical à son égard qu'est le « darwinisme social », en affirmant par exemple que sa théorie « suggère qu'il est peu probable que nous soyons altruistes par nature » (p. 50), et, s'il met justement en avant l'idée que l'homme serait porté à la coopération, c'est au nom d'une « pensée darwinienne moderne » distinguée sans raison de celle de son fondateur. C'est oublier le message anthropologique précis de *La filiation de l'homme* et l'appui qu'un projet politique de gauche peut clairement y trouver.

aurait héritée de son ascendance animale et qui le condamnerait à répéter indéfiniment sa bestialité originelle, qu'il peut donc se *perfectionner* moralement sous l'effet d'une histoire culturelle que la nature a elle-même rendue possible, à laquelle en quelque sorte elle passe le relais tout en lui imposant une direction progressive[1].

Certes, en disant cela il faut rester prudent et faire attention aux formulations qu'on emploie. D'abord, il doit être clair que ce n'est là qu'un mécanisme *tendanciel* opérant sur le long terme, susceptible donc d'arrêts, voire de régressions ou de rebroussements, et qui intègre de la contingence, celle-là même qui est inhérente à l'action humaine qui le prend en charge et à travers lequel il se réalise comme celle qui est liée aux éléments de hasard intervenant dans le processus évolutif[2]. En ce sens, il ne présente aucun caractère de nécessité absolue ou de fatalité, qui en ferait, si on l'affirmait, un équivalent profane du providentialisme kantien : l'humanité *peut* aussi piétiner moralement ou régresser vers des formes brutales, sinon barbares, de comportement, le 20ème siècle en a été le témoin. On ne peut donc y voir un fondement ou une garantie scientifique d'un progrès anthropologique conçu comme automatique et inévitable ; il n'est que ce qui nous permet d'en comprendre scientifiquement la *possibilité* en même temps qu'il nous en explique la réalité déjà attestée depuis la sortie de l'homme hors des sociétés primitives[3]. Comme le dit Darwin, avec une grande prudence intellectuelle, après avoir présenté sa genèse de la morale et en anticipant sur sa présentation des différentes étapes du développement moral au sein de la culture : « Qu'une telle évolution soit pour le moins possible n'est pas niable » et il en fournit par la suite de nombreuses preuves empiriques[4] ; il y

---

[1] C'est bien pourquoi une place est faite en creux, par la théorie biologique, pour l'efficacité propre de l'histoire : matérialisme naturaliste et matérialisme historique s'articulent alors en un matérialisme complet joignant leurs plans respectifs sans les confondre. J'ai proposé dans le dernier chapitre de mes *Etudes matérialistes sur la morale* (op. cité) l'idée d'un *effet réversif de l'histoire*, prolongeant et réalisant l'effet réversif de l'évolution à travers le progrès historique de la morale.

[2] Il y a en effet le risque de verser dans une espèce de « sociobiologie » progressiste, une sociobiologie du communisme, si l'on veut, qui fonderait l'égalité sociale proposée par celui-ci sur la seule tendance du processus évolutif à développer en l'homme une propension à la coopération. La pensée de Kropotkine, présentée plus haut, n'échappe pas totalement à ce travers, malgré son appel à la volonté humaine. J'y insiste : quelle que soit son inscription dans une évolution globale dont l'histoire humaine est issue, le communisme est *à construire*, ce qui suppose des motifs conscients, à teneur morale, pour le faire et pas seulement des mobiles vitaux plus ou moins inconscients ou déguisés en motifs éthiques. Pour un examen critique plus détaillé de « l'effet réversif », voir ma contribution au dossier « Le monde selon Darwin » dans le Hors-Série de *Sciences et Avenir* n° 134, mars/avril 2003, « L'effet réversif de l'évolution ».

[3] Je reviendrai sur la réalité de ce progrès, pour finir.

[4] Op. cité, p. 214.

a donc une perfectibilité de l'homme qui est avérée, à la fois théoriquement compréhensible et historiquement attestée. Du coup, cette approche permet de justifier un *optimisme raisonnable*, scientifiquement fondé lui, concernant la poursuite de ce progrès dans le futur, optimisme que Darwin affiche dans les termes suivants : « Si nous regardons en direction des générations futures, il n'y pas de raison de craindre que les instincts sociaux perdent de leur vigueur, et nous pouvons nous attendre à ce que les habitudes vertueuses se renforcent, et soient peut-être fixées par l'hérédité. Dans ce cas la lutte entre impulsions supérieures et inférieures sera moins sévère et la vertu triomphera. »[1] Si on peut en contester la formulation précise (impulsions supérieures/impulsions inférieures, triomphe de la vertu), cette affirmation nous indique en tout cas qu'il y a une historicité de l'homme qui le fait échapper au poids de sa seule nature biologique et que la science biologique elle-même nous oblige à penser, et elle nous indique du même mouvement que la thèse de sa perfectibilité peut être rationnellement soutenue hors de tout a priori idéologique : qui dit historicité dit possibilité essentielle d'amélioration. Ensuite, deuxième prudence, il faut bien préciser le statut de cette affirmation de progrès dont de nombreux scientifiques, y compris parmi ceux qui sont favorables à Darwin, contestent la légitimité faute d'en avoir compris le sens précis. Elle ne se situe pas sur le même plan que les affirmations de la théorie scientifique elle-même, non parce qu'elle anticiperait sur le futur puisqu'elle est tout autant rétrospective que prospective, mais parce qu'elle réside dans un *jugement de valeur* et qu'aucune science ne saurait par elle-même justifier ou fonder un pareil jugement : la science constate, explique, prévoit, mais elle ne saurait introduire l'idée de mieux moral dans ses propositions et affirmer qu'un processus évolutif (quel qu'il soit) constitue un progrès (moral). Affirmer l'existence d'un progrès évolutif ou affirmer qu'il est possible, c'est donc *juger, prendre position normativement* et sortir du champ de la scientificité (constatation, explication, prévision ou anticipation). Pourtant, ce n'est pas sortir de la rationalité et verser dans l'arbitraire ou la pétition de principe subjective. Ce jugement de progrès s'effectue à partir de normes elles-mêmes objectives (au sens pratique du terme) parce que morales, caractérisées par l'Universel, justifiables par la raison et dont la science, naturelle puis historique, nous démontre l'émergence au sein du processus évolutif. On peut donc dire que c'est du point de vue même du résultat effectivement normatif ou moral du processus évolutif auquel nous sommes parvenus que ce jugement, rétrospectif d'abord, prospectif ensuite, a lieu et reconnaître qu'il y a là une circularité ; mais cette circularité est inévitable, elle est inhérente à tout jugement de progrès dans ce domaine et, surtout, elle

---

[1] Ib., p. 213.

n'est pas vicieuse : il faut bien présupposer une valeur pour juger dans l'ordre de la valeur, y compris quand ce jugement porte sur le processus qui l'a engendrée ! C'est ce que Comte-Sponville a appelé le « cercle de la culture » par lequel une culture se juge elle-même, juge son passé, voire la nature dont elle est issue, à partir de ses propres normes, mais sans qu'il faille comme lui en tirer de conséquence relativiste, étant donnée la nature de ces normes[1]. C'est bien pourquoi Darwin a le droit, et nous avec lui, de hiérarchiser les étapes de l'évolution culturelle et de distinguer entre des « règles morales supérieures et inférieures » et entre des formes de vie collective qui leur correspondent[2] : il n'y a là nul ethnocentrisme ni le moindre risque de racisme, mais simplement le *courage de juger* à partir de valeurs qui ne sont pas arbitraires et dans le cadre d'une théorie qui admet que tous les groupes humains peuvent parvenir au niveau où sont parvenus les plus avancés. Enfin, troisième et dernière prudence, on ne saurait en tirer directement de conclusion quant au communisme et faire de Darwin un communiste avant la lettre. Darwin ne s'est pas prononcé dans ce domaine, il n'était qu'un libéral progressiste, clairement favorable à une politique d'aide aux plus démunis, qui a par ailleurs vigoureusement condamné l'esclavage, le racisme ou encore l'eugénisme à une époque où beaucoup les justifiaient. Par contre, on peut estimer, sans forcer le trait et sans lui faire dire ce qu'il n'a pas dit, que la morale universaliste dont il se réclamait peut y mener, au moins idéalement, comme tout ce qui précède l'a démontré, et, surtout, que sa théorie nous permet de concevoir scientifiquement comment il peut s'enraciner dans des tendances naturelles de l'homme et non s'y opposer, levant ainsi l'hypothèque de son impossibilité anthropologique : l'homme est capable de s'ouvrir de plus en plus à la solidarité à l'égard des autres hommes et de rompre avec cette concurrence généralisée dans laquelle l'idéologie libérale du « struggle for life » voudrait l'enfermer définitivement. Un socialisme ou un communisme à venir, à construire mais prolongeant néanmoins cette ligne d'évolution progressive, est donc concevable sur cette base, surtout si l'on ajoute que l'idée d'un enracinement de la moralité dans la biologie humaine fait désormais l'objet de nombreux travaux qui tendent à la confirmer[3].

---

[1] Voir *La sagesse des Modernes*, op. cité, p. 107-108.
[2] *La filiation de l'homme*, p. 210.
[3] Ce qui permet, sans forcer le trait, de concilier Marx et Darwin, comme a tenté de le faire Kautsky, le théoricien allemand du socialisme, qui a été darwinien avant d'être marxiste. Sur l'approche biologique contemporaine de la moralité, voir à nouveau le travail patient et rigoureux de J.-P. Changeux qui vise à montrer qu'il y a des « prédispositions neurales au jugement moral [qui] peuvent se comprendre sur la base de l'évolution des espèces » (in J.-P. Changeux et P. Ricœur, *Ce qui nous fait penser, La nature et la règle*, op. cité, p. 201) et ce, sans réductionnisme biologique aucun puisque son explication intègre le contexte culturel et l'histoire individuelle et fait donc appel aussi aux sciences humaines. On peut seulement lui

Il reste que cette base reste formelle ou générale et qu'elle ne nous renseigne pas sur les motivations morales précises qui, au cœur du processus socio-historique *envisagé expressément dans sa spécificité culturelle*, pourraient pousser les hommes à tenter l'expérience du communisme, par-delà leur strict intérêt. Il faut donc envisager plus en détail quels pourraient être ces *sentiments moraux* dont le cadre théorique darwinien nous permet de concevoir la possibilité et dont il affirme la réalité, mais en les considérant à leur niveau propre qui ne les dissout pas dans le seul processus de la sélection naturelle, même inversée.

Cette question des sentiments moraux susceptibles de faire agir l'homme dans le sens d'un bien universel avait déjà été abordée par Kant, dans un contexte spéculatif il est vrai, mais sans la moindre naïveté et avec beaucoup de lucidité : pour lui c'est le *respect* – le respect pour la loi morale et pour l'homme qui en est le porteur – qui est, c'est-à-dire doit être le moteur de l'action morale qui vise l'Universel. C'est bien un sentiment, qui exprime donc un intérêt sensible pour la moralité, mais cet intérêt étant spécifiquement produit par celle-ci, il ne la supprime pas : un intérêt *pour* la morale et produit *par* elle seule est un intérêt non intéressé (au sens courant, antimoral, du terme), un intérêt *moral*. P. Ricoeur, entérinant cette proposition pratique, suggère d'ailleurs de l'étendre à d'autres sentiments comme la honte, le courage, le dévouement et, surtout, l'indignation devant les atteintes faites à la dignité d'autrui[1], et l'on pourrait, comme on le verra, en mentionner d'autres. Pourtant, Kant ajoutait qu'il n'était en rien certain qu'un pareil mobile moral ait jamais été réellement efficace par lui-même ou puisse jamais l'être, faisant l'hypothèse qu'une « secrète impulsion de l'amour propre » ou que d'autres « mobiles secrets » peuvent, en réalité, déterminer l'action en lieu et place du respect pour le devoir[2], et sa remarque vaut pour les autres sentiments indiqués. Or l'on serait en droit de radicaliser ce doute, non seulement en se demandant si ces sentiments sont réellement actifs mais en s'interrogeant sur leur nature réelle à la suite de divers penseurs : La Rochefoucault voyant l'intérêt d'amour-propre opérer dans la plupart des cas et se dissimuler sous l'apparence de sentiments vertueux, Nietzsche ou Freud dénonçant dans nos sentiments appréhendés comme moraux par notre conscience des faux-semblants exprimant un état inconscient de notre psychologie (faiblesse vitale ou fixation névrotique sur l'enfance, par exemple), Marx aussi repérant dans la revendication morale en politique le travestissement d'un banal intérêt matériel de classe – autant d'analyses qui reviennent à dire qu'il n'existe pas de sentiments moraux.

---

reprocher de ne pas distinguer l'éthique et la morale et, surtout, de confondre science *de* la morale et science *morale*.

[1] Voir *Le Juste 2*, Editions Esprit, 2001.
[2] Voir les *FMM*, op. cité, p. 112.

Pourtant, il nous semble que, sans mettre fin absolument à ce doute mais en refusant de le systématiser en dogme immoraliste, nous pouvons, à la suite de Darwin, affirmer qu'il existe de pareils sentiments, à savoir des sentiments *qui orientent effectivement notre conduite dans le sens de l'Universel* : ce sont tous ceux que j'ai signalés, enracinés dans la matrice du respect de la personne humaine et dont il importe peu, finalement (à moins de revenir à un moralisme idéaliste, sinon lui-même névrotique, de la pure intention), de savoir s'ils ne sont pas l'expression mystifiée d'un quelconque intérêt caché. L'important est de constater que *de fait* ils suscitent une action *objectivement morale*, tournée vers l'intérêt des autres, qu'ils en constituent *le motif* (ou *le mobile*, les deux coïncident ici[1]) *subjectif* et qu'ils sont bien, en ce sens, *moraux*. Il y a bien, dans cette hypothèse, ce que j'ai appelé plus haut, en m'inspirant de Badiou, des *affects de la morale*. Ils nous autorisent à penser une *expérience morale* qui, au-delà de la seule conscience intellectuelle des principes moraux, permet à l'homme d'*éprouver* divers sentiments de révolte devant ce qui bafoue ces principes et d'agir en conséquence pour y remédier. Activés dans le champ socio-politique, qui en est le champ d'expression privilégié, ils sont à l'origine d'une véritable *expérience de la justice* ou si l'on préfère, car c'est à l'occasion de ce qui la nie qu'ils s'éprouvent, d'une *expérience de l'injustice* à travers laquelle l'horizon normatif de l'idéal de justice est non seulement conçu intellectuellement mais vécu affectivement et constitue le moteur de la conduite.

Cette dimension tout à la fois normative et subjective de l'action politique a été heureusement mise en lumière dans la dernière période par les travaux de A. Honneth et reprise à son compte par E. Renault[2]. Au centre de cette dimension, inhérente aux luttes sociales, il y a l'idée, décisive sur le plan anthropologique, que les hommes, par-delà la défense de leurs seuls intérêts matériels, se battent pour la reconnaissance de leur identité et, plus précisément, pour une identité fondée sur un *rapport positif à soi*, qu'il s'agisse de la confiance en soi, de la dignité personnelle ou de l'estime de soi[3], dont le déni doit être considéré comme une conséquence, directe ou lointaine, de l'organisation capitaliste de la production. La confiance en soi peut être bafouée par la pression au travail et la tyrannie des petits chefs aux

---

[1] Conformément à une distinction courante, je précise que le motif fait appel à une raison que la conscience assume, le mobile repose sur un mécanisme psychologique qui peut être inconscient.

[2] Du premier, voir *La lutte pour la reconnaissance*, Cerf, 2000, et *La société du mépris*, op. cité ; du second, voir *L'expérience de l'injustice*, La Découverte, 2004, ainsi que *Le mépris social*, Editions du Passant, 2000.

[3] Ce sont là les trois formes de la reconnaissance que distingue Honneth. Renault fait justement remarquer qu'il ne faut pas cantonner la confiance en soi dans le seul registre des relations intersubjectives comme le fait Honneth.

ordres du patronat ; la dignité est bien entendu atteinte par toutes les formes de discrimination de classe, de race ou de genre et, plus largement, par l'instrumentalisation du travailleur à laquelle procède l'exploitation (mais on pourrait tout aussi bien parler de l'instrumentalisation mercantile des agents de la culture ou de la santé) ; enfin, l'estime de soi est tout particulièrement ébranlée, voire détruite, par la misère, le chômage, le déclassement mais aussi, plus largement, par la dévalorisation dont sont l'objet les dominés dans le champ des valorisations sociales dominantes où l'argent et la réussite sont rois. Ce ne sont là que de brefs exemples, mais ils nous mettent en présence de ce qu'il faut bien appeler avec Renault des « blessures morales »[1] lésant le besoin, normatif autant que psychologique, de reconnaissance, suscitant une exigence large de justice sociale conçue comme une exigence multiforme d'égal respect de tout homme dans les diverses situations sociales qu'il connaît, et lui fournissant à la fois le motif (moral) et le mobile (psychologique) de se révolter et de se battre contre l'injustice et pour l'émancipation. On voit par conséquent que les luttes sociales ne peuvent être réduites à des enjeux de richesse, de force ou de pouvoir dans un théâtre politique dont l'égoïsme ou l'intérêt tirerait seul les ficelles ; elles sont aussi « porteuses d'exigences morales »[2] qui, tout en étant articulées à l'intérêt, le dépassent et donnent à la politique sa dignité propre, celle-là même qui enthousiasmait Kant quand, sans y être impliqué par le moindre intérêt personnel, il pensait à la Révolution française. Elles témoignent qu'il peut exister ce qu'on appellera un *intérêt désintéressé*, à savoir un intérêt *pour* le désintéressement ou encore un intérêt *subjectif* pour le désintéressement *objectif*, quelle que soit d'ailleurs la nature de cet intérêt subjectif, qu'il soit proprement moral comme l'analyse qui précède le laisse entendre ou qu'il soit lui-même « intéressé », au sens courant du terme[3]. C'est sur de pareilles exigences ou un pareil « intérêt désintéressé », ainsi que sur les sentiments qui les manifestent, qu'une politique d'émancipation

---

[1] In *Le mépris social*, op. cité.
[2] Ib., p. 35.
[3] Une « herméneutique du soupçon » radicalisée soutiendra qu'on escompte toujours un profit quelconque de la conduite objectivement désintéressée et qu'elle est donc toujours subjectivement intéressée (au sens d'un intérêt non moral). Mais c'est oublier que l'intérêt « intéressé » pour le désintéressement peut très bien être d'une autre nature que l'intérêt matériel qu'il sacrifie, comme un intérêt d'honneur ou de gloire, ce que La Rochefoucauld appelle un intérêt d'amour-propre. L'important est, dans la perspective matérialiste qui est la nôtre, qu'il produise le désintéressement objectif. Nous laissons à Dieu, s'il existe, le soin de trancher s'il peut y avoir un désintéressement absolu et donc un mérite moral du « sujet ». Sur cette notion de désintéressement, voir l'ouvrage de J. Elster, *Le désintéressement* (Seuil, 2009) qui soutient, contre la vision libérale de « l'homme économique », la thèse qu'il existe des conduites désintéressées ; mais l'on aurait aimé qu'il en tire des conséquence politiques plus radicales. Sur le même thème, voir aussi le texte remarquable de Bourdieu, « Un acte désintéressé est-il possible ? », in *Raisons pratiques*, op. cité.

devrait pouvoir faire fond, un peu à la manière, si l'on accepte cette transposition, dont Aristote, dans l'*Ethique à Nicomaque*, fondait le lien social au sein de la Cité sur l'amitié prise dans un sens large, qu'il ne séparait pas d'un souci de justice.

Le seul problème qui se pose ici est de savoir si l'on peut se contenter de *prendre acte* de ce qui se passe dans les luttes sociales telles qu'elles se déroulent et demander à la politique de se borner à *enregistrer* leurs revendications spontanées au nom d'une démocratie sans limites et, en quelque sorte, purement horizontale, sans médiations verticales ayant pour fonction de l'éclairer. Non pas tant parce que le mouvement social, envisagé en général, serait incapable de passer des exigences qui sont les siennes à leur mise en œuvre concrète, laquelle suppose des compétences techniques dont la nécessité est évidente pour qui pense que la politique est *aussi* (je l'ai déjà souligné) une affaire de moyens matériels dans des conditions historiques données de la production ; mais pour une raison de fond, qui est liée au statut ontologique de la normativité morale et des principes de justice qui lui sont liés. Je rappelle que la morale n'est pas innée, même s'il s'agit d'une compétence naturelle de l'homme ; devant se constituer historiquement, elle est soumise à de multiples influences idéologiques qui peuvent amener l'humanité et l'ont réellement amenée à se tromper sur ses principes ou dans la traduction concrète de ses principes, avant qu'elle puisse les concevoir et les formuler exactement. Or, ce qui est vrai de l'humanité considérée historiquement, l'est encore plus pour tel ou tel groupe, classe ou individu, surtout quand ils sont en position de dominés : les victimes d'une situation d'injustice, du fait même de la situation qui est la leur, n'ont pas toujours les moyens intellectuels d'accéder au point de vue moral universaliste à partir duquel ils pourraient juger leur situation en toute autonomie et en faire la critique indissolublement morale et socio-politique. Souvent ils le font à partir des seules normes existantes, qu'ils ont intériorisées et qui, lorsqu'elles sont purement idéologiques et mensongères, ne leur permettent d'appréhender leur situation que du point de vue des dominants, point de vue qui en général justifie « moralement » l'ordre social et en occulte l'injustice. C'est l'aspect intellectuel de l'aliénation, par lequel elle est portée à son comble : lorsque l'injustice (telle mutilation de la personnalité, par exemple, ou tel rapport social) n'est pas perçue comme telle faute d'une grille de lecture et de normes qui le permettraient et que, du coup, la victime ne l'éprouve pas, ne désire pas autre chose, se contente de ce qu'elle a, voire s'en réjouit et le veut. Tel a été le cas des esclaves, des femmes et tel est encore le cas de bien des exploités dans une société où les idées dominantes et donc les valeurs dominantes sont toujours les idées et les valeurs de la classe dominante[1]. C'est pourquoi on peut être heureux dans l'injustice que l'on subit faute de pouvoir concevoir et vouloir un horizon différent de vie, marqué par la justice, et il faut donc distinguer clairement la question de l'aliénation et de l'injustice qui lui est liée de celle de la *souffrance sociale*, laquelle laisse intacte, par définition, la capacité de critique et de révolte[2]. On voit alors la difficulté, sinon l'aporie : si l'on admet ce diagnostic d'aliénation (et alors même qu'on devrait le nuancer), comment se fier aux idées, aux valeurs et aux sentiments des victimes de l'injustice pour à la fois fonder la critique de cette injustice, escompter qu'elle aura bien lieu et, si c'est le cas, que ce sera avec un contenu légitime ? Il y a eu des périodes entières de calme plat dans l'histoire alors que le peuple avait toutes les raisons de faire la révolution, et l'on a vu aussi des révoltes se produire qui étaient réactionnaires et sans contenu moralement légitime : cela a été le cas de la plupart des mouvements contre-révolutionnaires comme la Chouannerie après 1789 ou comme le renversement de régimes démocratiques par des mouvements fascistes soutenus par leurs peuples au 20ème siècle. La critique sociale ne saurait donc être entièrement *immanente* aux luttes qu'elle concerne pourtant, la conscience morale des acteurs de l'histoire pouvant être étouffée ou biaisée par le conditionnement idéologique, toujours là, autant sinon plus qu'avant, malgré la dénégation publique dont il est l'objet et qui en fait partie[3]. C'est pourquoi tout en devant s'articuler par principe politique avec les mouvements sociaux, elle ne saurait se contenter d'en expliciter le noyau normatif spontané comme le suggère E. Renault ; il faut qu'elle songe à restituer à la critique de l'injustice son fondement *objectif* tel que nous l'avons conçu à partir de Kant, et donc à réintroduire un minimum de *transcendance* de son principe critique par rapport à la manière dont, de fait, les hommes se le représentent. Une pédagogie de l'émancipation, analogue dans son champ propre à la pédagogie philosophique de la sagesse (sauf qu'il s'agit ici de morale), doit donc toujours accompagner l'émancipation socio-politique effective pour l'éclairer et l'aider à s'assurer de sa légitimité,

---

[1] Mais il ne s'agit que d'une domination, non d'une exclusion. D'autres idées et valeurs existent, source de la critique sociale.

[2] C'est pourquoi, d'une manière générale, il est difficile de parler d'aliénation à celui qui en est victime : il risque de ne pas comprendre ce vocabulaire, qui vise pourtant à lui faire retrouver une identité mutilée, et même d'y voir paradoxalement une atteinte à son identité telle qu'il la vit, un « déni de reconnaissance » de celle-ci ! Ce n'est pas une raison pour ne pas vouloir l'émanciper, mais il faut le faire en tenant compte de cet obstacle qui oblige à beaucoup de souplesse pédagogique et de respect à l'égard de celui qu'on veut émanciper.

[3] Le thème de la mort des idéologies est l'un de ces thèmes, anesthésiants pour la critique sociale, qui visent à la désamorcer, et il est savamment orchestré par les pouvoirs en place depuis la chute des régimes de l'Est : il est lui-même totalement idéologique. L'idée que le communisme est mort avec ces régimes en fait partie.

mais sans se substituer à elle. Comment alors y parvenir : avec quel contenu précis et sous quelles formes?

Pour une politique de la morale

Puisque nous avons décidé de ne pas nous en tenir à une stratégie utilitariste de l'appel à l'intérêt strictement individuel bien qu'il ne soit pas infondé – le communisme a bien pour objectif fondamental de satisfaire l'intérêt des individus, mais c'est celui de *tous* les individus –, il est clair que le contenu de cette pédagogie de l'émancipation doit être prioritairement moral. Cette affirmation se fonde sur une considération plus large, très peu à la mode (dans les termes où nous la formulons) : au-delà des seuls intellectuels, l'époque me paraît marquée par une véritable crise de la morale dans son rapport à la politique comme de la politique dans son rapport à la morale, si l'on songe à ce qu'était ce double rapport dans les consciences au milieu du siècle dernier[1]. On pourrait exprimer ce constat de la manière suivante : tout se passait comme si l'esprit moral (ou éthique pour parler comme Hegel) s'était retiré du monde et des politiques qui le gouvernent, laissant la place à un économisme généralisé pour lequel il n'y a que des faits d'intérêt, des quantités de biens marchands produits et, derrière tout cela, la recherche du profit pour une classe capitaliste désormais transnationale, sans qu'à aucun moment la question normative de l'humain, de sa valeur propre et de la finalité de la vie individuelle comme collective ne soit posée dans un débat critique exigeant que le pouvoir politique pourrait prendre en charge[2]. Ce diagnostic d'un monde abandonné par la morale dans son évolution d'ensemble et en quelque sorte *démoralisé* (au sens strict) est renforcé par le surgissement d'une multitude de microcomportements individuels qui en portent la marque, à tous les étages de la vie sociale et politique, et qui font la une désespérante des journaux : corruption, mensonges, abandons de convictions, retournements de veste, conflits d'ambition entre hommes ou femmes politiques lors même que leurs objectifs affichés est de réduire les conflits interhumains et de « moraliser » la politique, triomphe de l'ego à la place de la coopération des égaux, etc.

---

[1] S'agissant des intellectuels, pensons à la place qu'occupait la préoccupation socialiste ou communiste chez les intellectuels ou à la capacité d'un J.-P. Sartre de s'indigner devant les grands scandales de l'époque, à commencer par le capitalisme et le colonialisme. A côté de cela, que les prises de position aujourd'hui d'un A. Glucksman ou même d'un B.-H. Lévy paraissent dérisoires, sinon scandaleuses (pour Glucksman) !

[2] Il faudrait analyser dans le détail la manière dont le concept de « marché » envahit progressivement tous les secteurs de l'existence, de l'enfance à la vieillesse, de la vie sociale à la vie subjective, sexuelle, culturelle ou de loisir, jusqu'à l'écologie dont la prise en considération, pourtant vitale, est justifiée souvent par le fait qu'il y aurait là un marché rentable !

D'où l'idée qu'il faut absolument remettre la question de la morale au centre de la politique et que si la question politique est une question morale, alors *il faut faire de la morale une question politique* : une politique morale telle que nous l'avons envisagée doit nécessairement impliquer une politique *de* la morale.

Il convient pourtant de distinguer ce qui doit se passer au niveau de la critique théorique et ce qui doit se passer au niveau des agents sociaux eux-mêmes et de leur critique pratique de la société. Au premier niveau, sachant que toute approche théorique dans le domaine humain est intriquée à des valeurs, on est en droit d'exiger des intellectuels une référence *explicite* à l'Universel moral dans leur propre travail, interdisant par exemple que l'on puisse parler de réalités telles que le colonialisme ou l'exploitation du travail comme s'il s'agissait là de réalités neutres axiologiquement, sans signification quant à l'homme, ou que l'on puisse traiter des rapports sociaux sans se demander si la manière dont on en parle contribue ou pas à la perpétuation des processus de domination qui leur sont liés ; de même, on est en droit d'exiger que le biologiste se soucie de savoir si ses recherches ne seront pas utilisées à des fins mercantiles entraînant une instrumentalisation du corps et qu'il n'occulte pas cette question au nom d'un idéal désincarné de la science qui peut friser le cynisme, et l'on pourrait multiplier les exemples. Bref, on est en droit d'exiger que le travail de l'intelligence s'inscrive expressément dans un projet pratique de nature morale, prenant en charge des intérêts humains universels, et ne se laisse pas manipuler par des intérêts particuliers. Cela n'exclut pas mais au contraire demande que la recherche satisfasse à ses *réquisits propres* liés à son objectif de vérité, puisqu'il y a toute une part de la connaissance qui constitue en elle-même un instrument irremplaçable d'émancipation ; mais cela implique une modification du rapport pratique à la théorie qui place l'utilité de la science pour la vie de tous au-dessus de son intérêt strictement théorique. Il faut donc admettre une *hiérarchie des intérêts*, celle-là même qu'on trouve chez les meilleurs représentants de la philosophie classique comme chez Pascal lorsqu'il situe « l'ordre de la charité » au-dessus de « l'ordre de l'esprit » ou comme chez Kant quand il fait de la finalité morale de la philosophie sa finalité véritable, l'emportant sur sa finalité purement intellectuelle[1], et appeler à ce que l'intérêt moral de la théorie, avec sa traduction politique, prime sur l'intérêt seulement théorique de la théorie et que, sans lui nuire en rien sur son plan propre, il en dynamise le développement, en oriente la

---

[1] Voir le chapitre consacré à l'« architectonique de la raison pure » à la fin de la *Critique de la raison pure*. Il y oppose magnifiquement un concept « cosmique » de la philosophie, reposant sur le primat de la pratique, à un concept « scolastique » de celle-ci, « indifférent aux fins essentielles de l'humaine raison ».

finalité externe, voire soit présent en elle quand la science est inséparable de prises de position normatives comme c'est le cas dans les sciences sociales[1].

A l'autre niveau, celui des agents sociaux, la situation est plus complexe. Il y a d'abord une dimension proprement intellectuelle de cette pédagogie, sans contenu directement moral, qui est indispensable : on ne saurait aider les hommes à devenir des sujets de leur vie politique comme des sujets de leur vie éthique, ce qui constitue le double objectif de l'émancipation, sans leur en fournir les instruments théoriques apportés par l'ensemble des sciences humaines et par une formation philosophique s'appuyant sur elles[2]. Il faut donc envisager une réelle universalisation à terme de la culture théorique, scientifique et philosophique, et d'ici là, il faut s'efforcer de construire une alliance des spécialistes du savoir et des acteurs des mouvements sociaux[3]. Mais c'est surtout la dimension morale de cette pédagogie qu'il s'agit de mettre au premier plan, sans craindre qu'il puisse en résulter quoi que ce soit de néfaste pour la liberté individuelle puisque nous n'avons cessé de distinguer la morale collective de l'éthique individuelle et d'assigner comme fin à la première la liberté et l'intérêt de chacun. Disons-le donc avec fermeté : la politique doit absolument – et ce « doit absolument » est déjà moral – contribuer à moraliser l'humanité, ce qui implique qu'elle se donne comme objectif explicite, pleinement assumé, d'aider à la formation de la conscience morale de façon à permettre une transformation progressive de l'homme. Marx lui-même, malgré son immoralisme théorique revendiqué, l'a admis avec force dans *L'idéologie allemande* alors même qu'il y insiste sur le matérialisme de son approche de l'histoire et du processus révolutionnaire. Parlant de la nécessité d'une révolution communiste « apte à fonder la société sur des bases nouvelles », il affirme vigoureusement la nécessité corrélative d'une transformation des

---

[1] Je rejoins ici pleinement l'économiste A. O. Hirschman lorsqu'il signale l'intrication, souvent inconsciente, de la morale et de la science économique, y compris chez Marx, et qu'il demande que les préoccupations morales soient explicitement et donc consciemment prises en charge désormais par la science sociale : voir le chapitre final « Moralité et sciences sociales : une tension durable » in *L'économie comme science morale et politique*, Gallimard/Seuil, 1984.

[2] Voir ce que dit Habermas de l'« intérêt émancipatoire » lié aux sciences qu'il qualifie de « praxéologiques » (économie, sociologie, politique), dans son texte « Connaissance et intérêt », in *La technique et la science comme idéologie*, Médiations/Denoël, 1984.

[3] Ce fut l'ambition de P. Bourdieu que de stimuler cette alliance après le grand mouvement social de décembre 1995 en France pour la défense des services publics, de façon à développer l'intelligence critique des acteurs sociaux. Mais ce fut aussi la démarche des communistes au 20ème siècle : malgré ses limites ou ses œillères partisanes, la culture qu'ils se sont efforcés de diffuser auprès de leurs militants et de la population qu'ils influençaient (par exemple dans les municipalités qu'ils dirigeaient) était une véritable contre-culture enregistrant les progrès des sciences, mariant théorie et pratique, et sa diffusion répondait à un incontestable souci d'émancipation.

hommes et de la formation d'une « conscience communiste » pour y parvenir : « Une transformation massive des hommes s'avère nécessaire pour la création en masse de cette conscience communiste, comme pour mener à bien la chose elle-même » dit-il, avouant ainsi que son matérialisme est aussi un matérialisme moral faisant appel à la conscience humaine et aux motivations normatives dont elle est capable[1]. Les valeurs universelles auxquelles l'humanité a accédé, base normative désormais acquise de la critique du capitalisme, doivent donc être aussi transférées ou développées dans la conscience des acteurs de l'histoire, hors de la conscience des seuls théoriciens, pour à la fois nourrir la critique pratique, réellement agissante, de celui-ci et fournir la base du futur vivre-ensemble communiste (s'il se produit). Pour s'en tenir à celui-ci, il impliquera que cette conscience morale collective et concrète soit systématiquement *formée* ou *suscitée* (puisque la formation morale doit être aussi une autoformation), voire que son contenu soit carrément *enseigné*, et qu'on sache faire appel à ces sentiments moraux que l'homme a la capacité d'éprouver : s'il est vrai que le lien social en général n'a pas à être trouvé dans la religion, comme une mode réactualisant un vieux schéma de pensée voudrait nous le faire croire[2], mais bien dans la morale qui nous apprend comment vivre avec les autres, cela est encore plus vrai du lien cimentant le vivre-ensemble communiste parce que, s'agissant du respect que les hommes se doivent mutuellement, il est moralement plus exigeant que toutes les formes d'organisation sociale connues jusqu'à présent.

C'est ici que nous retrouvons le rôle central à la fois de l'Etat, avec le droit contraignant qu'il implique, et de l'éducation : rôle de l'Etat, qui devra proclamer des normes universalistes s'appliquant à tous les domaines de l'existence collective (politique, social et économique, en y intégrant la lutte contre le racisme et le sexisme), recourir à la contrainte pour les faire respecter et en sanctionner, d'une manière ou d'une autre, la violation ; et rôle de l'éducation pour obtenir que les individus, ayant intériorisé ces normes de vie juste, les respectent si possible spontanément, sans qu'il soit besoin, à terme, de les y contraindre. A ces deux points de vue, un Etat demeure donc nécessaire, mais c'est un Etat tutélaire, avec sa fonction humanisante irremplaçable, et non cet Etat hypostasié en puissance

---

[1] Op. cité, p. 68. M. Rubel, commentant ce passage, marque bien sa dimension normative et éthique (dans son langage) : voir *Karl Marx*, op. cité, p. 1123. Pour une approche d'ensemble du statut de la morale dans l'œuvre de Marx, voir mon texte « Marx et la morale » (in *Marx contemporain*, op. cité) où je développe l'idée que, s'il n'y pas de morale *de* Marx, il y a bien une morale *chez* Marx, comme toutes les analyses qui précèdent l'ont montré.

[2] Je pense ici à R. Debray qui a donné à cette thèse un certain lustre théorique grâce à un élargissement du sens du mot « religion ». Mais l'idée, quand elle engage le sens étroit de ce mot, fait partie de la vulgate du libéralisme depuis longtemps et avait été exprimée avec netteté par Tocqueville dans *De la démocratie en Amérique2*, 1ère partie, ch. II et IV.

maléfique dont le libéralisme brandit la menace imaginaire tout en y recourant sans scrupule pour son propre compte. C'est bien pourquoi nous avons dit qu'une politique morale doit entraîner une politique *de* la morale : elle doit penser les conditions et les formes *politiques* de sa réalisation, qu'elle trouve dans l'Etat et l'éducation.

Cette politique est-elle malgré tout menacée par le moralisme ? Nous ne le croyons pas. Parmi toutes les raisons que nous avons déjà avancées (en particulier la distinction de la morale et de l'éthique), il y en a une qui devrait définitivement en convaincre : c'est la conception que nous nous faisons du « sujet » moral et son rapport aux normes. Une politique matérialiste de la morale n'a pas pour souci premier de condamner ceux qui y contreviennent, l'idée de punition morale n'ayant pas de sens pour elle[1] : confrontée au risque de pareils manquements, elle visera avant tout à les prévenir et, en leur présence, elle fera tout pour convaincre, éduquer, rééduquer, voire guérir ceux qui les commettent[2], et elle fera tout également pour leur permettre de se réinsérer dans des conditions de vie sociale ou familiale satisfaisantes ; elle envisagera donc de fermer un jour les prisons, ces lieux non seulement absurdes moralement mais criminogènes par excellence, qui renforcent la criminalité qu'ils prétendent combattre. D'autre part, elle s'appuiera sur une théorie réaliste de la motivation « morale » : les sentiments moraux sur lesquels elle compte pour mener à terme son projet et qu'elle s'efforcera de développer, elle admet pleinement qu'ils puissent être eux-mêmes « intéressés », surdéterminés par un intérêt d'un autre niveau que l'intérêt matériel, comme la croyance en la valeur de la moralité qui nous entraîne à la rechercher pour la gratification narcissique qu'on en tire ou pour la reconnaissance symbolique dont elle fait l'objet dans la société[3]. Elle abandonnera donc l'hypothèse hasardeuse d'un désintéressement absolu : ce qui compte pour elle, c'est que cet intérêt subjectivement « intéressé » produise objectivement du désintérêt, qu'il produise un mobile subjectif

---

[1] Voir plus haut la fin de notre partie sur la morale. A ce propos, T. Andréani remarque justement : « Le manquement aux règles sociales ne renvoie pas à un concept de faute ou de culpabilité [...] Il ne saurait donc y avoir de peines, mais seulement des mesures de défense sociale » (*De la société à l'histoire*, t. 1, op. cité, p. 490). Qu'un pays comme la Chine, qui se réclame d'une visée communiste à long terme, puisse recourir à la peine de mort, y compris pour des délits financiers, m'est rigoureusement incompréhensible.
[2] Tous ces termes doivent être pris et assumés avec toute la charge d'humanité et de respect de l'autre qu'ils comportent. Pour ceux que ces modalités de traitement des « coupables » gêneraient malgré tout, je leur demande de penser aux pratiques contraires de la justice « libérale » dans un pays comme les Etats-Unis : priorité à l'incarcération, stigmatisation, exhortation morale abstraite, punitions physiques, abandon éducatif et psychologique. C'est cette folie punitive inhumaine qu'il faut absolument refuser et que les interventions indiquées excluent radicalement.
[3] Voir à nouveau les analyses d'une grande finesse sur ce type d'intérêt et la notion de « profit symbolique » liée à la moralité dans l'article de Bourdieu cité plus haut.

efficace pour la moralité objective. Enfin, prolongeant et radicalisant cette perspective, elle exploitera la suggestion que fait Bourdieu d'une politique morale fondée précisément sur l'intérêt « intéressé » pour l'Universel ou sur ce qu'il appelle le « profit d'universel » : observant justement qu'il y a « une reconnaissance universelle de la reconnaissance de l'universel », il en déduit que nous avons intérêt à nous y conformer ; c'est cet intérêt qu'il s'agit d'exploiter, de favoriser en récompensant socialement (y compris matériellement) la « vertu », par exemple celle qui s'exprime par le travail dans les services publics. On produira ainsi des « dispositions durables à la vertu », d'autant plus durables qu'elles ne sont pas directement, c'est-à-dire subjectivement, vertueuses tout en se profilant sur l'horizon de la valorisation de l'Universel[1]. Il peut donc y avoir une politique de la morale qui incite à des conduites morales sans faire appel uniquement à des motivations spécifiquement morales et en excluant clairement, par conséquent, le danger du moralisme.

De tous ces points de vue, et spécialement de ce dernier, on peut dire avec Bourdieu que « la vertu a une probabilité raisonnable d'exister »[2]. Transposons ce propos au projet politique que nous défendons, en supposant que son auteur ne nous l'aurait pas interdit : le communisme, sans être certain, a des chances raisonnables d'exister si l'on sait s'y prendre en jouant sur toute la gamme des motivations qui peuvent y entraîner. Mais il est vrai que ce projet même, au niveau de responsabilité propre qui est celui des intellectuels et des hommes politiques, seule une décision quelque part subjectivement vertueuse peut le concevoir et vouloir contribuer à le mettre en œuvre.

---

[1] Ib.
[2] Ib., p. 167.

Quel progrès pour l'homme ?

Une dernière question demeure, dont on n'a fait que suggérer la réponse dans ce qui précède et qu'il faut aborder explicitement si l'on ne veut pas courir le risque de voir une grande partie de notre réflexion perdre de son intérêt : celle du progrès. A quoi bon, en effet, proposer des normes de vie, en particulier à travers l'exigence morale d'une autre organisation sociale, s'il ne s'agit pas, à travers ce programme, d'*améliorer* la vie humaine ? C'est donc la question à la fois du sens et de l'existence d'un éventuel progrès humain dont la politique pourrait être l'agent qui est en jeu, à une époque où cette idée est massivement en crise depuis que l'espérance en une alternative au capitalisme a été ébranlée par la disparition des régimes de type soviétique et que nous assistons dès lors au spectacle d'une histoire qui piétine, voire régresse sur le plan social en aggravant les injustices dont les hommes sont victimes au sein d'un libéralisme pour l'instant triomphant[1].

Nous laisserons de côté délibérément le problème éthique des formes de vie individuelle : les valeurs qui sont engagées à ce niveau, même quand elles sont adoptées par toute une époque, relèvent trop de l'arbitraire axiologique pour qu'on puisse décider avec certitude que l'on progresse quand on passe historiquement de telle forme d'existence à une autre. En quoi le loisir serait-il éthiquement supérieur au travail, la consommation à l'engagement spirituel, la transformation de la nature à l'accord avec elle ? C'est à un autre niveau, spécifiquement collectif, que le problème se pose. Qu'en est-il du progrès ici ? Il faut reconnaître que la confusion règne dans la réflexion sur ce sujet parce qu'on oublie de distinguer fondamentalement le progrès au sens *quantitatif* et le progrès au sens *qualitatif*, ce qui biaise la réponse à la question de son existence, réelle ou possible, puisqu'on ne précise pas de quel type de progrès on parle.

---

[1] Pour ceux qui douteraient de cette régression, je signale que la disparition du bloc de l'Est s'est traduite par une dégradation considérable des conditions de vie pour la grande majorité de la population (santé, revenu, espérance de vie, droits sociaux) en Russie et dans d'autres pays passés au libéralisme, ainsi que par une remise en cause du modèle social-démocrate dans les pays occidentaux. Une seule exception à ce bilan : le basculement à gauche d'une grande partie de l'Amérique latine où se profile heureusement un « socialisme du 21ème siècle ».

Le progrès quantitatif peut être illustré prioritairement par celui des sciences et des techniques (mais on peut aussi parler d'un progrès de la culture au sens large) : il consiste en un processus d'accumulation dans le temps, qui suppose que ce qui a été acquis dans le passé soit conservé (sans quoi on repart à zéro) et que le présent (ou le futur) s'ajoute à celui-ci (sans quoi l'on stagne). C'est clairement le cas dans la connaissance scientifique (même si le passé ne se conserve pas toujours tel quel) et dans le champ de la technique (même si la présence du passé y est plus compliquée) avec ses conséquences économiques. Ce qu'il faut bien voir, c'est que dans ces domaines et à s'en tenir à ce sens du terme, la question de l'existence du progrès est d'emblée résolue : le progrès est un *fait* que l'on constate, sans qu'il puisse y avoir de discussion sur ce point, quel que soit le jugement de valeur que l'on porte sur lui par ailleurs. Cela ne veut pas dire qu'il doive nécessairement continuer, qu'il soit donc inéluctable (ce point est, au contraire, au cœur du débat écologique), mais sa réalité passée et présente est indéniable, de même que sa réalité future infiniment probable, sous réserve d'un inventaire critique qui pourrait nous amener à l'arrêter dans certains cas.

Le progrès qualitatif, lui, est d'une tout autre nature. Il s'agit d'un mouvement vers un mieux, ce qui suppose l'existence d'une norme à la lumière de laquelle ce mouvement est jugé tel. Le progrès ici n'est donc pas un fait mais *l'interprétation d'un fait*, en l'occurrence d'un processus de changement, *à la lumière d'une valeur* que l'on a préalablement admise : la reconnaissance de sa réalité n'en est pas indépendante, elle ne constitue pas, à proprement parler, un constat ou une connaissance mais s'exprime dans un *jugement de valeur*, une *appréciation*, laquelle peut varier selon les normes auxquelles on se réfère. C'est ainsi que le même processus socio-politique peut être jugé différemment en fonction des valeurs dont on se réclame : la Révolution française peut être lue comme un événement essentiel qui proclama la République et instaura les Droits de l'homme, donc comme un progrès éminent à l'échelle de l'histoire dans l'ordre de l'Universel, un *avènement*, fût-il partiel, de celui-ci dans la réalité empirique des institutions politiques – ce fut la lecture de Kant ; mais on a pu y voir, au contraire, une régression dangereuse à la lumière d'une glorification du régime monarchique antérieur avec sa hiérarchie propre et son organisation religieuse de la vie – ce fut le cas, très vite, de Burke ou de J. de Maistre[1]. Plus largement, un penseur aussi original et provocateur que Nietzsche a pu inverser radicalement le signe normatif couramment admis de l'ensemble de

---

[1] Voir, du premier, *Réflexions sur la révolution de France*, Hachette, 1989, et du second, *Réflexions sur la Révolution*, PUF, 1989. A l'opposé absolu de l'éloge moral qu'en a fait Kant, J. de Maistre a pu dire : « Ce qui distingue la Révolution française et ce qui en fait un évènement unique dans l'histoire, c'est qu'elle est mauvaise radicalement » (op. cité) !

l'évolution historique : là où nous voyons et approuvons un progrès, en particulier depuis 1789, il décèle et dénonce une fantastique régression qu'il appelle « décadence » : démocratie, égalité, promotion de la femme, etc., traduisent selon lui un affaiblissement vital de l'humanité et un triomphe regrettable des faibles sur les forts contraire à la hiérarchie naturelle telle qu'il l'appréhende. On voit clairement, sur ces différents exemples, que la question du progrès envisagée sous cet angle qualitatif n'est pas une simple question de fait que l'on pourrait trancher objectivement sur un plan empirique ; il s'agit d'une question *expressément normative* qui n'a de sens qu'à l'intérieur d'un *éclairage axiologique* particulier. Cela n'en fait pas pour autant une question purement fantasmatique, subjective ou illusoire, dans laquelle l'homme projetterait des options arbitraires et rêverait le monde ; car étant admise telle ou telle valeur, on peut procéder à l'analyse du réel et constater ou non qu'il nous offre des indices de sa réalisation effective : la progression de la démocratie politique se constate aujourd'hui de par le monde et ce n'est pas fantasmer l'époque que de le dire. Mais affirmer que cette progression est un *progrès* au sens qualitatif relève d'une option normative prise à l'égard de cette même démocratie, qui transforme une réalité institutionnelle, dont on peut constater et étudier l'existence, en valeur essentielle pour laquelle on a pris parti et dont on valorise l'expansion. On n'est plus alors seulement sur le plan des faits mais sur celui du rapport normatif aux faits.

La question de l'existence ou pas du progrès est alors déplacée : elle renvoie à celle de l'existence ou pas de normes objectives à l'aide desquelles on juge les transformations historiques. S'il n'y a pas de normes objectives, alors parler de progrès n'a pas de sens et l'histoire n'est qu'un processus neutre, sans signification axiologique, puisque la valeur qu'on lui attribue, quand c'est le cas, est purement arbitraire. S'il y en a, on peut parler de progrès à condition d'avoir conscience que la réalité du progrès est celle d'une réalité jugée et non seulement constatée et que son affirmation est suspendue à la reconnaissance de l'objectivité de ces mêmes normes. De quels points de vue peut-on alors affirmer qu'il y a « objectivement » (au sens relatif que je viens de marquer) progrès qualitatif, même si ce jugement doit être constamment nuancé au contact même du matériau empirique de l'histoire que l'on juge et constamment circonscrit par lui ?

Certainement pas, on l'aura compris, au niveau éthique, étant donné l'arbitraire des normes qui y sont engagées. Pourtant, même à ce niveau, l'existence d'une forme de progrès peut être suggérée : le progrès de la démocratie dans sa dimension culturelle, qui met le savoir et la réflexion à la portée d'un nombre croissant d'êtres humains, permet de déceler un progrès dans l'accès à la *subjectivation éthique*. Nous retrouvons ici la question de la sagesse transformée en question politique et renouvelée par la culture scientifique : ce qui a été le monopole de quelques-uns et élaboré dans le cadre d'un savoir scientifique peu développé, peut devenir la propriété du plus grand nombre – ce qui constituerait un progrès en extension –, tout en s'articulant désormais aux savoirs réels des sciences de la nature et des sciences humaines – ce qui pourrait constituer un progrès en compréhension[1]. Cela ne signifie pas pour autant que l'on progresse avec certitude dans la définition de la vie bonne, puisque les débats éthiques demeurent, voire sont renforcés par la disparition des préjugés et des codes de vie imposés par les traditions, mais cela signifie que la *capacité même de choisir son éthique et donc sa vie*, elle, progresse. Certes, ce progrès est lent et il est contredit par des tendances lourdes de notre époque liées à la domination du capitalisme et au règne de l'argent sur nos vies, qui tendent à étouffer notre initiative éthique et nous imposent en contrebande leur éthique mercantile ; mais il existe, il est clairement proposé par certains courants politiques (communisme, courant écologique, une fraction du mouvement socialiste) et, surtout, il constitue une possibilité objective de notre époque qui offre les moyens pour que les hommes deviennent davantage les *sujets de* leur histoire non seulement collective mais, aussi, personnelle[2].

Le progrès quantitatif paraît également, étant donnée sa neutralité axiologique, exclu de la question. Cependant, il peut lui aussi nourrir le débat sur le progrès qualitatif et aider à y répondre positivement. Pour s'en convaincre, il suffit de prendre conscience que la science et la technique sont porteuses de valeurs ou, plus exactement, sont les formes sous lesquelles se réalisent concrètement deux valeurs essentielles auxquelles l'homme est attaché : la vérité pour la première, la liberté-puissance pour la seconde. En connaissant scientifiquement le monde de plus en plus l'homme progresse qualitativement dans l'ordre du vrai, il le connaît de mieux en mieux ; et en le dominant toujours plus techniquement il progresse également dans l'ordre

---

[1] La faiblesse principale des différentes sagesses du passé tient au caractère non scientifique de la théorie cosmologique et anthropologique sur laquelle elles prétendaient se fonder. C'est le cas, par exemple, du stoïcisme qui, à travers son précepte « Il faut vivre conformément à la nature » (à savoir l'ordre du monde), théorise, en réalité, l'ignorance de cette nature, l'impuissance qu'elle produit et, tout autant, l'ignorance à l'égard des déterminismes qui pèsent sur les désirs humains et empêchent l'homme d'en changer à volonté pour les adapter à cette « nature », comme il nous le propose. Cette sagesse, pour une grande part, n'a pas de sens aujourd'hui, dans une époque marquée par une culture scientifico-technique qui nous donne un pouvoir grandissant sur ladite « nature » et nous amène à repenser notre pouvoir sur nous-mêmes. Il y a donc un progrès incontestable dans les conditions *théoriques* de la réflexion éthique, qui nous oblige à récuser certaines de ses conclusions pratiques passées.

[2] Cela a été en grande partie le sens des évènements de Mai 68 en France. L'émergence d'un nouveau discours individualiste, de tonalité libérale, traduit lui aussi cette exigence, mais d'une manière mystifiée puisque aveugle sur ses conditions concrètes de réalisation comme sur les conditionnements idéologiques auxquels il est soumis, qui en limitent considérablement la portée.

de la liberté-puissance puisqu'il se libère peu à peu de la domination que celui-ci exerçait à l'origine sur lui et il le maîtrise de mieux en mieux. Certes, la vérité (distinguée de la véracité ou de la sincérité) n'est pas une valeur morale et sa valeur existentielle peut être interrogée puisqu'on peut être heureux dans l'ignorance, l'erreur ou l'illusion, voire parfois grâce à elles ; mais qui niera qu'il y ait là une valeur évidente, même s'il est difficile de définir son genre propre, ni moral ni éthique ?[1] Quant au progrès technique, étendu à l'ensemble des pratiques nourries d'un savoir scientifique, il est le lieu de l'existence effective de la liberté humaine telle qu'une conception matérialiste l'envisage : il la réalise concrètement à travers des dispositifs de « savoir-pouvoir » sans lesquels la capacité de choix de l'homme serait à la fois aveugle et terriblement limitée. La technique est donc bien une valeur difficilement récusable, même si on ne peut nier ses dangers quand elle n'est pas contrôlée par un projet de vie au contenu humain plus large que la seule liberté-puissance. Réinterprété dans ce cadre explicitement normatif, le progrès scientifico-technique cesse alors d'être un simple fait cumulatif sans importance particulière : il *vaut*, il a une signification qui permet de dire que l'histoire humaine progresse réellement vers un mieux et non seulement un plus, sans craindre d'être accusé de verser dans une posture axiologique arbitraire et culturellement relative.

Pourtant, les valeurs qui sous-tendent ce dernier jugement – vérité et liberté-puissance – pouvant être l'objet de critiques dans leur rapport à la vie globale de l'homme, s'en réclamer aveuglément peut fragiliser l'affirmation du progrès historique qu'elles alimentent. Il faut donc mettre en avant des valeurs parfaitement objectives et dont l'impact sur l'homme ne souffre pas de contestation : ce ne peuvent être que les *valeurs morales* telles que nous les avons présentées. Pourquoi est-on alors en droit de parler d'un *progrès moral* de l'humanité, dans et par l'histoire ? D'abord, parce que l'on assiste au sein de celle-ci à une prise de conscience graduelle de ces normes, dont l'article premier de la Déclaration de 1789 est la formulation politique à la fois éclatante et définitive. Il y a bien là un progrès *vers* la morale, historiquement attesté, qui affecte la *conscience* des valeurs qui la constituent. Ensuite, parce qu'il y a aussi un progrès *dans* la morale : comme nous l'avons montré, depuis 1789 le champ d'application des droits publiquement reconnus ne cesse de croître, de la simple organisation politique aux champs du social et de l'économie, ce qui témoigne d'un progrès étonnant dans la conscience de ce qui est *dû* à tous les êtres humains ; et des *réalisations effectives* de cette exigence morale multiforme

---

[1] Il me paraît impossible qu'un esprit pensant et parlant puisse nier la valeur du vrai. Au demeurant, s'il le fait il se contredit puisque sa critique prétend au vrai et le pose donc comme valeur.

ont suivi, qui ont jalonné l'histoire à partir du 19^(ème) siècle sous l'influence des idées marxistes, dans les pays développés marqués par la social-démocratie, comme dans les régimes d'obédience soviétique, malgré leurs tares et leur échec final. Ces réalisations sont aujourd'hui en panne, voire remises en question, mais elles ont existé et rien n'interdit de penser que la dynamique qui les inspirait renaîtra. Dès lors, si l'on reprend les catégories d'exploitation, d'oppression, de domination et d'aliénation, lestées de cette signification morale que nous leur avons attribuée, on peut dire que la société a globalement progressé depuis deux siècles en Occident, à la fois dans la conscience critique qu'elle a prise des formes d'inhumanité que ces catégories désignent et dans la lutte concrète contre celles-ci : les hommes sont toujours exploités économiquement, opprimés socialement, dominés politiquement et aliénés individuellement, mais ils le sont *moins*, à des degrés divers selon les champs, et donc, globalement, la société va *mieux*, quelles que soient les régressions actuelles.

Cependant, il convient de préciser davantage le statut de ce progrès, pour éviter les pièges d'une idéologie progressiste sympathique et rassurante, mais qui peut se révéler naïve et fragile. Le progrès moral tel que nous l'entendons n'a rien de fatal ni d'uniforme. Il n'est pas fatal car il ne s'enracine dans aucun dessein transcendant qui en garantirait à l'avance la réalisation, ni dans aucune structure historique ou anthropologique qui le garantirait tout autant : une conception profane et matérialiste de l'histoire ne peut compter ni sur Dieu, ni sur une dialectique interne à l'histoire, ni sur une bonne nature de l'homme provisoirement inachevée mais vouée à s'épanouir, pour affirmer que ce progrès a et aura nécessairement lieu, et même l'anthropologie de Darwin, nous l'avons vu, ne permet pas cette conclusion. L'on ne saurait donc, en particulier, compter sur le progrès des sciences et des techniques pour le produire automatiquement, comme on a pu le croire au 19^(ème) siècle dans le sillage de la philosophie des Lumières : le développement scientifico-technique ne nous dit rien sur l'usage social *et donc moral* que l'on peut en faire, lequel peut être totalement désastreux humainement et entraîner un vrai recul de ce point de vue. Mais ce progrès n'est pas non plus uniforme : il peut très bien affecter tel aspect de la vie sociale et ne pas toucher tel autre aspect. C'est ainsi que les progrès de la démocratie peuvent s'accompagner d'une inflation d'individualisme dans lequel c'est l'individu-roi qui remplace le sujet autonome, qui pousse au repli sur soi et menace à terme la démocratie elle-même. Une conquête morale peut, dans ce cas, s'inverser et entraîner une vraie démoralisation collective, une perte du sens de la moralité publique. A un niveau plus profond, Marx a fait remarquer que la conquête de la démocratie politique par la bourgeoisie n'a pas supprimé l'exploitation de classe et que l'égalité conquise sur le plan des institutions n'a pas annihilé l'inégalité économique et sociale : l'histoire peut donc stagner moralement, voire régresser à un certain niveau, alors qu'elle progresse à un autre niveau, nous offrant ainsi une image souvent contrastée d'elle-même. L'histoire des pays de l'Est conquérant la démocratie politique et tombant dans les pires excès du libéralisme économique et du règne des mafias en est aujourd'hui une illustration criante.

Ce progrès concerne-t-il l'homme envisagé dans sa nature profonde, laquelle ne constituerait alors plus une « nature » au sens strict, puisqu'elle serait susceptible d'évoluer ? Pour être plus précis, parler de progrès moral dans et par l'histoire signifie-t-il que l'homme, dans l'intimité de ses intentions, de ses motivations, de ses aspirations, progresse moralement en intégrant de plus en plus les valeurs morales dans son mode de fonctionnement subjectif ? En d'autres termes, et pour résumer la question : devient-il plus altruiste et de moins en moins égoïste ? Et l'on peut ajouter : cela a-t-il même un sens de parler de progrès moral en dehors de cette dimension subjective et individuelle ?[1] Il faut ici aussi éviter toute vision naïve, sans céder aux sirènes inverses d'un pessimisme risquant d'être tout aussi naïf, y compris quand il se croit supérieurement intelligent : toute notre réflexion sur la politique a montré que l'humanité progresse bien dans l'ordre collectif d'une moralité objective faite d'institutions, de droit, de pratiques sociales, parfois de réformes économiques, lequel progrès suppose lui-même un progrès de la conscience collective qui lui a fait saisir la nécessité proprement morale de toutes ces transformations et en a proclamé la valeur dans des déclarations officielles qui ont désormais force de loi. A ce niveau très précis, et malgré toutes les ambiguïtés et les régressions possibles, le progrès pratique est incontestable : il se mesure au critère de l'Universel et de sa réalisation effective dans le *contenu* de l'action humaine. Mais cela ne veut pas dire que la motivation de la conduite ait progressé au même rythme : après tout, et on ne saurait leur en vouloir, ce peut être par *intérêt* que les hommes agissent ainsi et s'ouvrent les uns aux autres ; ce peut être donc par *égoïsme subjectif* qu'ils font preuve d'une *générosité objective* grandissante dans des conditions qui permettent à cette générosité de s'exercer et de se développer, et d'autres conditions pourraient inciter cet égoïsme à se réveiller, comme on le constate lorsque, en temps de crise, le racisme, le nationalisme ou le fanatisme religieux resurgissent. L'important est que ce progrès ait eu lieu, qu'il soit attesté objectivement, quelle qu'ait été sa motivation : il s'agit d'un progrès moral dans les conduites, dont on ne peut pas attribuer avec certitude le mérite aux bonnes intentions des êtres

---

[1] Ce que nie Baudelaire, qui n'était pas « progressiste », quand il dit dans *Mon cœur mis à nu* : « Il ne peut y avoir de progrès (vrai, c'est-à-dire moral) que dans l'individu et par l'individu lui-même. » On ne saurait sous-estimer ce genre d'interpellation, même si elle vient d'un poète !

humains mais qui est néanmoins réel. On peut le dire autrement, en s'appuyant sur la conception matérialiste de l'homme qu'on trouve chez Marx : si l'essence de l'homme ne se trouve pas dans « l'individu isolé » mais dans « l'ensemble des rapports sociaux »[1], alors le progrès humain s'identifie à ces rapports appréciés dans leur qualité morale objective ; ou encore : si l'homme « c'est le monde de l'homme, l'Etat, la société »[2], alors le progrès de l'homme n'est rien d'autre que le progrès de ce « monde », de cet « Etat », de cette « société » envisagés normativement à la lumière de l'Universel, il se résout en lui, il y trouve sa figure effective.

Du reste, cela n'exclut pas toute problématique du progrès individuel, dont il serait triste de devoir admettre que le matérialisme ne lui reconnaît aucun sens et qu'il la détruit radicalement : que deviendrait un « monde » dans lequel les concepts de mérite subjectif ou de qualité humaine individuelle n'auraient pas de signification ? Et tout autant : que deviendrait un monde dans lequel nous devrions réfréner constamment nos enthousiasmes subjectifs à l'égard de tel ou tel individu ou de tel ou tel mouvement collectif sous le prétexte que nous pourrions soupçonner, à partir d'un point de vue de Sirius décrété supérieur et en réalité désenchanté, que l'égoïsme est toujours à l'œuvre dans la conduite humaine et qu'il lui ôte ainsi toute valeur intrinsèque ? Clamer haut et fort que l'homme est et restera médiocre a certes pour intérêt de nous éviter le danger de l'angélisme qui nous empêche d'anticiper et donc de maîtriser les manifestations de cette supposée médiocrité générale ; mais cette affirmation bruyante a aussi pour effet de décourager toute initiative un peu consistante en direction du progrès individuel et collectif et d'alimenter la tentation du statu quo, puisqu'elle ne cesse de dévaloriser le progrès objectif (quand elle ne le nie pas ou ne le déclare pas à tort impossible) en prétendant que, de toute façon, l'homme, dans son « for intérieur » ou sa « nature profonde », ne change pas. Soupçon pour soupçon, on peut soupçonner qu'un intérêt secret détermine celui qui énonce ce propos : l'intérêt qu'il a à la conservation de l'état des choses et de soi dans cet état des choses. Il faut donc se méfier du pessimisme ou du nihilisme *bavard* et *dogmatique*, qui n'est jamais professé par les dominés mais par les dominants, parce qu'il coupe l'élan à la protestation contre la domination, et lui opposer la réalité manifeste du progrès objectif. Et s'agissant de l'absence d'un progrès subjectif, qui est son argument précis, il faut rappeler au pessimiste ou au nihiliste que ne pas croire au progrès n'est pas une *absence de croyance*, mais une *croyance négative* : une croyance *que ne pas*, la croyance *qu'*il n'y a pas de progrès. C'est donc à lui, tout autant qu'au partisan du progrès, d'apporter la preuve de ce qu'il avance.

---

[1] Comme l'indique la 6ème thèse sur Feuerbach.
[2] In *Critique de la philosophie du droit de Hegel*, Introduction.

Quant au fond, nous nous sentons rigoureusement incapable de trancher avec certitude. La seule position raisonnable nous paraît donc de faire *comme si* un pareil progrès anthropologique des dispositions subjectives était non seulement possible mais réel, d'autant plus que, dans notre perspective, il est difficilement séparable du progrès objectif, lequel, lui, existe, avec ses acquis moraux que l'homme individuel est amené à intérioriser et qui le modifient dans sa conscience et ses actes, voire dans ses motivations. Il suffit d'ailleurs de prendre conscience, avec la psychanalyse, que la « méchanceté » n'existe pas, qu'elle n'est que la désignation morale imaginaire d'une agressivité mal maîtrisée ou de frustrations affectives inconscientes, ou d'admettre, avec la sociologie marxiste, que la violence du délinquant n'est que le résultat d'une misère éducative et sociale, pour être convaincu que la prétendue inhumanité de l'homme individuel peut être vaincue et que c'est bien en humanisant les circonstances que l'on peut humaniser celui-ci, c'est-à-dire le faire progresser dans sa conduite et lui donner, on peut aller jusque-là, la capacité d'*aimer* autrui. Pas plus ici que dans l'histoire, où le mieux, au demeurant, est avéré, le pire n'est sûr, et l'on pourrait dire, en transposant Pascal : pessimisme ou nihilisme, « signe de force d'esprit, jusqu'à un certain degré seulement ».

L'HARMATTAN, ITALIA
Via Degli Artisti 15 ; 10124 Torino

L'HARMATTAN HONGRIE
Könyvesbolt ; Kossuth L. u. 14-16
1053 Budapest

L'HARMATTAN BURKINA FASO
Rue 15.167 Route du Pô Patte d'oie
12 BP 226
Ouagadougou 12
(00226) 50 37 54 36

ESPACE L'HARMATTAN KINSHASA
Faculté des Sciences Sociales,
Politiques et Administratives
BP243, KIN XI ; Université de Kinshasa

L'HARMATTAN GUINÉE
Almamya Rue KA 028
En face du restaurant le cèdre
OKB agency BP 3470 Conakry
(00224) 60 20 85 08
harmattanguinee@yahoo.fr

L'HARMATTAN CÔTE D'IVOIRE
M. Etien N'dah Ahmon
Résidence Karl / cité des arts
Abidjan-Cocody 03 BP 1588 Abidjan 03
(00225) 05 77 87 31

L'HARMATTAN MAURITANIE
Espace El Kettab du livre francophone
N° 472 avenue Palais des Congrès
BP 316 Nouakchott
(00222) 63 25 980

L'HARMATTAN CAMEROUN
Immeuble Olympia
Face à la Camair
Yaoundé

603723 - Avril 2015
Achevé d'imprimer par